301
FRENCH VERBS

W9-AAS-008

301

FRENCH VERBS

fully conjugated in all the tenses

Alphabetically arranged

by

Christopher Kendris

B.S., M.S., Columbia University
M.A., Ph.D., Northwestern University
Diplômé, Faculté des Lettres, Sorbonne

Department of Foreign Languages
MONT PLEASANT PUBLIC HIGH SCHOOL
The City School District of
Schenectady, New York

 BARRON'S EDUCATIONAL SERIES, INC.
BARRON'S New York • London • Toronto • Sydney

© Copyright 1981 by Barron's Educational Series, Inc.

All rights reserved.
No part of this book may be reproduced in any form,
by photostat, microfilm, xerography, or any other
means, or incorporated into any information retrieval
system, electronic or mechanical, without the written
permission of the copyright owner.

All inquiries should be addressed to:
Barron's Educational Series, Inc.
250 Wireless Boulevard
Hauppauge, New York 11788

Library of Congress Catalog Card No. 81-17678

International Standard Book No. 0-8120-2496-6

Library of Congress Cataloging in Publication Data

Kendris, Christopher.
  301 French verbs fully conjugated in all the tenses.

  Includes indexes.
  1. French language — Verbs — Tables. I. Title.
II. Title: Three hundred one French verbs fully
conjugated in all the tenses. III. Title: Three
hundred and one French verbs fully conjugated in
all the tenses.
PC2771.K377   448.2′421   81-17678
ISBN 0-8120-2496-6   AACR2

PRINTED IN THE UNITED STATES OF AMERICA

9   800   20 19 18 17 16 15 14

To my wife Yolanda,
to my two sons, Alex and Ted,
to my daughter-in-law, Tina Marie,
and to my two grandsons,
Alexander Bryan and Daniel Patrick Christopher

with love

About the Author

Christopher Kendris has taught French at Northwestern University, at the College of the University of Chicago, at Rutgers University, at the State University of New York at Albany, and at Schenectady County Community College. For several years he also taught French and Spanish at Farmingdale High School, Farmingdale, New York, where he was chairman of the Department of Foreign Languages.

Dr. Kendris received his B.S. and M.S. degrees at Columbia University in the City of New York and his M.A. and Ph.D. degrees at Northwestern University in Evanston, Illinois. He also earned two certificates with *Mention très Honorable* at the Ecole Supérieure de Préparation et de Perfectionnement des Professeurs de Français à l'Etranger, Faculté des Lettres, Université de Paris.

Dr. Kendris has lived in France, Greece, and Germany and has traveled in Canada, Belgium, Switzerland, Italy, Spain, and Portugal. He is the author of numerous modern language aids, books, and workbooks, all of which have been published by Barron's Educational Series, Inc. His most popular books are: *French Now!* for French Level One, *201 French verbs fully conjugated in all the tenses, Dictionary of 501 French Verbs, Beginning to Write in French,* and *Beginning to Write in Spanish.* His conjugated verb series, which first appeared in 1963, are also published in Spanish.

Contents

Abbreviations

adj.   adjectif (adjective)

adv.   adverbe (adverb)

ant.   antérieur (anterior)

art.   article

cond.   conditionnel (conditional)

def.   défini (definite)

dir.   direct

e.g.   for example

f. or *fem.*   féminin (feminine)

fam.   familiar

fut.   futur (future)

i.e.   that is, that is to say

imp.   imparfait (imperfect)

ind.   indicatif (indicative)

inf.   infinitif (infinitive)

m. or *masc.*   masculin (masculine)

n.   nom (noun)

obj.   objet (object)

p.   page

pp.   pages

part.   participe (participle)

pl.   pluriel (plural)

plpf.   plus-que-parfait (pluperfect)

pr. or *prés.*   présent (present)

prep.   préposition (preposition)

pron.   pronom (pronoun)

qqch   quelque chose (something)

qqn   quelqu'un (someone, somebody)

refl.   reflexive

s. or *sing.*   singulier (singular)

subj.   subjonctif (subjunctive)

v.   verbe (verb)

Introduction

This everyday dictionary of 301 commonly used French verbs for students and travelers provides fingertip access to correct verb forms.

Verb conjugations are usually found scattered in French grammar books and they are difficult to find quickly when needed. Verbs have always been a major problem for students no matter what system or approach the teacher uses. You will master French verb forms if you study this book a few minutes every day, especially the pages before and after the alphabetical listing of the 301 verbs.

I compiled this book in order to help make your work easier and at the same time to teach you French verb forms systematically. It is a useful book because it provides a quick and easy way to find the full conjugation of many French verbs.

The 301 verbs included here are arranged alphabetically by infinitive at the top of each page. The book contains many common verbs of high frequency, both reflexive and non-reflexive, which you need to know. It also contains many other frequently used verbs which are irregular in some way. On page 318 I give you an additional 1,000 French verbs that are conjugated in the same way as model verbs among the 301. If the verb you have in mind is not given among the 301, consult the list on page 318. My other book, *Dictionary of 501 French verbs fully conjugated in all the tenses,* contains two hundred additional verbs.

The subject pronouns have been omitted from the conjugations in order to emphasize the verb forms. I give you the subject pronouns on page xxxvi. Turn to that page now and become acquainted with them.

The first thing to do when you use this book is to become familiar with it from cover to cover—in particular, the front and back pages where you will find valuable and useful information to make your work easier and more enjoyable. Take a minute right now and turn to the table of contents at the beginning of this book as I guide you in the following way:

(a) On page xi I explain which verbs are conjugated with *avoir* or *être* to form a compound tense. Study page xi and refer to it frequently until you master those verbs.

(b) On page xii I show you how to form a present participle regularly in French and I give you examples. I also give you the common irregular present participles.

(c) On page xii I do the same for past participles. I give you the present and past participles of each verb at the top of the page where verb forms are given for a particular verb.

(d) On page xiii you will find the principal parts of some important verbs which, in French, are called *Les temps primitifs.* This is useful because if you know these you can easily form all the tenses and moods from them.

(e) On pages xiv and xv there are two tables showing the derivation of tenses of a typical verb conjugated with *avoir* and another conjugated with *être.* These are presented as in a picture so that you can see what tenses are derived from the principal parts.

(f) On pages xvi and xvii I give you a sample English verb conjugation so that you can get an idea of the way a verb is expressed in the English tenses. Many people do not know one tense from another because they have never learned the use of verb tenses in a systematic and organized way—not even in English! How can you know, for instance, that you need the conditional form of a verb in French when you want to say "*I would go* to the movies if. . ." or the pluperfect tense in French if you want to say "*I had gone*. . ."? The sample English verb conjugation with the names of the tenses and their numerical ranking will help you distinguish one tense from another so that you will know what tense you need to express a verb in French.

(g) On page xviii I begin a summary of meanings and uses of French verb tenses and moods as related to English verb tenses and moods. That section is very important and useful because I separate the seven simple tenses from the seven compound tenses. I give you the name of each tense in French and English starting with the present indicative, which I call tense number one. because it is the tense most frequently used. I assign a number to each tense name so that you can fix each one in your mind and associate the name and number in their logical order. I explain briefly what each tense is, when you use it, and I give examples using verbs in sentences in French and English.

(h) On page xxix I give you a summary of all the fourteen tenses in French with English equivalents, which I have divided into the seven simple tenses and the seven compound tenses. After referring to that summary frequently, you will soon know that tense number 1 is the present indicative, tense number 2 is the imperfect indicative, and so on.

(i) On page xxx I show you how to form the seven simple tenses for regular verbs and here, again, I have assigned the same number to each tense name. I also explain how each compound tense is based on each simple tense in the table on page xxxi and on page xxxii. Try to see these two divisions as two frames, two pictures, with the seven simple tenses in one frame and the seven compound tenses in another frame. Place them side by side in your mind, and you will see how tense number 8 is related to tense number 1, tense number 9 to tense number 2, and so on. If you study the numerical arrangement of each of the seven simple tenses and associate the tense number with the tense name, you will find it very easy to learn the names of the seven compound tenses, how they rank numerically according to use, how they are formed, and when they are used. Spend at least ten minutes every day studying these preliminary pages to help you understand better the fourteen tenses in French.

Finally, in the back pages of this book there are useful indexes, an additional 1,000 French verbs that are conjugated like model verbs among the 301, many examples of verbs used in idiomatic expressions and simple sentences, as well as verbs that require certain prepositions. If you refer to these each time you look up verb tense forms for a particular verb, you will increase your knowledge of French vocabulary and French idioms by leaps and bounds.

I sincerely hope that this book will be of some help to you in learning and using French verbs.

CHRISTOPHER KENDRIS
B.S., M.S., M.A., Ph.D.

Verbs Conjugated with *avoir* or *être* to Form a Compound Tense

(a) Generally speaking, a French verb is conjugated with *avoir* to form a compound tense.

(b) All reflexive verbs, for example, *se laver*, are conjugated with *être*.

(c) The following is a list of common non-reflexive verbs that are conjugated with *être*. The five verbs marked with asterisks (*) are conjugated with *avoir* when used with a direct object.

1. **aller**   to go
   Elle est allée au cinéma.

2. **arriver**   to arrive
   Elle est arrivée à une heure.

3. ***descendre**   to go down, come down
   Elle est descendue vite.   *She came down quickly.*
   BUT: ***Elle a descendu la valise.**   *She brought down the suitcase.*

4. **devenir**   to become
   Elle est devenue docteur.

5. **entrer**   to enter, go in, come in
   Elle est entrée dans l'école.

6. ***monter**   to go up, come up
   Elle est montée vite.   *She went up quickly.*
   BUT: ***Elle a monté l'escalier.**   *She went up the stairs.*

7. **mourir**   to die
   Elle est morte hier.

8. **naître**   to be born
   Elle est née hier.

9. **partir**   to leave
   Elle est partie vite.

10. ***passer**   to go by, to pass by
    Elle est passée chez moi.   *She came by my house.*
    BUT: ***Elle m'a passé le sel.**   *She passed me the salt.*
    AND: ***Elle a passé un examen.**   *She took an exam.*

11. ***rentrer**   to go in again, to return (home)
    Elle est rentrée tôt.   *She returned home early.*
    BUT: ***Elle a rentré le chat dans la maison.**   *She brought (took) the cat into the house.*

12. **rester**   to remain, to stay
    Elle est restée chez elle.

13. **retourner**   to return, to go back
    Elle est retournée à sa place.

14. **revenir**   to come back
    Elle est revenue hier.

15. ***sortir**   to go out
    Elle est sortie hier soir.   *She went out last night.*
    BUT: ***Elle a sorti son mouchoir.**   *She took out her handkerchief.*

16. **tomber**   to fall
    Elle est tombée.

17. **venir**   to come
    Elle est venue ce matin.

Formation of the Present and Past Participles in French

Formation of the present participle in French

The present participle is regularly formed in the following way. Take the **"nous"** form of the present indicative of the verb you have in mind, drop the ending **-ons** and add **-ant**. That ending is the equivalent to *-ing* in English. Examples:

chantons, chantant   **vendons, vendant**   **allons, allant**
finissons, finissant   **mangeons, mangeant**   **travaillons, travaillant**

Common irregular present participles

The three common irregular present participles are: **ayant** from **avoir**; **étant** from **être**; **sachant** from **savoir**.

Formation of the past participle in French

The past participle is regularly formed from the infinitive:

-er ending verbs, drop the **-er** and add **é**:   **donner, donné**
-ir ending verbs, drop the **-ir** and add **i**:   **finir, fini**
-re ending verbs, drop the **-re** and add **u**:   **vendre, vendu**

Common irregular past participles

INFINITIVE	PAST PARTICIPLE	INFINITIVE	PAST PARTICIPLE
apprendre	**appris**	naître	**né**
asseoir	**assis**	offrir	**offert**
avoir	**eu**	ouvrir	**ouvert**
boire	**bu**	paraître	**paru**
comprendre	**compris**	permettre	**permis**
conduire	**conduit**	plaire	**plu**
connaître	**connu**	pleuvoir	**plu**
construire	**construit**	pouvoir	**pu**
courir	**couru**	prendre	**pris**
couvrir	**couvert**	promettre	**promis**
craindre	**craint**	recevoir	**reçu**
croire	**cru**	revenir	**revenu**
devenir	**devenu**	rire	**ri**
devoir	**dû, due**	savoir	**su**
dire	**dit**	suivre	**suivi**
écrire	**écrit**	taire	**tu**
être	**été**	tenir	**tenu**
faire	**fait**	valoir	**valu**
falloir	**fallu**	venir	**venu**
lire	**lu**	vivre	**vécu**
mettre	**mis**	voir	**vu**
mourir	**mort**	vouloir	**voulu**

Principal Parts of Some Important Verbs
(*Les temps primitifs de quelques verbes importants*)

The principal parts of a verb are very important to know because from them you can easily form all the tenses. See the following page where two tables are given, one showing the derivation of tenses of a verb conjugated with **avoir** and the other with **être**. Note that the headings at the top of each column there are the same as the following headings.

INFINITIF	PARTICIPE PRÉSENT	PARTICIPE PASSÉ	PRÉSENT DE L'INDICATIF	PASSÉ SIMPLE
aller	allant	allé	je vais	j'allai
avoir	ayant	eu	j'ai	j'eus
battre	battant	battu	je bats	je battis
boire	buvant	bu	je bois	je bus
craindre	craignant	craint	je crains	je craignis
croire	croyant	cru	je crois	je crus
devoir	devant	dû, due	je dois	je dus
dire	disant	dit	je dis	je dis
écrire	écrivant	écrit	j'écris	j'écrivis
être	étant	été	je suis	je fus
faire	faisant	fait	je fais	je fis
lire	lisant	lu	je lis	je lus
mettre	mettant	mis	je mets	je mis
mourir	mourant	mort	je meurs	je mourus
naître	naissant	né	je nais	je naquis
ouvrir	ouvrant	ouvert	j'ouvre	j'ouvris
porter	portant	porté	je porte	je portai
pouvoir	pouvant	pu	je peux *or* je puis	je pus
prendre	prenant	pris	je prends	je pris
recevoir	recevant	reçu	je reçois	je reçus
savoir	sachant	su	je sais	je sus
venir	venant	venu	je viens	je vins
vivre	vivant	vécu	je vis	je vécus
voir	voyant	vu	je vois	je vis
voler	volant	volé	je vole	je volai

Tables Showing Derivation of Tenses of Verbs Conjugated with *avoir* and *être*

Derivation of Tenses of Verbs Conjugated with *avoir*

INFINITIF	PARTICIPE PRÉSENT	PARTICIPE PASSÉ	PRÉSENT DE L'INDICATIF	PASSÉ SIMPLE
donner	donnant	donné	je donne	je donnai

FUTUR	IMPARFAIT DE L'INDICATIF	PASSÉ COMPOSÉ	PRÉSENT DE L'INDICATIF	PASSÉ SIMPLE
donnerai	donnais	ai donné	donne	donnai
donneras	donnais	as donné	donnes	donnas
donnera	donnait	a donné	donne	donna
donnerons	donnions	avons donné	donnons	donnâmes
donnerez	donniez	avez donné	donnez	donnâtes
donneront	donnaient	ont donné	donnent	donnèrent

CONDITIONNEL		PLUS-QUE-PARFAIT DE L'INDICATIF	IMPÉRATIF	IMPARFAIT DU SUBJONCTIF
donnerais		avais donné	donne	donnasse
donnerais		avais donné	donnons	donnasses
donnerait		avait donné	donnez	donnât
donnerions		avions donné		donnassions
donneriez		aviez donné	PRÉSENT DU SUBJONCTIF	donnassiez
donneraient		avaient donné	donne	donnassent

PASSÉ ANTÉRIEUR

			PRÉSENT DU SUBJONCTIF	
		eus donné	donnes	
		eus donné	donne	
		eut donné	donnions	
		eûmes donné	donniez	
		eûtes donné	donnent	
		eurent donné		

FUTUR ANTÉRIEUR	CONDITIONNEL PASSÉ	PASSÉ DU SUBJONCTIF	PLUS-QUE-PARFAIT DU SUBJONCTIF
aurai donné	aurais donné	aie donné	eusse donné
auras donné	aurais donné	aies donné	eusses donné
aura donné	aurait donné	ait donné	eût donné
aurons donné	aurions donné	ayons donné	eussions donné
aurez donné	auriez donné	ayez donné	eussiez donné
auront donné	auraient donné	aient donné	eussent donné

Derivation of Tenses of Verbs Conjugated with *être*

INFINITIF	PARTICIPE PRÉSENT	PARTICIPE PASSÉ	PRÉSENT DE L'INDICATIF	PASSÉ SIMPLE
arriver	arrivant	arrivé	j'arrive	j'arrivai

FUTUR	IMPARFAIT DE L'INDICATIF	PASSÉ COMPOSÉ	PRÉSENT DE L'INDICATIF	PASSÉ SIMPLE
arriverai	arrivais	suis arrivé(e)	arrive	arrivai
arriveras	arrivais	es arrivé(e)	arrives	arrivas
arrivera	arrivait	est arrivé(e)	arrive	arriva
arriverons	arrivions	sommes arrivé(e)s	arrivons	arrivâmes
arriverez	arriviez	êtes arrivé(e)(s)	arrivez	arrivâtes
arriveront	arrivaient	sont arrivé(e)s	arrivent	arrivèrent

CONDITIONNEL		PLUS-QUE-PARFAIT DE L'INDICATIF	IMPÉRATIF	IMPARFAIT DU SUBJONCTIF
arriverais		étais arrivé(e)	arrive	arrivasse
arriverais		étais arrivé(e)	arrivons	arrivasses
arriverait		était arrivé(e)	arrivez	arrivât
arriverions		étions arrivé(e)s	PRÉSENT DU SUBJONCTIF	arrivassions
arriveriez		étiez arrivé(e)(s)	arrive	arrivassiez
arriveraient		étaient arrivé(e)s	arrives	arrivassent
			arrive	
		PASSÉ ANTÉRIEUR	arrivions	
		fus arrivé(e)	arriviez	
		fus arrivé(e)	arrivent	
		fut arrivé(e)		
		fûmes arrivé(e)s		
		fûtes arrivé(e)(s)		
		furent arrivé(e)s		

FUTUR ANTÉRIEUR	CONDITIONNEL PASSÉ	PASSÉ DU SUBJONCTIF	PLUS-QUE-PARFAIT DU SUBJONCTIF
serai arrivé(e)	serais arrivé(e)	sois arrivé(e)	fusse arrivé(e)
seras arrivé(e)	serais arrivé(e)	sois arrivé(e)	fusses arrivé(e)
sera arrivé(e)	serait arrivé(e)	soit arrivé(e)	fût arrivé(e)
serons arrivé(e)s	serions arrivé(e)s	soyons arrivé(e)s	fussions arrivé(e)s
serez arrivé(e)(s)	seriez arrivé(e)(s)	soyez arrivé(e)(s)	fussiez arrivé(e)(s)
seront arrivé(e)s	seraient arrivé(e)s	soient arrivé(e)s	fussent arrivé(e)s

Sample English Verb Conjugation

INFINITIVE **to go — aller**
PRESENT PARTICIPLE going   *PAST PARTICIPLE* gone

Tense no.	The seven simple tenses
1 *Present Indicative*	I go, you go, he (she, it) goes; we go, you go, they go
	or: I do go, you do go, he (she, it) does go; we do go, you do go, they do go
	or: I am going, you are going, he (she, it) is going; we are going, you are going, they are going
2 *Imperfect Indicative*	I was going, you were going, he (she, it) was going; we were going, you were going, they were going
	or: I went, you went, he (she, it) went; we went, you went, they went
	or: I used to go, you used to go, he (she, it) used to go; we used to go, you used to go, he (she, it) used to go
3 *Passé Simple*	I went, you went, he (she, it) went; we went, you went, they went
	or: I did go, you did go, he (she, it) did go; we did go, you did go, they did go
4 *Future*	I shall go, you will go, he (she, it) will go; we shall go, you will go, they will go
5 *Conditional*	I would go, you would go, he (she, it) would go; we would go, you would go, they would go
6 *Present Subjunctive*	that I may go, that you may go, that he (she, it) may go; that we may go, that you may go, that they may go
7 *Imperfect Subjunctive*	that I might go, that you might go, that he (she, it) might go; that we might go, that you might go, that they might go

INFINITIVE **to go — aller**
PRESENT PARTICIPLE going   *PAST PARTICIPLE* gone

Tense no.	The seven compound tenses
8 *Passé Composé*	I have gone, you have gone, he (she, it) has gone; we have gone, you have gone, they have gone
	or: I went, you went, he (she, it) went; we went, you went, they went
	or: I did go, you did go, he (she, it) did go; we did go, you did go, they did go
9 *Pluperfect or Past Perfect Indicative*	I had gone, you had gone, he (she, it) had gone; we had gone, you had gone, they had gone
10 *Past Anterior*	I had gone, you had gone, he (she, it) had gone; we had gone, you had gone, they had gone
11 *Future Perfect or Future Anterior*	I shall have gone, you will have gone, he (she, it) will have gone; we shall have gone, you will have gone, they will have gone
12 *Conditional Perfect*	I would have gone, you would have gone, he (she, it) would have gone; we would have gone, you would have gone, they would have gone
13 *Past Subjunctive*	that I may have gone, that you may have gone, that he (she, it) may have gone; that we may have gone, that you may have gone, that they may have gone
14 *Pluperfect or Past Perfect Subjunctive*	that I might have gone, that you might have gone, that he (she, it) might have gone; that we might have gone, that you might have gone, that they might have gone
Imperative (Command)	go, let's go, go

A Summary of Meanings and Uses of French Verb Tenses and Moods as Related to English Verb Tenses and Moods

A verb is where the action is! A verb is a word that expresses an action (like *go, eat, write*) or a state of being (like *think, believe, be*). Tense means time. French and English verb tenses are divided into three main groups of time: past, present, and future. A verb tense shows if an action or state of being took place, is taking place, or will take place.

French and English verbs are also used in four moods (or modes). Mood has to do with the *way* a person regards an action or a state. For example, a person may merely make a statement or ask a question — this is the Indicative Mood, which we use most of the time in French and English. A person may say that he *would do* something if something else were possible or that he *would have done* something if something else had been possible — this is the Conditional Mood. A person may use a verb *in such a way* to indicate a wish, a fear, a regret, a supposition, or something of this sort — this is the Subjunctive Mood. The Subjunctive Mood is used in French much more than in English. A person may command that something be done — this is the Imperative Mood.

There are six tenses in English: Present, Past, Future, Present Perfect, Past Perfect, and Future Perfect. The first three are simple tenses. The other three are compound tenses and are based on the simple tenses. In French, however, there are fourteen tenses, seven of which are simple and seven of which are compound.

In the pages that follow, the tenses and moods are given in French and the equivalent name or names in English are given in parentheses. I have numbered each tense name for easy reference and recognition. Although some of the names given in English are not considered to be tenses (for there are only six), they are given for the purpose of identification as they are related to the French names. The comparison includes only the essential points you need to know about the meanings and uses of French verb tenses and moods as related to English usage.

I shall use examples to illustrate their meanings and uses. See p. xxx for the formation of the seven simple tenses for regular verbs.

THE SEVEN SIMPLE TENSES

Tense No. 1   Le Présent de l'Indicatif
(Present Indicative)

This tense is used most of the time in French and English. It indicates:

(a) An action or a state of being at the present time.
   EXAMPLES:
   1. Je **vais** à l'école maintenant. I *am going* to school now.
   2. Je **pense**; donc, je **suis**. I *think*; therefore, I *am.*

(b) Habitual action.

EXAMPLE:

1. Je **vais** à la bibliothèque tous les jours.

   I *go* to the library every day. OR: I *do go* to the library every day.

(c) A general truth, something which is permanently true.

EXAMPLES:

1 Deux et deux **font** quatre. Two and two *are* four.

2 Voir c'**est** croire. Seeing *is* believing.

(d) Vividness when talking or writing about past events. This is called the *historical present*.

EXAMPLE:

Marie-Antoinette **est** condamnée à mort. Elle **entre** dans la charrette et **est** en route pour la guillotine.

Marie-Antoinette *is* condemned to die. She *goes* into the cart and *is* on her way to the guillotine.

(e) A near future.

EXAMPLE:

Il **arrive** demain. He *arrives* tomorrow.

(f) An action or state of being that occurred in the past and *continues up to the present*. In English, this tense is the Present Perfect, which is formed with the present tense of *to have* (*have* or *has*) plus the past participle of the verb you are using.

EXAMPLES:

1. Je **suis** ici depuis dix minutes.

   I *have been* here for ten minutes. (I am still here at present)

2. Elle **est** malade depuis trois jours.

   She *has been* sick for three days. (She is still sick at present)

3. J'**attends** l'autobus depuis dix minutes.

   I *have been waiting* for the bus for ten minutes.

NOTE: In this last example the formation of the English verb tense is slightly different from the other two examples in English. The present participle (*waiting*) is used instead of the past participle (*waited*).

NOTE ALSO: For the formation of this tense for regular verbs see p. xxx.

Tense No. 2   L'Imparfait de l'Indicatif
(Imperfect Indicative)

This is a past tense. It is used to indicate:

(a) An action that was going on in the past at the same time as another action.

EXAMPLE:

Il **lisait** pendant que j'**écrivais**. He *was reading* while I *was writing*.

(b) An action that was going on in the past when another action occurred.

EXAMPLE:

Il **lisait** quand je suis entré. He *was reading* when I came in.

(c) An action that a person did habitually in the past.

EXAMPLE:

Nous **allions** à la plage tous les jours. We *used to go* to the beach every day.

OR:

We *would go* to the beach every day.

(d) A description of a mental or physical condition in the past.

EXAMPLES:

(mental condition)   Il **était** triste quand je l'ai vu.
He *was* sad when I saw him.

(physical condition)   Quand ma mère **était** jeune, elle **était** belle.
When my mother *was* young, she *was* beautiful.

(e) An action or state of being that occurred in the past and *lasted for a certain length of time* prior to another past action. In English, it is usually translated as a pluperfect tense and is formed with *had been* plus the present participle of the verb you are using. It is like the special use of the **Présent de l'Indicatif** described in the above section (Tense No. 1) in paragraph (f), except that the action or state of being no longer exists at present.

EXAMPLE:

J'attendais l'autobus depuis dix minutes quand il est arrivé.
I *had been waiting* for the bus for ten minutes when it arrived.

NOTE: For the formation of this tense for regular verbs see p. xxx.

Tense No. 3   Le Passé Simple
(Past Definite or Simple Past)

This past tense expresses an action that took place at some definite time. This tense is not ordinarily used in conversational French or in informal writing. It is a literary tense. It is used in formal writing, such as history and literature. You should be able merely to recognize this tense when you see it in your French readings. It should be noted that French writers use the **Passé Simple** less and less these days. The **Passé Composé** is taking its place in literature, except for **avoir** and **être** which you must know in this tense.

EXAMPLES:

    (a) Il **alla** en Afrique. He *went* to Africa.
    (b) Il **voyagea** en Amérique. He *traveled* to America.
    (c) Elle **fut** heureuse. She *was* happy.
    (d) Elle **eut** un grand bonheur. She *had* great happiness.

NOTE: For the formation of this tense for regular verbs see p. xxx.

Tense No. 4 Le Futur
(Future)

In French and English this tense is used to express an action or a state of being which will take place at some time in the future.

EXAMPLES:

(a) J'**irai** en France l'été prochain.
I *shall go* to France next summer.
OR:
I *will go* to France next summer.

(b) J'y **penserai**.
I *shall think* about it.
OR:
I *will think* about it.

(c) Je **partirai** dès qu'il arrivera.
I *shall leave* as soon as he arrives.

(d) Je te **dirai** tout quand tu seras ici.
I *shall tell* you all when you are here.

If the action of the verb you are using is not past or present and if future time is implied, the future tense is used when the clause begins with any of the following conjunctions: **aussitôt que** (as soon as), **dès que** (as soon as), **quand** (when), **lorsque** (when), and **tant que** (as long as).

NOTE: For the formation of this tense for regular verbs see p. xxx.

Tense No. 5 Le Conditionnel Présent
(Conditional)

The Conditional is used in French and English to express:

(a) An action that you would do if something else were possible.
EXAMPLE:
Je **ferais** le travail si j'avais le temps.
I *would do* the work if I had the time.

(b) A conditional desire. This is the Conditional of courtesy in French.
EXAMPLES:
J'**aimerais** du thé. I *would like* some tea.
Je **voudrais** du café. I *would like* some coffee.

(c) An obligation or duty.
EXAMPLE:
Je **devrais** étudier pour l'examen. I *should* study for the examination.
OR: I *ought* to study for the examination.

NOTE (1): The French verb **devoir** plus the infinitive is used to express the idea of *should* when you mean *ought to*.

NOTE (2): When the Conditional of the verb **pouvoir** is used in French, it is translated into English as *could* or *would be able*.
EXAMPLE:
Je **pourrais** venir après le dîner. I *could come* after dinner.
OR: I *would be able* to come after dinner.

NOTE: For the formation of this tense for regular verbs see p. xxx.

Tense No. 6 Le Présent du Subjonctif
(Present Subjunctive)

The Subjunctive is used in French much more than in English. It is disappearing in English, except for the following major uses:

(a) The Subjunctive is used in French and English to express a command.

EXAMPLE:

Soyez à l'heure! *Be* on time!

NOTE: In English, the form in the Subjunctive applies mainly to the verb *to be*. Also, note that all verbs in French are not in the Subjunctive when expressing a command. See **L'Impératif** on p. xxviii.

(b) The Subjunctive is commonly used in English to express a condition contrary to fact.

EXAMPLE:

If I *were* you, I would not do it.

NOTE: In French the Subjunctive is not used in this instance. Instead, the **Imparfait de l'Indicatif** is used if what precedes is *si* (*if*). Same example in French: Si j'**étais** vous, je ne le ferais pas.

(c) The Present Subjunctive is used in French and English after a verb that expresses some kind of insistence, preference, or suggestion.

EXAMPLES:

1. J'insiste que vous **soyez** ici à l'heure. I insist that *you be* here on time.
2. Je préfère qu'il **fasse** le travail maintenant. I prefer that *he do* the work now.
3. J'exige qu'il **soit** puni. I demand that *he be* punished.

(d) The Subjunctive is used in French after a verb that expresses doubt, fear, joy, sorrow, or some other emotion. Notice in the following examples that the Subjunctive is not used in English but it is in French.

EXAMPLES:

1. Je doute qu'il **vienne**.
   I doubt that he *is coming.*   OR: I doubt that he *will come.*
2. J'ai peur qu'il ne **soit** malade.
   I'm afraid that he *is* sick.
3. Je suis heureux qu'il **vienne**.
   I'm happy that he *is coming.*
4. Je regrette qu'il **soit** malade.
   I'm sorry that he *is* sick.

(e) The Present Subjunctive is used in French after certain conjunctions. Notice, however, that the Subjunctive is not always used in English.

EXAMPLES:

1. Je partirai **à moins qu'il ne vienne**.
   I shall leave unless he *comes.*
2. Je resterai **jusqu'à ce qu'il vienne**.
   I shall stay until he *comes.*
3. **Quoiqu'elle soit** belle, il ne l'aime pas.
   Although she *is* beautiful, he does not love her.
4. Je l'explique **pour qu'elle comprenne**.
   I'm explaining it *so that she may understand.*

(f) The Present Subjunctive is used in French after certain impersonal expressions that show a need, doubt, possibility or impossibility. Notice, however, that the Subjunctive is not always used in English in the following examples:

1. Il est urgent qu'il **vienne**.
   It is urgent that he *come*.
2. Il vaut mieux qu'il **vienne**.
   It is better that he *come*.
3. Il est possible qu'il **vienne**.
   It is possible that he *will come*.
4. Il est douteux qu'il **vienne**.
   It is doubtful that he *will come*.
5. Il est nécessaire qu'il **vienne**.
   It is necessary that he *come*. OR: He must come.
6. Il faut qu'il **vienne**.
   It is necessary that he *come*. OR: He must come.
7. Il est important que vous **fassiez** le travail.
   It is important that you *do* the work.
8. Il est indispensable qu'elle **fasse** le travail.
   It is required that she *do* the work.

NOTE: For the formation of this tense for regular verbs see p. xxxi.

Tense No. 7 L'Imparfait du Subjonctif
(Imperfect Subjunctive)

L'Imparfait du Subjonctif is used for the same reasons as the **Présent du Subjonctif** — that is, after certain verbs, conjunctions, and impersonal expressions which were used in examples above under the section, **le Présent du Subjonctif**. The main difference between these two is the time of the action. If present, use the **Présent du Subjonctif** (Tense No. 6). If the action is related to the past, the **Imparfait du Subjonctif** (this tense) is used, provided that the action was *not* completed. If the action was completed, the **Plus-que-parfait du Subjonctif** is used. See below under the section, **Plus-que-parfait du Subjonctif** (Tense No. 14).

Since the Subjunctive Mood is troublesome in French and English, you may be pleased to know that this tense is rarely used in English. It is used in French, however, but only in formal writing and in literature. For that reason, you should merely be familiar with it so you can recognize it when you see it in your French readings. In conversational French and in informal writing, **l'Imparfait du Subjunctif** is avoided. Use, instead, the **Présent du Subjonctif**.

Notice that the **Imparfait du Subjonctif** is used in French in both of the following examples, but is used in English only in the second example (b):

EXAMPLES:

(a) Je voulais qu'il **vînt**. I wanted him to come.

(action not completed; he did not come while I wanted him to come)

NOTE: The Subjunctive of **venir** is used because the verb that precedes is one that requires the Subjunctive *after* it — in this example it is **vouloir**. In conversational French and informal writing, the **Imparfait du Subjonctif** is avoided. Use, instead, the **Présent du Subjonctif**: Je voulais qu'il **vienne**.

(b) Je le lui expliquais **pour qu'elle le comprît.**

I was explaining it to her *so that she might understand it*.

(action not completed; the understanding was not completed at the time of the explaining)

NOTE: The Subjunctive of **comprendre** is used because the conjunction that precedes is one that requires the Subjunctive *after* it — in this example it is **pour que.** In conversational French and informal writing, the **Imparfait du Subjonctif** is avoided. Use, instead, the **Présent du Subjunctif:** Je le lui expliquais pour qu'elle le **comprenne.**

NOTE: For the formation of this tense for regular verbs see p. xxxi.

THE SEVEN COMPOUND TENSES

Tense No. 8   Le Passé Composé
(Past Indefinite or Compound Past)

This past tense expresses an action that took place at no definite time. It is used in conversational French, correspondence, and other informal writing. The **Passé Composé** is used more and more in literature these days and is taking the place of the **Passé Simple** (Tense No. 3). It is a compound tense because it is formed with the **Présent de l'Indicatif** (Tense No. 1) of *avoir* or *être* (depending on which of these two auxiliaries is required to form a compound tense) plus the past participle. See page xi for the distinction made between verbs conjugated with *avoir* or *être*.

EXAMPLES:
1. Il **est allé** à l'école. He *went* to school.
2. Il **est allé** à l'école. He *did go* to school.
3. Il **est allé** à l'école. He *has gone* to school.
4. **J'ai mangé** dans ce restaurant beaucoup de fois.
   I *have eaten* in this restaurant many times.

NOTE: In examples 3 and 4 in English the verb is formed with the Present tense of *to have* (*have* or *has*) plus the past participle of the verb you are using. In English, this form is called the Present Perfect.

5. **J'ai parlé** au garçon. I *spoke* to the boy. OR: I *have spoken* to the boy.
   OR: I *did speak* to the boy.

Tense No. 9   Le Plus-que-parfait de l'Indicatif
(Pluperfect or Past Perfect Indicative)

In French and English this tense is used to express an action which happened in the past *before* another past action. Since it is used in relation to another past action, the other past action is expressed in either the **Passé Composé** (Tense No. 8) or the **Imparfait de l'Indicatif**

(Tense No. 2) in French. This tense is used in formal writing and literature as well as in conversational French and informal writing. The correct use of this tense is strictly observed in French. In English, however, too often we neglect to use it correctly. It is a compound tense because it is formed with the **Imparfait de l'Indicatif** of *avoir* or *être* (depending on which of these two auxiliaries is required to form a compound tense) plus the past participle. See page xi for the distinction made between verbs conjugated with *avoir* or *être*. In English, this tense is formed with the Past Tense of *to have* (*had*) plus the past participle of the verb you are using.

EXAMPLES:

(a) Je me suis rappelé que j'**avais oublié** de le lui dire.
I remembered that I *had forgotten* to tell him.

NOTE: It would be incorrect in English to say: I remembered that I *forgot* to tell him. The point here is that *first* I forgot; then, I remembered. Both actions are in the past. The action that occurred in the past *before* the other past action is in the Pluperfect. And in this example it is *I had forgotten* (**j'avais oublié**).

(b) **J'avais étudié** la leçon que le professeur a expliquée.
I *had studied* the lesson which the teacher explained.

NOTE: *First* I studied the lesson; then, the teacher explained it. Both actions are in the past. The action that occurred in the past *before* the other past action is in the Pluperfect. And in this example it is *I had studied* (**j'avais étudié**). If you say **J'ai étudié la leçon que le professeur avait expliquée,** you are saying that you *studied* the lesson which the teacher *had explained*. In other words, the teacher explained the lesson first and then you studied it.

(c) J'étais fatigué ce matin parce que je n'**avais** pas **dormi**.
I was tired this morning because I *had* not *slept*.

Tense No. 10   Le Passé Antérieur
(Past Anterior)

This tense is similar to the **Plus-que-parfait de l'Indicatif** (Tense No. 9). The main difference is that in French it is a literary tense; that is, it is used in formal writing, such as history and literature. More and more French writers today use the **Plus-que-parfait de l'Indicatif** instead of this tense. Generally speaking, the **Passé Antérieur** is to the **Plus-que-parfait** what the **Passé Simple** is to the **Passé Composé**. The **Passé Antérieur** is a compound tense. In French, it is formed with the **Passé Simple** of *avoir* or *être* (depending on which of these two auxiliaries is required to form a compound tense) plus the past participle. In English, it is formed in the same way as the Pluperfect or Past Perfect. This tense is ordinarily introduced by conjunctions of time: **après que, aussitôt que, dès que, lorsque, quand.**

EXAMPLE:

Quand il **eut mangé** tout, il partit. When he *had eaten* everything, he left.

NOTE: In conversational French and informal writing, the **Plus-que-parfait de l'Indicatif** is used instead: Quand il **avait mangé** tout, il est parti. The translation into English is the same.

Tense No. 11   Le Futur Antérieur
(Future Perfect or Future Anterior)

In French and English this tense is used to express an action which will happen in the future *before* another future action. Since it is used in relation to another future action, the other future action is expressed in the simple Future in French, but not always in the simple Future in English. In French, it is used in conversation and informal writing as well as in formal writing and in literature. It is a compound tense because it is formed with the **Futur** of *avoir* or *être* (depending on which of these two auxiliaries is required to form a compound tense) plus the past participle of the verb you are using. In English, it is formed by using *shall have* or *will have* plus the past participle of the verb you are using.

EXAMPLES:
(a) Elle arrivera demain et j'**aurai fini** le travail.
   She will arrive tomorrow and I *shall have finished* the work.

   NOTE: First, I shall finish the work; then, she will arrive. The action that will occur in the future *before* the other future action is in the **Futur Antérieur.**

(b) Quand elle arrivera demain, j'**aurai fini** le travail.
   When she arrives tomorrow, I *shall have finished* the work.

   NOTE: The idea of future time here is the same as in example (a) above. In English, the Present tense is used (*When she arrives . . .*) to express a near future. In French, the **Futur** is used (**Quand elle arrivera . . .**) because **quand** precedes and the action will take place in the future. Study Tense No. 4 on p. xxi.

Tense No. 12   Le Conditionnel Passé
(Conditional Perfect)

This is used in French and English to express an action that you *would have done* if something else had been possible; that is, you would have done something *on condition* that something else had been possible. It is a compound tense because it is formed with the **Conditionnel Présent** of *avoir* or *être* plus the past participle of the verb you are using. In English, it is formed by using *would have* plus the past participle. Observe the difference between the following examples and the one given for the use of the **Conditionnel Présent** which was explained and illustrated in Tense No. 5 above.

EXAMPLES:
(a) J'**aurais fait** le travail si j'avais étudié.
   I *would have done* the work if I had studied.

(b) J'**aurais fait** le travail si j'avais eu le temps.
   I *would have done* the work if I had had the time.

   NOTE: Review the **Plus-que-parfait de l'Indicatif** which was explained above in Tense No. 9 in order to understand the use of *if I had studied* (**si j'avais étudié**) and *if I had had the time* (**si j'avais eu le temps**).

NOTE FURTHER: The French verb **devoir** plus the infinitive is used to express the idea of *should* when you mean *ought to*. The past participle of **devoir** is **dû**. It is conjugated with **avoir**.

EXAMPLE:
J'aurais dû étudier.
I *should have* studied. OR: I *ought to have* studied.

Tense No. 13   Le Passé du Subjonctif
(Past or Perfect Subjunctive)

This tense is used to express an action which took place in the past in relation to the present time. It is like the **Passé Composé**, except that the auxiliary verb (*avoir* or *être*) is in the **Présent du Subjonctif**. The Subjunctive is used (as was noted in the previous sections of verb tenses in the Subjunctive) because what precedes is a certain verb, a certain conjunction, or a certain impersonal expression. The **Passé du Subjonctif** is also used in relation to a future time when another action will be completed. This tense is rarely used in English. In French, however, this tense is used in formal writing and in literature as well as in conversational French and informal writing. It is a compound tense because it is formed with the **Présent du Subjonctif** of *avoir* or *être* as the auxiliary plus the past participle of the verb you are using.

EXAMPLES:
(a) A past action in relation to the present

Il est possible qu'elle **soit partie**.
It is possible that she *may have left*. OR: It is possible that she *has left*.
Je doute qu'il **ait fait** cela.
I doubt that he *did* that.

(b) An action that will take place in the future

J'insiste que vous **soyez rentré** avant dix heures.
I insist that you *be back* before ten o'clock.

Tense No. 14   Le Plus-que-parfait du Subjonctif
(Pluperfect or Past Perfect Subjunctive)

This tense is used for the same reasons as the **Imparfait du Subjonctif** (Tense No. 7) – that is, after certain verbs, conjunctions and impersonal expressions which were used in examples previously under le **Présent du Subjonctif**. The main difference between the **Imparfait du Subjonctif** and this tense is the time of the action in the past. If the action was *not* completed, the **Imparfait du Subjonctif** is used. If the action was completed, this tense is used. It is rarely used in English. In French, it is used only in formal writing and in literature. For that reason, you should merely be familiar with it so you can recognize it in your readings in French literature. In conversational French and in informal writing, this tense is avoided. Use, instead, the **Passé du Subjonctif** (Tense No. 13).

This is a compound tense. It is formed by using the **Imparfait du Subjonctif** of *avoir* or *être* plus the past participle. This tense is like the **Plus-que-parfait de l'Indicatif**, except that the auxiliary verb (*avoir* or *être*) is in the **Imparfait du Subjonctif**. Review the uses of the Subjunctive mood in Tense No. 6.

EXAMPLES:
(a) Il était possible qu'elle **fût partie**.
It was possible that she *might have left*.

NOTE· Avoid this tense in conversational and informal French. Use, instead, **le Passé du Subjonctif**:
Il était possible qu'elle **soit partie**.

(b) Je ne croyais pas qu'elle **eût dit** cela.
I did not believe that she *had said* that.

NOTE: Avoid this tense in conversational and informal French. Use, instead, **le Passé du Subjonctif**:
Je ne croyais pas qu'elle **ait dit** cela.

(c) Je n'ai pas cru qu'elle **eût dit** cela.
I did not believe that she *had said* that.

NOTE: Avoid this tense in conversational and informal French. Use, instead, **le Passé du Subjonctif**:
Je n'ai pas cru qu'elle **ait dit** cela.

(d) J'ai craint que vous ne **fussiez tombé**.
I was afraid that you *had fallen*.

NOTE: Avoid this tense in conversational and informal French. Use, instead, **le Passé du Subjonctif**:
J'ai craint que vous ne **soyez tombé**.

L'Impératif
(Imperative or Command)

The Imperative Mood is used in French and English to express a command or a request. It is also used to express an indirect request made in the third person, as in (e) and (f) below. In both languages it is formed by dropping the subject pronoun and using the present tense. There are a few exceptions in both languages when the **Présent du Subjonctif** is used.

EXAMPLES:
(a) **Sortez!** Get out!

(b) **Entrez!** Come in!

(c) **Buvons!** Let's drink!

(d) **Soyez à l'heure!** *Be* on time! (Subjunctive is used)

(e) **Dieu le veuille!** May God *grant* it! (Subjunctive is used)

(f) **Qu'ils mangent du** gâteau! Let them *eat* cake! (Subjunctive is used)

(g) **Asseyez-vous!** Sit down!

(h) **Levez-vous!** Get up!

(i) **Ne vous asseyez pas!** Don't sit down!

(j) **Ne vous levez pas!** Don't get up!

NOTE: The Imperative is not a tense. It is a mood.

NOTE FURTHER: If you use a reflexive verb in the Imperative, drop the subject pronoun but keep the reflexive pronoun. Example: **Lavez-vous!** Wash yourself! See also examples (g) through (j).

Summary of verb tenses and moods in French with English equivalents

	Les sept temps simples *The seven simple tenses*		**Les sept temps composés** *The seven compound tenses*
Tense No.	Tense Name	**Tense No.**	Tense Name
1	**Présent de l'indicatif** *Present indicative*	**8**	**Passé Composé**
2	**Imparfait de l'indicatif** *Imperfect indicative*	**9**	**Plus-que-parfait de l'indicatif** *Pluperfect indicative*
3	**Passé simple** *Past definite or Simple past*	**10**	**Passé antérieur** *Past anterior*
4	**Futur** *Future*	**11**	**Futur antérieur** *Future perfect*
5	**Conditionnel** *Conditional*	**12**	**Conditionnel passé** *Conditional perfect*
6	**Présent du subjonctif** *Present subjunctive*	**13**	**Passé du subjonctif** *Past subjunctive*
7	**Imparfait du subjonctif** *Imperfect subjunctive*	**14**	**Plus-que-parfait du subjonctif** *Pluperfect subjunctive*

The imperative is not a tense; it is a mood.

In French there are seven simple tenses and seven compound tenses. A simple tense means that the verb form consists of one word. A compound tense is a verb form that consists of two words (the auxiliary verb and the past participle). The auxiliary verb is also called a helping verb and in French it is any of the seven simple tenses of **avoir** or **être**.

FORMATION OF THE SEVEN SIMPLE TENSES FOR REGULAR VERBS

Tense No. 1 Présent de l'Indicatif
(Present Indicative)

-er verbs: drop **-er** and add **e, es, e; ons, ez, ent**

-ir verbs: drop **-ir** and add **is, is, it; issons, issez, issent**

-re verbs: drop **·re** and add **s, s, -; ons, ez, ent**

Tense No. 2 Imparfait de l'Indicatif
(Imperfect Indicative)

For **-er, -ir, -re** verbs, take the **"nous"** form in the present indicative of the verb you have in mind, drop the ending **-ons** and add: **ais, ais, ait; ions, iez, aient**

Tense No. 3 Passé Simple
(Past Definite or Simple Past)

For all **-er** verbs, drop **-er** and add **ai, as, a; âmes, âtes, èrent**

For **-ir** and **-re** verbs, drop the ending of the infinitive and add
is, is, it; îmes, îtes, irent

Tense No. 4 Futur
(Future)

Add the following endings to the whole infinitive, but for **-re** verbs drop **e** in **-re** before adding the future endings, which are: **ai, as, a; ons, ez, ont**

Tense No. 5 Conditionnel
(Conditional)

Add the following endings to the whole infinitive, but for **-re** verbs drop **e** in **-re** before adding the conditional endings, which are: **ais, ais, ait; ions, iez, aient**. Note that these endings are the same as those for the imperfect indicative (Tense No. 2).

Tense No. 6 Présent du Subjonctif
(Present Subjunctive)

Drop **-ant** ending of the present participle of the verb you have in mind and add
e, es, e; ions, iez, ent

Tense No. 7 Imparfait du Subjonctif
(Imperfect Subjunctive)

Drop the endings of the passé simple of the verb you have in mind and for **-er** verbs
add **asse, asses, ât; assions, assiez, assent.** For **-ir** verbs add **isse, isses, ît; issions,
issiez, issent.** For **-re** verbs add **usse, usses, ût; ussions, ussiez, ussent.**

NOTE:
(a) For the forms of irregular verbs, *e.g.,* **avoir, être, faire, aller,** and many others,
   turn to the page where the verb you have in mind is given in this book. All
   verbs are listed alphabetically at the top of each page.
(b) For the uses of the seven simple tenses, see pp. xviii–xxiv.
(c) For the formation of the seven compound tenses and their uses, see pp. xxiv–
   xxviii and the section below.

FORMATION OF THE SEVEN COMPOUND TENSES

An Easy Way to Form the Seven Compound Tenses in French

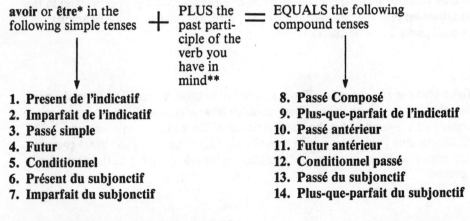

avoir or **être*** in the
following simple tenses
+
PLUS the
past parti-
ciple of the
verb you
have in
mind**
=
EQUALS the following
compound tenses

1. **Present de l'indicatif**
2. **Imparfait de l'indicatif**
3. **Passé simple**
4. **Futur**
5. **Conditionnel**
6. **Présent du subjonctif**
7. **Imparfait du subjonctif**

8. **Passé Composé**
9. **Plus-que-parfait de l'indicatif**
10. **Passé antérieur**
11. **Futur antérieur**
12. **Conditionnel passé**
13. **Passé du subjonctif**
14. **Plus-que-parfait du subjonctif**

*To know if **avoir** or **être** is required, see p. xi.
**To know how to form a past participle, see p. xii.

Each compound tense is based on each simple tense. The fourteen tenses given on page xxxi are arranged in a logical order which is numerical. Here is how you form each of the seven compound tenses:

Tense number 8 is based on Tense number 1; in other words, you form the **passé composé** by using the auxiliary **avoir** or **être** (whichever is appropriate) in the **présent de l'indicatif** plus the past participle of the verb you have in mind. Examples: **j'ai parlé; je suis allé(e).**

Tense number 9 is based on Tense number 2; in other words, you form the **plus-que-parfait de l'indicatif** by using the auxiliary **avoir** or **être** (whichever is appropriate) in the **imparfait de l'indicatif** plus the past participle of the verb you have in mind. Examples: **j'avais parlé; j'étais allé(e).**

Tense number 10 is based on Tense number 3; in other words, you form the **passé antérieur** by using the auxiliary **avoir** or **être** (whichever is appropriate) in the **passé simple** plus the past participle of the verb you have in mind. Examples: **j'eus parlé; je fus allé(e).**

Tense number 11 is based on Tense number 4; in other words, you form the **futur antérieur** by using the auxiliary **avoir** or **être** (whichever is appropriate) in the **futur** plus the past participle of the verb you have in mind. Examples: **j'aurai parlé; je serai allé(e).**

Tense number 12 is based on Tense number 5; in other words, you form the **conditionnel passé** by using the auxiliary **avoir** or **être** (whichever is appropriate) in the **conditionnel** plus the past participle of the verb you have in mind. Examples: **j'aurais parlé; je serais allé(e).**

Tense number 13 is based on Tense number 6; in other words, you form the **passé du subjonctif** by using the auxiliary **avoir** or **être** (whichever is appropriate) in the **présent du subjonctif** plus the past participle of the verb you have in mind. Examples: **que j'aie parlé; que je sois allé(e).** This tense is like the **passé composé** (tense number 8), except that the auxiliary verb **avoir** or **être** is in the present subjunctive.

Tense number 14 is based on Tense number 7; in other words, you form the **plus-que-parfait du subjonctif** by using the auxiliary **avoir** or **être** (whichever is appropriate) in the **imparfait du subjonctif** plus the past participle of the verb you have in mind. Examples: **que j'eusse parlé; que je fusse allé(e).**

If you ever expect to know or even recognize the meaning of any of the seven compound tenses, or to know how to form them, you certainly have to know **avoir** and **être** in the seven simple tenses. If you do not, you cannot form the seven compound tenses — and they are the easiest to form. This is one perfect example to illustrate that learning French verb forms is a cumulative experience because in order to know the seven compound tenses, you must first know the forms of **avoir** and **être** in the seven simple tenses. They are found on pages 31 and 119 in this book.

To know which verbs are conjugated with **avoir** or **être** to form the seven compound tenses, see page xi. To understand the uses of the seven simple tenses, see pages xviii–xxiv. To understand the uses of the seven compound tenses, see pages xxiv–xxviii. To know the translation of all fourteen tenses into English, see pages xvi–xvii.

Subject Pronouns

(a) The subject pronouns for all verb forms on the following pages have been omitted in order to emphasize the verb forms, which is what this book is all about.

(b) The subject pronouns that have been omitted are, as you know, as follows:

singular	plural
je *or* **j'**	**nous**
tu	**vous**
il, elle, on	**ils, elles**

(c) You realize, of course, that when you use a verb form in the Imperative (Command) you do not use the subject pronoun with it, as is also done in English. Example: **Parlez!** *Speak!* If you use a reflexive verb in the Imperative, drop the subject pronoun but keep the reflexive pronoun. Example: **Lavez-vous!** *Wash yourself!*

Alphabetical Listing of 301 French Verbs Fully Conjugated in All the Tenses

Subject Pronouns

singular	plural
je *or* j'	nous
tu	vous
il, elle, on	ils, elles

The Seven Simple Tenses		The Seven Compound Tenses	
Singular	Plural	Singular	Plural

1 présent de l'indicatif

		8 passé composé	
accepte	acceptons	ai accepté	avons accepté
acceptes	acceptez	as accepté	avez accepté
accepte	acceptent	a accepté	ont accepté

2 imparfait de l'indicatif

		9 plus-que-parfait de l'indicatif	
acceptais	acceptions	avais accepté	avions accepté
acceptais	acceptiez	avais accepté	aviez accepté
acceptait	acceptaient	avait accepté	avaient accepté

3 passé simple

		10 passé antérieur	
acceptai	acceptâmes	eus accepté	eûmes accepté
acceptas	acceptâtes	eus accepté	eûtes accepté
accepta	acceptèrent	eut accepté	eurent accepté

4 futur

		11 futur antérieur	
accepterai	accepterons	aurai accepté	aurons accepté
accepteras	accepterez	auras accepté	aurez accepté
acceptera	accepteront	aura accepté	auront accepté

5 conditionnel

		12 conditionnel passé	
accepterais	accepterions	aurais accepté	aurions accepté
accepterais	accepteriez	aurais accepté	auriez accepté
accepterait	accepteraient	aurait accepté	auraient accepté

6 présent du subjonctif

		13 passé du subjonctif	
accepte	acceptions	aie accepté	ayons accepté
acceptes	acceptiez	aies accepté	ayez accepté
accepte	acceptent	ait accepté	aient accepté

7 imparfait du subjonctif

		14 plus-que-parfait du subjonctif	
acceptasse	acceptassions	eusse accepté	eussions accepté
acceptasses	acceptassiez	eusses accepté	eussiez accepté
acceptât	acceptassent	eût accepté	eussent accepté

Impératif
accepte
acceptons
acceptez

Sentences using this verb and words related to it

Ce matin Madame Pompidou a téléphoné à son amie, Madame Dulac, pour accepter une in-vitation à dîner chez elle. Voici leur conversation:

Madame Pompidou: Je viens de recevoir votre aimable invitation. J'accepte avec plaisir.
J'ai déjà accepté une invitation pour déjeuner chez une autre amie le même jour. Alors, après le déjeuner chez elle, j'irai en ville pour faire du shopping et je serai chez vous à huit heures pour le dîner.
Madame Dulac: Vous acceptez? C'est merveilleux. Alors, vous n'aurez pas besoin de faire la cuisine ce jour-là! Merci pour votre acceptation.

accompagner

Part. pr. accompagnant **Part. passé accompagné**

to accompany

The Seven Simple Tenses		The Seven Compound Tenses	
Singular	Plural	Singular	Plural
1 présent de l'indicatif		**8 passé composé**	
accompagne	accompagnons	ai accompagné	avons accompagné
accompagnes	accompagnez	as accompagné	avez accompagné
accompagne	accompagnent	a accompagné	ont accompagné
2 imparfait de l'indicatif		**9 plus-que-parfait de l'indicatif**	
accompagnais	accompagnions	avais accompagné	avions accompagné
accompagnais	accompagniez	avais accompagné	aviez accompagné
accompagnait	accompagnaient	avait accompagné	avaient accompagné
3 passé simple		**10 passé antérieur**	
accompagnai	accompagnâmes	eus accompagné	eûmes accompagné
accompagnas	accompagnâtes	eus accompagné	eûtes accompagné
accompagna	accompagnèrent	eut accompagné	eurent accompagné
4 futur		**11 futur antérieur**	
accompagnerai	accompagnerons	aurai accompagné	aurons accompagné
accompagneras	accompagnerez	auras accompagné	aurez accompagné
accompagnera	accompagneront	aura accompagné	auront accompagné
5 conditionnel		**12 conditionnel passé**	
accompagnerais	accompagnerions	aurais accompagné	aurions accompagné
accompagnerais	accompagneriez	aurais accompagné	auriez accompagné
accompagnerait	accompagneraient	aurait accompagné	auraient accompagné
6 présent du subjonctif		**13 passé du subjonctif**	
accompagne	accompagnions	aie accompagné	ayons accompagné
accompagnes	accompagniez	aies accompagné	ayez accompagné
accompagne	accompagnent	ait accompagné	aient accompagné
7 imparfait du subjonctif		**14 plus-que-parfait du subjonctif**	
accompagnasse	accompagnassions	eusse accompagné	eussions accompagné
accompagnasses	accompagnassiez	eusses accompagné	eussiez accompagné
accompagnât	accompagnassent	eût accompagné	eussent accompagné

Impératif
accompagne
accompagnons
accompagnez

Sentences using this verb and words related to it

Hier après-midi Monsieur Durand, professeur de français, a accompagné ses étudiants au Bois de Boulogne pour pique-niquer. Les étudiants étaient accompagnés aussi de leurs parents. Avez-vous jamais accompagné un groupe d'élèves? C'est de la bonne compagnie!

to greet, welcome

The Seven Simple Tenses		The Seven Compound Tenses	
Singular	Plural	Singular	Plural

1 présent de l'indicatif

accueille	accueillons	
accueilles	accueillez	
accueille	accueillent	

8 passé composé

ai accueilli	avons accueilli
as accueilli	avez accueilli
a accueilli	ont accueilli

2 imparfait de l'indicatif

accueillais	accueillions
accueillais	accueilliez
accueillait	accueillaient

9 plus-que-parfait de l'indicatif

avais accueilli	avions accueilli
avais accueilli	aviez accueilli
avait accueilli	avaient accueilli

3 passé simple

accueillis	accueillîmes
accueillis	accueillîtes
accueillit	accueillirent

10 passé antérieur

eus accueilli	eûmes accueilli
eus accueilli	eûtes accueilli
eut accueilli	eurent accueilli

4 futur

accueillerai	accueillerons
accueilleras	accueillerez
accueillera	accueilleront

11 futur antérieur

aurai accueilli	aurons accueilli
auras accueilli	aurez accueilli
aura accueilli	auront accueilli

5 conditionnel

accueillerais	accueillerions
accueillerais	accueilleriez
accueillerait	accueilleraient

12 conditionnel passé

aurais accueilli	aurions accueilli
aurais accueilli	auriez accueilli
aurait accueilli	auraient accueilli

6 présent du subjonctif

accueille	accueillions
accueilles	accueilliez
accueille	accueillent

13 passé du subjonctif

aie accueilli	ayons accueilli
aies accueilli	ayez accueilli
ait accueilli	aient accueilli

7 imparfait du subjonctif

accueillisse	accueillissions
accueillisses	accueillissiez
accueillît	accueillissent

14 plus-que-parfait du subjonctif

eusse accueilli	eussions accueilli
eusses accueilli	eussiez accueilli
eût accueilli	eussent accueilli

Impératif
accueille
accueillons
accueillez

Sentences using this verb and words related to it

  Avez-vous jamais été accueilli aimablement? C'est bon. Avez-vous jamais été accueilli froidement? Ce n'est pas bon! Chaque fois que je rends visite à mes grands-parents, ils m'accueillent chaleureusement. Ils me font toujours bon accueil.

to buy, to purchase

The Seven Simple Tenses		The Seven Compound Tenses	
Singular	Plural	Singular	Plural

1 présent de l'indicatif

achète	achetons		
achètes	achetez		
achète	achètent		

8 passé composé

ai acheté	avons acheté
as acheté	avez acheté
a acheté	ont acheté

2 imparfait de l'indicatif

achetais	achetions
achetais	achetiez
achetait	achetaient

9 plus-que-parfait de l'indicatif

avais acheté	avions acheté
avais acheté	aviez acheté
avait acheté	avaient acheté

3 passé simple

achetai	achetâmes
achetas	achetâtes
acheta	achetèrent

10 passé antérieur

eus acheté	eûmes acheté
eus acheté	eûtes acheté
eut acheté	eurent acheté

4 futur

achèterai	achèterons
achèteras	achèterez
achètera	achèteront

11 futur antérieur

aurai acheté	aurons acheté
auras acheté	aurez acheté
aura acheté	auront acheté

5 conditionnel

achèterais	achèterions
achèterais	achèteriez
achèterait	achèteraient

12 conditionnel passé

aurais acheté	aurions acheté
aurais acheté	auriez acheté
aurait acheté	auraient acheté

6 présent du subjonctif

achète	achetions
achètes	achetiez
achète	achètent

13 passé du subjonctif

aie acheté	ayons acheté
aies acheté	ayez acheté
ait acheté	aient acheté

7 imparfait du subjonctif

achetasse	achetassions
achetasses	achetassiez
achetât	achetassent

14 plus-que-parfait du subjonctif

eusse acheté	eussions acheté
eusses acheté	eussiez acheté
eût acheté	eussent acheté

Impératif
achète
achetons
achetez

Sentences using this verb and words related to it

    Samedi je vais en ville pour acheter quelques cadeaux. La semaine dernière mon père a acheté une nouvelle automobile et ma mère a acheté une jolie robe. Quand je leur ai dit que je voulais faire quelques achats, ils m'ont demandé:—Qu'est-ce que tu achèteras?

    Je leur ai répondu:—Je ne suis pas acheteur d'un grand magasin! J'achèterai un petit cadeau pour toi et pour toi!

The Seven Simple Tenses		The Seven Compound Tenses	
Singular	Plural	Singular	Plural
1 présent de l'indicatif		**8 passé composé**	
admets	admettons	ai admis	avons admis
admets	admettez	as admis	avez admis
admet	admettent	a admis	ont admis
2 imparfait de l'indicatif		**9 plus-que-parfait de l'indicatif**	
admettais	admettions	avais admis	avions admis
admettais	admettiez	avais admis	aviez admis
admettait	admettaient	avait admis	avaient admis
3 passé simple		**10 passé antérieur**	
admis	admîmes	eus admis	eûmes admis
admis	admîtes	eus admis	eûtes admis
admit	admirent	eut admis	eurent admis
4 futur		**11 futur antérieur**	
admettrai	admettrons	aurai admis	aurons admis
admettras	admettrez	auras admis	aurez admis
admettra	admettront	aura admis	auront admis
5 conditionnel		**12 conditionnel passé**	
admettrais	admettrions	aurais admis	aurions admis
admettrais	admettriez	aurais admis	auriez admis
admettrait	admettraient	aurait admis	auraient admis
6 présent du subjonctif		**13 passé du subjonctif**	
admette	admettions	aie admis	ayons admis
admettes	admettiez	aies admis	ayez admis
admette	admettent	ait admis	aient admis
7 imparfait du subjonctif		**14 plus-que-parfait du subjonctif**	
admisse	admissions	eusse admis	eussions admis
admisses	admissiez	eusses admis	eussiez admis
admît	admissent	eût admis	eussent admis

Impératif
admets
admettons
admettez

Sentences using this verb and words related to it

Je connais un élève qui n'admet pas toujours ses fautes. Un jour, dans la classe de français, Robert a lancé son crayon contre le mur. Le professeur lui a dit: Robert, ce que tu viens de faire n'est pas admissible dans cette classe.

Robert a répondu: — Mais, monsieur, ce n'est pas moi qui ai lancé ce crayon. C'était Georges.

— Ce n'est pas vrai! dit Georges. Admets la vérité, Robert. Après quelques minutes, Robert a admis que c'était lui.

to admire

The Seven Simple Tenses		The Seven Compound Tenses	
Singular	Plural	Singular	Plural
1 présent de l'indicatif		**8 passé composé**	
admire	admirons	ai admiré	avons admiré
admires	admirez	as admiré	avez admiré
admire	admirent	a admiré	ont admiré
2 imparfait de l'indicatif		**9 plus-que-parfait de l'indicatif**	
admirais	admirions	avais admiré	avions admiré
admirais	admiriez	avais admiré	aviez admiré
admirait	admiraient	avait admiré	avaient admiré
3 passé simple		**10 passé antérieur**	
admirai	admirâmes	eus admiré	eûmes admiré
admiras	admirâtes	eus admiré	eûtes admiré
admira	admirèrent	eut admiré	eurent admiré
4 futur		**11 futur antérieur**	
admirerai	admirerons	aurai admiré	aurons admiré
admireras	admirerez	auras admiré	aurez admiré
admirera	admireront	aura admiré	auront admiré
5 conditionnel		**12 conditionnel passé**	
admirerais	admirerions	aurais admiré	aurions admiré
admirerais	admireriez	aurais admiré	auriez admiré
admirerait	admireraient	aurait admiré	auraient admiré
6 présent du subjonctif		**13 passé du subjonctif**	
admire	admirions	aie admiré	ayons admiré
admires	admiriez	aies admiré	ayez admiré
admire	admirent	ait admiré	aient admiré
7 imparfait du subjonctif		**14 plus-que-parfait du subjonctif**	
admirasse	admirassions	eusse admiré	eussions admiré
admirasses	admirassiez	eusses admiré	eussiez admiré
admirât	admirassent	eût admiré	eussent admiré

Impératif
admire
admirons
admirez

Sentences using this verb and words related to it

Il y a des personnes admirables, n'est-ce pas? Quelle personne admirez-vous le plus? Est-ce que vous aimez une personne qui vous admire? Avez-vous des admirateurs, des admiratrices? Moi, j'admire l'art d'Auguste Rodin. Je suis toujours en admiration devant ses oeuvres sculptées.

The Seven Simple Tenses		The Seven Compound Tenses	
Singular	Plural	Singular	Plural
1 présent de l'indicatif		**8 passé composé**	
adore	adorons	ai adoré	avons adoré
adores	adorez	as adoré	avez adoré
adore	adorent	a adoré	ont adoré
2 imparfait de l'indicatif		**9 plus-que-parfait de l'indicatif**	
adorais	adorions	avais adoré	avions adoré
adorais	adoriez	avais adoré	aviez adoré
adorait	adoraient	avait adoré	avaient adoré
3 passé simple		**10 passé antérieur**	
adorai	adorâmes	eus adoré	eûmes adoré
adoras	adorâtes	eus adoré	eûtes adoré
adora	adorèrent	eut adoré	eurent adoré
4 futur		**11 futur antérieur**	
adorerai	adorerons	aurai adoré	aurons adoré
adoreras	adorerez	auras adoré	aurez adoré
adorera	adoreront	aura adoré	auront adoré
5 conditionnel		**12 conditionnel passé**	
adorerais	adorerions	aurais adoré	aurions adoré
adorerais	adoreriez	aurais adoré	auriez adoré
adorerait	adoreraient	aurait adoré	auraient adoré
6 présent du subjonctif		**13 passé du subjonctif**	
adore	adorions	aie adoré	ayons adoré
adores	adoriez	aies adoré	ayez adoré
adore	adorent	ait adoré	aient adoré
7 imparfait du subjonctif		**14 plus-que-parfait du subjonctif**	
adorasse	adorassions	eusse adoré	eussions adoré
adorasses	adorassiez	eusses adoré	eussiez adoré
adorât	adorassent	eût adoré	eussent adoré

Impératif
adore
adorons
adorez

Sentences using this verb and words related to it

Claudette adore dancer avec les beaux garçons. Elle adore mettre tous ses bijoux avant d'aller au bal. Elle est adorable, gracieuse, et danse adorablement.

to be the matter, to be a question of

The Seven Simple Tenses	The Seven Compound Tenses
Singular	Singular
1 présent de l'indicatif **il s'agit**	8 passé composé **il s'est agi**
2 imparfait de l'indicatif **il s'agissait**	9 plus-que-parfait de l'indicatif **il s'était agi**
3 passé simple **il s'agit**	10 passé antérieur **il se fut agi**
4 futur **il s'agira**	11 futur antérieur **il se sera agi**
5 conditionnel **il s'agirait**	12 conditionnel passé **il se serait agi**
6 présent du subjonctif **qu'il s'agisse**	13 passé du subjonctif **qu'il se soit agi**
7 imparfait du subjonctif **qu'il s'agît**	14 plus-que-parfait du subjonctif **qu'il se fût agi**

Impératif
(inusité)

Common idiomatic expressions using this verb

Hier, le petit Michel est entré dans la maison tout en pleurant.
—**De quoi s'agit-il?!** s'exclame sa mère.
—**Il s'agit. . . il s'agit. . . de mon vélo. Quelqu'un a volé mon vélo!**

Note that this verb is impersonal and is used primarily in the tenses given above.

to aid, to help, to assist

The Seven Simple Tenses		The Seven Compound Tenses	
Singular	Plural	Singular	Plural

1   présent de l'indicatif
aide	aidons
aides	aidez
aide	aident

8   passé composé
ai aidé	avons aidé
as aidé	avez aidé
a aidé	ont aidé

2   imparfait de l'indicatif
aidais	aidions
aidais	aidiez
aidait	aidaient

9   plus-que-parfait de l'indicatif
avais aidé	avions aidé
avais aidé	aviez aidé
avait aidé	avaient aidé

3   passé simple
aidai	aidâmes
aidas	aidâtes
aida	aidèrent

10   passé antérieur
eus aidé	eûmes aidé
eus aidé	eûtes aidé
eut aidé	eurent aidé

4   futur
aiderai	aiderons
aideras	aiderez
aidera	aideront

11   futur antérieur
aurai aidé	aurons aidé
auras aidé	aurez aidé
aura aidé	auront aidé

5   conditionnel
aiderais	aiderions
aiderais	aideriez
aiderait	aideraient

12   conditionnel passé
aurais aidé	aurions aidé
aurais aidé	auriez aidé
aurait aidé	auraient aidé

6   présent du subjonctif
aide	aidions
aides	aidiez
aide	aident

13   passé du subjonctif
aie aidé	ayons aidé
aies aidé	ayez aidé
ait aidé	aient aidé

7   imparfait du subjonctif
aidasse	aidassions
aidasses	aidassiez
aidât	aidassent

14   plus-que-parfait du subjonctif
eusse aidé	eussions aidé
eusses aidé	eussiez aidé
eût aidé	eussent aidé

Impératif
aide
aidons
aidez

Sentences using this verb and words related to it

Tous les soirs Roger aide son petit frère à faire sa leçon de mathématiques. Ce soir, le petit frère lui demande:—Après cette leçon, veux-tu m'aider à écrire une composition?
— Aide-toi et le ciel t'aidera, lui répond son grand frère.

to love, to like

The Seven Simple Tenses		The Seven Compound Tenses	
Singular	Plural	Singular	Plural
1 présent de l'indicatif		**8 passé composé**	
aime	aimons	ai aimé	avons aimé
aimes	aimez	as aimé	avez aimé
aime	aiment	a aimé	ont aimé
2 imparfait de l'indicatif		**9 plus-que-parfait de l'indicatif**	
aimais	aimions	avais aimé	avions aimé
aimais	aimiez	avais aimé	aviez aimé
aimait	aimaient	avait aimé	avaient aimé
3 passé simple		**10 passé antérieur**	
aimai	aimâmes	eus aimé	eûmes aimé
aimas	aimâtes	eus aimé	eûtes aimé
aima	aimèrent	eut aimé	eurent aimé
4 futur		**11 futur antérieur**	
aimerai	aimerons	aurai aimé	aurons aimé
aimeras	aimerez	auras aimé	aurez aimé
aimera	aimeront	aura aimé	auront aimé
5 conditionnel		**12 conditionnel passé**	
aimerais	aimerions	aurais aimé	aurions aimé
aimerais	aimeriez	aurais aimé	auriez aimé
aimerait	aimeraient	aurait aimé	auraient aimé
6 présent du subjonctif		**13 passé du subjonctif**	
aime	aimions	aie aimé	ayons aimé
aimes	aimiez	aies aimé	ayez aimé
aime	aiment	ait aimé	aient aimé
7 imparfait du subjonctif		**14 plus-que-parfait du subjonctif**	
aimasse	aimassions	eusse aimé	eussions aimé
aimasses	aimassiez	eusses aimé	eussiez aimé
aimât	aimassent	eût aimé	eussent aimé

Impératif
aime
aimons
aimez

Sentences using this verb and words related to it

Qu'est-ce que vous aimez faire après le dîner? Etudier? Jouer? Regarder la télé? Est-ce que vous êtes aimable? Etes-vous aimable avec tout le monde?
Est-ce que vous aimez mieux étudier ou jouer?

The Seven Simple Tenses		The Seven Compound Tenses	
Singular	Plural	Singular	Plural

1   présent de l'indicatif

ajoute	ajoutons		
ajoutes	ajoutez		
ajoute	ajoutent		

8   passé composé

ai ajouté	avons ajouté
as ajouté	avez ajouté
a ajouté	ont ajouté

2   imparfait de l'indicatif

ajoutais	ajoutions
ajoutais	ajoutiez
ajoutait	ajoutaient

9   plus-que-parfait de l'indicatif

avais ajouté	avions ajouté
avais ajouté	aviez ajouté
avait ajouté	avaient ajouté

3   passé simple

ajoutai	ajoutâmes
ajoutas	ajoutâtes
ajouta	ajoutèrent

10   passé antérieur

eus ajouté	eûmes ajouté
eus ajouté	eûtes ajouté
eut ajouté	eurent ajouté

4   futur

ajouterai	ajouterons
ajouteras	ajouterez
ajoutera	ajouteront

11   futur antérieur

aurai ajouté	aurons ajouté
auras ajouté	aurez ajouté
aura ajouté	auront ajouté

5   conditionnel

ajouterais	ajouterions
ajouterais	ajouteriez
ajouterait	ajouteraient

12   conditionnel passé

aurais ajouté	aurions ajouté
aurais ajouté	auriez ajouté
aurait ajouté	auraient ajouté

6   présent du subjonctif

ajoute	ajoutions
ajoutes	ajoutiez
ajoute	ajoutent

13   passé du subjonctif

aie ajouté	ayons ajouté
aies ajouté	ayez ajouté
ait ajouté	aient ajouté

7   imparfait du subjonctif

ajoutasse	ajoutassions
ajoutasses	ajoutassiez
ajoutât	ajoutassent

14   plus-que-parfait du subjonctif

eusse ajouté	eussions ajouté
eusses ajouté	eussiez ajouté
eût ajouté	eussent ajouté

Impératif
ajoute
ajoutons
ajoutez

Sentences using this verb and words related to it

Si vous aimez faire un ragoût délicieux, ajoutez-y quelques petits oignons, du sel, du poivre, et une gousse d'ail pour obtenir une saveur piquante. Il y a d'autres assaisonnements et condiments que vous pouvez y ajouter aussi. Un assaisonnement ajoute du piquant dans votre ragoût.

to go

The Seven Simple Tenses		The Seven Compound Tenses	
Singular	Plural	Singular	Plural
1 présent de l'indicatif		**8 passé composé**	
vais	allons	suis allé(e)	sommes allé(e)s
vas	allez	es allé(e)	êtes allé(e)(s)
va	vont	est allé(e)	sont allé(e)s
2 imparfait de l'indicatif		**9 plus-que-parfait de l'indicatif**	
allais	allions	étais allé(e)	étions allé(e)s
allais	alliez	étais allé(e)	étiez allé(e)(s)
allait	allaient	était allé(e)	étaient allé(e)s
3 passé simple		**10 passé antérieur**	
allai	allâmes	fus allé(e)	fûmes allé(e)s
allas	allâtes	fus allé(e)	fûtes allé(e)(s)
alla	allèrent	fut allé(e)	furent allé(e)s
4 futur		**11 futur antérieur**	
irai	irons	serai allé(e)	serons allé(e)s
iras	irez	seras allé(e)	serez allé(e)(s)
ira	iront	sera allé(e)	seront allé(e)s
5 conditionnel		**12 conditionnel passé**	
irais	irions	serais allé(e)	serions allé(e)s
irais	iriez	serais allé(e)	seriez allé(e)(s)
irait	iraient	serait allé(e)	seraient allé(e)s
6 présent du subjonctif		**13 passé du subjonctif**	
aille	allions	sois allé(e)	soyons allé(e)s
ailles	alliez	sois allé(e)	soyez allé(e)(s)
aille	aillent	soit allé(e)	soient allé(e)s
7 imparfait du subjonctif		**14 plus-que-parfait du subjonctif**	
allasse	allassions	fusse allé(e)	fussions allé(e)s
allasses	allassiez	fusses allé(e)	fussiez allé(e)(s)
allât	allassent	fût allé(e)	fussent allé(e)s

Impératif
va
allons
allez

Common idiomatic expressions using this verb

Comment allez-vous? Je vais bien, je vais mal, je vais mieux.

aller à la pêche to go fishing
aller à la rencontre de quelqu'un to go to meet someone
aller à pied to walk, to go on foot
aller au fond des choses to get to the bottom of things

The Seven Simple Tenses		The Seven Compound Tenses	
Singular	Plural	Singular	Plural
1 présent de l'indicatif		**8 passé composé**	
m'en vais	nous en allons	m'en suis allé(e)	nous en sommes allé(e)s
t'en vas	vous en allez	t'en es allé(e)	vous en êtes allé(e)(s)
s'en va	s'en vont	s'en est allé(e)	s'en sont allé(e)s
2 imparfait de l'indicatif		**9 plus-que-parfait de l'indicatif**	
m'en allais	nous en allions	m'en étais allé(e)	nous en étions allé(e)s
t'en allais	vous en alliez	t'en étais allé(e)	vous en étiez allé(e)(s)
s'en allait	s'en allaient	s'en était allé(e)	s'en étaient allé(e)s
3 passé simple		**10 passé antérieur**	
m'en allai	nous en allâmes	m'en fus allé(e)	nous en fûmes allé(e)s
t'en allas	vous en allâtes	t'en fus allé(e)	vous en fûtes allé(e)(s)
s'en alla	s'en allèrent	s'en fut allé(e)	s'en furent allé(e)s
4 futur		**11 futur antérieur**	
m'en irai	nous en irons	m'en serai allé(e)	nous en serons allé(e)s
t'en iras	vous en irez	t'en seras allé(e)	vous en serez allé(e)(s)
s'en ira	s'en iront	s'en sera allé(e)	s'en seront allé(e)s
5 conditionnel		**12 conditionnel passé**	
m'en irais	nous en irions	m'en serais allé(e)	nous en serions allé(e)s
t'en irais	vous en iriez	t'en serais allé(e)	vous en seriez allé(e)(s)
s'en irait	s'en iraient	s'en serait allé(e)	s'en seraient allé(e)s
6 présent du subjonctif		**13 passé du subjonctif**	
m'en aille	nous en allions	m'en sois allé(e)	nous en soyons allé(e)s
t'en ailles	vous en alliez	t'en sois allé(e)	vous en soyez allé(e)(s)
s'en aille	s'en aillent	s'en soit allé(e)	s'en soient allé(e)s
7 imparfait du subjonctif		**14 plus-que-parfait du subjonctif**	
m'en allasse	nous en allassions	m'en fusse allé(e)	nous en fussions allé(e)s
t'en allasses	vous en allassiez	t'en fusses allé(e)	vous en fussiez allé(e)(s)
s'en allât	s'en allassent	s'en fût allé(e)	s'en fussent allé(e)s

Impératif
va-t'en
allons-nous-en
allez-vous-en

Common idiomatic expressions using this verb

This verb also has the following idiomatic meanings: to move away (from one residence to another), to die, to pass away, to steal away.

Monsieur et Madame Moreau n'habitent plus ici. Ils s'en sont allés. Je crois qu'ils sont maintenant à Bordeaux.

Madame Morel est gravement malade; elle s'en va.

Le cambrioleur s'en est allé furtivement avec l'argent et les bijoux.

The subject pronouns are found on the page facing page 1.

amener

to bring, lead

The Seven Simple Tenses		The Seven Compound Tenses	
Singular	Plural	Singular	Plural
1 présent de l'indicatif		**8 passé composé**	
amène	amenons	ai amené	avons amené
amènes	amenez	as amené	avez amené
amène	amènent	a amené	ont amené
2 imparfait de l'indicatif		**9 plus-que-parfait de l'indicatif**	
amenais	amenions	avais amené	avions amené
amenais	ameniez	avais amené	aviez amené
amenait	amenaient	avait amené	avaient amené
3 passé simple		**10 passé antérieur**	
amenai	amenâmes	eus amené	eûmes amené
amenas	amenâtes	eus amené	eûtes amené
amena	amenèrent	eut amené	eurent amené
4 futur		**11 futur antérieur**	
amènerai	amènerons	aurai amené	aurons amené
amèneras	amènerez	auras amené	aurez amené
amènera	amèneront	aura amené	auront amené
5 conditionnel		**12 conditionnel passé**	
amènerais	amènerions	aurais amené	aurions amené
amènerais	amèneriez	aurais amené	auriez amené
amènerait	amèneraient	aurait amené	auraient amené
6 présent du subjonctif		**13 passé du subjonctif**	
amène	amenions	aie amené	ayons amené
amènes	ameniez	aies amené	ayez amené
amène	amènent	ait amené	aient amené
7 imparfait du subjonctif		**14 plus-que-parfait du subjonctif**	
amenasse	amenassions	eusse amené	eussions amené
amenasses	amenassiez	eusses amené	eussiez amené
amenât	amenassent	eût amené	eussent amené

Impératif
amène
amenons
amenez

Sentences using this verb and words related to it

Aujourd'hui ma mère a amené ma petite soeur chez le dentiste. Quand elles sont entrées chez lui, le dentiste leur a demandé: —Quel bon vent vous amène ici??

to amuse, to entertain

The Seven Simple Tenses		The Seven Compound Tenses	
Singular	Plural	Singular	Plural
1 présent de l'indicatif		**8 passé composé**	
amuse	amusons	ai amusé	avons amusé
amuses	amusez	as amusé	avez amusé
amuse	amusent	a amusé	ont amusé
2 imparfait de l'indicatif		**9 plus-que-parfait de l'indicatif**	
amusais	amusions	avais amusé	avions amusé
amusais	amusiez	avais amusé	aviez amusé
amusait	amusaient	avait amusé	avaient amusé
3 passé simple		**10 passé antérieur**	
amusai	amusâmes	eus amusé	eûmes amusé
amusas	amusâtes	eus amusé	eûtes amusé
amusa	amusèrent	eut amusé	eurent amusé
4 futur		**11 futur antérieur**	
amuserai	amuserons	aurai amusé	aurons amusé
amuseras	amuserez	auras amusé	aurez amusé
amusera	amuseront	aura amusé	auront amusé
5 conditionnel		**12 conditionnel passé**	
amuserais	amuserions	aurais amusé	aurions amusé
amuserais	amuseriez	aurais amusé	auriez amusé
amuserait	amuseraient	aurait amusé	auraient amusé
6 présent du subjonctif		**13 passé du subjonctif**	
amuse	amusions	aie amusé	ayons amusé
amuses	amusiez	aies amusé	ayez amusé
amuse	amusent	ait amusé	aient amusé
7 imparfait du subjonctif		**14 plus-que-parfait du subjonctif**	
amusasse	amusassions	eusse amusé	eussions amusé
amusasses	amusassiez	eusses amusé	eussiez amusé
amusât	amusassent	eût amusé	eussent amusé

	Impératif
	amuse
	amusons
	amusez

Sentences using this verb and words related to it

Cet acteur sait bien jouer son rôle. Il amuse les spectateurs. C'est un comédien accompli. Il est amusant, n'est-ce pas?

to have a good time, to amuse oneself, to enjoy oneself

The Seven Simple Tenses		The Seven Compound Tenses	
Singular	Plural	Singular	Plural
1 présent de l'indicatif		**8 passé composé**	
m'amuse	nous amusons	me suis amusé(e)	nous sommes amusé(e)s
t'amuses	vous amusez	t'es amusé(e)	vous êtes amusé(e)(s)
s'amuse	s'amusent	s'est amusé(e)	se sont amusé(e)s
2 imparfait de l'indicatif		**9 plus-que-parfait de l'indicatif**	
m'amusais	nous amusions	m'étais amusé(e)	nous étions amusé(e)s
t'amusais	vous amusiez	t'étais amusé(e)	vous étiez amusé(e)(s)
s'amusait	s'amusaient	s'était amusé(e)	s'étaient amusé(e)s
3 passé simple		**10 passé antérieur**	
m'amusai	nous amusâmes	me fus amusé(e)	nous fûmes amusé(e)s
t'amusas	vous amusâtes	te fus amusé(e)	vous fûtes amusé(e)(s)
s'amusa	s'amusèrent	se fut amusé(e)	se furent amusé(e)s
4 futur		**11 futur antérieur**	
m'amuserai	nous amuserons	me serai amusé(e)	nous serons amusé(e)s
t'amuseras	vous amuserez	te seras amusé(e)	vous serez amusé(e)(s)
s'amusera	s'amuseront	se sera amusé(e)	se seront amusé(e)s
5 conditionnel		**12 conditionnel passé**	
m'amuserais	nous amuserions	me serais amusé(e)	nous serions amusé(e)s
t'amuserais	vous amuseriez	te serais amusé(e)	vous seriez amusé(e)(s)
s'amuserait	s'amuseraient	se serait amusé(e)	se seraient amusé(e)s
6 présent du subjonctif		**13 passé du subjonctif**	
m'amuse	nous amusions	me sois amusé(e)	nous soyons amusé(e)s
t'amuses	vous amusiez	te sois amusé(e)	vous soyez amusé(e)(s)
s'amuse	s'amusent	se soit amusé(e)	se soient amusé(e)s
7 imparfait du subjonctif		**14 plus-que-parfait du subjonctif**	
m'amusasse	nous amusassions	me fusse amusé(e)	nous fussions amusé(e)s
t'amusasses	vous amusassiez	te fusses amusé(e)	vous fussiez amusé(e)(s)
s'amusât	s'amusassent	se fût amusé(e)	se fussent amusé(e)s

Impératif
amuse-toi
amusons-nous
amusez-vous

Sentences using this verb and words related to it

Il y a des élèves qui s'amusent à mettre le professeur en colère. Est-ce que vous vous amusez dans la classe de français? Moi, je m'amuse beaucoup dans cette classe.

Hier soir je suis allé au cinéma et j'ai vu un film très amusant. Je me suis bien amusé. Mon amie, Françoise, s'est bien amusée aussi.

Que faites-vous pour vous amuser?

to call, to name

The Seven Simple Tenses		The Seven Compound Tenses	
Singular	Plural	Singular	Plural
1 présent de l'indicatif		**8 passé composé**	
appelle	appelons	ai appelé	avons appelé
appelles	appelez	as appelé	avez appelé
appelle	appellent	a appelé	ont appelé
2 imparfait de l'indicatif		**9 plus-que-parfait de l'indicatif**	
appelais	appelions	avais appelé	avions appelé
appelais	appeliez	avais appelé	aviez appelé
appelait	appelaient	avait appelé	avaient appelé
3 passé simple		**10 passé antérieur**	
appelai	appelâmes	eus appelé	eûmes appelé
appelas	appelâtes	eus appelé	eûtes appelé
appela	appelèrent	eut appelé	eurent appelé
4 futur		**11 futur antérieur**	
appellerai	appellerons	aurai appelé	aurons appelé
appelleras	appellerez	auras appelé	aurez appelé
appellera	appelleront	aura appelé	auront appelé
5 conditionnel		**12 conditionnel passé**	
appellerais	appellerions	aurais appelé	aurions appelé
appellerais	appelleriez	aurais appelé	auriez appelé
appellerait	appelleraient	aurait appelé	auraient appelé
6 présent du subjonctif		**13 passé du subjonctif**	
appelle	appelions	aie appelé	ayons appelé
appelles	appeliez	aies appelé	ayez appelé
appelle	appellent	ait appelé	aient appelé
7 imparfait du subjonctif		**14 plus-que-parfait du subjonctif**	
appelasse	appelassions	eusse appelé	eussions appelé
appelasses	appelassiez	eusses appelé	eussiez appelé
appelât	appelassent	eût appelé	eussent appelé

Impératif
appelle
appelons
appelez

Sentences using this verb and words related to it

   Madame Dubois va appeler le médecin parce qu'elle ne va pas bien aujourd'hui.

— As-tu appelé le docteur, chérie? lui demande son mari.
— Non, mon chéri — répond sa femme. Je souffre. Veux-tu l'appeler, s'il te plaît?

The subject pronouns are found on the page facing page 1.   **17**

s'appeler

Part. pr. **s'appelant**   Part. passé **appelé(e)(s)**

to be named, to call oneself

The Seven Simple Tenses		The Seven Compound Tenses	
Singular	Plural	Singular	Plural
1 présent de l'indicatif		**8 passé composé**	
m'appelle	nous appelons	me suis appelé(e)	nous sommes appelé(e)s
t'appelles	vous appelez	t'es appelé(e)	vous êtes appelé(e)(s)
s'appelle	s'appellent	s'est appelé(e)	se sont appelé(e)s
2 imparfait de l'indicatif		**9 plus-que-parfait de l'indicatif**	
m'appelais	nous appelions	m'étais appelé(e)	nous étions appelé(e)s
t'appelais	vous appeliez	t'étais appelé(e)	vous étiez appelé(e)(s)
s'appelait	s'appelaient	s'était appelé(e)	s'étaient appelé(e)s
3 passé simple		**10 passé antérieur**	
m'appelai	nous appelâmes	me fus appelé(e)	nous fûmes appelé(e)s
t'appelas	vous appelâtes	te fus appelé(e)	vous fûtes appelé(e)(s)
s'appela	s'appelèrent	se fut appelé(e)	se furent appelé(e)s
4 futur		**11 futur antérieur**	
m'appellerai	nous appellerons	me serai appelé(e)	nous serons appelé(e)s
t'appelleras	vous appellerez	te seras appelé(e)	vous serez appelé(e)(s)
s'appellera	s'appelleront	se sera appelé(e)	se seront appelé(e)s
5 conditionnel		**12 conditionnel passé**	
m'appellerais	nous appellerions	me serais appelé(e)	nous serions appelé(e)s
t'appellerais	vous appelleriez	te serais appelé(e)	vous seriez appelé(e)(s)
s'appellerait	s'appelleraient	se serait appelé(e)	se seraient appelé(e)s
6 présent du subjonctif		**13 passé du subjonctif**	
m'appelle	nous appelions	me sois appelé(e)	nous soyons appelé(e)s
t'appelles	vous appeliez	te sois appelé(e)	vous soyez appelé(e)(s)
s'appelle	s'appellent	se soit appelé(e)	se soient appelé(e)s
7 imparfait du subjonctif		**14 plus-que-parfait du subjonctif**	
m'appelasse	nous appelassions	me fusse appelé(e)	nous fussions appelé(e)s
t'appelasses	vous appelassiez	te fusses appelé(e)	vous fussiez appelé(e)(s)
s'appelât	s'appelassent	se fût appelé(e)	se fussent appelé(e)s

Impératif
appelle-toi
appelons-nous
appelez-vous

Sentences using this verb and words related to it

—Bonjour, mon enfant. Comment t'appelles-tu?
—Je m'appelle Henri.
—As-tu des frères et des soeurs?
—Oui, j'ai deux frères et trois soeurs. Ils s'appellent Joseph, Bernard, Thérèse, Paulette, et Andrée.

The Seven Simple Tenses		The Seven Compound Tenses	
Singular	Plural	Singular	Plural
1 présent de l'indicatif		**8 passé composé**	
apporte	apportons	ai apporté	avons apporté
apportes	apportez	as apporté	avez apporté
apporte	apportent	a apporté	ont apporté
2 imparfait de l'indicatif		**9 plus-que-parfait de l'indicatif**	
apportais	apportions	avais apporté	avions apporté
apportais	apportiez	avais apporté	aviez apporté
apportait	apportaient	avait apporté	avaient apporté
3 passé simple		**10 passé antérieur**	
apportai	apportâmes	eus apporté	eûmes apporté
apportas	apportâtes	eus apporté	eûtes apporté
apporta	apportèrent	eut apporté	eurent apporté
4 futur		**11 futur antérieur**	
apporterai	apporterons	aurai apporté	aurons apporté
apporteras	apporterez	auras apporté	aurez apporté
apportera	apporteront	aura apporté	auront apporté
5 conditionnel		**12 conditionnel passé**	
apporterais	apporterions	aurais apporté	aurions apporté
apporterais	apporteriez	aurais apporté	auriez apporté
apporterait	apporteraient	aurait apporté	auraient apporté
6 présent du subjonctif		**13 passé du subjonctif**	
apporte	apportions	aie apporté	ayons apporté
apportes	apportiez	aies apporté	ayez apporté
apporte	apportent	ait apporté	aient apporté
7 imparfait du subjonctif		**14 plus-que-parfait du subjonctif**	
apportasse	apportassions	eusse apporté	eussions apporté
apportasses	apportassiez	eusses apporté	eussiez apporté
apportât	apportassent	eût apporté	eussent apporté

Impératif
apporte
apportons
apportez

Sentences using this verb and words related to it

Hier soir, j'ai dîné dans un restaurant français. Quand le garçon m'a apporté mon repas, je lui ai dit: —Apportez-moi du pain, aussi, s'il vous plaît et n'oubliez pas de m'apporter un verre de vin rouge.

—Tout de suite, monsieur—il m'a répondu. Voulez-vous que je vous apporte l'addition maintenant ou après le dîner? Aimez-vous la salade que je vous ai apportée?

apprendre

Part. pr. **apprenant**   Part. passé **appris**

to learn

The Seven Simple Tenses		The Seven Compound Tenses	
Singular	Plural	Singular	Plural
1 présent de l'indicatif		**8 passé composé**	
apprends	apprenons	ai appris	avons appris
apprends	apprenez	as appris	avez appris
apprend	apprennent	a appris	ont appris
2 imparfait de l'indicatif		**9 plus-que-parfait de l'indicatif**	
apprenais	apprenions	avais appris	avions appris
apprenais	appreniez	avais appris	aviez appris
apprenait	apprenaient	avait appris	avaient appris
3 passé simple		**10 passé antérieur**	
appris	apprîmes	eus appris	eûmes appris
appris	apprîtes	eus appris	eûtes appris
apprit	apprirent	eut appris	eurent appris
4 futur		**11 futur antérieur**	
apprendrai	apprendrons	aurai appris	aurons appris
apprendras	apprendrez	auras appris	aurez appris
apprendra	apprendront	aura appris	auront appris
5 conditionnel		**12 conditionnel passé**	
apprendrais	apprendrions	aurais appris	aurions appris
apprendrais	apprendriez	aurais appris	auriez appris
apprendrait	apprendraient	aurait appris	auraient appris
6 présent du subjonctif		**13 passé du subjonctif**	
apprenne	apprenions	aie appris	ayons appris
apprennes	appreniez	aies appris	ayez appris
apprenne	apprennent	ait appris	aient appris
7 imparfait du subjonctif		**14 plus-que-parfait du subjonctif**	
apprisse	apprissions	eusse appris	eussions appris
apprisses	apprissiez	eusses appris	eussiez appris
apprît	apprissent	eût appris	eussent appris

Impératif
apprends
apprenons
apprenez

Common idiomatic expressions using this verb

A l'école j'apprends à lire en français. J'apprends à écrire et à parler. Ce matin mon maître de français m'a dit: —Robert, apprends ce poème par cœur pour demain.

La semaine dernière j'ai appris un poème de Verlaine. Pour demain j'apprendrai la conjugaison du verbe *apprendre*.

The Seven Simple Tenses		The Seven Compound Tenses	
Singular	Plural	Singular	Plural

1   présent de l'indicatif

arrange	arrangeons		
arranges	arrangez		
arrange	arrangent		

8   passé composé

ai arrangé	avons arrangé
as arrangé	avez arrangé
a arrangé	ont arrangé

2   imparfait de l'indicatif

arrangeais	arrangions
arrangeais	arrangiez
arrangeait	arrangeaient

9   plus-que-parfait de l'indicatif

avais arrangé	avions arrangé
avais arrangé	aviez arrangé
avait arrangé	avaient arrangé

3   passé simple

arrangeai	arrangeâmes
arrangeas	arrangeâtes
arrangea	arrangèrent

10   passé antérieur

eus arrangé	eûmes arrangé
eus arrangé	eûtes arrangé
eut arrangé	eurent arrangé

4   futur

arrangerai	arrangerons
arrangeras	arrangerez
arrangera	arrangeront

11   futur antérieur

aurai arrangé	aurons arrangé
auras arrangé	aurez arrangé
aura arrangé	auront arrangé

5   conditionnel

arrangerais	arrangerions
arrangerais	arrangeriez
arrangerait	arrangeraient

12   conditionnel passé

aurais arrangé	aurions arrangé
aurais arrangé	auriez arrangé
aurait arrangé	auraient arrangé

6   présent du subjonctif

arrange	arrangions
arranges	arrangiez
arrange	arrangent

13   passé du subjonctif

aie arrangé	ayons arrangé
aies arrangé	ayez arrangé
ait arrangé	aient arrangé

7   imparfait du subjonctif

arrangeasse	arrangeassions
arrangeasses	arrangeassiez
arrangeât	arrangeassent

14   plus-que-parfait du subjonctif

eusse arrangé	eussions arrangé
eusses arrangé	eussiez arrangé
eût arrangé	eussent arrangé

Impératif
arrange
arrangeons
arrangez

Sentences using this verb and words related to it

J'aime beaucoup un joli arrangement de fleurs. Aimez-vous les fleurs que j'ai arrangées dans ce vase? Les Japonais savent bien arranger des fleurs. Quand mon père apporte des fleurs à ma mère, nous les arrangeons dans un joli vase.

to arrest, to stop (someone or something)

The Seven Simple Tenses		The Seven Compound Tenses	
Singular	Plural	Singular	Plural

1 présent de l'indicatif

arrête	arrêtons		
arrêtes	arrêtez		
arrête	arrêtent		

8 passé composé

ai arrêté		avons arrêté	
as arrêté		avez arrêté	
a arrêté		ont arrêté	

2 imparfait de l'indicatif

arrêtais	arrêtions
arrêtais	arrêtiez
arrêtait	arrêtaient

9 plus-que-parfait de l'indicatif

avais arrêté	avions arrêté
avais arrêté	aviez arrêté
avait arrêté	avaient arrêté

3 passé simple

arrêtai	arrêtâmes
arrêtas	arrêtâtes
arrêta	arrêtèrent

10 passé antérieur

eus arrêté	eûmes arrêté
eus arrêté	eûtes arrêté
eut arrêté	eurent arrêté

4 futur

arrêterai	arrêterons
arrêteras	arrêterez
arrêtera	arrêteront

11 futur antérieur

aurai arrêté	aurons arrêté
auras arrêté	aurez arrêté
aura arrêté	auront arrêté

5 conditionnel

arrêterais	arrêterions
arrêterais	arrêteriez
arrêterait	arrêteraient

12 conditionnel passé

aurais arrêté	aurions arrêté
aurais arrêté	auriez arrêté
aurait arrêté	auraient arrêté

6 présent du subjonctif

arrête	arrêtions
arrêtes	arrêtiez
arrête	arrêtent

13 passé du subjonctif

aie arrêté	ayons arrêté
aies arrêté	ayez arrêté
ait arrêté	aient arrêté

7 imparfait du subjonctif

arrêtasse	arrêtassions
arrêtasses	arrêtassiez
arrêtât	arrêtassent

14 plus-que-parfait du subjonctif

eusse arrêté	eussions arrêté
eusses arrêté	eussiez arrêté
eût arrêté	eussent arrêté

Impératif
arrête
arrêtons
arrêtez

Sentences using this verb and words related to it

L'agent de police a arrêté les voitures pour laisser les piétons traverser la rue. Il a crié:
—Arrêtez! Arrêtez!

The Seven Simple Tenses		The Seven Compound Tenses	
Singular	Plural	Singular	Plural
1 présent de l'indicatif		**8 passé composé**	
m'arrête	**nous arrêtons**	**me suis arrêté(e)**	**nous sommes arrêté(e)s**
t'arrêtes	**vous arrêtez**	**t'es arrêté(e)**	**vous êtes arrêté(e)(s)**
s'arrête	**s'arrêtent**	**s'est arrêté(e)**	**se sont arrêté(e)s**
2 imparfait de l'indicatif		**9 plus-que-parfait de l'indicatif**	
m'arrêtais	**nous arrêtions**	**m'étais arrêté(e)**	**nous étions arrêté(e)s**
t'arrêtais	**vous arrêtiez**	**t'étais arrêté(e)**	**vous étiez arrêté(e)(s)**
s'arrêtait	**s'arrêtaient**	**s'était arrêté(e)**	**s'étaient arrêté(e)s**
3 passé simple		**10 passé antérieur**	
m'arrêtai	**nous arrêtâmes**	**me fus arrêté(e)**	**nous fûmes arrêté(e)s**
t'arrêtas	**vous arrêtâtes**	**te fus arrêté(e)**	**vous fûtes arrêté(e)(s)**
s'arrêta	**s'arrêtèrent**	**se fut arrêté(e)**	**se furent arrêté(e)s**
4 futur		**11 futur antérieur**	
m'arrêterai	**nous arrêterons**	**me serai arrêté(e)**	**nous serons arrêté(e)s**
t'arrêteras	**vous arrêterez**	**te seras arrêté(e)**	**vous serez arrêté(e)(s)**
s'arrêtera	**s'arrêteront**	**se sera arrêté(e)**	**se seront arrêté(e)s**
5 conditionnel		**12 conditionnel passé**	
m'arrêterais	**nous arrêterions**	**me serais arrêté(e)**	**nous serions arrêté(e)s**
t'arrêterais	**vous arrêteriez**	**te serais arrêté(e)**	**vous seriez arrêté(e)(s)**
s'arrêterait	**s'arrêteraient**	**se serait arrêté(e)**	**se seraient arrêté(e)s**
6 présent du subjonctif		**13 passé du subjonctif**	
m'arrête	**nous arrêtions**	**me sois arrêté(e)**	**nous soyons arrêté(e)s**
t'arrêtes	**vous arrêtiez**	**te sois arrêté(e)**	**vous soyez arrêté(e)(s)**
s'arrête	**s'arrêtent**	**se soit arrêté(e)**	**se soient arrêté(e)s**
7 imparfait du subjonctif		**14 plus-que-parfait du subjonctif**	
m'arrêtasse	**nous arrêtassions**	**me fusse arrêté(e)**	**nous fussions arrêté(e)s**
t'arrêtasse	**vous arrêtassiez**	**te fusses arrêté(e)**	**vous fussiez arrêté(e)(s)**
s'arrêtât	**s'arrêtassent**	**se fût arrêté(e)**	**se fussent arrêté(e)s**

Impératif
arrête-toi
arrêtons-nous
arrêtez-vous

Sentences using this verb and words related to it

   Madame Dumont s'est arrêtée devant une pâtisserie pour acheter une belle tarte aux cerises. Deux autres dames se sont arrêtées derrière elle et les trois sont entrées dans le magasin.

The subject pronouns are found on the page facing page 1.

arriver

Part. pr. **arrivant**   Part. passé **arrivé(e)(s)**

to arrive, to happen

The Seven Simple Tenses		The Seven Compound Tenses	
Singular	Plural	Singular	Plural

1 présent de l'indicatif

		8 passé composé	
arrive	arrivons	suis arrivé(e)	sommes arrivé(e)s
arrives	arrivez	es arrivé(e)	êtes arrivé(e)(s)
arrive	arrivent	est arrivé(e)	sont arrivé(e)s

2 imparfait de l'indicatif

		9 plus-que-parfait de l'indicatif	
arrivais	arrivions	étais arrivé(e)	étions arrivé(e)s
arrivais	arriviez	étais arrivé(e)	étiez arrivé(e)(s)
arrivait	arrivaient	était arrivé(e)	étaient arrivé(e)s

3 passé simple

		10 passé antérieur	
arrivai	arrivâmes	fus arrivé(e)	fûmes arrivé(e)s
arrivas	arrivâtes	fus arrivé(e)	fûtes arrivé(e)(s)
arriva	arrivèrent	fut arrivé(e)	furent arrivé(e)s

4 futur

		11 futur antérieur	
arriverai	arriverons	serai arrivé(e)	serons arrivé(e)s
arriveras	arriverez	seras arrivé(e)	serez arrivé(e)(s)
arrivera	arriveront	sera arrivé(e)	seront arrivé(e)s

5 conditionnel

		12 conditionnel passé	
arriverais	arriverions	serais arrivé(e)	serions arrivé(e)s
arriverais	arriveriez	serais arrivé(e)	seriez arrivé(e)(s)
arriverait	arriveraient	serait arrivé(e)	seraient arrivé(e)s

6 présent du subjonctif

		13 passé du subjonctif	
arrive	arrivions	sois arrivé(e)	soyons arrivé(e)s
arrives	arriviez	sois arrivé(e)	soyez arrivé(e)(s)
arrive	arrivent	soit arrivé(e)	soient arrivé(e)s

7 imparfait du subjonctif

		14 plus-que-parfait du subjonctif	
arrivasse	arrivassions	fusse arrivé(e)	fussions arrivé(e)s
arrivasses	arrivassiez	fusses arrivé(e)	fussiez arrivé(e)(s)
arrivât	arrivassent	fût arrivé(e)	fussent arrivé(e)s

Impératif
arrive
arrivons
arrivez

Sentences using this verb and words related to it

Paulette est arrivée à la gare à deux heures. Le train pour Paris arrivera à trois heures. Elle passera une heure dans la salle d'attente. Après quelques minutes, elle voit beaucoup de personnes qui courent frénétiquement. Elle n'arrive pas à comprendre ce qui se passe.

—Qu'est-ce qui arrive?? elle demande.

—Il y a eu un accident! on lui répond.

The Seven Simple Tenses		The Seven Compound Tenses	
Singular	Plural	Singular	Plural
1 présent de l'indicatif		**8 passé composé**	
m'assieds	nous asseyons	me suis assis(e)	nous sommes assis(es)
t'assieds	vous asseyez	t'es assis(e)	vous êtes assis(e)(es)
s'assied	s'asseyent	s'est assis(e)	se sont assis(es)
2 imparfait de l'indicatif		**9 plus-que-parfait de l'indicatif**	
m'asseyais	nous asseyions	m'étais assis(e)	nous étions assis(es)
t'asseyais	vous asseyiez	t'étais assis(e)	vous étiez assis(e)(es)
s'asseyait	s'asseyaient	s'était assis(e)	s'étaient assis(es)
3 passé simple		**10 passé antérieur**	
m'assis	nous assîmes	me fus assis(e)	nous fûmes assis(es)
t'assis	vous assîtes	te fus assis(e)	vous fûtes assis(e)(es)
s'assit	s'assirent	se fut assis(e)	se furent assis(es)
4 futur		**11 futur antérieur**	
m'assiérai	nous assiérons	me serai assis(e)	nous serons assis(cs)
t'assiéras	vous assiérez	te seras assis(e)	vous serez assis(e)(es)
s'assiéra	s'assiéront	se sera assis(e)	se seront assis(es)
5 conditionnel		**12 conditionnel passé**	
m'assiérais	nous assiérions	me serais assis(e)	nous serions assis(es)
t'assiérais	vous assiériez	te serais assis(e)	vous seriez assis(e)(es)
s'assiérait	s'assiéraient	se serait assis(e)	se seraient assis(es)
6 présent du subjonctif		**13 passé du subjonctif**	
m'asseye	nous asseyions	me sois assis(e)	nous soyons assis(es)
t'asseyes	vous asseyiez	te sois assis(e)	vous soyez assis(e)(es)
s'asseye	s'asseyent	se soit assis(e)	se soient assis(es)
7 imparfait du subjonctif		**14 plus-que-parfait du subjonctif**	
m'assisse	nous assissions	me fusse assis(e)	nous fussions assis(es)
t'assisses	vous assissiez	te fusses assis(e)	vous fussiez assis(e)(es)
s'assît	s'assissent	se fût assis(e)	se fussent assis(es)

Impératif
assieds-toi
asseyons-nous
asseyez-vous

Common idiomatic expressions using this verb

Quand je voyage dans un train, je m'assieds toujours près d'une fenêtre si c'est possible. Une fois, pendant un voyage, une belle jeune fille s'est approchée de moi et m'a demandé:
—Puis-je m'asseoir ici? Est-ce que cette place est libre?
—Certainement, j'ai répondu—asseyez-vous, je vous en prie.
Elle s'est assise auprès de moi et nous nous sommes bien amusés à raconter des histoires drôles.

Part. pr. **assistant**   Part. passé **assisté**

to assist (at), to be present (at), to attend

The Seven Simple Tenses		The Seven Compound Tenses	
Singular	Plural	Singular	Plural
1 présent de l'indicatif		**8 passé composé**	
assiste	assistons	ai assisté	avons assisté
assistes	assistez	as assisté	avez assisté
assiste	assistent	a assisté	ont assisté
2 imparfait de l'indicatif		**9 plus-que-parfait de l'indicatif**	
assistais	assistions	avais assisté	avions assisté
assistais	assistiez	avais assisté	aviez assisté
assistait	assistaient	avait assisté	avaient assisté
3 passé simple		**10 passé antérieur**	
assistai	assistâmes	eus assisté	eûmes assisté
assistas	assistâtes	eus assisté	eûtes assisté
assista	assistèrent	eut assisté	eurent assisté
4 futur		**11 futur antérieur**	
assisterai	assisterons	aurai assisté	aurons assisté
assisteras	assisterez	auras assisté	aurez assisté
assistera	assisteront	aura assisté	auront assisté
5 conditionnel		**12 conditionnel passé**	
assisterais	assisterions	aurais assisté	aurions assisté
assisterais	assisteriez	aurais assisté	auriez assisté
assisterait	assisteraient	aurait assisté	auraient assisté
6 présent du subjonctif		**13 passé du subjonctif**	
assiste	assistions	aie assisté	ayons assisté
assistes	assistiez	aies assisté	ayez assisté
assiste	assistent	ait assisté	aient assisté
7 imparfait du subjonctif		**14 plus-que-parfait du subjonctif**	
assistasse	assistassions	eusse assisté	eussions assisté
assistasses	assistassiez	eusses assisté	eussiez assisté
assistât	assistassent	eût assisté	eussent assisté

Impératif
assiste
assistons
assistez

Common idiomatic expressions using this verb

Lundi prochain j'assisterai à une conférence de musiciens. L'année dernière j'ai assisté à la même conférence et il y avait beaucoup de monde.

to make sure, to assure oneself, to insure oneself

The Seven Simple Tenses		The Seven Compound Tenses	
Singular	Plural	Singular	Plural
1 présent de l'indicatif		**8 passé composé**	
m'assure	nous assurons	me suis assuré(e)	nous sommes assuré(e)s
t'assures	vous assurez	t'es assuré(e)	vous êtes assuré(e)(s)
s'assure	s'assurent	s'est assuré(e)	se sont assuré(e)s
2 imparfait de l'indicatif		**9 plus-que-parfait de l'indicatif**	
m'assurais	nous assurions	m'étais assuré(e)	nous étions assuré(e)s
t'assurais	vous assuriez	t'étais assuré(e)	vous étiez assuré(e)(s)
s'assurait	s'assuraient	s'était assuré(e)	s'étaient assuré(e)s
3 passé simple		**10 passé antérieur**	
m'assurai	nous assurâmes	me fus assuré(e)	nous fûmes assuré(e)s
t'assuras	vous assurâtes	te fus assuré(e)	vous fûtes assuré(e)(s)
s'assura	s'assurèrent	se fut assuré(e)	se furent assuré(e)s
4 futur		**11 futur antérieur**	
m'assurerai	nous assurerons	me serai assuré(e)	nous serons assuré(e)s
t'assureras	vous assurerez	te seras assuré(e)	vous serez assuré(e)(s)
s'assurera	s'assureront	se sera assuré(e)	se seront assuré(e)s
5 conditionnel		**12 conditionnel passé**	
m'assurerais	nous assurerions	me serais assuré(e)	nous serions assuré(e)s
t'assurerais	vous assureriez	te serais assuré(e)	vous seriez assuré(e)(s)
s'assurerait	s'assureraient	se serait assuré(e)	se seraient assuré(e)s
6 présent du subjonctif		**13 passé du subjonctif**	
m'assure	nous assurions	me sois assuré(e)	nous soyons assuré(e)s
t'assures	vous assuriez	te sois assuré(e)	vous soyez assuré(e)(s)
s'assure	s'assurent	se soit assuré(e)	se soient assuré(e)s
7 imparfait du subjonctif		**14 plus-que-parfait du subjonctif**	
m'assurasse	nous assurassions	me fusse assuré(e)	nous fussions assuré(e)s
t'assurasses	vous assurassiez	te fusses assuré(e)	vous fussiez assuré(e)(s)
s'assurât	s'assurassent	se fût assuré(e)	se fussent assuré(e)s

Impératif
assure-toi
assurons-nous
assurez-vous

Sentences using this verb and words related to it

Pour s'assurer que la porte était bien fermée, Madame Lafontaine l'a fermée à clef. Puis elle a fermé toutes les fenêtres pour avoir de l'assurance et un sentiment de sécurité.

Assurément, elle a raison. Il y a des cambrioleurs dans le voisinage.

attendre

Part. pr. **attendant**   Part. passé **attendu**

to wait, to wait for

The Seven Simple Tenses		The Seven Compound Tenses	
Singular	Plural	Singular	Plural
1 présent de l'indicatif		**8 passé composé**	
attends	attendons	ai attendu	avons attendu
attends	attendez	as attendu	avez attendu
attend	attendent	a attendu	ont attendu
2 imparfait de l'indicatif		**9 plus-que-parfait de l'indicatif**	
attendais	attendions	avais attendu	avions attendu
attendais	attendiez	avais attendu	aviez attendu
attendait	attendaient	avait attendu	avaient attendu
3 passé simple		**10 passé antérieur**	
attendis	attendîmes	eus attendu	eûmes attendu
attendis	attendîtes	eus attendu	eûtes attendu
attendit	attendirent	eut attendu	eurent attendu
4 futur		**11 futur antérieur**	
attendrai	attendrons	aurai attendu	aurons attendu
attendras	attendrez	auras attendu	aurez attendu
attendra	attendront	aura attendu	auront attendu
5 conditionnel		**12 conditionnel passé**	
attendrais	attendrions	aurais attendu	aurions attendu
attendrais	attendriez	aurais attendu	auriez attendu
attendrait	attendraient	aurait attendu	auraient attendu
6 présent du subjonctif		**13 passé du subjonctif**	
attende	attendions	aie attendu	ayons attendu
attendes	attendiez	aies attendu	ayez attendu
attende	attendent	ait attendu	aient attendu
7 imparfait du subjonctif		**14 plus-que-parfait du subjonctif**	
attendisse	attendissions	eusse attendu	eussions attendu
attendisses	attendissiez	eusses attendu	eussiez attendu
attendît	attendissent	eût attendu	eussent attendu

Impératif
attends
attendons
attendez

Common idiomatic expressions using this verb

J'attends l'autobus depuis vingt minutes. Hier j'ai attendu dix minutes. Quand il arrivera, je m'attendrai à trouver une place libre.

The Seven Simple Tenses		The Seven Compound Tenses	
Singular	Plural	Singular	Plural

1   présent de l'indicatif

		8 passé composé	
attrape	attrapons	ai attrapé	avons attrapé
attrapes	attrapez	as attrapé	avez attrapé
attrape	attrapent	a attrapé	ont attrapé

2   imparfait de l'indicatif   **9   plus-que-parfait de l'indicatif**

attrapais	attrapions	avais attrapé	avions attrapé
attrapais	attrapiez	avais attrapé	aviez attrapé
attrapait	attrapaient	avait attrapé	avaient attrapé

3   passé simple   **10   passé antérieur**

attrapai	attrapâmes	eus attrapé	eûmes attrapé
attrapas	attrapâtes	eus attrapé	eûtes attrapé
attrapa	attrapèrent	eut attrapé	eurent attrapé

4   futur   **11   futur antérieur**

attraperai	attraperons	aurai attrapé	aurons attrapé
attraperas	attraperez	auras attrapé	aurez attrapé
attrapera	attraperont	aura attrapé	auront attrapé

5   conditionnel   **12   conditionnel passé**

attraperais	attraperions	aurais attrapé	aurions attrapé
attraperais	attraperiez	aurais attrapé	auriez attrapé
attraperait	attraperaient	aurait attrapé	auraient attrapé

6   présent du subjonctif   **13   passé du subjonctif**

attrape	attrapions	aie attrapé	ayons attrapé
attrapes	attrapiez	aies attrapé	ayez attrapé
attrape	attrapent	ait attrapé	aient attrapé

7   imparfait du subjonctif   **14   plus-que-parfait du subjonctif**

attrapasse	attrapassions	eusse attrapé	eussions attrapé
attrapasses	attrapassiez	eusses attrapé	eussiez attrapé
attrapât	attrapassent	eût attrapé	eussent attrapé

Impératif
attrape
attrapons
attrapez

Common idiomatic expressions using this verb

—Si tu ne veux pas attraper un rhume, mets ton manteau parce qu'il fait froid dehors.
—Je n'ai pas le temps maintenant, maman—je dois attraper l'autobus.

The subject pronouns are found on the page facing page 1.

to advance, to go forward

The Seven Simple Tenses		The Seven Compound Tenses	
Singular	Plural	Singular	Plural

1 présent de l'indicatif

		8 passé composé	
avance	avançons	ai avancé	avons avancé
avances	avancez	as avancé	avez avancé
avance	avancent	a avancé	ont avancé

2 imparfait de l'indicatif

		9 plus-que-parfait de l'indicatif	
avançais	avancions	avais avancé	avions avancé
avançais	avanciez	avais avancé	aviez avancé
avançait	avançaient	avait avancé	avaient avancé

3 passé simple

		10 passé antérieur	
avançai	avançâmes	eus avancé	eûmes avancé
avanças	avançâtes	eus avancé	eûtes avancé
avança	avancèrent	eut avancé	eurent avancé

4 futur

		11 futur antérieur	
avancerai	avancerons	aurai avancé	aurons avancé
avanceras	avancerez	auras avancé	aurez avancé
avancera	avanceront	aura avancé	auront avancé

5 conditionnel

		12 conditionnel passé	
avancerais	avancerions	aurais avancé	aurions avancé
avancerais	avanceriez	aurais avancé	auriez avancé
avancerait	avanceraient	aurait avancé	auraient avancé

6 présent du subjonctif

		13 passé du subjonctif	
avance	avancions	aie avancé	ayons avancé
avances	avanciez	aies avancé	ayez avancé
avance	avancent	ait avancé	aient avancé

7 imparfait du subjonctif

		14 plus-que-parfait du subjonctif	
avançasse	avançassions	eusse avancé	eussions avancé
avançasses	avançassiez	eusses avancé	eussiez avancé
avançât	avançassent	eût avancé	eussent avancé

Impératif
avance
avançons
avancez

Sentences using this verb and words related to it

Le docteur a dit au petit garçon: —Ouvre la bouche et avance la langue.
Le garçon n'a pas ouvert la bouche et il n'a pas avancé la langue.
Le docteur a insisté: —Ouvrons la bouche et avançons la langue!

The Seven Simple Tenses		The Seven Compound Tenses	
Singular	Plural	Singular	Plural

1 présent de l'indicatif		8 passé composé	
ai	avons	ai eu	avons eu
as	avez	as eu	avez eu
a	ont	a eu	ont eu

2 imparfait de l'indicatif		9 plus-que-parfait de l'indicatif	
avais	avions	avais eu	avions eu
avais	aviez	avais eu	aviez eu
avait	avaient	avait eu	avaient eu

3 passé simple		10 passé antérieur	
eus	eûmes	eus eu	eûmes eu
eus	eûtes	eus eu	eûtes eu
eut	eurent	eut eu	eurent eu

4 futur		11 futur antérieur	
aurai	aurons	aurai eu	aurons eu
auras	aurez	auras eu	aurez eu
aura	auront	aura eu	auront eu

5 conditionnel		12 conditionnel passé	
aurais	aurions	aurais eu	aurions eu
aurais	auriez	aurais eu	auriez eu
aurait	auraient	aurait eu	auraient eu

6 présent du subjonctif		13 passé du subjonctif	
aie	ayons	aie eu	ayons eu
aies	ayez	aies eu	ayez eu
ait	aient	ait eu	aient eu

7 imparfait du subjonctif		14 plus-que-parfait du subjonctif	
eusse	eussions	eusse eu	eussions eu
eusses	eussiez	eusses eu	eussiez eu
eût	eussent	eût eu	eussent eu

Impératif
aie
ayons
ayez

Common idiomatic expressions using this verb

avoir. . . ans   to be . . . years old
avoir à + inf.   to have to, to be obliged to + inf.
avoir besoin de   to need, to have need of
avoir chaud   to be (feel) warm (persons)
avoir froid   to be (feel) cold (persons)
avoir sommeil   to be (feel) sleepy

The subject pronouns are found on the page facing page 1.

balayer

Part. pr. **balayant**   Part. passé **balayé**

to sweep

The Seven Simple Tenses		The Seven Compound Tenses	
Singular	Plural	Singular	Plural
1 présent de l'indicatif		**8 passé composé**	
balaye	balayons	ai balayé	avons balayé
balayes	balayez	as balayé	avez balayé
balaye	balayent	a balayé	ont balayé
2 imparfait de l'indicatif		**9 plus-que-parfait de l'indicatif**	
balayais	balayions	avais balayé	avions balayé
balayais	balayiez	avais balayé	aviez balayé
balayait	balayaient	avait balayé	avaient balayé
3 passé simple		**10 passé antérieur**	
balayai	balayâmes	eus balayé	eûmes balayé
balayas	balayâtes	eus balayé	eûtes balayé
balaya	balayèrent	eut balayé	eurent balayé
4 futur		**11 futur antérieur**	
balayerai	balayerons	aurai balayé	aurons balayé
balayeras	balayerez	auras balayé	aurez balayé
balayera	balayeront	aura balayé	auront balayé
5 conditionnel		**12 conditionnel passé**	
balayerais	balayerions	aurais balayé	aurions balayé
balayerais	balayeriez	aurais balayé	auriez balayé
balayerait	balayeraient	aurait balayé	auraient balayé
6 présent du subjonctif		**13 passé du subjonctif**	
balaye	balayions	aie balayé	ayons balayé
balayes	balayiez	aies balayé	ayez balayé
balaye	balayent	ait balayé	aient balayé
7 imparfait du subjonctif		**14 plus-que-parfait du subjonctif**	
balayasse	balayassions	eusse balayé	eussions balayé
balayasses	balayassiez	eusses balayé	eussiez balayé
balayât	balayassent	eût balayé	eussent balayé

Impératif
balaye
balayons
balayez

Sentences using this verb and words related to it

—Marie, as-tu balayé les chambres?
—Non, madame.
—Et pourquoi pas?
—Parce que je n'ai pas de balai, je n'ai pas de balayette, et je ne suis pas balayeuse. Voilà pourquoi!

Verbs ending in -*ayer* may change *y* to *i* before mute *e* or may keep *y*.

to build, to construct

The Seven Simple Tenses		The Seven Compound Tenses	
Singular	Plural	Singular	Plural

1   présent de l'indicatif

		8 passé composé	
bâtis	bâtissons	ai bâti	avons bâti
bâtis	bâtissez	as bâti	avez bâti
bâtit	bâtissent	a bâti	ont bâti

2   imparfait de l'indicatif

		9 plus-que-parfait de l'indicatif	
bâtissais	bâtissions	avais bâti	avions bâti
bâtissais	bâtissiez	avais bâti	aviez bâti
bâtissait	bâtissaient	avait bâti	avaient bâti

3   passé simple

		10 passé antérieur	
bâtis	bâtîmes	eus bâti	eûmes bâti
bâtis	bâtîtes	eus bâti	eûtes bâti
bâtit	bâtirent	eut bâti	eurent bâti

4   futur

		11 futur antérieur	
bâtirai	bâtirons	aurai bâti	aurons bâti
bâtiras	bâtirez	auras bâti	aurez bâti
bâtira	bâtiront	aura bâti	auront bâti

5   conditionnel

		12 conditionnel passé	
bâtirais	bâtirions	aurais bâti	aurions bâti
bâtirais	bâtiriez	aurais bâti	auriez bâti
bâtirait	bâtiraient	aurait bâti	auraient bâti

6   présent du subjonctif

		13 passé du subjonctif	
bâtisse	bâtissions	aie bâti	ayons bâti
bâtisses	bâtissiez	aies bâti	ayez bâti
bâtisse	bâtissent	ait bâti	aient bâti

7   imparfait du subjonctif

		14 plus-que-parfait du subjonctif	
bâtisse	bâtissions	eusse bâti	eussions bâti
bâtisses	bâtissiez	eusses bâti	eussiez bâti
bâtît	bâtissent	eût bâti	eussent bâti

Impératif
bâtis
bâtissons
bâtissez

Sentences using this verb and words related to it

—**Est-ce que tu aimes bâtir des maisons en papier mâché?**
—**Oui, beaucoup. J'aime surtout bâtir des petits avions en papier. Je les lance contre le mur dans la salle de classe.**
—**Et ton père? Aime-t-il bâtir?**
—**Non, il ne bâtit jamais. Il a fait bâtir cette maison. Nous bâtissons des châteaux en Espagne employant notre imagination.**
—**Moi, j'aime les grands bâtiments.**

The subject pronouns are found on the page facing page 1.   **33**

battre　　　　　　　　　　　Part. pr. **battant**　　Part. passé **battu**

to beat, to hit, to strike

The Seven Simple Tenses

Singular	Plural
1 présent de l'indicatif	
bats	battons
bats	battez
bat	battent
2 imparfait de l'indicatif	
battais	battions
battais	battiez
battait	battaient
3 passé simple	
battis	battîmes
battis	battîtes
battit	battirent
4 futur	
battrai	battrons
battras	battrez
battra	battront
5 conditionnel	
battrais	battrions
battrais	battriez
battrait	battraient
6 présent du subjonctif	
batte	battions
battes	battiez
batte	battent
7 imparfait du subjonctif	
battisse	battissions
battisses	battissiez
battît	battissent

The Seven Compound Tenses

Singular	Plural
8 passé composé	
ai battu	avons battu
as battu	avez battu
a battu	ont battu
9 plus-que-parfait de l'indicatif	
avais battu	avions battu
avais battu	aviez battu
avait battu	avaient battu
10 passé antérieur	
eus battu	eûmes battu
eus battu	eûtes battu
eut battu	eurent battu
11 futur antérieur	
aurai battu	aurons battu
auras battu	aurez battu
aura battu	auront battu
12 conditionnel passé	
aurais battu	aurions battu
aurais battu	auriez battu
aurait battu	auraient battu
13 passé du subjonctif	
aie battu	ayons battu
aies battu	ayez battu
ait battu	aient battu
14 plus-que-parfait du subjonctif	
eusse battu	eussions battu
eusses battu	eussiez battu
eût battu	eussent battu

Impératif
bats
battons
battez

Sentences using this verb and words related to it

Notre femme de chambre est dans la cour. Elle est en train de battre les tapis. Elle les bat tous les samedis. Samedi dernier, pendant qu'elle battait les tapis, mon frère jouait au tennis et il a battu son adversaire.

The Seven Simple Tenses		The Seven Compound Tenses	
Singular	Plural	Singular	Plural

1   présent de l'indicatif

		8 passé composé	
me bats	nous battons	me suis battu(e)	nous sommes battu(e)s
te bats	vous battez	t'es battu(e)	vous êtes battu(e)(s)
se bat	se battent	s'est battu(e)	se sont battu(e)s

2   imparfait de l'indicatif

		9 plus-que-parfait de l'indicatif	
me battais	nous battions	m'étais battu(e)	nous étions battu(e)s
te battais	vous battiez	t'étais battu(e)	vous étiez battu(e)(s)
se battait	se battaient	s'était battu(e)	s'étaient battu(e)s

3   passé simple

		10 passé antérieur	
me battis	nous battîmes	me fus battu(e)	nous fûmes battu(e)s
te battis	vous battîtes	te fus battu(e)	vous fûtes battu(e)(s)
se battit	se battirent	se fut battu(e)	se furent battu(e)s

4   futur

		11 futur antérieur	
me battrai	nous battrons	me serai battu(e)	nous serons battu(e)s
te battras	vous battrez	te seras battu(e)	vous serez battu(e)(s)
se battra	se battront	se sera battu(e)	se seront battu(e)s

5   conditionnel

		12 conditionnel passé	
me battrais	nous battrions	me serais battu(e)	nous serions battu(e)s
te battrais	vous battriez	te serais battu(e)	vous seriez battu(e)(s)
se battrait	se battraient	se serait battu(e)	se seraient battu(e)s

6   présent du subjonctif

		13 passé du subjonctif	
me batte	nous battions	me sois battu(e)	nous soyons battu(e)s
te battes	vous battiez	te sois battu(e)	vous soyez battu(e)(s)
se batte	se battent	se soit battu(e)	se soient battu(e)s

7   imparfait du subjonctif

		14 plus-que-parfait du subjonctif	
me battisse	nous battissions	me fusse battu(e)	nous fussions battu(e)s
te battisses	vous battissiez	te fusses battu(e)	vous fussiez battu(e)(s)
se battît	se battissent	se fût battu(e)	se fussent battu(e)s

Impératif
bats-toi
battons-nous
battez-vous

Sentences using this verb and words related to it

   Ecoutez! Nos voisins commencent à se battre. Ils se battent toujours. La dernière fois ils se sont battus à coups de poings. Il y a toujours un grand combat chez eux.

bavarder

to chat, to chatter, to babble, to gossip

The Seven Simple Tenses		The Seven Compound Tenses	
Singular	Plural	Singular	Plural
1 présent de l'indicatif		**8 passé composé**	
bavarde	bavardons	ai bavardé	avons bavardé
bavardes	bavardez	as bavardé	avez bavardé
bavarde	bavardent	a bavardé	ont bavardé
2 imparfait de l'indicatif		**9 plus-que-parfait de l'indicatif**	
bavardais	bavardions	avais bavardé	avions bavardé
bavardais	bavardiez	avais bavardé	aviez bavardé
bavardait	bavardaient	avait bavardé	avaient bavardé
3 passé simple		**10 passé antérieur**	
bavardai	bavardâmes	eus bavardé	eûmes bavardé
bavardas	bavardâtes	eus bavardé	eûtes bavardé
bavarda	bavardèrent	eut bavardé	eurent bavardé
4 futur		**11 futur antérieur**	
bavarderai	bavarderons	aurai bavardé	aurons bavardé
bavarderas	bavarderez	auras bavardé	aurez bavardé
bavardera	bavarderont	aura bavardé	auront bavardé
5 conditionnel		**12 conditionnel passé**	
bavarderais	bavarderions	aurais bavardé	aurions bavardé
bavarderais	bavarderiez	aurais bavardé	auriez bavardé
bavarderait	bavarderaient	aurait bavardé	auraient bavardé
6 présent du subjonctif		**13 passé du subjonctif**	
bavarde	bavardions	aie bavardé	ayons bavardé
bavardes	bavardiez	aies bavardé	ayez bavardé
bavarde	bavardent	ait bavardé	aient bavardé
7 imparfait du subjonctif		**14 plus-que-parfait du subjonctif**	
bavardasse	bavardassions	eusse bavardé	eussions bavardé
bavardasses	bavardassiez	eusses bavardé	eussiez bavardé
bavardât	bavardassent	eût bavardé	eussent bavardé

Impératif
bavarde
bavardons
bavardez

Sentences using this verb and words related to it

   Aimez-vous les personnes qui bavardent tout le temps? Je connais un homme qui est bavard. Sa femme est bavarde aussi. Elle aime à parler avec abondance. Moi, je n'aime pas le bavardage. Je ne bavarde pas parce que je n'aime pas perdre mon temps.

to harm, to hurt, to injure, to wound

The Seven Simple Tenses		The Seven Compound Tenses	
Singular	Plural	Singular	Plural

1 présent de l'indicatif

blesse	blessons		
blesses	blessez		
blesse	blessent		

8 passé composé

ai blessé	avons blessé
as blessé	avez blessé
a blessé	ont blessé

2 imparfait de l'indicatif

blessais	blessions
blessais	blessiez
blessait	blessaient

9 plus-que-parfait de l'indicatif

avais blessé	avions blessé
avais blessé	aviez blessé
avait blessé	avaient blessé

3 passé simple

blessai	blessâmes
blessas	blessâtes
blessa	blessèrent

10 passé antérieur

eus blessé	eûmes blessé
eus blessé	eûtes blessé
eut blessé	eurent blessé

4 futur

blesserai	blesserons
blesseras	blesserez
blessera	blesseront

11 futur antérieur

aurai blessé	aurons blessé
auras blessé	aurez blessé
aura blessé	auront blessé

5 conditionnel

blesserais	blesserions
blesserais	blesseriez
blesserait	blesseraient

12 conditionnel passé

aurais blessé	aurions blessé
aurais blessé	auriez blessé
aurait blessé	auraient blessé

6 présent du subjonctif

blesse	blessions
blesses	blessiez
blesse	blessent

13 passé du subjonctif

aie blessé	ayons blessé
aies blessé	ayez blessé
ait blessé	aient blessé

7 imparfait du subjonctif

blessasse	blessassions
blessasses	blessassiez
blessât	blessassent

14 plus-que-parfait du subjonctif

eusse blessé	eussions blessé
eusses blessé	eussiez blessé
eût blessé	eussent blessé

Impératif
blesse
blessons
blessez [ordinairement inemployé]

Sentences using this verb and words related to it

Ma soeur est tombée sur un rocher qui l'a blessée au visage. C'était une blessure grave.

se blesser

Part. pr. **se blessant**   Part. passé **blessé(e)(s)**

to hurt oneself, to injure oneself, to wound oneself

The Seven Simple Tenses		The Seven Compound Tenses	
Singular	Plural	Singular	Plural
1 présent de l'indicatif		**8 passé composé**	
me blesse	nous blessons	me suis blessé(e)	nous sommes blessé(e)s
te blesses	vous blessez	t'es blessé(e)	vous êtes blessé(e)(s)
se blesse	se blessent	s'est blessé(e)	se sont blessé(e)s
2 imparfait de l'indicatif		**9 plus-que-parfait de l'indicatif**	
me blessais	nous blessions	m'étais blessé(e)	nous étions blessé(e)s
te blessais	vous blessiez	t'étais blessé(e)	vous étiez blessé(e)(s)
se blessait	se blessaient	s'était blessé(e)	s'étaient blessé(e)s
3 passé simple		**10 passé antérieur**	
me blessai	nous blessâmes	me fus blessé(e)	nous fûmes blessé(e)s
te blessas	vous blessâtes	te fus blessé(e)	vous fûtes blessé(e)(s)
se blessa	se blessèrent	se fut blessé(e)	se furent blessé(e)s
4 futur		**11 futur antérieur**	
me blesserai	nous blesserons	me serai blessé(e)	nous serons blessé(e)s
te blesseras	vous blesserez	te seras blessé(e)	vous serez blessé(e)(s)
se blessera	se blesseront	se sera blessé(e)	se seront blessé(e)s
5 conditionnel		**12 conditionnel passé**	
me blesserais	nous blesserions	me serais blessé(e)	nous serions blessé(e)s
te blesserais	vous blesseriez	te serais blessé(e)	vous seriez blessé(e)(s)
se blesserait	se blesseraient	se serait blessé(e)	se seraient blessé(e)s
6 présent du subjonctif		**13 passé du subjonctif**	
me blesse	nous blessions	me sois blessé(e)	nous soyons blessé(e)s
te blesses	vous blessiez	te sois blessé(e)	vous soyez blessé(e)(s)
se blesse	se blessent	se soit blessé(e)	se soient blessé(e)s
7 imparfait du subjonctif		**14 plus-que-parfait du subjonctif**	
me blessasse	nous blessassions	me fusse blessé(e)	nous fussions blessé(e)s
te blessasses	vous blessassiez	te fusses blessé(e)	vous fussiez blessé(e)(s)
se blessât	se blessassent	se fût blessé(e)	se fussent blessé(e)s

Impératif
[inemployé]

Sentences using this verb and words related to it

Madame Leblanc est tombée dans la rue et elle s'est blessée au genou. C'était une blessure légère, heureusement.

The Seven Simple Tenses		The Seven Compound Tenses	
Singular	Plural	Singular	Plural

1 présent de l'indicatif
bois	buvons
bois	buvez
boit	boivent

8 passé composé
ai bu	avons bu
as bu	avez bu
a bu	ont bu

2 imparfait de l'indicatif
buvais	buvions
buvais	buviez
buvait	buvaient

9 plus-que-parfait de l'indicatif
avais bu	avions bu
avais bu	aviez bu
avait bu	avaient bu

3 passé simple
bus	bûmes
bus	bûtes
but	burent

10 passé antérieur
eus bu	eûmes bu
eus bu	eûtes bu
eut bu	eurent bu

4 futur
boirai	boirons
boiras	boirez
boira	boiront

11 futur antérieur
aurai bu	aurons bu
auras bu	aurez bu
aura bu	auront bu

5 conditionnel
boirais	boirions
boirais	boiriez
boirait	boiraient

12 conditionnel passé
aurais bu	aurions bu
aurais bu	auriez bu
aurait bu	auraient bu

6 présent du subjonctif
boive	buvions
boives	buviez
boive	boivent

13 passé du subjonctif
aie bu	ayons bu
aies bu	ayez bu
ait bu	aient bu

7 imparfait du subjonctif
busse	bussions
busses	bussiez
bût	bussent

14 plus-que-parfait du subjonctif
eusse bu	eussions bu
eusses bu	eussiez bu
eût bu	eussent bu

Impératif
bois
buvons
buvez

Sentences using this verb and words related to it

—Michel, as-tu bu ton lait?
—Non, maman, je ne l'ai pas bu.
—Bois-le tout de suite, je te dis.
—Tous les jours je bois du lait. N'y a-t-il pas d'autres boissons dans la maison?
—Si, il y a d'autres boissons dans la maison mais les bons garçons comme toi boivent du lait.

brosser

Part. pr. **brossant**   Part. passé **brossé**

to brush

The Seven Simple Tenses		The Seven Compound Tenses	
Singular	Plural	Singular	Plural
1 présent de l'indicatif		8 passé composé	
brosse	brossons	ai brossé	avons brossé
brosses	brossez	as brossé	avez brossé
brosse	brossent	a brossé	ont brossé
2 imparfait de l'indicatif		9 plus-que-parfait de l'indicatif	
brossais	brossions	avais brossé	avions brossé
brossais	brossiez	avais brossé	aviez brossé
brossait	brossaient	avait brossé	avaient brossé
3 passé simple		10 passé antérieur	
brossai	brossâmes	eus brossé	eûmes brossé
brossas	brossâtes	eus brossé	eûtes brossé
brossa	brossèrent	eut brossé	eurent brossé
4 futur		11 futur antérieur	
brosserai	brosserons	aurai brossé	aurons brossé
brosseras	brosserez	auras brossé	aurez brossé
brossera	brosseront	aura brossé	auront brossé
5 conditionnel		12 conditionnel passé	
brosserais	brosserions	aurais brossé	aurions brossé
brosserais	brosseriez	aurais brossé	auriez brossé
brosserait	brosseraient	aurait brossé	auraient brossé
6 présent du subjonctif		13 passé du subjonctif	
brosse	brossions	aie brossé	ayons brossé
brosses	brossiez	aies brossé	ayez brossé
brosse	brossent	ait brossé	aient brossé
7 imparfait du subjonctif		14 plus-que-parfait du subjonctif	
brossasse	brossassions	eusse brossé	eussions brossé
brossasses	brossassiez	eusses brossé	eussiez brossé
brossât	brossassent	eût brossé	eussent brossé

Impératif
brosse
brossons
brossez

Sentences using this verb and words related to it

—Henriette, as-tu-brossé tes souliers?
—Non, maman, je ne les ai pas brossés.
—Et pourquoi pas, ma petite?
—Parce que je n'ai pas de brosse.

The Seven Simple Tenses		The Seven Compound Tenses	
Singular	Plural	Singular	Plural

1 présent de l'indicatif

me brosse	nous brossons
te brosses	vous brossez
se brosse	se brossent

8 passé composé

me suis brossé(e)	nous sommes brossé(e)s
t'es brossé(e)	vous êtes brossé(e)(s)
s'est brossé(e)	se sont brossé(e)s

2 imparfait de l'indicatif

me brossais	nous brossions
te brossais	vous brossiez
se brossait	se brossaient

9 plus-que-parfait de l'indicatif

m'étais brossé(e)	nous étions brossé(e)s
t'étais brossé(e)	vous étiez brossé(e)(s)
s'était brossé(e)	s'étaient brossé(e)s

3 passé simple

me brossai	nous brossâmes
te brossas	vous brossâtes
se brossa	se brossèrent

10 passé antérieur

me fus brossé(e)	nous fûmes brossé(e)s
te fus brossé(e)	vous fûtes brossé(e)(s)
se fut brossé(e)	se furent brossé(e)s

4 futur

me brosserai	nous brosserons
te brosseras	vous brosserez
se brossera	se brosseront

11 futur antérieur

me serai brossé(e)	nous serons brossé(e)s
te seras brossé(e)	vous serez brossé(e)(s)
se sera brossé(e)	se seront brossé(e)s

5 conditionnel

me brosserais	nous brosserions
te brosserais	vous brosseriez
se brosserait	se brosseraient

12 conditionnel passé

me serais brossé(e)	nous serions brossé(e)s
te serais brossé(e)	vous seriez brossé)e)(s)
se serait brossé(e)	se seraient brossé(e)s

6 présent du subjonctif

me brosse	nous brossions
te brosses	vous brossiez
se brosse	se brossent

13 passé du subjonctif

me sois brossé(e)	nous soyons brossé(e)s
te sois brossé(e)	vous soyez brossé(e)(s)
se soit brossé(e)	se soient brossé(e)s

7 imparfait du subjonctif

me brossasse	nous brossassions
te brossasses	vous brossassiez
se brossât	se brossassent

14 plus-que-parfait du subjonctif

me fusse brossé(e)	nous fussions brossé(e)s
te fusses brossé(e)	vous fussiez brossé(e)(s)
se fût brossé(e)	se fussent brossé(e)s

Impératif
brosse-toi
brossons-nous
brossez-vous

Sentences using this verb and words related to it

—**Tina Marie, est-ce que tu t'es brossée?**
—**Non, maman, je ne me suis pas brossée.**
—**Et pourquoi pas? Brosse-toi vite!**
—**Parce que je n'ai pas de brosse à habits, je n'ai pas de brosse à cheveux, je n'ai pas de brosse à chaussures. Je n'ai aucune brosse. Je n'ai pas de brosse à dents, non plus.**
—**Quelle fille!**

to burn

The Seven Simple Tenses		The Seven Compound Tenses	
Singular	Plural	Singular	Plural
1 présent de l'indicatif		**8 passé composé**	
brûle	brûlons	ai brûlé	avons brûlé
brûles	brûlez	as brûlé	avez brûlé
brûle	brûlent	a brûlé	ont brûlé
2 imparfait de l'indicatif		**9 plus-que-parfait de l'indicatif**	
brûlais	brûlions	avais brûlé	avions brûlé
brûlais	brûliez	avais brûlé	aviez brûlé
brûlait	brûlaient	avait brûlé	avaient brûlé
3 passé simple		**10 passé antérieur**	
brûlai	brûlâmes	eus brûlé	eûmes brûlé
brûlas	brûlâtes	eus brûlé	eûtes brûlé
brûla	brûlèrent	eut brûlé	eurent brûlé
4 futur		**11 futur antérieur**	
brûlerai	brûlerons	aurai brûlé	aurons brûlé
brûleras	brûlerez	auras brûlé	aurez brûlé
brûlera	brûleront	aura brûlé	auront brûlé
5 conditionnel		**12 conditionnel passé**	
brûlerais	brûlerions	aurais brûlé	aurions brûlé
brûlerais	brûleriez	aurais brûlé	auriez brûlé
brûlerait	brûleraient	aurait brûlé	auraient brûlé
6 présent du subjonctif		**13 passé du subjonctif**	
brûle	brûlions	aie brûlé	ayons brûlé
brûles	brûliez	aies brûlé	ayez brûlé
brûle	brûlent	ait brûlé	aient brûlé
7 imparfait du subjonctif		**14 plus-que-parfait du subjonctif**	
brûlasse	brûlassions	eusse brûlé	eussions brûlé
brûlasses	brûlassiez	eusses brûlé	eussiez brûlé
brûlât	brûlassent	eût brûlé	eussent brûlé

Impératif
brûle
brûlons
brûlez

Sentences using this verb and words related to it

—Joséphine, avez-vous brûlé les vieux papiers que je vous ai donnés?
—Oui, madame, et je me suis brûlée. J'ai une brûlure aux doigts.

cacher

to hide

The Seven Simple Tenses		The Seven Compound Tenses	
Singular	Plural	Singular	Plural
1　présent de l'indicatif		**8　passé composé**	
cache	cachons	ai caché	avons caché
caches	cachez	as caché	avez caché
cache	cachent	a caché	ont caché
2　imparfait de l'indicatif		**9　plus-que-parfait de l'indicatif**	
cachais	cachions	avais caché	avions caché
cachais	cachiez	avais caché	aviez caché
cachait	cachaient	avait caché	avaient caché
3　passé simple		**10　passé antérieur**	
cachai	cachâmes	eus caché	eûmes caché
cachas	cachâtes	eus caché	eûtes caché
cacha	cachèrent	eut caché	eurent caché
4　futur		**11　futur antérieur**	
cacherai	cacherons	aurai caché	aurons caché
cacheras	cacherez	auras caché	aurez caché
cachera	cacheront	aura caché	auront caché
5　conditionnel		**12　conditionnel passé**	
cacherais	cacherions	aurais caché	aurions caché
cacherais	cacheriez	aurais caché	auriez caché
cacherait	cacheraient	aurait caché	auraient caché
6　présent du subjonctif		**13　passé du subjonctif**	
cache	cachions	aie caché	ayons caché
caches	cachiez	aies caché	ayez caché
cache	cachent	ait caché	aient caché
7　imparfait du subjonctif		**14　plus-que-parfait du subjonctif**	
cachasse	cachassions	eusse caché	eussions caché
cachasses	cachassiez	eusses caché	eussiez caché
cachât	cachassent	eût caché	eussent caché

Impératif
cache
cachons
cachez

Sentences using this verb and words related to it

—Pierre, qu'est-ce que tu as caché derrière toi?
—Rien, papa.
—Ne me dis pas ça. Tu caches quelque chose.
—Voici, papa, c'est un petit chat que j'ai trouvé dans le parc.

une cache, une cachette	hiding place	**cacheter**	to seal up
un cachet	seal, mark	**cache-cache**	hide-and-seek
un cachetage	sealing	**vin cacheté**	vintage wine

The subject pronouns are found on the page facing page 1.

43

se cacher

Part. pr. se cachant   **Part. passé caché(e)(s)**

to hide oneself

The Seven Simple Tenses		The Seven Compound Tenses	
Singular	Plural	Singular	Plural

1 présent de l'indicatif

		8 passé composé	
me cache	nous cachons	me suis caché(e)	nous sommes caché(e)s
te caches	vous cachez	t'es caché(e)	vous êtes caché(e)(s)
se cache	se cachent	s'est caché(e)	se sont caché(e)s

2 imparfait de l'indicatif

		9 plus-que-parfait de l'indicatif	
me cachais	nous cachions	m'étais caché(e)	nous étions caché(e)s
te cachais	vous cachiez	t'étais caché(e)	vous étiez caché(e)(s)
se cachait	se cachaient	s'était caché(e)	s'étaient caché(e)s

3 passé simple

		10 passé antérieur	
me cachai	nous cachâmes	me fus caché(e)	nous fûmes caché(e)s
te cachas	vous cachâtes	te fus caché(e)	vous fûtes caché(e)(s)
se cacha	se cachèrent	se fut caché(e)	se furent caché(e)s

4 futur

		11 futur antérieur	
me cacherai	nous cacherons	me serai caché(e)	nous serons caché(e)s
te cacheras	vous cacherez	te seras caché(e)	vous serez caché(e)(s)
se cachera	se cacheront	se sera caché(e)	se seront caché(e)s

5 conditionnel

		12 conditionnel passé	
me cacherais	nous cacherions	me serais caché(e)	nous serions caché(e)s
te cacherais	vous cacheriez	te serais caché(e)	vous seriez caché(e)(s)
se cacherait	se cacheraient	se serait caché(e)	se seraient caché(e)s

6 présent du subjonctif

		13 passé du subjonctif	
me cache	nous cachions	me sois caché(e)	nous soyons caché(e)s
te caches	vous cachiez	te sois caché(e)	vous soyez caché(e)(s)
se cache	se cachent	se soit caché(e)	se soient caché(e)s

7 imparfait du subjonctif

		14 plus-que-parfait du subjonctif	
me cachasse	nous cachassions	me fusse caché(e)	nous fussions caché(e)s
te cachasses	vous cachassiez	te fusses caché(e)	vous fussiez caché(e)(s)
se cachât	se cachassent	se fût caché(e)	se fussent caché(e)s

Impératif
cache-toi
cachons-nous
cachez-vous

Sentences using this verb and words related to it

J'ai un petit chien que j'appelle Coco. Quelquefois je ne peux pas le trouver parce qu'il se cache sous mon lit ou derrière l'arbre dans le jardin. La semaine dernière il s'est caché sous le chapeau de mon père. Il aime jouer à cache-cache. Il est très intelligent.

une cache, une cachette	hiding place	**cacheter**	to seal up
un cachet	seal, mark	**cache-cache**	hide-and-seek
un cachetage	sealing	**vin cacheté**	vintage wine

The Seven Simple Tenses		The Seven Compound Tenses	
Singular	Plural	Singular	Plural

1 présent de l'indicatif

		8 passé composé	
casse	cassons	ai cassé	avons cassé
casses	cassez	as cassé	avez cassé
casse	cassent	a cassé	ont cassé

2 imparfait de l'indicatif

		9 plus-que-parfait de l'indicatif	
cassais	cassions	avais cassé	avions cassé
cassais	cassiez	avais cassé	aviez cassé
cassait	cassaient	avait cassé	avaient cassé

3 passé simple

		10 passé antérieur	
cassai	cassâmes	eus cassé	eûmes cassé
cassas	cassâtes	eus cassé	eûtes cassé
cassa	cassèrent	eut cassé	eurent cassé

4 futur

		11 futur antérieur	
casserai	casserons	aurai cassé	aurons cassé
casseras	casserez	auras cassé	aurez cassé
cassera	casseront	aura cassé	auront cassé

5 conditionnel

		12 conditionnel passé	
casserais	casserions	aurais cassé	aurions cassé
casserais	casseriez	aurais cassé	auriez cassé
casserait	casseraient	aurait cassé	auraient cassé

6 présent du subjonctif

		13 passé du subjonctif	
casse	cassions	aie cassé	ayons cassé
casses	cassiez	aies cassé	ayez cassé
casse	cassent	ait cassé	aient cassé

7 imparfait du subjonctif

		14 plus-que-parfait du subjonctif	
cassasse	cassassions	eusse cassé	eussions cassé
cassasses	cassassiez	eusses cassé	eussiez cassé
cassât	cassassent	eût cassé	eussent cassé

Impératif
casse
cassons
cassez

Sentences using this verb and words related to it

—Jean, c'est toi qui as cassé mon joli vase?
—Non, maman, c'était Mathilde.
—Mathilde, c'est toi qui as cassé mon joli vase?
—Non, maman, c'était Jean.
—Quels enfants!

une casse breakage, damage
un casse-croûte snack
un casse-noisettes, un casse-noix nutcracker

un casse-pieds a bore, a pain in the neck
un cassement de tête puzzle, worry

The subject pronouns are found on the page facing page 1.

45

to break (a part of one's body, *e.g.,* leg, arm, nose)

The Seven Simple Tenses		The Seven Compound Tenses	
Singular	Plural	Singular	Plural

1 présent de l'indicatif

		8 passé composé	
me casse	nous cassons	me suis cassé(e)	nous sommes cassé(e)s
te casses	vous cassez	t'es cassé(e)	vous êtes cassé(e)(s)
se casse	se cassent	s'est cassé(e)	se sont cassé(e)s

2 imparfait de l'indicatif

		9 plus-que-parfait de l'indicatif	
me cassais	nous cassions	m'étais cassé(e)	nous étions cassé(e)s
te cassais	vous cassiez	t'étais cassé(e)	vous étiez cassé(e)(s)
se cassait	se cassaient	s'était cassé(e)	s'étaient cassé(e)s

3 passé simple

		10 passé antérieur	
me cassai	nous cassâmes	me fus cassé(e)	nous fûmes cassé(e)s
te cassas	vous cassâtes	te fus cassé(e)	vous fûtes cassé(e)(s)
se cassa	se cassèrent	se fut cassé(e)	se furent cassé(e)s

4 futur

		11 futur antérieur	
me casserai	nous casserons	me serai cassé(e)	nous serons cassé(e)s
te casseras	vous casserez	te seras cassé(e)	vous serez cassé(e)(s)
se cassera	se casseront	se sera cassé(e)	se seront cassé(e)s

5 conditionnel

		12 conditionnel passé	
me casserais	nous casserions	me serais cassé(e)	nous serions cassé(e)s
te casserais	vous casseriez	te serais cassé(e)	vous seriez cassé(e)(s)
se casserait	se casseraient	se serait cassé(e)	se seraient cassé(e)s

6 présent du subjonctif

		13 passé du subjonctif	
me casse	nous cassions	me sois cassé(e)	nous soyons cassé(e)s
te casses	vous cassiez	te sois cassé(e)	vous soyez cassé(e)(s)
se casse	se cassent	se soit cassé(e)	se soient cassé(e)s

7 imparfait du subjonctif

		14 plus-que-parfait du subjonctif	
me cassasse	nous cassassions	me fusse cassé(e)	nous fussions cassé(e)s
te cassasses	vous cassassiez	te fusses cassé(e)	vous fussiez cassé(e)(s)
se cassât	se cassassent	se fût cassé(e)	se fussent cassé(e)s

Impératif
casse-toi
cassons-nous
cassez-vous

Sentences using this verb and words related to it

Pendant les vacances d'hiver, nous sommes allés faire du ski dans les montagnes. Mon père s'est cassé le bras, ma mère s'est cassé la jambe, et moi, je me suis cassé le pied.

se casser la tête	to rack one's brains
se casser le nez	to find nobody answering the door

to cause, to chat

The Seven Simple Tenses		The Seven Compound Tenses	
Singular	Plural	Singular	Plural

1 présent de l'indicatif

cause	causons		
causes	causez		
cause	causent		

8 passé composé

ai causé	avons causé
as causé	avez causé
a causé	ont causé

2 imparfait de l'indicatif

causais	causions
causais	causiez
causait	causaient

9 plus-que-parfait de l'indicatif

avais causé	avions causé
avais causé	aviez causé
avait causé	avaient causé

3 passé simple

causai	causâmes
causas	causâtes
causa	causèrent

10 passé antérieur

eus causé	eûmes causé
eus causé	eûtes causé
eut causé	eurent causé

4 futur

causerai	causerons
causeras	causerez
causera	causeront

11 futur antérieur

aurai causé	aurons causé
auras causé	aurez causé
aura causé	auront causé

5 conditionnel

causerais	causerions
causerais	causeriez
causerait	causeraient

12 conditionnel passé

aurais causé	aurions causé
aurais causé	auriez causé
aurait causé	auraient causé

6 présent du subjonctif

cause	causions
causes	causiez
cause	causent

13 passé du subjonctif

aie causé	ayons causé
aies causé	ayez causé
ait causé	aient causé

7 imparfait du subjonctif

causasse	causassions
causasses	causassiez
causât	causassent

14 plus-que-parfait du subjonctif

eusse causé	eussions causé
eusses causé	eussiez causé
eût causé	eussent causé

Impératif
cause
causons
causez

Sentences using this verb and words related to it

   Quand je voyage, j'aime beaucoup causer avec les passagers. Est-ce que vous causez avec vos voisins dans la salle de classe? En français, bien sûr! Je connais un garçon qui n'est pas très causant.

causant, causante	talkative	une cause célèbre	famous trial
causatif, causative	causative	une causerie	chat, informal talk
une cause	cause, reason	causeur, causeuse	talkative

The subject pronouns are found on the page facing page 1.

to yield, to cede

The Seven Simple Tenses		The Seven Compound Tenses	
Singular	Plural	Singular	Plural
1 présent de l'indicatif		**8 passé composé**	
cède	cédons	ai cédé	avons cédé
cèdes	cédez	as cédé	avez cédé
cède	cèdent	a cédé	ont cédé
2 imparfait de l'indicatif		**9 plus-que-parfait de l'indicatif**	
cédais	cédions	avais cédé	avions cédé
cédais	cédiez	avais cédé	aviez cédé
cédait	cédaient	avait cédé	avaient cédé
3 passé simple		**10 passé antérieur**	
cédai	cédâmes	eus cédé	eûmes cédé
cédas	cédâtes	eus cédé	eûtes cédé
céda	cédèrent	eut cédé	eurent cédé
4 futur		**11 futur antérieur**	
céderai	céderons	aurai cédé	aurons cédé
céderas	céderez	auras cédé	aurez cédé
cédera	céderont	aura cédé	auront cédé
5 conditionnel		**12 conditionnel passé**	
céderais	céderions	aurais cédé	aurions cédé
céderais	céderiez	aurais cédé	auriez cédé
céderait	céderaient	aurait cédé	auraient cédé
6 présent du subjonctif		**13 passé du subjonctif**	
cède	cédions	aie cédé	ayons cédé
cèdes	cédiez	aies cédé	ayez cédé
cède	cèdent	ait cédé	aient cédé
7 imparfait du subjonctif		**14 plus-que-parfait du subjonctif**	
cédasse	cédassions	eusse cédé	eussions cédé
cédasses	cédassiez	eusses cédé	eussiez cédé
cédât	cédassent	eût cédé	eussent cédé

Impératif
cède
cédons
cédez

Sentences using this verb and words related to it

   Hier soir j'ai pris l'autobus pour rentrer chez moi. J'ai pris la dernière place libre. Après quelques minutes, une vieille dame est entrée dans l'autobus et j'ai cédé ma place à cette aimable personne.

The Seven Simple Tenses		The Seven Compound Tenses	
Singular	Plural	Singular	Plural

1 présent de l'indicatif

cesse	cessons		
cesses	cessez		
cesse	cessent		

8 passé composé

ai cessé	avons cessé
as cessé	avez cessé
a cessé	ont cessé

2 imparfait de l'indicatif

cessais	cessions
cessais	cessiez
cessait	cessaient

9 plus-que-parfait de l'indicatif

avais cessé	avions cessé
avais cessé	aviez cessé
avait cessé	avaient cessé

3 passé simple

cessai	cessâmes
cessas	cessâtes
cessa	cessèrent

10 passé antérieur

eus cessé	eûmes cessé
eus cessé	eûtes cessé
eut cessé	eurent cessé

4 futur

cesserai	cesserons
cesseras	cesserez
cessera	cesseront

11 futur antérieur

aurai cessé	aurons cessé
auras cessé	aurez cessé
aura cessé	auront cessé

5 conditionnel

cesserais	cesserions
cesserais	cesseriez
cesserait	cesseraient

12 conditionnel passé

aurais cessé	aurions cessé
aurais cessé	auriez cessé
aurait cessé	auraient cessé

6 présent du subjonctif

cesse	cessions
cesses	cessiez
cesse	cessent

13 passé du subjonctif

aie cessé	ayons cessé
aies cessé	ayez cessé
ait cessé	aient cessé

7 imparfait du subjonctif

cessasse	cessassions
cessasses	cessassiez
cessât	cessassent

14 plus-que-parfait du subjonctif

eusse cessé	eussions cessé
eusses cessé	eussiez cessé
eût cessé	eussent cessé

Impératif
cesse
cessons
cessez

Sentences using this verb and words related to it

—Robert, cesse de parler, s'il te plaît! Tu es trop bavard dans cette classe.
—Oui, monsieur. Je cesse de parler. Je me tais.

une cesse   cease, ceasing
cesser de se voir   to stop seeing each other
cesser le feu   to cease fire

For *je me tais*, see **se taire**. See also **bavarder**.

to change

The Seven Simple Tenses		The Seven Compound Tenses	
Singular	Plural	Singular	Plural
1 présent de l'indicatif		**8 passé composé**	
change	changeons	ai changé	avons changé
changes	changez	as changé	avez changé
change	changent	a changé	ont changé
2 imparfait de l'indicatif		**9 plus-que-parfait de l'indicatif**	
changeais	changions	avais changé	avions changé
changeais	changiez	avais changé	aviez changé
changeait	changeaient	avait changé	avaient changé
3 passé simple		**10 passé antérieur**	
changeai	changeâmes	eus changé	eûmes changé
changeas	changeâtes	eus changé	eûtes changé
changea	changèrent	eut changé	eurent changé
4 futur		**11 futur antérieur**	
changerai	changerons	aurai changé	aurons changé
changeras	changerez	auras changé	aurez changé
changera	changeront	aura changé	auront changé
5 conditionnel		**12 conditionnel passé**	
changerais	changerions	aurais changé	aurions changé
changerais	changeriez	aurais changé	auriez changé
changerait	changeraient	aurait changé	auraient changé
6 présent du subjonctif		**13 passé du subjonctif**	
change	changions	aie changé	ayons changé
changes	changiez	aies changé	ayez changé
change	changent	ait changé	aient changé
7 imparfait du subjonctif		**14 plus-que-parfait du subjonctif**	
changeasse	changeassions	eusse changé	eussions changé
changeasses	changeassiez	eusses changé	eussiez changé
changeât	changeassent	eût changé	eussent changé

Impératif
change
changeons
changez

Common idiomatic expressions using this verb

Je vais changer de vêtements maintenant parce que je prends le train pour Paris et là je vais changer de train pour aller à Marseille.

changer d'avis   to change one's mind
changer de route   to take another road

The Seven Simple Tenses		The Seven Compound Tenses	
Singular	Plural	Singular	Plural
1 présent de l'indicatif		**8 passé composé**	
chante	chantons	ai chanté	avons chanté
chantes	chantez	as chanté	avez chanté
chante	chantent	a chanté	ont chanté
2 imparfait de l'indicatif		**9 plus-que-parfait de l'indicatif**	
chantais	chantions	avais chanté	avions chanté
chantais	chantiez	avais chanté	aviez chanté
chantait	chantaient	avait chanté	avaient chanté
3 passé simple		**10 passé antérieur**	
chantai	chantâmes	eus chanté	eûmes chanté
chantas	chantâtes	eus chanté	eûtes chanté
chanta	chantèrent	eut chanté	eurent chanté
4 futur		**11 futur antérieur**	
chanterai	chanterons	aurai chanté	aurons chanté
chanteras	chanterez	auras chanté	aurez chanté
chantera	chanteront	aura chanté	auront chanté
5 conditionnel		**12 conditionnel passé**	
chanterais	chanterions	aurais chanté	aurions chanté
chanterais	chanteriez	aurais chanté	auriez chanté
chanterait	chanteraient	aurait chanté	auraient chanté
6 présent du subjonctif		**13 passé du subjonctif**	
chante	chantions	aie chanté	ayons chanté
chantes	chantiez	aies chanté	ayez chanté
chante	chantent	ait chanté	aient chanté
7 imparfait du subjonctif		**14 plus-que-parfait du subjonctif**	
chantasse	chantassions	eusse chanté	eussions chanté
chantasses	chantassiez	eusses chanté	eussiez chanté
chantât	chantassent	eût chanté	eussent chanté

Impératif
chante
chantons
chantez

Sentences using this verb and words related to it

Madame Chanteclaire aime bien chanter en s'accompagnant au piano. Tous les matins elle chante dans la salle de bains et quelquefois elle chante quand elle dort. Elle donne des leçons de chant.

une chanson   song
chansons!   fiddlesticks! nonsense!
C'est une autre chanson!   That's another story!
chanson d'amour   love song

chanson de geste   epic poem
un chant   carol, chant, singing
le chantage   blackmail
chanteur, chanteuse   singer

The subject pronouns are found on the page facing page 1.   **51**

to burden, to charge, to load

The Seven Simple Tenses		The Seven Compound Tenses	
Singular	Plural	Singular	Plural
1 présent de l'indicatif		**8 passé composé**	
charge	chargeons	ai chargé	avons chargé
charges	chargez	as chargé	avez chargé
charge	chargent	a chargé	ont chargé
2 imparfait de l'indicatif		**9 plus-que-parfait de l'indicatif**	
chargeais	chargions	avais chargé	avions chargé
chargeais	chargiez	avais chargé	aviez chargé
chargeait	chargeaient	avait chargé	avaient chargé
3 passé simple		**10 passé antérieur**	
chargeai	chargeâmes	eus chargé	eûmes chargé
chargeas	chargeâtes	eus chargé	eûtes chargé
chargea	chargèrent	eut chargé	eurent chargé
4 futur		**11 futur antérieur**	
chargerai	chargerons	aurai chargé	aurons chargé
chargeras	chargerez	auras chargé	aurez chargé
chargera	chargeront	aura chargé	auront chargé
5 conditionnel		**12 conditionnel passé**	
chargerais	chargerions	aurais chargé	aurions chargé
chargerais	chargeriez	aurais chargé	auriez chargé
chargerait	chargeraient	aurait chargé	auraient chargé
6 présent du subjonctif		**13 passé du subjonctif**	
charge	chargions	aie chargé	ayons chargé
charges	chargiez	aies chargé	ayez chargé
charge	chargent	ait chargé	aient chargé
7 imparfait du subjonctif		**14 plus-que-parfait du subjonctif**	
chargeasse	chargeassions	eusse chargé	eussions chargé
chargeasses	chargeassiez	eusses chargé	eussiez chargé
chargeât	chargeassent	eût chargé	eussent chargé

Impératif
charge
chargeons
chargez

Common idiomatic expressions using this verb

Je connais une dame qui charge son mari de paquets chaque fois qu'ils vont faire des emplettes. Une fois quand je les ai vus en ville, il a chargé sa femme de malédictions.

une charge   a load, burden
chargé d'impôts   heavily taxed
un chargé d'affaires   envoy
Je m'en charge   I'll take care of it.

to hunt, to pursue, to chase, to drive out

The Seven Simple Tenses		The Seven Compound Tenses	
Singular	Plural	Singular	Plural
1 présent de l'indicatif		**8 passé composé**	
chasse	chassons	ai chassé	avons chassé
chasses	chassez	as chassé	avez chassé
chasse	chassent	a chassé	ont chassé
2 imparfait de l'indicatif		**9 plus-que-parfait de l'indicatif**	
chassais	chassions	avais chassé	avions chassé
chassais	chassiez	avais chassé	aviez chassé
chassait	chassaient	avait chassé	avaient chassé
3 passé simple		**10 passé antérieur**	
chassai	chassâmes	eus chassé	eûmes chassé
chassas	chassâtes	eus chassé	eûtes chassé
chassa	chassèrent	eut chassé	eurent chassé
4 futur		**11 futur antérieur**	
chasserai	chasserons	aurai chassé	aurons chassé
chasseras	chasserez	auras chassé	aurez chassé
chassera	chasseront	aura chassé	auront chassé
5 conditionnel		**12 conditionnel passé**	
chasserais	chasserions	aurais chassé	aurions chassé
chasserais	chasseriez	aurais chassé	auriez chassé
chasserait	chasseraient	aurait chassé	auraient chassé
6 présent du subjonctif		**13 passé du subjonctif**	
chasse	chassions	aie chassé	ayons chassé
chasses	chassiez	aies chassé	ayez chassé
chasse	chassent	ait chassé	aient chassé
7 imparfait du subjonctif		**14 plus-que-parfait du subjonctif**	
chassasse	chassassions	eusse chassé	eussions chassé
chassasses	chassassiez	eusses chassé	eussiez chassé
chassât	chassassent	eût chassé	eussent chassé

Impératif
chasse
chassons
chassez

Sentences using this verb and words related to it

Avez-vous jamais chassé des papillons? Tout le monde aime chasser de temps en temps. Les chasseurs aiment chasser. Les chats aiment chasser les souris. Et les garçons aiment chasser les jolies jeunes filles.

Pronounce out loud this tongue twister as fast as you can:
Le chasseur, sachant chasser sans son chien, chassera.
(The hunter, knowing how to hunt without his dog, will hunt.)

The subject pronouns are found on the page facing page 1.   **53**

chercher

Part. pr. cherchant   **Part. passé cherché**

to look for, to search

The Seven Simple Tenses		The Seven Compound Tenses	
Singular	Plural	Singular	Plural
1 présent de l'indicatif		**8 passé composé**	
cherche	cherchons	ai cherché	avons cherché
cherches	cherchez	as cherché	avez cherché
cherche	cherchent	a cherché	ont cherché
2 imparfait de l'indicatif		**9 plus-que-parfait de l'indicatif**	
cherchais	cherchions	avais cherché	avions cherché
cherchais	cherchiez	avais cherché	aviez cherché
cherchait	cherchaient	avait cherché	avaient cherché
3 passé simple		**10 passé antérieur**	
cherchai	cherchâmes	eus cherché	eûmes cherché
cherchas	cherchâtes	eus cherché	eûtes cherché
chercha	cherchèrent	eut cherché	eurent cherché
4 futur		**11 futur antérieur**	
chercherai	chercherons	aurai cherché	aurons cherché
chercheras	chercherez	auras cherché	aurez cherché
cherchera	chercheront	aura cherché	auront cherché
5 conditionnel		**12 conditionnel passé**	
chercherais	chercherions	aurais cherché	aurions cherché
chercherais	chercheriez	aurais cherché	auriez cherché
chercherait	chercheraient	aurait cherché	auraient cherché
6 présent du subjonctif		**13 passé du subjonctif**	
cherche	cherchions	aie cherché	ayons cherché
cherches	cherchiez	aies cherché	ayez cherché
cherche	cherchent	ait cherché	aient cherché
7 imparfait du subjonctif		**14 plus-que-parfait du subjonctif**	
cherchasse	cherchassions	eusse cherché	eussions cherché
cherchasses	cherchassiez	eusses cherché	eussiez cherché
cherchât	cherchassent	eût cherché	eussent cherché

Impératif
cherche
cherchons
cherchez

Sentences using this verb and words related to it

—Monsieur, monsieur, j'ai perdu mon livre de français. J'ai cherché partout et je n'arrive pas à le trouver.
—Continue à chercher parce que demain je donnerai un examen.

se chercher   to look for one another
chercheur   seeker, investigator
aller chercher   to go and get
chercher à   to attempt to

to choose, to select, to pick

The Seven Simple Tenses		The Seven Compound Tenses	
Singular	Plural	Singular	Plural
1 présent de l'indicatif		**8 passé composé**	
choisis	choisissons	ai choisi	avons choisi
choisis	choisissez	as choisi	avez choisi
choisit	choisissent	a choisi	ont choisi
2 imparfait de l'indicatif		**9 plus-que-parfait de l'indicatif**	
choisissais	choisissions	avais choisi	avions choisi
choisissais	choisissiez	avais choisi	aviez choisi
choisissait	choisissaient	avait choisi	avaient choisi
3 passé simple		**10 passé antérieur**	
choisis	choisîmes	eus choisi	eûmes choisi
choisis	choisîtes	eus choisi	eûtes choisi
choisit	choisirent	eut choisi	eurent choisi
4 futur		**11 futur antérieur**	
choisirai	choisirons	aurai choisi	aurons choisi
choisiras	choisirez	auras choisi	aurez choisi
choisira	choisiront	aura choisi	auront choisi
5 conditionnel		**12 conditionnel passé**	
choisirais	choisirions	aurais choisi	aurions choisi
choisirais	choisiriez	aurais choisi	auriez choisi
choisirait	choisiraient	aurait choisi	auraient choisi
6 présent du subjonctif		**13 passé du subjonctif**	
choisisse	choisissions	aie choisi	ayons choisi
choisisses	choisissiez	aies choisi	ayez choisi
choisisse	choisissent	ait choisi	aient choisi
7 imparfait du subjonctif		**14 plus-que-parfait du subjonctif**	
choisisse	choisissions	eusse choisi	eussions choisi
choisisses	choisissiez	eusses choisi	eussiez choisi
choisît	choisissent	eût choisi	eussent choisi

	Impératif
	choisis
	choisissons
	choisissez

Sentences using this verb and words related to it

Hier soir j'ai dîné dans un restaurant français avec des amis. J'ai choisi du poisson. Raymond a choisi de la viande et Joseph a choisi une omelette.

un choix   choice
faire choix de   to make choice of
l'embarras du choix   too much to choose from
Il n'y a pas grand choix   There's not much choice.

to command, to order

The Seven Simple Tenses		The Seven Compound Tenses	
Singular	Plural	Singular	Plural

1 présent de l'indicatif

commande	commandons	**8 passé composé**	
commandes	commandez	ai commandé	avons commandé
commande	commandent	as commandé	avez commandé
		a commandé	ont commandé

2 imparfait de l'indicatif

commandais	commandions	**9 plus-que-parfait de l'indicatif**	
commandais	commandiez	avais commandé	avions commandé
commandait	commandaient	avais commandé	aviez commandé
		avait commandé	avaient commandé

3 passé simple

commandai	commandâmes	**10 passé antérieur**	
commandas	commandâtes	eus commandé	eûmes commandé
commanda	commandèrent	eus commandé	eûtes commandé
		eut commandé	eurent commandé

4 futur

commanderai	commanderons	**11 futur antérieur**	
commanderas	commanderez	aurai commandé	aurons commandé
commandera	commanderont	auras commandé	aurez commandé
		aura commandé	auront commandé

5 conditionnel

commanderais	commanderions	**12 conditionnel passé**	
commanderais	commanderiez	aurais commandé	aurions commandé
commanderait	commanderaient	aurais commandé	auriez commandé
		aurait commandé	auraient commandé

6 présent du subjonctif

commande	commandions	**13 passé du subjonctif**	
commandes	commandiez	aie commandé	ayons commandé
commande	commandent	aies commandé	ayez commandé
		ait commandé	aient commandé

7 imparfait du subjonctif

commandasse	commandassions	**14 plus-que-parfait du subjonctif**	
commandasses	commandassiez	eusse commandé	eussions commandé
commandât	commandassent	eusses commandé	eussiez commandé
		eût commandé	eussent commandé

Impératif
commande
commandons
commandez

Common idiomatic expressions using this verb

Hier soir mes amis et moi avons dîné dans un restaurant chinois. Nous avons commandé beaucoup de choses intéressantes.

un commandant   commanding officer
une commande   an order
commander à qqn de faire qqch   to order someone to do something

to begin, to start, to commence

The Seven Simple Tenses		The Seven Compound Tenses	
Singular	Plural	Singular	Plural
1 présent de l'indicatif		**8 passé composé**	
commence	commençons	ai commencé	avons commencé
commences	commencez	as commencé	avez commencé
commence	commencent	a commencé	ont commencé
2 imparfait de l'indicatif		**9 plus-que-parfait de l'indicatif**	
commençais	commencions	avais commencé	avions commencé
commençais	commenciez	avais commencé	aviez commencé
commençait	commençaient	avait commencé	avaient commencé
3 passé simple		**10 passé antérieur**	
commençai	commençâmes	eus commencé	eûmes commencé
commenças	commençâtes	eus commencé	eûtes commencé
commença	commencèrent	eut commencé	eurent commencé
4 futur		**11 futur antérieur**	
commencerai	commencerons	aurai commencé	aurons commencé
commenceras	commencerez	auras commencé	aurez commencé
commencera	commenceront	aura commencé	auront commencé
5 conditionnel		**12 conditionnel passé**	
commencerais	commencerions	aurais commencé	aurions commencé
commencerais	commenceriez	aurais commencé	auriez commencé
commencerait	commenceraient	aurait commencé	auraient commencé
6 présent du subjonctif		**13 passé du subjonctif**	
commence	commencions	aie commencé	ayons commencé
commences	commenciez	aies commencé	ayez commencé
commence	commencent	ait commencé	aient commencé
7 imparfait du subjonctif		**14 plus-que-parfait du subjonctif**	
commençasse	commençassions	eusse commencé	eussions commencé
commençasses	commençassiez	eusses commencé	eussiez commencé
commençât	commençassent	eût commencé	eussent commencé

Impératif
commence
commençons
commencez

Common idiomatic expressions using this verb

—Alexandre, as-tu commencé tes devoirs pour la classe de français?
—Non, maman, pas encore. Je vais faire une promenade maintenant.
—Tu ne vas pas faire une promenade parce qu'il commence à pleuvoir.
—Commence à faire tes devoirs tout de suite!

le commencement   the beginning
au commencement   in the beginning
du commencement à la fin   from beginning to end

to understand

The Seven Simple Tenses		The Seven Compound Tenses	
Singular	Plural	Singular	Plural

1 présent de l'indicatif

comprends	comprenons		
comprends	comprenez		
comprend	comprennent		

8 passé composé

ai compris	avons compris
as compris	avez compris
a compris	ont compris

2 imparfait de l'indicatif

comprenais	comprenions
comprenais	compreniez
comprenait	comprenaient

9 plus-que-parfait de l'indicatif

avais compris	avions compris
avais compris	aviez compris
avait compris	avaient compris

3 passé simple

compris	comprîmes
compris	comprîtes
comprit	comprirent

10 passé antérieur

eus compris	eûmes compris
eus compris	eûtes compris
eut compris	eurent compris

4 futur

comprendrai	comprendrons
comprendras	comprendrez
comprendra	comprendront

11 futur antérieur

aurai compris	aurons compris
auras compris	aurez compris
aura compris	auront compris

5 conditionnel

comprendrais	comprendrions
comprendrais	comprendriez
comprendrait	comprendraient

12 conditionnel passé

aurais compris	aurions compris
aurais compris	auriez compris
aurait compris	auraient compris

6 présent du subjonctif

comprenne	comprenions
comprennes	compreniez
comprenne	comprennent

13 passé du subjonctif

aie compris	ayons compris
aies compris	ayez compris
ait compris	aient compris

7 imparfait du subjonctif

comprisse	comprissions
comprisses	comprissiez
comprît	comprissent

14 plus-que-parfait du subjonctif

eusse compris	eussions compris
eusses compris	eussiez compris
eût compris	eussent compris

Impératif
comprends
comprenons
comprenez

Sentences using this verb

Je ne comprends jamais la maîtresse de biologie. Je n'ai pas compris la leçon d'hier, je ne comprends pas la leçon d'aujourd'hui, et je ne comprendrai jamais rien.

to count, to intend

The Seven Simple Tenses		The Seven Compound Tenses	
Singular	Plural	Singular	Plural
1 présent de l'indicatif		**8 passé composé**	
compte	comptons	ai compté	avons compté
comptes	comptez	as compté	avez compté
compte	comptent	a compté	ont compté
2 imparfait de l'indicatif		**9 plus-que-parfait de l'indicatif**	
comptais	comptions	avais compté	avions compté
comptais	comptiez	avais compté	aviez compté
comptait	comptaient	avait compté	avaient compté
3 passé simple		**10 passé antérieur**	
comptai	comptâmes	eus compté	eûmes compté
comptas	comptâtes	eus compté	eûtes compté
compta	comptèrent	eut compté	eurent compté
4 futur		**11 futur antérieur**	
compterai	compterons	aurai compté	aurons compté
compteras	compterez	auras compté	aurez compté
comptera	compteront	aura compté	auront compté
5 conditionnel		**12 conditionnel passé**	
compterais	compterions	aurais compté	aurions compté
compterais	compteriez	aurais compté	auriez compté
compterait	compteraient	aurait compté	auraient compté
6 présent du subjonctif		**13 passé du subjonctif**	
compte	comptions	aie compté	ayons compté
comptes	comptiez	aies compté	ayez compté
compte	comptent	ait compté	aient compté
7 imparfait du subjonctif		**14 plus-que-parfait du subjonctif**	
comptasse	comptassions	eusse compté	eussions compté
comptasses	comptassiez	eusses compté	eussiez compté
comptât	comptassent	eût compté	eussent compté

	Impératif
	compte
	comptons
	comptez

Common idiomatic expressions using this verb

Je compte aller en France l'été prochain avec ma femme pour voir nos amis français.

la comptabilité   bookkeeping
comptable   accountable
le comptage   accounting
payer comptant   to pay cash

conduire

Part. pr. **conduisant**   Part. passé **conduit**

to lead, to drive, to conduct

The Seven Simple Tenses		The Seven Compound Tenses	
Singular	Plural	Singular	Plural
1 présent de l'indicatif		**8 passé composé**	
conduis	conduisons	ai conduit	avons conduit
conduis	conduisez	as conduit	avez conduit
conduit	conduisent	a conduit	ont conduit
2 imparfait de l'indicatif		**9 plus-que-parfait de l'indicatif**	
conduisais	conduisions	avais conduit	avions conduit
conduisais	conduisiez	avais conduit	aviez conduit
conduisait	conduisaient	avait conduit	avaient conduit
3 passé simple		**10 passé antérieur**	
conduisis	conduisîmes	eus conduit	eûmes conduit
conduisis	conduisîtes	eus conduit	eûtes conduit
conduisit	conduisirent	eut conduit	eurent conduit
4 futur		**11 futur antérieur**	
conduirai	conduirons	aurai conduit	aurons conduit
conduiras	conduirez	auras conduit	aurez conduit
conduira	conduiront	aura conduit	auront conduit
5 conditionnel		**12 conditionnel passé**	
conduirais	conduirions	aurais conduit	aurions conduit
conduirais	conduiriez	aurais conduit	auriez conduit
conduirait	conduiraient	aurait conduit	auraient conduit
6 présent du subjonctif		**13 passé du subjonctif**	
conduise	conduisions	aie conduit	ayons conduit
conduises	conduisiez	aies conduit	ayez conduit
conduise	conduisent	ait conduit	aient conduit
7 imparfait du subjonctif		**14 plus-que-parfait du subjonctif**	
conduisisse	conduisissions	eusse conduit	eussions conduit
conduisisses	conduisissiez	eusses conduit	eussiez conduit
conduisît	conduisissent	eût conduit	eussent conduit

Impératif
conduis
conduisons
conduisez

Sentences using this verb and words related to it

—Savez-vous conduire?
—Oui, je sais conduire. Je conduis une voiture, je dirige un orchestre, et hier j'ai conduit quelqu'un à la gare. Attendez, je vais vous conduire à la porte.
—Merci, Vous êtes très aimable.

un conducteur, une conductrice   driver
la conduite   conduct, behavior

to know, to be acquainted with (persons or places)

The Seven Simple Tenses		The Seven Compound Tenses	
Singular	Plural	Singular	Plural
1 présent de l'indicatif		**8 passé composé**	
connais	connaissons	ai connu	avons connu
connais	connaissez	as connu	avez connu
connaît	connaissent	a connu	ont connu
2 imparfait de l'indicatif		**9 plus-que-parfait de l'indicatif**	
connaissais	connaissions	avais connu	avions connu
connaissais	connaissiez	avais connu	aviez connu
connaissait	connaissaient	avait connu	avaient connu
3 passé simple		**10 passé antérieur**	
connus	connûmes	eus connu	eûmes connu
connus	connûtes	eus connu	eûtes connu
connut	connurent	eut connu	eurent connu
4 futur		**11 futur antérieur**	
connaîtrai	connaîtrons	aurai connu	aurons connu
connaîtras	connaîtrez	auras connu	aurez connu
connaîtra	connaîtront	aura connu	auront connu
5 conditionnel		**12 conditionnel passé**	
connaîtrais	connaîtrions	aurais connu	aurions connu
connaîtrais	connaîtriez	aurais connu	auriez connu
connaîtrait	connaîtraient	aurait connu	auraient connu
6 présent du subjonctif		**13 passé du subjonctif**	
connaisse	connaissions	aie connu	ayons connu
connaisses	connaissiez	aies connu	ayez connu
connaisse	connaissent	ait connu	aient connu
7 imparfait du subjonctif		**14 plus-que-parfait du subjonctif**	
connusse	connussions	eusse connu	eussions connu
connusses	connussiez	eusses connu	eussiez connu
connût	connussent	eût connu	eussent connu

Impératif
connais
connaissons
connaissez

Common idiomatic expressions using this verb and words related to it

—Connaissez-vous quelqu'un qui puisse m'aider? Je suis touriste et je ne connais pas cette ville.
—Non, je ne connais personne. Je suis touriste aussi.
—Voulez-vous aller prendre un café? Nous pouvons nous faire connaissance.

la connaissance   knowledge, understanding, acquaintance
connaisseur, connaisseuse   expert
se connaître   to know each other, to know oneself
faire connaissance   to get acquainted

to construct, to build

The Seven Simple Tenses		The Seven Compound Tenses	
Singular	Plural	Singular	Plural

1 présent de l'indicatif

construis	construisons		
construis	construisez		
construit	construisent		

8 passé composé

ai construit	avons construit
as construit	avez construit
a construit	ont construit

2 imparfait de l'indicatif

construisais	construisions
construisais	construisiez
construisait	construisaient

9 plus-que-parfait de l'indicatif

avais construit	avions construit
avais construit	aviez construit
avait construit	avaient construit

3 passé simple

construisis	construisîmes
construisis	construisîtes
construisit	construisirent

10 passé antérieur

eus construit	eûmes construit
eus construit	eûtes construit
eut construit	eurent construit

4 futur

construirai	construirons
construiras	construirez
construira	construiront

11 futur antérieur

aurai construit	aurons construit
auras construit	aurez construit
aura construit	auront construit

5 conditionnel

construirais	construirions
construirais	construiriez
construirait	construiraient

12 conditionnel passé

aurais construit	aurions construit
aurais construit	auriez construit
aurait construit	auraient construit

6 présent du subjonctif

construise	construisions
construises	construisiez
construise	construisent

13 passé du subjonctif

aie construit	ayons construit
aies construit	ayez construit
ait construit	aient construit

7 imparfait du subjonctif

construisisse	construisissions
construisisses	construisissiez
construisît	construisissent

14 plus-que-parfait du subjonctif

eusse construit	eussions construit
eusses construit	eussiez construit
eût construit	eussent construit

Impératif
construis
construisons
construisez

Sentences using this verb and words related to it

—Je vois que vous êtes en train de construire quelque chose. Qu'est-ce que vous construisez?

—Je construis une tour comme la Tour Eiffel. Aimez-vous ce bateau que j'ai construit?

un constructeur   a manufacturer, builder, constructor
une construction   construction, building

to relate, to narrate

The Seven Simple Tenses		The Seven Compound Tenses	
Singular	Plural	Singular	Plural
1 présent de l'indicatif		**8 passé composé**	
conte	contons	ai conté	avons conté
contes	contez	as conté	avez conté
conte	content	a conté	ont conté
2 imparfait de l'indicatif		**9 plus-que-parfait de l'indicatif**	
contais	contions	avais conté	avions conté
contais	contiez	avais conté	aviez conté
contait	contaient	avait conté	avaient conté
3 passé simple		**10 passé antérieur**	
contai	contâmes	eus conté	eûmes conté
contas	contâtes	eus conté	eûtes conté
conta	contèrent	eut conté	eurent conté
4 futur		**11 futur antérieur**	
conterai	conterons	aurai conté	aurons conté
conteras	conterez	auras conté	aurez conté
contera	conteront	aura conté	auront conté
5 conditionnel		**12 conditionnel passé**	
conterais	conterions	aurais conté	aurions conté
conterais	conteriez	aurais conté	auriez conté
conterait	conteraient	aurait conté	auraient conté
6 présent du subjonctif		**13 passé du subjonctif**	
conte	contions	aie conté	ayons conté
contes	contiez	aies conté	ayez conté
conte	content	ait conté	aient conté
7 imparfait du subjonctif		**14 plus-que-parfait du subjonctif**	
contasse	contassions	eusse conté	eussions conté
contasses	contassiez	eusses conté	eussiez conté
contât	contassent	eût conté	eussent conté

Impératif
conte
contons
contez

Sentences using this verb and words related to it

   Notre professeur de français nous conte toujours des histoires intéressantes. Son conte favori est *Un coeur simple* de Flaubert.

un conte   a story, tale
un conte de fées   fairy tale
un conte à dormir debout   cock-and-bull story

The subject pronouns are found on the page facing page 1.

continuer

to continue

The Seven Simple Tenses		The Seven Compound Tenses	
Singular	Plural	Singular	Plural

1 présent de l'indicatif

		8 passé composé	
continue	continuons	ai continué	avons continué
continues	continuez	as continué	avez continué
continue	continuent	a continué	ont continué

2 imparfait de l'indicatif

		9 plus-que-parfait de l'indicatif	
continuais	continuions	avais continué	avions continué
continuais	continuiez	avais continué	aviez continué
continuait	continuaient	avait continué	avaient continué

3 passé simple

		10 passé antérieur	
continuai	continuâmes	eus continué	eûmes continué
continuas	continuâtes	eus continué	eûtes continué
continua	continuèrent	eut continué	eurent continué

4 futur

		11 futur antérieur	
continuerai	continuerons	aurai continué	aurons continué
continueras	continuerez	auras continué	aurez continué
continuera	continueront	aura continué	auront continué

5 conditionnel

		12 conditionnel passé	
continuerais	continuerions	aurais continué	aurions continué
continuerais	continueriez	aurais continué	auriez continué
continuerait	continueraient	aurait continué	auraient continué

6 présent du subjonctif

		13 passé du subjonctif	
continue	continuions	aie continué	ayons continué
continues	continuiez	aies continué	ayez continué
continue	continuent	ait continué	aient continué

7 imparfait du subjonctif

		14 plus-que-parfait du subjonctif	
continuasse	continuassions	eusse continué	eussions continué
continuasses	continuassiez	eusses continué	eussiez continué
continuât	continuassent	eût continué	eussent continué

Impératif
continue
continuons
continuez

Sentences using this verb and words related to it

—**Allez-vous continuer à étudier le français l'année prochaine?**
—**Certainement. Je compte étudier cette belle langue continuellement.**

la continuation   continuation
continuel, continuelle   continual
continuellement   continually

The Seven Simple Tenses		The Seven Compound Tenses	
Singular	Plural	Singular	Plural

1 présent de l'indicatif

corrige	corrigeons	
corriges	corrigez	
corrige	corrigent	

8 passé composé

ai corrigé	avons corrigé
as corrigé	avez corrigé
a corrigé	ont corrigé

2 imparfait de l'indicatif

corrigeais	corrigions
corrigeais	corrigiez
corrigeait	corrigeaient

9 plus-que-parfait de l'indicatif

avais corrigé	avions corrigé
avais corrigé	aviez corrigé
avait corrigé	avaient corrigé

3 passé simple

corrigeai	corrigeâmes
corrigeas	corrigeâtes
corrigea	corrigèrent

10 passé antérieur

eus corrigé	eûmes corrigé
eus corrigé	eûtes corrigé
eut corrigé	eurent corrigé

4 futur

corrigerai	corrigerons
corrigeras	corrigerez
corrigera	corrigeront

11 futur antérieur

aurai corrigé	aurons corrigé
auras corrigé	aurez corrigé
aura corrigé	auront corrigé

5 conditionnel

corrigerais	corrigerions
corrigerais	corrigeriez
corrigerait	corrigeraient

12 conditionnel passé

aurais corrigé	aurions corrigé
aurais corrigé	auriez corrigé
aurait corrigé	auraient corrigé

6 présent du subjonctif

corrige	corrigions
corriges	corrigiez
corrige	corrigent

13 passé du subjonctif

aie corrigé	ayons corrigé
aies corrigé	ayez corrigé
ait corrigé	aient corrigé

7 imparfait du subjonctif

corrigeasse	corrigeassions
corrigeasses	corrigeassiez
corrigeât	corrigeassent

14 plus-que-parfait du subjonctif

eusse corrigé	eussions corrigé
eusses corrigé	eussiez corrigé
eût corrigé	eussent corrigé

Impératif
corrige
corrigeons
corrigez

Sentences using this verb and words related to it

   Dans la classe de français nous corrigeons toujours nos devoirs en classe. **La maîtresse de français écrit les corrections au tableau.**

to go to bed, to lie down

The Seven Simple Tenses		The Seven Compound Tenses	
Singular	Plural	Singular	Plural
1 présent de l'indicatif		**8 passé composé**	
me couche	nous couchons	me suis couché(e)	nous sommes couché(e)s
te couches	vous couchez	t'es couché(e)	vous êtes couché(e)s
se couche	se couchent	s'est couché(e)	se sont couché(e)s
2 imparfait de l'indicatif		**9 plus-que-parfait de l'indicatif**	
me couchais	nous couchions	m'étais couché(e)	nous étions couché(e)s
te couchais	vous couchiez	t'étais couché(e)	vous étiez couché(e)(s)
se couchait	se couchaient	s'était couché(e)	s'étaient couché(e)s
3 passé simple		**10 passé antérieur**	
me couchai	nous couchâmes	me fus couché(e)	nous fûmes couché(e)s
te couchas	vous couchâtes	te fus couché(e)	vous fûtes couché(e)(s)
se coucha	se couchèrent	se fut couché(e)	se furent couché(e)s
4 futur		**11 futur antérieur**	
me coucherai	nous coucherons	me serai couché(e)	nous serons couché(e)s
te coucheras	vous coucherez	te seras couché(e)	vous serez couché(e)(s)
se couchera	se coucheront	se sera couché(e)	se seront couché(e)s
5 conditionnel		**12 conditionnel passé**	
me coucherais	nous coucherions	me serais couché(e)	nous serions couché(e)s
te coucherais	vous coucheriez	te serais couché(e)	vous seriez couché(e)(s)
se coucherait	se coucheraient	se serait couché(e)	se seraient couché(e)s
6 présent du subjonctif		**13 passé du subjonctif**	
me couche	nous couchions	me sois couché(e)	nous soyons couché(e)s
te couches	vous couchiez	te sois couché(e)	vous soyez couché(e)(s)
se couche	se couchent	se soit couché(e)	se soient couché(e)s
7 imparfait du subjonctif		**14 plus-que-parfait du subjonctif**	
me couchasse	nous couchassions	me fusse couché(e)	nous fussions couché(e)s
te couchasses	vous couchassiez	te fusses couché(e)	vous fussiez couché(e)(s)
se couchât	se couchassent	se fût couché(e)	se fussent couché(e)s

Impératif
couche-toi
couchons-nous
couchez-vous

Sentences using this verb and words related to it

—Couche-toi, Hélène! Il est minuit. Hier soir tu t'es couchée tard.
—Donne-moi ma poupée pour nous coucher ensemble.

le coucher du soleil   sunset
une couche   a layer
une couchette   bunk, cot

The Seven Simple Tenses		The Seven Compound Tenses	
Singular	Plural	Singular	Plural
1 présent de l'indicatif		**8 passé composé**	
coupe	coupons	ai coupé	avons coupé
coupes	coupez	as coupé	avez coupé
coupe	coupent	a coupé	ont coupé
2 imparfait de l'indicatif		**9 plus-que-parfait de l'indicatif**	
coupais	coupions	avais coupé	avions coupé
coupais	coupiez	avais coupé	aviez coupé
coupait	coupaient	avait coupé	avaient coupé
3 passé simple		**10 passé antérieur**	
coupai	coupâmes	eus coupé	eûmes coupé
coupas	coupâtes	eus coupé	eûtes coupé
coupa	coupèrent	eut coupé	eurent coupé
4 futur		**11 futur antérieur**	
couperai	couperons	aurai coupé	aurons coupé
couperas	couperez	auras coupé	aurez coupé
coupera	couperont	aura coupé	auront coupé
5 conditionnel		**12 conditionnel passé**	
couperais	couperions	aurais coupé	aurions coupé
couperais	couperiez	aurais coupé	auriez coupé
couperait	couperaient	aurait coupé	auraient coupé
6 présent du subjonctif		**13 passé du subjonctif**	
coupe	coupions	aie coupé	ayons coupé
coupes	coupiez	aies coupé	ayez coupé
coupe	coupent	ait coupé	aient coupé
7 imparfait du subjonctif		**14 plus-que-parfait du subjonctif**	
coupasse	coupassions	eusse coupé	eussions coupé
coupasses	coupassiez	eusses coupé	eussiez coupé
coupât	coupassent	eût coupé	eussent coupé

Impératif
coupe
coupons
coupez

Common idiomatic expressions using this verb

Ce morceau de pain est trop grand. Je vais le couper en deux.

un coupon   coupon
une coupure   cut, gash, crack
couper les cheveux en quatre   to split hairs
se faire couper les cheveux   to have one's hair cut

to run

The Seven Simple Tenses		The Seven Compound Tenses	
Singular	Plural	Singular	Plural
1 présent de l'indicatif		**8 passé composé**	
cours	courons	ai couru	avons couru
cours	courez	as couru	avez couru
court	courent	a couru	ont couru
2 imparfait de l'indicatif		**9 plus-que-parfait de l'indicatif**	
courais	courions	avais couru	avions couru
courais	couriez	avais couru	aviez couru
courait	couraient	avait couru	avaient couru
3 passé simple		**10 passé antérieur**	
courus	courûmes	eus couru	eûmes couru
courus	courûtes	eus couru	eûtes couru
courut	coururent	eut couru	eurent couru
4 futur		**11 futur antérieur**	
courrai	courrons	aurai couru	aurons couru
courras	courrez	auras couru	aurez couru
courra	courront	aura couru	auront couru
5 conditionnel		**12 conditionnel passé**	
courrais	courrions	aurais couru	aurions couru
courrais	courriez	aurais couru	auriez couru
courrait	courraient	aurait couru	auraient couru
6 présent du subjonctif		**13 passé du subjonctif**	
coure	courions	aie couru	ayons couru
coures	couriez	aies couru	ayez couru
coure	courent	ait couru	aient couru
7 imparfait du subjonctif		**14 plus-que-parfait du subjonctif**	
courusse	courussions	eusse couru	eussions couru
courusses	courussiez	eusses couru	eussiez couru
courût	courussent	eût couru	eussent couru

Impératif
cours
courons
courez

Sentences using this verb and words related to it

    Les enfants sont toujours prêts à courir. Quand on est jeune on court sans se fatiguer. Michel a couru de la maison jusqu'à l'école. Il a seize ans.

le courrier   courier, messenger, mail
un coureur   runner
faire courir un bruit   to spread a rumor
courir une course   to run a race

The Seven Simple Tenses | | The Seven Compound Tenses | |
Singular	Plural	Singular	Plural
1 présent de l'indicatif		8 passé composé	
il coûte	**ils coûtent**	**il a coûté**	**ils ont coûté**
2 imparfait de l'indicatif		9 plus-que-parfait de l'indicatif	
il coûtait	**ils coûtaient**	**il avait coûté**	**ils avaient coûté**
3 passé simple		10 passé antérieur	
il coûta	**ils coûtèrent**	**il eut coûté**	**ils eurent coûté**
4 futur		11 futur antérieur	
il coûtera	**ils coûteront**	**il aura coûté**	**ils auront coûté**
5 conditionnel		12 conditionnel passé	
il coûterait	**ils coûteraient**	**il aurait coûté**	**ils auraient coûté**
6 présent du subjonctif		13 passé du subjonctif	
qu'il coûte	**qu'ils coûtent**	**qu'il ait coûté**	**qu'ils aient coûté**
7 imparfait du subjonctif		14 plus-que-parfait du subjonctif	
qu'il coûtât	**qu'ils coûtassent**	**qu'il eût coûté**	**qu'ils eussent coûté**

Impératif
(inusité)

Sentences using this verb and words related to it

—**Combien coûte cette table?**
—**Elle coûte dix mille francs.**
—**Et combien coûte ce lit?**
—**Il coûte dix mille francs aussi.**
—**Ils coûtent joliment cher!**

coûteusement   expensively, dearly
coûte que coûte   at any cost
coûteux, coûteuse   costly, expensive
Cela coûte joliment cher.   That costs a pretty penny.

This verb is generally regarded as impersonal and is used primarily in the third person singular and plural.

The subject pronouns are found on the page facing page 1.

69

to cover

The Seven Simple Tenses		The Seven Compound Tenses	
Singular	Plural	Singular	Plural
1 présent de l'indicatif		**8 passé composé**	
couvre	couvrons	ai couvert	avons couvert
couvres	couvrez	as couvert	avez couvert
couvre	couvrent	a couvert	ont couvert
2 imparfait de l'indicatif		**9 plus-que-parfait de l'indicatif**	
couvrais	couvrions	avais couvert	avions couvert
couvrais	couvriez	avais couvert	aviez couvert
couvrait	couvraient	avait couvert	avaient couvert
3 passé simple		**10 passé antérieur**	
couvris	couvrîmes	eus couvert	eûmes couvert
couvris	couvrîtes	eus couvert	eûtes couvert
couvrit	couvrirent	eut couvert	eurent couvert
4 futur		**11 futur antérieur**	
couvrirai	couvrirons	aurai couvert	aurons couvert
couvriras	couvrirez	auras couvert	aurez couvert
couvrira	couvriront	aura couvert	auront couvert
5 conditionnel		**12 conditionnel passé**	
couvrirais	couvririons	aurais couvert	aurions couvert
couvrirais	couvririez	aurais couvert	auriez couvert
couvrirait	couvriraient	aurait couvert	auraient couvert
6 présent du subjonctif		**13 passé du subjonctif**	
couvre	couvrions	aie couvert	ayons couvert
couvres	couvriez	aies couvert	ayez couvert
couvre	couvrent	ait couvert	aient couvert
7 imparfait du subjonctif		**14 plus-que-parfait du subjonctif**	
couvrisse	couvrissions	eusse couvert	eussions couvert
couvrisses	couvrissiez	eusses couvert	eussiez couvert
couvrît	couvrissent	eût couvert	eussent couvert

Impératif
couvre
couvrons
couvrez

Sentences using this verb and words related to it

Avant de quitter la maison, Madame Champlain a couvert le lit d'un dessus-de-lit. Puis, elle a couvert son mari de caresses et de baisers.

un couvert   place setting (spoon, knife, fork, *etc.)*
acheter des couverts   to buy cutlery
mettre le couvert   to lay the table
une couverture   blanket

to fear, to be afraid

The Seven Simple Tenses		The Seven Compound Tenses	
Singular	Plural	Singular	Plural
1 présent de l'indicatif		**8 passé composé**	
crains	craignons	ai craint	avons craint
crains	craignez	as craint	avez craint
craint	craignent	a craint	ont craint
2 imparfait de l'indicatif		**9 plus-que-parfait de l'indicatif**	
craignais	craignions	avais craint	avions craint
craignais	craigniez	avais craint	aviez craint
craignait	craignaient	avait craint	avaient craint
3 passé simple		**10 passé antérieur**	
craignis	craignîmes	eus craint	eûmes craint
craignis	craignîtes	eus craint	eûtes craint
craignit	craignirent	eut craint	eurent craint
4 futur		**11 futur antérieur**	
craindrai	craindrons	aurai craint	aurons craint
craindras	craindrez	auras craint	aurez craint
craindra	craindront	aura craint	auront craint
5 conditionnel		**12 conditionnel passé**	
craindrais	craindrions	aurais craint	aurions craint
craindrais	craindriez	aurais craint	auriez craint
craindrait	craindraient	aurait craint	auraient craint
6 présent du subjonctif		**13 passé du subjonctif**	
craigne	craignions	aie craint	ayons craint
craignes	craigniez	aies craint	ayez craint
craigne	craignent	ait craint	aient craint
7 imparfait du subjonctif		**14 plus-que-parfait du subjonctif**	
craignisse	craignissions	eusse craint	eussions craint
craignisses	craignissiez	eusses craint	eussiez craint
craignît	craignissent	eût craint	eussent craint

Impératif
crains
craignons
craignez

Sentences using this verb and words related to it

   Le petit garçon craint de traverser le parc pendant la nuit. Il a raison parce que c'est dangereux. Il a des craintes.

une crainte   fear, dread
craindre pour sa vie   to be in fear of one's life
sans crainte   fearless

to shout, to cry out

The Seven Simple Tenses		The Seven Compound Tenses	
Singular	Plural	Singular	Plural
1 présent de l'indicatif		**8 passé composé**	
crie	crions	ai crié	avons crié
cries	criez	as crié	avez crié
crie	crient	a crié	ont crié
2 imparfait de l'indicatif		**9 plus-que-parfait de l'indicatif**	
criais	criions	avais crié	avions crié
criais	criiez	avais crié	aviez crié
criait	criaient	avait crié	avaient crié
3 passé simple		**10 passé antérieur**	
criai	criâmes	eus crié	eûmes crié
crias	criâtes	eus crié	eûtes crié
cria	crièrent	eut crié	eurent crié
4 futur		**11 futur antérieur**	
crierai	crierons	aurai crié	aurons crié
crieras	crierez	auras crié	aurez crié
criera	crieront	aura crié	auront crié
5 conditionnel		**12 conditionnel passé**	
crierais	crierions	aurais crié	aurions crié
crierais	crieriez	aurais crié	auriez crié
crierait	crieraient	aurait crié	auraient crié
6 présent du subjonctif		**13 passé du subjonctif**	
crie	criions	aie crié	ayons crié
cries	criiez	aies crié	ayez crié
crie	crient	ait crié	aient crié
7 imparfait du subjonctif		**14 plus-que-parfait du subjonctif**	
criasse	criassions	eusse crié	eussions crié
criasses	criassiez	eusses crié	eussiez crié
criât	criassent	eût crié	eussent crié

Impératif
crie
crions
criez

Sentences using this verb and words related to it

Cet enfant crie toujours. Hier il a crié à tue-tête quand il a vu un avion dans le ciel.

un cri a shout, a cry
pousser un cri to utter a cry
crier à tue-tête to shout one's head off
un crieur hawker
un crieur de journaux newsboy

Part. pr. **croyant**   Part. passé **cru**   **croire**

to believe

The Seven Simple Tenses   The Seven Compound Tenses

Singular	Plural	Singular	Plural
1 présent de l'indicatif		**8 passé composé**	
crois	croyons	ai cru	avons cru
crois	croyez	as cru	avez cru
croit	croient	a cru	ont cru
2 imparfait de l'indicatif		**9 plus-que-parfait de l'indicatif**	
croyais	croyions	avais cru	avions cru
croyais	croyiez	avais cru	aviez cru
croyait	croyaient	avait cru	avaient cru
3 passé simple		**10 passé antérieur**	
crus	crûmes	eus cru	eûmes cru
crus	crûtes	eus cru	eûtes cru
crut	crurent	eut cru	eurent cru
4 futur		**11 futur antérieur**	
croirai	croirons	aurai cru	aurons cru
croiras	croirez	auras cru	aurez cru
croira	croiront	aura cru	auront cru
5 conditionnel		**12 conditionnel passé**	
croirais	croirions	aurais cru	aurions cru
croirais	croiriez	aurais cru	auriez cru
croirait	croiraient	aurait cru	auraient cru
6 présent du subjonctif		**13 passé du subjonctif**	
croie	croyions	aie cru	ayons cru
croies	croyiez	aies cru	ayez cru
croie	croient	ait cru	aient cru
7 imparfait du subjonctif		**14 plus-que-parfait du subjonctif**	
crusse	crussions	eusse cru	eussions cru
crusses	crussiez	eusses cru	eussiez cru
crût	crussent	eût cru	eussent cru

Impératif
crois
croyons
croyez

Sentences using this verb and words related to it

Est-ce que vous croyez tout ce que vous entendez? Avez-vous cru l'histoire que je vous ai racontée?

Croyez-m'en!   Take my word for it!
se croire   to think oneself, to consider oneself
Paul se croit beau.   Paul thinks himself handsome.
croyable   believable
incroyable   unbelievable

The subject pronouns are found on the page facing page 1.   **73**

to gather, to pick

The Seven Simple Tenses		The Seven Compound Tenses	
Singular	Plural	Singular	Plural
1 présent de l'indicatif		**8 passé composé**	
cueille	cueillons	ai cueilli	avons cueilli
cueilles	cueillez	as cueilli	avez cueilli
cueille	cueillent	a cueilli	ont cueilli
2 imparfait de l'indicatif		**9 plus-que-parfait de l'indicatif**	
cueillais	cueillions	avais cueilli	avions cueilli
cueillais	cueilliez	avais cueilli	aviez cueilli
cueillait	cueillaient	avait cueilli	avaient cueilli
3 passé simple		**10 passé antérieur**	
cueillis	cueillîmes	eus cueilli	eûmes cueilli
cueillis	cueillîtes	eus cueilli	eûtes cueilli
cueillit	cueillirent	eut cueilli	eurent cueilli
4 futur		**11 futur antérieur**	
cueillerai	cueillerons	aurai cueilli	aurons cueilli
cueilleras	cueillerez	auras cueilli	aurez cueilli
cueillera	cueilleront	aura cueilli	auront ceuilli
5 conditionnel		**12 conditionnel passé**	
cueillerais	cueillerions	aurais cueilli	aurions cueilli
cueillerais	cueilleriez	aurais cueilli	auriez cueilli
cueillerait	cueilleraient	aurait cueilli	auraient cueilli
6 présent du subjonctif		**13 passé du subjonctif**	
cueille	cueillions	aie cueilli	ayons cueilli
cueilles	cueilliez	aies cueilli	ayez cueilli
cueille	cueillent	ait cueilli	aient cueilli
7 imparfait du subjonctif		**14 plus-que-parfait du subjonctif**	
cueillisse	cueillissions	eusse cueilli	eussions cueilli
cueillisses	cueillissiez	eusses cueilli	eussiez cueilli
cueillît	cueillissent	eût cueilli	eussent cueilli

Impératif
cueille
cueillons
cueillez

Sentences using this verb

Je vois que tu cueilles des fleurs. As-tu cueilli toutes les fleurs qui sont dans ce vase?

The Seven Simple Tenses		The Seven Compound Tenses	
Singular	Plural	Singular	Plural

1 présent de l'indicatif

cuis	cuisons		
cuis	cuisez		
cuit	cuisent		

8 passé composé

ai cuit	avons cuit		
as cuit	avez cuit		
a cuit	ont cuit		

2 imparfait de l'indicatif

cuisais	cuisions
cuisais	cuisiez
cuisait	cuisaient

9 plus-que-parfait de l'indicatif

avais cuit	avions cuit
avais cuit	aviez cuit
avait cuit	avaient cuit

3 passé simple

cuisis	cuisîmes
cuisis	cuisîtes
cuisit	cuisirent

10 passé antérieur

eus cuit	eûmes cuit
eus cuit	eûtes cuit
eut cuit	eurent cuit

4 futur

cuirai	cuirons
cuiras	cuirez
cuira	cuiront

11 futur antérieur

aurai cuit	aurons cuit
auras cuit	aurez cuit
aura cuit	auront cuit

5 conditionnel

cuirais	cuirions
cuirais	cuiriez
cuirait	cuiraient

12 conditionnel passé

aurais cuit	aurions cuit
aurais cuit	auriez cuit
aurait cuit	auraient cuit

6 présent du subjonctif

cuise	cuisions
cuises	cuisiez
cuise	cuisent

13 passé du subjonctif

aie cuit	ayons cuit
aies cuit	ayez cuit
ait cuit	aient cuit

7 imparfait du subjonctif

cuisisse	cuisissions
cuisisses	cuisissiez
cuisît	cuisissent

14 plus-que-parfait du subjonctif

eusse cuit	eussions cuit
eusses cuit	eussiez cuit
eût cuit	eussent cuit

Impératif
cuis
cuisons
cuisez

Sentences using this verb and words related to it

Qui a cuit ce morceau de viande? C'est dégoûtant! Il est trop cuit. Ne savez-vous pas faire cuire un bon morceau de viande? Vous n'êtes pas bon cuisinier.

la cuisine kitchen
cuisinier, cuisinière cook
faire cuire à la poêle to pan fry

danser

Part. pr. dansant   **Part. passé dansé**

to dance

The Seven Simple Tenses		The Seven Compound Tenses	
Singular	Plural	Singular	Plural
1 présent de l'indicatif		**8 passé composé**	
danse	dansons	ai dansé	avons dansé
danses	dansez	as dansé	avez dansé
danse	dansent	a dansé	ont dansé
2 imparfait de l'indicatif		**9 plus-que-parfait de l'indicatif**	
dansais	dansions	avais dansé	avions dansé
dansais	dansiez	avais dansé	aviez dansé
dansait	dansaient	avait dansé	avaient dansé
3 passé simple		**10 passé antérieur**	
dansai	dansâmes	eus dansé	eûmes dansé
dansas	dansâtes	eus dansé	eûtes dansé
dansa	dansèrent	eut dansé	eurent dansé
4 futur		**11 futur antérieur**	
danserai	danserons	aurai dansé	aurons dansé
danseras	danserez	auras dansé	aurez dansé
dansera	danseront	aura dansé	auront dansé
5 conditionnel		**12 conditionnel passé**	
danserais	danserions	aurais dansé	aurions dansé
danserais	danseriez	aurais dansé	auriez dansé
danserait	danseraient	aurait dansé	auraient dansé
6 présent du subjonctif		**13 passé du subjonctif**	
danse	dansions	aie dansé	ayons dansé
danses	dansiez	aies dansé	ayez dansé
danse	dansent	ait dansé	aient dansé
7 imparfait du subjonctif		**14 plus-que-parfait du subjonctif**	
dansasse	dansassions	eusse dansé	eussions dansé
dansasses	dansassiez	eusses dansé	eussiez dansé
dansât	dansassent	eût dansé	eussent dansé

Impératif
danse
dansons
dansez

Sentences using this verb and words related to it

René: **Veux-tu danser avec moi?**
Renée: **Je ne sais pas danser.**
René: **Je suis bon danseur. Je vais t'apprendre à danser. Viens! Dansons!**

danser de joie   to dance for joy
une soirée dansante   evening dancing party

to discover, to uncover

The Seven Simple Tenses		The Seven Compound Tenses	
Singular	Plural	Singular	Plural

1 présent de l'indicatif

découvre	découvrons	ai découvert	avons découvert
découvres	découvrez	as découvert	avez découvert
découvre	découvrent	a découvert	ont découvert

8 passé composé (header over right column)

2 imparfait de l'indicatif   **9 plus-que-parfait de l'indicatif**

découvrais	découvrions	avais découvert	avions découvert
découvrais	découvriez	avais découvert	aviez découvert
découvrait	découvraient	avait découvert	avaient découvert

3 passé simple   **10 passé antérieur**

découvris	découvrîmes	eus découvert	eûmes découvert
découvris	découvrîtes	eus découvert	eûtes découvert
découvrit	découvrirent	eut découvert	eurent découvert

4 futur   **11 futur antérieur**

découvrirai	découvrirons	aurai découvert	aurons découvert
découvriras	découvrirez	auras découvert	aurez découvert
découvrira	découvriront	aura découvert	auront découvert

5 conditionnel   **12 conditionnel passé**

découvrirais	découvririons	aurais découvert	aurions découvert
découvrirais	découvririez	aurais découvert	auriez découvert
découvrirait	découvriraient	aurait découvert	auraient découvert

6 présent du subjonctif   **13 passé du subjonctif**

découvre	découvrions	aie découvert	ayons découvert
découvres	découvriez	aies découvert	ayez découvert
découvre	découvrent	ait découvert	aient découvert

7 imparfait du subjonctif   **14 plus-que-parfait du subjonctif**

découvrisse	découvrissions	eusse découvert	eussions découvert
découvrisses	découvrissiez	eusses découvert	eussiez découvert
découvrît	découvrissent	eût découvert	eussent découvert

Impératif
découvre
découvrons
découvrez

Sentences using this verb and words related to it

Ce matin j'ai couvert ce panier de fruits et maintenant il est découvert. Qui l'a découvert?

un découvreur   discoverer
une découverte   a discovery, invention
se découvrir   to take off one's clothes; to take off one's hat
aller à la découverte   to explore

décrire

to describe

The Seven Simple Tenses		The Seven Compound Tenses	
Singular	Plural	Singular	Plural
1 présent de l'indicatif		**8 passé composé**	
décris	décrivons	ai décrit	avons décrit
décris	décrivez	as décrit	avez décrit
décrit	décrivent	a décrit	ont décrit
2 imparfait de l'indicatif		**9 plus-que-parfait de l'indicatif**	
décrivais	décrivions	avais décrit	avions décrit
décrivais	décriviez	avais décrit	aviez décrit
décrivait	décrivaient	avait décrit	avaient décrit
3 passé simple		**10 passé antérieur**	
décrivis	décrivîmes	eus décrit	eûmes décrit
décrivis	décrivîtes	eus décrit	eûtes décrit
décrivit	décrivirent	eut décrit	eurent décrit
4 futur		**11 futur antérieur**	
décrirai	décrirons	aurai décrit	aurons décrit
décriras	décrirez	auras décrit	aurez décrit
décrira	décriront	aura décrit	auront décrit
5 conditionnel		**12 conditionnel passé**	
décrirais	décririons	aurais décrit	aurions décrit
décrirais	décririez	aurais décrit	auriez décrit
décrirait	décriraient	aurait décrit	auraient décrit
6 présent du subjonctif		**13 passé du subjonctif**	
décrive	décrivions	aie décrit	ayons décrit
décrives	décriviez	aies décrit	ayez décrit
décrive	décrivent	ait décrit	aient décrit
7 imparfait du subjonctif		**14 plus-que-parfait du subjonctif**	
décrivisse	décrivissions	eusse décrit	eussions décrit
décrivisses	décrivissiez	eusses décrit	eussiez décrit
décrivît	décrivissent	eût décrit	eussent décrit

Impératif
décris
décrivons
décrivez

Sentences using this verb and words related to it

Quel beau paysage! Je le décrirai dans une lettre à mon ami. Je ferai une description en détail.

une description   description
écrire   to write

to defend, to forbid, to prohibit

The Seven Simple Tenses		The Seven Compound Tenses	
Singular	Plural	Singular	Plural
1 présent de l'indicatif		**8 passé composé**	
défends	défendons	ai défendu	avons défendu
défends	défendez	as défendu	avez défendu
défend	défendent	a défendu	ont défendu
2 imparfait de l'indicatif		**9 plus-que-parfait de l'indicatif**	
défendais	défendions	avais défendu	avions défendu
défendais	défendiez	avais défendu	aviez défendu
défendait	défendaient	avait défendu	avaient défendu
3 passé simple		**10 passé antérieur**	
défendis	défendîmes	eus défendu	eûmes défendu
défendis	défendîtes	eus défendu	eûtes défendu
défendit	défendirent	eut défendu	eurent défendu
4 futur		**11 futur antérieur**	
défendrai	défendrons	aurai défendu	aurons défendu
défendras	défendrez	auras défendu	aurez défendu
défendra	défendront	aura défendu	auront défendu
5 conditionnel		**12 conditionnel passé**	
défendrais	défendrions	aurais défendu	aurions défendu
défendrais	défendriez	aurais défendu	auriez défendu
défendrait	défendraient	aurait défendu	auraient défendu
6 présent du subjonctif		**13 passé du subjonctif**	
défende	défendions	aie défendu	ayons défendu
défendes	défendiez	aies défendu	ayez défendu
défende	défendent	ait défendu	aient défendu
7 imparfait du subjonctif		**14 plus-que-parfait du subjonctif**	
défendisse	défendissions	eusse défendu	eussions défendu
défendisses	défendissiez	eusses défendu	eussiez défendu
défendît	défendissent	eût défendu	eussent défendu

Impératif
défends
défendons
défendez

Sentences using this verb and words related to it

Le père: **Je te défends de fumer. C'est une mauvaise habitude.**
Le fils: **Alors, pourquoi fumes-tu, papa?**

une défense   defense
Défense de fumer   No smoking allowed
défendable   justifiable

se défendre   to defend oneself
défensif, défensive   defensive
défensivement   defensively

The subject pronouns are found on the page facing page 1.   **79**

déjeuner

Part. pr. **déjeunant**   Part. passé **déjeuné**

to lunch, to have lunch

The Seven Simple Tenses		The Seven Compound Tenses	
Singular	Plural	Singular	Plural
1 présent de l'indicatif		**8 passé composé**	
déjeune	déjeunons	ai déjeuné	avons déjeuné
déjeunes	déjeunez	as déjeuné	avez déjeuné
déjeune	déjeunent	a déjeuné	ont déjeuné
2 imparfait de l'indicatif		**9 plus-que-parfait de l'indicatif**	
déjeunais	déjeunions	avais déjeuné	avions déjeuné
déjeunais	déjeuniez	avais déjeuné	aviez déjeuné
déjeunait	déjeunaient	avait déjeuné	avaient déjeuné
3 passé simple		**10 passé antérieur**	
déjeunai	déjeunâmes	eus déjeuné	eûmes déjeuné
déjeunas	déjeunâtes	eus déjeuné	eûtes déjeuné
déjeuna	déjeunèrent	eut déjeuné	eurent déjeuné
4 futur		**11 futur antérieur**	
déjeunerai	déjeunerons	aurai déjeuné	aurons déjeuné
déjeuneras	déjeunerez	auras déjeuné	aurez déjeuné
déjeunera	déjeuneront	aura déjeuné	auront déjeuné
5 conditionnel		**12 conditionnel passé**	
déjeunerais	déjeunerions	aurais déjeuné	aurions déjeuné
déjeunerais	déjeuneriez	aurais déjeuné	auriez déjeuné
déjeunerait	déjeuneraient	aurait déjeuné	auraient déjeuné
6 présent du subjonctif		**13 passé du subjonctif**	
déjeune	déjeunions	aie déjeuné	ayons déjeuné
déjeunes	déjeuniez	aies déjeuné	ayez déjeuné
déjeune	déjeunent	ait déjeuné	aient déjeuné
7 imparfait du subjonctif		**14 plus-que-parfait du subjonctif**	
déjeunasse	déjeunassions	eusse déjeuné	eussions déjeuné
déjeunasses	déjeunassiez	eusses déjeuné	eussiez déjeuné
déjeunât	déjeunassent	eût déjeuné	eussent déjeuné

Impératif
déjeune
déjeunons
déjeunez

Sentences using this verb and words related to it

Tous les matins je me lève et je prends mon petit déjeuner à sept heures et demie. A midi je déjeune avec mes camarades à l'école. Avec qui déjeunez-vous?

le déjeuner   lunch
le petit déjeuner   breakfast
jeûner   to fast
le jeûne   fast, fasting

to ask (for), to request

The Seven Simple Tenses		The Seven Compound Tenses	
Singular	Plural	Singular	Plural

1   présent de l'indicatif

demande	demandons
demandes	demandez
demande	demandent

8   passé composé

ai demandé	avons demandé
as demandé	avez demandé
a demandé	ont demandé

2   imparfait de l'indicatif

demandais	demandions
demandais	demandiez
demandait	demandaient

9   plus-que-parfait de l'indicatif

avais demandé	avions demandé
avais demandé	aviez demandé
avait demandé	avaient demandé

3   passé simple

demandai	demandâmes
demandas	demandâtes
demanda	demandèrent

10   passé antérieur

eus demandé	eûmes demandé
eus demandé	eûtes demandé
eut demandé	eurent demandé

4   futur

demanderai	demanderons
demanderas	demanderez
demandera	demanderont

11   futur antérieur

aurai demandé	aurons demandé
auras demandé	aurez demandé
aura demandé	auront demandé

5   conditionnel

demanderais	demanderions
demanderais	demanderiez
demanderait	demanderaient

12   conditionnel passé

aurais demandé	aurions demandé
aurais demandé	auriez demandé
aurait demandé	auraient demandé

6   présent du subjonctif

demande	demandions
demandes	demandiez
demande	demandent

13   passé du subjonctif

aie demandé	ayons demandé
aies demandé	ayez demandé
ait demandé	aient demandé

7   imparfait du subjonctif

demandasse	demandassions
demandasses	demandassiez
demandât	demandassent

14   plus-que-parfait du subjonctif

eusse demandé	eussions demandé
eusses demandé	eussiez demandé
eût demandé	eussent demandé

Impératif
demande
demandons
demandez

Sentences using this verb and words related to it

J'ai demandé à une dame où s'arrête l'autobus. Elle m'a répondu: —Je ne sais pas, monsieur. Demandez à l'agent de police.

une demande   a request
sur demande   on request, on application
faire une demande de   to apply for
se demander   to wonder

to reside, to live, to remain, to stay

The Seven Simple Tenses		The Seven Compound Tenses	
Singular	Plural	Singular	Plural
1 présent de l'indicatif		**8 passé composé**	
demeure	demeurons	ai demeuré	avons demeuré
demeures	demeurez	as demeuré	avez demeuré
demeure	demeurent	a demeuré	ont demeuré
2 imparfait de l'indicatif		**9 plus-que-parfait de l'indicatif**	
demeurais	demeurions	avais demeuré	avions demeuré
demeurais	demeuriez	avais demeuré	aviez demeuré
demeurait	demeuraient	avait demeuré	avaient demeuré
3 passé simple		**10 passé antérieur**	
demeurai	demeurâmes	eus demeuré	eûmes demeuré
demeuras	demeurâtes	eus demeuré	eûtes demeuré
demeura	demeurèrent	eut demeuré	eurent demeuré
4 futur		**11 futur antérieur**	
demeurerai	demeurerons	aurai demeuré	aurons demeuré
demeureras	demeurerez	auras demeuré	aurez demeuré
demeurera	demeureront	aura demeuré	auront demeuré
5 conditionnel		**12 conditionnel passé**	
demeurerais	demeurerions	aurais demeuré	aurions demeuré
demeurerais	demeureriez	aurais demeuré	auriez demeuré
demeurerait	demeureraient	aurait demeuré	auraient demeuré
6 présent du subjonctif		**13 passé du subjonctif**	
demeure	demeurions	aie demeuré	ayons demeuré
demeures	demeuriez	aies demeuré	ayez demeuré
demeure	demeurent	ait demeuré	aient demeuré
7 imparfait du subjonctif		**14 plus-que-parfait du subjonctif**	
demeurasse	demeurassions	eusse demeuré	eussions demeuré
demeurasses	demeurassiez	eusses demeuré	eussiez demeuré
demeurât	demeurassent	eût demeuré	eussent demeuré

Impératif
demeure
demeurons
demeurez

Sentences using this verb and words related to it

—**Où demeurez-vous?**
—**Je demeure dans un appartement, rue des Jardins.**

une demeure   dwelling, residence
au demeurant   after all
demeurer couché   to stay in bed

to hurry, to hasten

The Seven Simple Tenses		The Seven Compound Tenses	
Singular	Plural	Singular	Plural

1   présent de l'indicatif

me dépêche	nous dépêchons		
te dépêches	vous dépêchez		
se dépêche	se dépêchent		

8   passé composé

me suis dépêché(e)	nous sommes dépêché(e)s
t'es dépêché(e)	vous êtes dépêché(e)(s)
s'est dépêché(e)	se sont dépêché(e)s

2   imparfait de l'indicatif

me dépêchais	nous dépêchions
te dépêchais	vous dépêchiez
se dépêchait	se dépêchaient

9   plus-que-parfait de l'indicatif

m'étais dépêché(e)	nous étions dépêché(e)s
t'étais dépêché(e)	vous étiez dépêché(e)(s)
s'était dépêché(e)	s'étaient dépêché(e)s

3   passé simple

me dépêchai	nous dépêchâmes
te dépêchas	vous dépêchâtes
se dépêcha	se dépêchèrent

10   passé antérieur

me fus dépêché(e)	nous fûmes dépêché(e)s
te fus dépêché(e)	vous fûtes dépêché(e)(s)
se fut dépêché(e)	se furent dépêché(e)s

4   futur

me dépêcherai	nous dépêcherons
te dépêcheras	vous dépêcherez
se dépêchera	se dépêcheront

11   futur antérieur

me serai dépêché(e)	nous serons dépêché(e)s
te seras dépêché(e)	vous serez dépêché(e)(s)
se sera dépêché(e)	se seront dépêché(e)s

5   conditionnel

me dépêcherais	nous dépêcherions
te dépêcherais	vous dépêcheriez
se dépêcherait	se dépêcheraient

12   conditionnel passé

me serais dépêché(e)	nous serions dépêché(e)s
te serais dépêché(e)	vous seriez dépêché(e)(s)
se serait dépêché(e)	se seraient dépêché(e)s

6   présent du subjonctif

me dépêche	nous dépêchions
te dépêches	vous dépêchiez
se dépêche	se dépêchent

13   passé du subjonctif

me sois dépêché(e)	nous soyons dépêché(e)s
te sois dépêché(e)	vous soyez dépêché(e)(s)
se soit dépêché(e)	se soient dépêché(e)s

7   imparfait du subjonctif

me dépêchasse	nous dépêchassions
te dépêchasses	vous dépêchassiez
se dépêchât	se dépêchassent

14   plus-que-parfait du subjonctif

me fusse dépêché(e)	nous fussions dépêché(e)s
te fusses dépêché(e)	vous fussiez dépêché(e)(s)
se fût dépêché(e)	se fussent dépêché(e)s

Impératif
dépêche-toi
dépêchons-nous
dépêchez-vous

Sentences using this verb and words related to it

**En me dépêchant pour attraper l'autobus, je suis tombé et je me suis fait mal au genou.
Je me dépêchais de venir chez vous pour vous dire quelque chose de très important.**

une dépêche   a telegram, a dispatch
dépêcher   to dispatch

to spend (money)

The Seven Simple Tenses		The Seven Compound Tenses	
Singular	Plural	Singular	Plural
1 présent de l'indicatif		**8 passé composé**	
dépense	dépensons	ai dépensé	avons dépensé
dépenses	dépensez	as dépensé	avez dépensé
dépense	dépensent	a dépensé	ont dépensé
2 imparfait de l'indicatif		**9 plus-que-parfait de l'indicatif**	
dépensais	dépensions	avais dépensé	avions dépensé
dépensais	dépensiez	avais dépensé	aviez dépensé
dépensait	dépensaient	avait dépensé	avaient dépensé
3 passé simple		**10 passé antérieur**	
dépensai	dépensâmes	eus dépensé	eûmes dépensé
dépensas	dépensâtes	eus dépensé	eûtes dépensé
dépensa	dépensèrent	eut dépensé	eurent dépensé
4 futur		**11 futur antérieur**	
dépenserai	dépenserons	aurai dépensé	aurons dépensé
dépenseras	dépenserez	auras dépensé	aurez dépensé
dépensera	dépenseront	aura dépensé	auront dépensé
5 conditionnel		**12 conditionnel passé**	
dépenserais	dépenserions	aurais dépensé	aurions dépensé
dépenserais	dépenseriez	aurais dépensé	auriez dépensé
dépenserait	dépenseraient	aurait dépensé	auraient dépensé
6 présent du subjonctif		**13 passé du subjonctif**	
dépense	dépensions	aie dépensé	ayons dépensé
dépenses	dépensiez	aies dépensé	ayez dépensé
dépense	dépensent	ait dépensé	aient dépensé
7 imparfait du subjonctif		**14 plus-que-parfait du subjonctif**	
dépensasse	dépensassions	eusse dépensé	eussions dépensé
dépensasses	dépensassiez	eusses dépensé	eussiez dépensé
dépensât	dépensassent	eût dépensé	eussent dépensé

Impératif
dépense
dépensons
dépensez

Sentences using this verb and words related to it

Mon père m'a dit que je dépense sottement. Je lui ai répondu que je n'ai rien dépensé cette semaine.

dépensier, dépensière   extravagant, unthrifty, spendthrift
dépenser sottement   to spend money foolishly
aux dépens de quelqu'un   at someone's expense

The Seven Simple Tenses		The Seven Compound Tenses	
Singular	Plural	Singular	Plural

1 présent de l'indicatif
| | | **8 passé composé** |
dérange | dérangeons | ai dérangé | avons dérangé
déranges | dérangez | as dérangé | avez dérangé
dérange | dérangent | a dérangé | ont dérangé

2 imparfait de l'indicatif
| | | **9 plus-que-parfait de l'indicatif** |
dérangeais | dérangions | avais dérangé | avions dérangé
dérangeais | dérangiez | avais dérangé | aviez dérangé
dérangeait | dérangeaient | avait dérangé | avaient dérangé

3 passé simple
| | | **10 passé antérieur** |
dérangeai | dérangeâmes | eus dérangé | eûmes dérangé
dérangeas | dérangeâtes | eus dérangé | eûtes dérangé
dérangea | dérangèrent | eut dérangé | eurent dérangé

4 futur
| | | **11 futur antérieur** |
dérangerai | dérangerons | aurai dérangé | aurons dérangé
dérangeras | dérangerez | auras dérangé | aurez dérangé
dérangera | dérangeront | aura dérangé | auront dérangé

5 conditionnel
| | | **12 conditionnel passé** |
dérangerais | dérangerions | aurais dérangé | aurions dérangé
dérangerais | dérangeriez | aurais dérangé | auriez dérangé
dérangerait | dérangeraient | aurait dérangé | auraient dérangé

6 présent du subjonctif
| | | **13 passé du subjonctif** |
dérange | dérangions | aie dérangé | ayons dérangé
déranges | dérangiez | aies dérangé | ayez dérangé
dérange | dérangent | ait dérangé | aient dérangé

7 imparfait du subjonctif
| | | **14 plus-que-parfait du subjonctif** |
dérangeasse | dérangeassions | eusse dérangé | eussions dérangé
dérangeasses | dérangeassiez | eusses dérangé | eussiez dérangé
dérangeât | dérangeassent | eût dérangé | eussent dérangé

Impératif
dérange
dérangeons
dérangez

Sentences using this verb and words related to it

Le professeur: **Entrez!**
  L'élève: **Excusez-moi, monsieur. Est-ce que je vous dérange?**
Le professeur: **Non, tu ne me déranges pas. Qu'est-ce que tu veux?**
  L'élève: **Je veux savoir si nous avons un jour de congé demain.**

dérangé, dérangée   upset, out of order, broken down
une personne dérangée   a deranged person
un dérangement   disarrangement, disorder

to go down, to descend, to take down, to bring down

The Seven Simple Tenses		The Seven Compound Tenses	
Singular	Plural	Singular	Plural
1 présent de l'indicatif		**8 passé composé**	
descends	descendons	suis descendu(e)	sommes descendu(e)s
descends	descendez	es descendu(e)	êtes descendu(e)(s)
descend	descendent	est descendu(e)	sont descendu(e)s
2 imparfait de l'indicatif		**9 plus-que-parfait de l'indicatif**	
descendais	descendions	étais descendu(e)	étions descendu(e)s
descendais	descendiez	étais descendu(e)	étiez descendu(e)(s)
descendait	descendaient	était descendu(e)	étaient descendu(e)s
3 passé simple		**10 passé antérieur**	
descendis	descendîmes	fus descendu(e)	fûmes descendu(e)s
descendis	descendîtes	fus descendu(e)	fûtes descendu(e)(s)
descendit	descendirent	fut descendu(e)	furent descendu(e)s
4 futur		**11 futur antérieur**	
descendrai	descendrons	serai descendu(e)	serons descendu(e)s
descendras	descendrez	seras descendu(e)	serez descendu(e)(s)
descendra	descendront	sera descendu(e)	seront descendu(e)s
5 conditionnel		**12 conditionnel passé**	
descendrais	descendrions	serais descendu(e)	serions descendu(e)s
descendrais	descendriez	serais descendu(e)	seriez descendu(e)(s)
descendrait	descendraient	serait descendu(e)	seraient descendu(e)s
6 présent du subjonctif		**13 passé du subjonctif**	
descende	descendions	sois descendu(e)	soyons descendu(e)s
descendes	descendiez	sois descendu(e)	soyez descendu(e)(s)
descende	descendent	soit descendu(e)	soient descendu(e)s
7 imparfait du subjonctif		**14 plus-que-parfait du subjonctif**	
descendisse	descendissions	fusse descendu(e)	fussions descendu(e)s
descendisses	descendissiez	fusses descendu(e)	fussiez descendu(e)(s)
descendît	descendissent	fût descendu(e)	fussent descendu(e)s

Impératif
descends
descendons
descendez

Sentences using this verb

This verb is conjugated with *avoir* when it has a direct object.

Examples: **J'ai descendu l'escalier**   I went down the stairs.
         J'ai descendu les valises I brought down the suitcases.

BUT   **Elle est descendue vite**   She came down quickly.

The Seven Simple Tenses		The Seven Compound Tenses	
Singular	Plural	Singular	Plural

1 présent de l'indicatif		8 passé composé	
désire	désirons	ai désiré	avons désiré
désires	désirez	as désiré	avez désiré
désire	désirent	a désiré	ont désiré

2 imparfait de l'indicatif		9 plus-que-parfait de l'indicatif	
désirais	désirions	avais désiré	avions désiré
désirais	désiriez	avais désiré	aviez désiré
désirait	désiraient	avait désiré	avaient désiré

3 passé simple		10 passé antérieur	
désirai	désirâmes	eus désiré	eûmes désiré
désiras	désirâtes	eus désiré	eûtes désiré
désira	désirèrent	eut désiré	eurent désiré

4 futur		11 futur antérieur	
désirerai	désirerons	aurai désiré	aurons désiré
désireras	désirerez	auras désiré	aurez désiré
désirera	désireront	aura désiré	auront désiré

5 conditionnel		12 conditionnel passé	
désirerais	désirerions	aurais désiré	aurions désiré
désirerais	désireriez	aurais désiré	auriez désiré
désirerait	désireraient	aurait désiré	auraient désiré

6 présent du subjonctif		13 passé du subjonctif	
désire	désirions	aie désiré	ayons désiré
désires	désiriez	aies désiré	ayez désiré
désire	désirent	ait désiré	aient désiré

7 imparfait du subjonctif		14 plus-que-parfait du subjonctif	
désirasse	désirassions	eusse désiré	eussions désiré
désirasses	désirassiez	eusses désiré	eussiez désiré
désirât	désirassent	eût désiré	eussent désiré

	Impératif
	désire
	désirons
	désirez

Sentences using this verb and words related to it

La vendeuse: **Bonjour, monsieur. Vous désirez?**
Le client: **Je désire acheter une cravate.**
La vendeuse: **Bien, monsieur. Vous pouvez choisir. Voici toutes nos cravates.**

un désir   desire, wish
désirable   desirable
un désir de plaire   a desire to please
laisser à désirer   to leave much to be desired

The subject pronouns are found on the page facing page 1.

to detest, to dislike

The Seven Simple Tenses		The Seven Compound Tenses	
Singular	Plural	Singular	Plural
1 présent de l'indicatif		**8 passé composé**	
déteste	détestons	ai détesté	avons détesté
détestes	détestez	as détesté	avez détesté
déteste	détestent	a détesté	ont détesté
2 imparfait de l'indicatif		**9 plus-que-parfait de l'indicatif**	
détestais	détestions	avais détesté	avions détesté
détestais	détestiez	avais détesté	aviez détesté
détestait	détestaient	avait détesté	avaient détesté
3 passé simple		**10 passé antérieur**	
détestai	détestâmes	eus détesté	eûmes détesté
détestas	détestâtes	eus détesté	eûtes détesté
détesta	détestèrent	eut détesté	eurent détesté
4 futur		**11 futur antérieur**	
détesterai	détesterons	aurai détesté	aurons détesté
détesteras	détesterez	auras détesté	aurez détesté
détestera	détesteront	aura détesté	auront détesté
5 conditionnel		**12 conditionnel passé**	
détesterais	détesterions	aurais détesté	aurions détesté
détesterais	détesteriez	aurais détesté	auriez détesté
détesterait	détesteraient	aurait détesté	auraient détesté
6 présent du subjonctif		**13 passé du subjonctif**	
déteste	détestions	aie détesté	ayons détesté
détestes	détestiez	aies détesté	ayez détesté
déteste	détestent	ait détesté	aient détesté
7 imparfait du subjonctif		**14 plus-que-parfait du subjonctif**	
détestasse	détestassions	eusse détesté	eussions détesté
détestasses	détestassiez	eusses détesté	eussiez détesté
détestât	détestassent	eût détesté	eussent détesté

Impératif
déteste
détestons
détestez

Sentences using this verb and words related to it

   Je déteste la médiocrité, je déteste le mensonge, et je déteste la calomnie. Ce sont des choses détestables.

détestable   loathsome, hateful
détestablement   detestably

to destroy

The Seven Simple Tenses		The Seven Compound Tenses	
Singular	Plural	Singular	Plural
1 présent de l'indicatif		**8 passé composé**	
détruis	**détruisons**	**ai détruit**	**avons détruit**
détruis	**détruisez**	**as détruit**	**avez détruit**
détruit	**détruisent**	**a détruit**	**ont détruit**
2 imparfait de l'indicatif		**9 plus-que-parfait de l'indicatif**	
détruisais	**détruisions**	**avais détruit**	**avions détruit**
détruisais	**détruisiez**	**avais détruit**	**aviez détruit**
détruisait	**détruisaient**	**avait détruit**	**avaient détruit**
3 passé simple		**10 passé antérieur**	
détruisis	**détruisîmes**	**eus détruit**	**eûmes détruit**
détruisis	**détruisîtes**	**eus détruit**	**eûtes détruit**
détruisit	**détruisirent**	**eut détruit**	**eurent détruit**
4 futur		**11 futur antérieur**	
détruirai	**détruirons**	**aurai détruit**	**aurons détruit**
détruiras	**détruirez**	**auras détruit**	**aurez détruit**
détruira	**détruiront**	**aura détruit**	**auront détruit**
5 conditionnel		**12 conditionnel passé**	
détruirais	**détruirions**	**aurais détruit**	**aurions détruit**
détruirais	**détruiriez**	**aurais détruit**	**auriez détruit**
détruirait	**détruiraient**	**aurait détruit**	**auraient détruit**
6 présent du subjonctif		**13 passé du subjonctif**	
détruise	**détruisions**	**aie détruit**	**ayons détruit**
détruises	**détruisiez**	**aies détruit**	**ayez détruit**
détruise	**détruisent**	**ait détruit**	**aient détruit**
7 imparfait du subjonctif		**14 plus-que-parfait du subjonctif**	
détruisisse	**détruisissions**	**eusse détruit**	**eussions détruit**
détruisisses	**détruisissiez**	**eusses détruit**	**eussiez détruit**
détruisît	**détruisissent**	**eût détruit**	**eussent détruit**

Impératif
détruis
détruisons
détruisez

Words related to this verb

la destruction destruction
destructif, destructive destructive
la destructivité destructiveness
destructible destructible

to become

The Seven Simple Tenses		The Seven Compound Tenses	
Singular	Plural	Singular	Plural
1 présent de l'indicatif		**8 passé composé**	
deviens	devenons	suis devenu(e)	sommes devenu(e)s
deviens	devenez	es devenu(e)	êtes devenu(e)(s)
devient	deviennent	est devenu(e)	sont devenu(e)s
2 imparfait de l'indicatif		**9 plus-que-parfait de l'indicatif**	
devenais	devenions	étais devenu(e)	étions devenu(e)s
devenais	deveniez	étais devenu(e)	étiez devenu(e)(s)
devenait	devenaient	était devenu(e)	étaient devenu(e)s
3 passé simple		**10 passé antérieur**	
devins	devînmes	fus devenu(e)	fûmes devenu(e)s
devins	devîntes	fus devenu(e)	fûtes devenu(e)(s)
devint	devinrent	fut devenu(e)	furent devenu(e)s
4 futur		**11 futur antérieur**	
deviendrai	deviendrons	serai devenu(e)	serons devenu(e)s
deviendras	deviendrez	seras devenu(e)	serez devenu(e)(s)
deviendra	deviendront	sera devenu(e)	seront devenu(e)s
5 conditionnel		**12 conditionnel passé**	
deviendrais	deviendrions	serais devenu(e)	serions devenu(e)s
deviendrais	deviendriez	serais devenu(e)	seriez devenu(e)(s)
deviendrait	deviendraient	serait devenu(e)	seraient devenu(e)s
6 présent du subjonctif		**13 passé du subjonctif**	
devienne	devenions	sois devenu(e)	soyons devenu(e)s
deviennes	deveniez	sois devenu(e)	soyez devenu(e)(s)
devienne	deviennent	soit devenu(e)	soient devenu(e)s
7 imparfait du subjonctif		**14 plus-que-parfait du subjonctif**	
devinsse	devinssions	fusse devenu(e)	fussions devenu(e)s
devinsses	devinssiez	fusses devenu(e)	fussiez devenu(e)(s)
devînt	devinssent	fût devenu(e)	fussent devenu(e)s

Impératif
deviens
devenons
devenez

Common idiomatic expressions using this verb

J'entends dire que Claudette est devenue docteur. Et vous, qu'est-ce que vous voulez devenir?

devenir fou, devenir folle   to go mad, crazy
Qu'est devenue votre soeur?   What has become of your sister?

to have to, must, ought, owe, should

The Seven Simple Tenses		The Seven Compound Tenses	
Singular	Plural	Singular	Plural
1 présent de l'indicatif		**8 passé composé**	
dois	devons	ai dû	avons dû
dois	devez	as dû	avez dû
doit	doivent	a dû	ont dû
2 imparfait de l'indicatif		**9 plus-que-parfait de l'indicatif**	
devais	devions	avais dû	avions dû
devais	deviez	avais dû	aviez dû
devait	devaient	avait dû	avaient dû
3 passé simple		**10 passé antérieur**	
dus	dûmes	eus dû	eûmes dû
dus	dûtes	eus dû	eûtes dû
dut	durent	eut dû	eurent dû
4 futur		**11 futur antérieur**	
devrai	devrons	aurai dû	aurons dû
devras	devrez	auras dû	aurez dû
devra	devront	aura dû	auront dû
5 conditionnel		**12 conditionnel passé**	
devrais	devrions	aurais dû	aurions dû
devrais	devriez	aurais dû	auriez dû
devrait	devraient	aurait dû	auraient dû
6 présent du subjonctif		**13 passé du subjonctif**	
doive	devions	aie dû	ayons dû
doives	deviez	aies dû	ayez dû
doive	doivent	ait dû	aient dû
7 imparfait du subjonctif		**14 plus-que-parfait du subjonctif**	
dusse	dussions	eusse dû	eussions dû
dusses	dussiez	eusses dû	eussiez dû
dût	dussent	eût dû	eussent dû

Impératif
dois
devons
devez

Common idiomatic expressions using this verb

Hier soir je suis allé au cinéma avec mes amis. Vous auriez dû venir avec nous. Le film était excellent.

Vous auriez dû venir   You should have come.
le devoir   duty, obligation
les devoirs   homework
Cette grosse somme d'argent est due lundi.

to dine, to have dinner

The Seven Simple Tenses		The Seven Compound Tenses	
Singular	Plural	Singular	Plural
1 présent de l'indicatif		**8 passé composé**	
dîne	dînons	ai dîné	avons dîné
dînes	dînez	as dîné	avez dîné
dîne	dînent	a dîné	ont dîné
2 imparfait de l'indicatif		**9 plus-que-parfait de l'indicatif**	
dînais	dînions	avais dîné	avions dîné
dînais	dîniez	avais dîné	aviez dîné
dînait	dînaient	avait dîné	avaient dîné
3 passé simple		**10 passé antérieur**	
dînai	dînâmes	eus dîné	eûmes dîné
dînas	dînâtes	eus dîné	eûtes dîné
dîna	dînèrent	eut dîné	eurent dîné
4 futur		**11 futur antérieur**	
dînerai	dînerons	aurai dîné	aurons dîné
dîneras	dînerez	auras dîné	aurez dîné
dînera	dîneront	aura dîné	auront dîné
5 conditionnel		**12 conditionnel passé**	
dînerais	dînerions	aurais dîné	aurions dîné
dînerais	dîneriez	aurais dîné	auriez dîné
dînerait	dîneraient	aurait dîné	auraient dîné
6 présent du subjonctif		**13 passé du subjonctif**	
dîne	dînions	aie dîné	ayons dîné
dînes	dîniez	aies dîné	ayez dîné
dîne	dînent	ait dîné	aient dîné
7 imparfait du subjonctif		**14 plus-que-parfait du subjonctif**	
dînasse	dînassions	eusse dîné	eussions dîné
dînasses	dînassiez	eusses dîné	eussiez dîné
dînât	dînassent	eût dîné	eussent dîné

Impératif
dîne
dînons
dînez

Common idiomatic expressions using this verb

   Lundi j'ai dîné chez des amis. Mardi tu as dîné chez moi. Mercredi nous avons dîné chez Pierre. J'aurais dû dîner seul.

le dîner dinner	**un dîneur** diner
une dînette child's dinner party	**donner un dîner** to give a dinner
l'heure du dîner dinner time	**dîner en ville** to dine out
j'aurais dû I should have	**j'aurais dû dîner** I should have had dinner.

The Seven Simple Tenses		The Seven Compound Tenses	
Singular	Plural	Singular	Plural

1 présent de l'indicatif		8 passé composé	
dis	disons	ai dit	avons dit
dis	dites	as dit	avez dit
dit	disent	a dit	ont dit

2 imparfait de l'indicatif		9 plus-que-parfait de l'indicatif	
disais	disions	avais dit	avions dit
disais	disiez	avais dit	aviez dit
disait	disaient	avait dit	avaient dit

3 passé simple		10 passé antérieur	
dis	dîmes	eus dit	eûmes dit
dis	dîtes	eus dit	eûtes dit
dit	dirent	eut dit	eurent dit

4 futur		11 futur antérieur	
dirai	dirons	aurai dit	aurons dit
diras	direz	aura dit	aurez dit
dira	diront	aura dit	auront dit

5 conditionnel		12 conditionnel passé	
dirais	dirions	aurais dit	aurions dit
dirais	diriez	aurais dit	auriez dit
dirait	diraient	aurait dit	auraient dit

6 présent du subjonctif		13 passé du subjonctif	
dise	disions	aie dit	ayons dit
dises	disiez	aies dit	ayez dit
dise	disent	ait dit	aient dit

7 imparfait du subjonctif		14 plus-que-parfait du subjonctif	
disse	dissions	eusse dit	eussions dit
disses	dissiez	eusses dit	eussiez dit
dît	dissent	eût dit	eussent dit

Impératif
dis
disons
dites

Common idiomatic expressions using this verb

—Qu'est-ce que vous avez dit? Je n'ai pas entendu.
—J'ai dit que je ne vous ai pas entendu. Parlez plus fort.

c'est-à-dire   that is, that is to say
entendre dire que   to hear it said that
vouloir dire   to mean
dire du bien de   to speak well of

donner   Part. pr. **donnant**   Part. passé **donné**

to give

The Seven Simple Tenses		The Seven Compound Tenses	
Singular	Plural	Singular	Plural
1 présent de l'indicatif		**8 passé composé**	
donne	donnons	ai donné	avons donné
donnes	donnez	as donné	avez donné
donne	donnent	a donné	ont donné
2 imparfait de l'indicatif		**9 plus-que-parfait de l'indicatif**	
donnais	donnions	avais donné	avions donné
donnais	donniez	avais donné	aviez donné
donnait	donnaient	avait donné	avaient donné
3 passé simple		**10 passé antérieur**	
donnai	donnâmes	eus donné	eûmes donné
donnas	donnâtes	eus donné	eûtes donné
donna	donnèrent	eut donné	eurent donné
4 futur		**11 futur antérieur**	
donnerai	donnerons	aurai donné	aurons donné
donneras	donnerez	auras donné	aurez donné
donnera	donneront	aura donné	auront donné
5 conditionnel		**12 conditionnel passé**	
donnerais	donnerions	aurais donné	aurions donné
donnerais	donneriez	aurais donné	auriez donné
donnerait	donneraient	aurait donné	auraient donné
6 présent du subjonctif		**13 passé du subjonctif**	
donne	donnions	aie donné	ayons donné
donnes	donniez	aies donné	ayez donné
donne	donnent	ait donné	aient donné
7 imparfait du subjonctif		**14 plus-que-parfait du subjonctif**	
donnasse	donnassions	eusse donné	eussions donné
donnasses	donnassiez	eusses donné	eussiez donné
donnât	donnassent	eût donné	eussent donné

Impératif
donne
donnons
donnez

Common idiomatic expressions using this verb

donner rendez-vous à qqn   to make an appointment (a date) with someone
donner sur   to look out upon: **La salle à manger donne sur un joli jardin**   The dining
    room looks out upon (faces) a pretty garden.
donner congé à   to grant leave to

The Seven Simple Tenses		The Seven Compound Tenses	
Singular	Plural	Singular	Plural

1 présent de l'indicatif

		8 passé composé	
dors	dormons	ai dormi	avons dormi
dors	dormez	as dormi	avez dormi
dort	dorment	a dormi	ont dormi

2 imparfait de l'indicatif

		9 plus-que-parfait de l'indicatif	
dormais	dormions	avais dormi	avions dormi
dormais	dormiez	avais dormi	aviez dormi
dormait	dormaient	avait dormi	avaient dormi

3 passé simple

		10 passé antérieur	
dormis	dormîmes	eus dormi	eûmes dormi
dormis	dormîtes	eus dormi	eûtes dormi
dormit	dormirent	eut dormi	eurent dormi

4 futur

		11 futur antérieur	
dormirai	dormirons	aurai dormi	aurons dormi
dormiras	dormirez	auras dormi	aurez dormi
dormira	dormiront	aura dormi	auront dormi

5 conditionnel

		12 conditionnel passé	
dormirais	dormirions	aurais dormi	aurions dormi
dormirais	dormiriez	aurais dormi	auriez dormi
dormirait	dormiraient	aurait dormi	auraient dormi

6 présent du subjonctif

		13 passé du subjonctif	
dorme	dormions	aie dormi	ayons dormi
dormes	dormiez	aies dormi	ayez dormi
dorme	dorment	ait dormi	aient dormi

7 imparfait du subjonctif

		14 plus-que-parfait du subjonctif	
dormisse	dormissions	eusse dormi	eussions dormi
dormisses	dormissiez	eusses dormi	eussiez dormi
dormît	dormissent	eût dormi	eussent dormi

Impératif
dors
dormons
dormez

Common idiomatic expressions using this verb

dormir toute la nuit   to sleep through the night
parler en dormant   to talk in one's sleep
empêcher de dormir   to keep from sleeping
la dormition   dormition
le dortoir   dormitory

douter

to doubt

The Seven Simple Tenses		The Seven Compound Tenses	
Singular	Plural	Singular	Plural
1 présent de l'indicatif		**8 passé composé**	
doute	doutons	ai douté	avons douté
doutes	doutez	as douté	avez douté
doute	doutent	a douté	ont douté
2 imparfait de l'indicatif		**9 plus-que-parfait de l'indicatif**	
doutais	doutions	avais douté	avions douté
doutais	doutiez	avais douté	aviez douté
doutait	doutaient	avait douté	avaient douté
3 passé simple		**10 passé antérieur**	
doutai	doutâmes	eus douté	eûmes douté
doutas	doutâtes	eus douté	eûtes douté
douta	doutèrent	eut douté	eurent douté
4 futur		**11 futur antérieur**	
douterai	douterons	aurai douté	aurons douté
douteras	douterez	auras douté	aurez douté
doutera	douteront	aura douté	auront douté
5 conditionnel		**12 conditionnel passé**	
douterais	douterions	aurais douté	aurions douté
douterais	douteriez	aurais douté	auriez douté
douterait	douteraient	aurait douté	auraient douté
6 présent du subjonctif		**13 passé du subjonctif**	
doute	doutions	aie douté	ayons douté
doutes	doutiez	aies douté	ayez douté
doute	doutent	ait douté	aient douté
7 imparfait du subjonctif		**14 plus-que-parfait du subjonctif**	
doutasse	doutassions	eusse douté	eussions douté
doutasses	doutassiez	eusses douté	eussiez douté
doutât	doutassent	eût douté	eussent douté

Impératif
doute
doutons
doutez

Common idiomatic expressions using this verb

Je doute que cet homme soit coupable. Il n'y a pas de doute qu'il est innocent.

le doute doubt
sans doute no doubt
sans aucun doute undoubtedly
d'un air de doute dubiously

96

to listen (to)

The Seven Simple Tenses		The Seven Compound Tenses	
Singular	Plural	Singular	Plural
1 présent de l'indicatif		**8 passé composé**	
écoute	écoutons	ai écouté	avons écouté
écoutes	écoutez	as écouté	avez écouté
écoute	écoutent	a écouté	ont écouté
2 imparfait de l'indicatif		**9 plus-que-parfait de l'indicatif**	
écoutais	écoutions	avais écouté	avions écouté
écoutais	écoutiez	avais écouté	aviez écouté
écoutait	écoutaient	avait écouté	avaient écouté
3 passé simple		**10 passé antérieur**	
écoutai	écoutâmes	eus écouté	eûmes écouté
écoutas	écoutâtes	eus écouté	eûtes écouté
écouta	écoutèrent	eut écouté	eurent écouté
4 futur		**11 futur antérieur**	
écouterai	écouterons	aurai écouté	aurons écouté
écouteras	écouterez	auras écouté	aurez écouté
écoutera	écouteront	aura écouté	auront écouté
5 conditionnel		**12 conditionnel passé**	
écouterais	écouterions	aurais écouté	aurions écouté
écouterais	écouteriez	aurais écouté	auriez écouté
écouterait	écouteraient	aurait écouté	auraient écouté
6 présent du subjonctif		**13 passé du subjonctif**	
écoute	écoutions	aie écouté	ayons écouté
écoutes	écoutiez	aies écouté	ayez écouté
écoute	écoutent	ait écouté	aient écouté
7 imparfait du subjonctif		**14 plus-que-parfait du subjonctif**	
écoutasse	écoutassions	eusse écouté	eussions écouté
écoutasses	écoutassiez	eusses écouté	eussiez écouté
écoutât	écoutassent	eût écouté	eussent écouté

Impératif
écoute
écoutons
écoutez

Common idiomatic expressions using this verb

Ecoutez-vous le professeur quand il explique la leçon? L'avez-vous écouté ce matin en classe?

aimer à s'écouter parler   to love to hear one's own voice
un écouteur   telephone receiver (ear piece)
être à l'écoute   to be listening in

to write

The Seven Simple Tenses		The Seven Compound Tenses	
Singular	Plural	Singular	Plural
1 présent de l'indicatif		**8 passé composé**	
écris	écrivons	ai écrit	avons écrit
écris	écrivez	as écrit	avez écrit
écrit	écrivent	a écrit	ont écrit
2 imparfait de l'indicatif		**9 plus-que-parfait de l'indicatif**	
écrivais	écrivions	avais écrit	avions écrit
écrivais	écriviez	avais écrit	aviez écrit
écrivait	écrivaient	avait écrit	avaient écrit
3 passé simple		**10 passé antérieur**	
écrivis	écrivîmes	eus écrit	eûmes écrit
écrivis	écrivîtes	eus écrit	eûtes écrit
écrivit	écrivirent	eut écrit	eurent écrit
4 futur		**11 futur antérieur**	
écrirai	écrirons	aurai écrit	aurons écrit
écriras	écrirez	auras écrit	aurez écrit
écrira	écriront	aura écrit	auront écrit
5 conditionnel		**12 conditionnel passé**	
écrirais	écririons	aurais écrit	aurions écrit
écrirais	écririez	aurais écrit	auriez écrit
écrirait	écriraient	aurait écrit	auraient écrit
6 présent du subjonctif		**13 passé du subjonctif**	
écrive	écrivions	aie écrit	ayons écrit
écrives	écriviez	aies écrit	ayez écrit
écrive	écrivent	ait écrit	aient écrit
7 imparfait du subjonctif		**14 plus-que-parfait du subjonctif**	
écrivisse	écrivissions	eusse écrit	eussions écrit
écrivisses	écrivissiez	eusses écrit	eussiez écrit
écrivît	écrivissent	eût écrit	eussent écrit

Impératif
écris
écrivons
écrivez

Sentences using this verb and words related to it

    Jean: **As-tu écrit ta composition pour la classe de français?**
Jacques: **Non, je ne l'ai pas écrite.**
    Jean: **Écrivons-la ensemble.**

un écrivain   writer;   **une femme écrivain**   woman writer
écriture *(f.)*   handwriting, writing

98

The Seven Simple Tenses		The Seven Compound Tenses	
Singular	Plural	Singular	Plural
1 présent de l'indicatif		**8 passé composé**	
effraye	effrayons	ai effrayé	avons effrayé
effrayes	effrayez	as effrayé	avez effrayé
effraye	effrayent	a effrayé	ont effrayé
2 imparfait de l'indicatif		**9 plus-que-parfait de l'indicatif**	
effrayais	effrayions	avais effrayé	avions effrayé
effrayais	effrayiez	avais effrayé	aviez effrayé
effrayait	effrayaient	avait effrayé	avaient effrayé
3 passé simple		**10 passé antérieur**	
effrayai	effrayâmes	eus effrayé	eûmes effrayé
effrayas	effrayâtes	eus effrayé	eûtes effrayé
effraya	effrayèrent	eut effrayé	eurent effrayé
4 futur		**11 futur antérieur**	
effrayerai	effrayerons	aurai effrayé	aurons effrayé
effrayeras	effrayerez	auras effrayé	aurez effrayé
effrayera	effrayeront	aura effrayé	auront effrayé
5 conditionnel		**12 conditionnel passé**	
effrayerais	effrayerions	aurais effrayé	aurions effrayé
effrayerais	effrayeriez	aurais effrayé	auriez effrayé
effrayerait	effrayeraient	aurait effrayé	auraient effrayé
6 présent du subjonctif		**13 passé du subjonctif**	
effraye	effrayions	aie effrayé	ayons effrayé
effrayes	effrayiez	aies effrayé	ayez effrayé
effraye	effrayent	ait effrayé	aient effrayé
7 imparfait du subjonctif		**14 plus-que-parfait du subjonctif**	
effrayasse	effrayassions	eusse effrayé	eussions effrayé
effrayasses	effrayassiez	eusses effrayé	eussiez effrayé
effrayât	effrayassent	eût effrayé	eussent effrayé

Impératif
effraye
effrayons
effrayez

Sentences using this verb and words related to it

Le tigre a effrayé l'enfant. L'enfant a effrayé le singe. Le singe effraiera le bébé. C'est effrayant!

effrayant, effrayante frightful, awful	**effroyable** dreadful, fearful
effrayé, effrayée frightened	**effroyablement** dreadfully, fearfully

Verbs ending in -*ayer* may change *y* to *i* before mute *e* or may keep *y*.

to amuse, to cheer up, to enliven, to entertain

The Seven Simple Tenses		The Seven Compound Tenses	
Singular	Plural	Singular	Plural
1 présent de l'indicatif		**8 passé composé**	
égaye	égayons	ai égayé	avons égayé
égayes	égayez	as égayé	avez égayé
égaye	égayent	a égayé	ont égayé
2 imparfait de l'indicatif		**9 plus-que-parfait de l'indicatif**	
égayais	égayions	avais égayé	avions égayé
égayais	égayiez	avais égayé	aviez égayé
égayait	égayaient	avait égayé	avaient égayé
3 passé simple		**10 passé antérieur**	
égayai	égayâmes	eus égayé	eûmes égayé
égayas	égayâtes	eus égayé	eûtes égayé
égaya	égayèrent	eut égayé	eurent égayé
4 futur		**11 futur antérieur**	
égayerai	égayerons	aurai égayé	aurons égayé
égayeras	égayerez	auras égayé	aurez égayé
égayera	égayeront	aura égayé	auront égayé
5 conditionnel		**12 conditionnel passé**	
égayerais	égayerions	aurais égayé	aurions égayé
égayerais	égayeriez	aurais égayé	auriez égayé
égayerait	égayeraient	aurait égayé	auraient égayé
6 présent du subjonctif		**13 passé du subjonctif**	
égaye	égayions	aie égayé	ayons égayé
égayes	égayiez	aies égayé	ayez égayé
égaye	égayent	ait égayé	aient égayé
7 imparfait du subjonctif		**14 plus-que-parfait du subjonctif**	
égayasse	égayassions	eusse égayé	eussions égayé
égayasses	égayassiez	eusses égayé	eussiez égayé
égayât	égayassent	eût égayé	eussent égayé

Impératif
égaye
égayons
égayez

Words related to this verb

égayant, égayante   lively
s'égayer aux dépens de   to make fun of
gai, gaie   gay, cheerful, merry
gaiment   gaily, cheerfully

Verbs ending in -*ayer* may change *y* to *i* before mute *e* or may keep *y*.

to kiss, to embrace

The Seven Simple Tenses		The Seven Compound Tenses	
Singular	Plural	Singular	Plural
1 présent de l'indicatif		**8 passé composé**	
embrasse	embrassons	ai embrassé	avons embrassé
embrasses	embrassez	as embrassé	avez embrassé
embrasse	embrassent	a embrassé	ont embrassé
2 imparfait de l'indicatif		**9 plus-que-parfait de l'indicatif**	
embrassais	embrassions	avais embrassé	avions embrassé
embrassais	embrassiez	avais embrassé	aviez embrassé
embrassait	embrassaient	avait embrassé	avaient embrassé
3 passé simple		**10 passé antérieur**	
embrassai	embrassâmes	eus embrassé	eûmes embrassé
embrassas	embrassâtes	eus embrassé	eûtes embrassé
embrassa	embrassèrent	eut embrassé	eurent embrassé
4 futur		**11 futur antérieur**	
embrasserai	embrasserons	aurai embrassé	aurons embrassé
embrasseras	embrasserez	auras embrassé	aurez embrassé
embrassera	embrasseront	aura embrassé	auront embrassé
5 conditionnel		**12 conditionnel passé**	
embrasserais	embrasserions	aurais embrassé	aurions embrassé
embrasserais	embrasseriez	aurais embrassé	auriez embrassé
embrasserait	embrasseraient	aurait embrassé	auraient embrassé
6 présent du subjonctif		**13 passé du subjonctif**	
embrasse	embrassions	aie embrassé	ayons embrassé
embrasses	embrassiez	aies embrassé	ayez embrassé
embrasse	embrassent	ait embrassé	aient embrassé
7 imparfait du subjonctif		**14 plus-que-parfait du subjonctif**	
embrassasse	embrassassions	eusse embrassé	eussions embrassé
embrassasses	embrassassiez	eusses embrassé	eussiez embrassé
embrassât	embrassassent	eût embrassé	eussent embrassé

Impératif
embrasse
embrassons
embrassez

Sentences using this verb and words related to it

—Embrasse-moi. Je t'aime. Ne me laisse pas.
—Je t'embrasse. Je t'aime aussi. Je ne te laisse pas. Embrassons-nous.

le bras   arm
un embrassement   embracement, embrace
s'embrasser   to embrace each other, to hug each other
embrasseur, embrasseuse   a person who likes to kiss a lot

to lead, to lead away, to take away (persons)

The Seven Simple Tenses		The Seven Compound Tenses	
Singular	Plural	Singular	Plural
1 présent de l'indicatif		**8 passé composé**	
emmène	emmenons	ai emmené	avons emmené
emmènes	emmenez	as emmené	avez emmené
emmène	emmènent	a emmené	ont emmené
2 imparfait de l'indicatif		**9 plus-que-parfait de l'indicatif**	
emmenais	emmenions	avais emmené	avions emmené
emmenais	emmeniez	avais emmené	aviez emmené
emmenait	emmenaient	avait emmené	avaient emmené
3 passé simple		**10 passé antérieur**	
emmenai	emmenâmes	eus emmené	eûmes emmené
emmenas	emmenâtes	eus emmené	eûtes emmené
emmena	emmenèrent	eut emmené	eurent emmené
4 futur		**11 futur antérieur**	
emmènerai	emmènerons	aurai emmené	aurons emmené
emmèneras	emmènerez	auras emmené	aurez emmené
emmènera	emmèneront	aura emmené	auront emmené
5 conditionnel		**12 conditionnel passé**	
emmènerais	emmènerions	aurais emmené	aurions emmené
emmènerais	emmèneriez	aurais emmené	auriez emmené
emmènerait	emmèneraient	aurait emmené	auraient emmené
6 présent du subjonctif		**13 passé du subjonctif**	
emmène	emmenions	aie emmené	ayons emmené
emmènes	emmeniez	aies emmené	ayez emmené
emmène	emmènent	ait emmené	aient emmené
7 imparfait du subjonctif		**14 plus-que-parfait du subjonctif**	
emmenasse	emmenassions	eusse emmené	eussions emmené
emmenasses	emmenassiez	eusses emmené	eussiez emmené
emmenât	emmenassent	eût emmené	eussent emmené

Impératif
emmène
emmenons
emmenez

Sentences using this verb and words related to it

    Quand j'emmène une personne d'un lieu dans un autre, je mène cette personne avec moi. Mon père nous emmènera au cinéma lundi prochain. Samedi dernier il nous a emmenés au théâtre.

Le train m'a emmené à Paris   The train took me to Paris.
Un agent de police a emmené l'assassin   A policeman took away the assassin.

to hinder, to prevent

The Seven Simple Tenses		The Seven Compound Tenses	
Singular	Plural	Singular	Plural
1 présent de l'indicatif		**8 passé composé**	
empêche	empêchons	ai empêché	avons empêché
empêches	empêchez	as empêché	avez empêché
empêche	empêchent	a empêché	ont empêché
2 imparfait de l'indicatif		**9 plus-que-parfait de l'indicatif**	
empêchais	empêchions	avais empêché	avions empêché
empêchais	empêchiez	avais empêché	aviez empêché
empêchait	empêchaient	avait empêché	avaient empêché
3 passé simple		**10 passé antérieur**	
empêchai	empêchâmes	eus empêché	eûmes empêché
empêchas	empêchâtes	eus empêché	eûtes empêché
empêcha	empêchèrent	eut empêché	eurent empêché
4 futur		**11 futur antérieur**	
empêcherai	empêcherons	aurai empêché	aurons empêché
empêcheras	empêcherez	auras empêché	aurez empêché
empêchera	empêcheront	aura empêché	auront empêché
5 conditionnel		**12 conditionnel passé**	
empêcherais	empêcherions	aurais empêché	aurions empêché
empêcherais	empêcheriez	aurais empêché	auriez empêché
empêcherait	empêcheraient	aurait empêché	auraient empêché
6 présent du subjonctif		**13 passé du subjonctif**	
empêche	empêchions	aie empêché	ayons empêché
empêches	empêchiez	aies empêché	ayez empêché
empêche	empêchent	ait empêché	aient empêché
7 imparfait du subjonctif		**14 plus-que-parfait du subjonctif**	
empêchasse	empêchassions	eusse empêché	eussions empêché
empêchasses	empêchassiez	eusses empêché	eussiez empêché
empêchât	empêchassent	eût empêché	eussent empêché

Impératif
empêche
empêchons
empêchez

Sentences using this verb and words related to it

Georgette a empêché son frère de finir ses devoirs parce qu'elle jouait des disques en même temps. Le bruit était un vrai empêchement.

un empêchement impediment, hindrance
en cas d'empêchement in case of prevention

to use, to employ

The Seven Simple Tenses		The Seven Compound Tenses	
Singular	Plural	Singular	Plural
1 présent de l'indicatif		**8 passé composé**	
emploie	employons	ai employé	avons employé
emploies	employez	as employé	avez employé
emploie	emploient	a employé	ont employé
2 imparfait de l'indicatif		**9 plus-que-parfait de l'indicatif**	
employais	employions	avais employé	avions employé
employais	employiez	avais employé	aviez employé
employait	employaient	avait employé	avaient employé
3 passé simple		**10 passé antérieur**	
employai	employâmes	eus employé	eûmes employé
employas	employâtes	eus employé	eûtes employé
employa	employèrent	eut employé	eurent employé
4 futur		**11 futur antérieur**	
emploierai	emploierons	aurai employé	aurons employé
emploieras	emploierez	auras employé	aurez employé
emploiera	emploieront	aura employé	auront employé
5 conditionnel		**12 conditionnel passé**	
emploierais	emploierions	aurais employé	aurions employé
emploierais	emploieriez	aurais employé	auriez employé
emploierait	emploieraient	aurait employé	auraient employé
6 présent du subjonctif		**13 passé du subjonctif**	
emploie	employions	aie employé	ayons employé
emploies	employiez	aies employé	ayez employé
emploie	emploient	ait employé	aient employé
7 imparfait du subjonctif		**14 plus-que-parfait du subjonctif**	
employasse	employassions	eusse employé	eussions employé
employasses	employassiez	eusses employé	eussiez employé
employât	employassent	eût employé	eussent employé

Impératif
emploie
employons
employez

Words related to this verb

un employé, une employée   employee
employeur   employer
sans emploi   jobless
un emploi   employment

Verbs ending in -*oyer* must change *y* to *i* before mute *e*.

to borrow

The Seven Simple Tenses | The Seven Compound Tenses

Singular	Plural	Singular	Plural
1 présent de l'indicatif		**8 passé composé**	
emprunte	empruntons	ai emprunté	avons emprunté
empruntes	empruntez	as emprunté	avez emprunté
emprunte	empruntent	a emprunté	ont emprunté
2 imparfait de l'indicatif		**9 plus-que-parfait de l'indicatif**	
empruntais	empruntions	avais emprunté	avions emprunté
empruntais	empruntiez	avais emprunté	aviez emprunté
empruntait	empruntaient	avait emprunté	avaient emprunté
3 passé simple		**10 passé antérieur**	
empruntai	empruntâmes	eus emprunté	eûmes emprunté
empruntas	empruntâtes	eus emprunté	eûtes emprunté
emprunta	empruntèrent	eut emprunté	eurent emprunté
4 futur		**11 futur antérieur**	
emprunterai	emprunterons	aurai emprunté	aurons emprunté
emprunteras	emprunterez	auras emprunté	aurez emprunté
empruntera	emprunteront	aura emprunté	auront emprunté
5 conditionnel		**12 conditionnel passé**	
emprunterais	emprunterions	aurais emprunté	aurions emprunté
emprunterais	emprunteriez	aurais emprunté	auriez emprunté
emprunterait	emprunteraient	aurait emprunté	auraient emprunté
6 présent du subjonctif		**13 passé du subjonctif**	
emprunte	empruntions	aie emprunté	ayons emprunté
empruntes	empruntiez	aies emprunté	ayez emprunté
emprunte	empruntent	ait emprunté	aient emprunté
7 imparfait du subjonctif		**14 plus-que-parfait du subjonctif**	
empruntasse	empruntassions	eusse emprunté	eussions emprunté
empruntasses	empruntassiez	eusses emprunté	eussiez emprunté
empruntât	empruntassent	eût emprunté	eussent emprunté

Impératif
emprunte
empruntons
empruntez

Words related to this verb

emprunteur, emprunteuse   a person who makes a habit of borrowing
un emprunt   loan, borrowing
emprunter quelque chose à quelqu'un   to borrow something from someone
   Monsieur Leblanc a emprunté de l'argent à mon père   Mr. Leblanc borrowed some
   money from my father.

The subject pronouns are found on the page facing page 1.   **105**

to carry away, to take away, to remove

The Seven Simple Tenses		The Seven Compound Tenses	
Singular	Plural	Singular	Plural
1 présent de l'indicatif		**8 passé composé**	
enlève	enlevons	ai enlevé	avons enlevé
enlèves	enlevez	as enlevé	avez enlevé
enlève	enlèvent	a enlevé	ont enlevé
2 imparfait de l'indicatif		**9 plus-que-parfait de l'indicatif**	
enlevais	enlevions	avais enlevé	avions enlevé
enlevais	enleviez	avais enlevé	aviez enlevé
enlevait	enlevaient	avait enlevé	avaient enlevé
3 passé simple		**10 passé antérieur**	
enlevai	enlevâmes	eus enlevé	eûmes enlevé
enlevas	enlevâtes	eus enlevé	eûtes enlevé
enleva	enlevèrent	eut enlevé	eurent enlevé
4 futur		**11 futur antérieur**	
enlèverai	enlèverons	aurai enlevé	aurons enlevé
enlèveras	enlèverez	auras enlevé	aurez enlevé
enlèvera	enlèveront	aura enlevé	auront enlevé
5 conditionnel		**12 conditionnel passé**	
enlèverais	enlèverions	aurais enlevé	aurions enlevé
enlèverais	enlèveriez	aurais enlevé	auriez enlevé
enlèverait	enlèveraient	aurait enlevé	auraient enlevé
6 présent du subjonctif		**13 passé du subjonctif**	
enlève	enlevions	aie enlevé	ayons enlevé
enlèves	enleviez	aies enlevé	ayez enlevé
enlève	enlèvent	ait enlevé	aient enlevé
7 imparfait du subjonctif		**14 plus-que-parfait du subjonctif**	
enlevasse	enlevassions	eusse enlevé	eussions enlevé
enlevasses	enlevassiez	eusses enlevé	eussiez enlevé
enlevât	enlevassent	eût enlevé	eussent enlevé

Impératif
enlève
enlevons
enlevez

Sentences using this verb and words related to it

Madame Dubac est entrée dans sa maison, elle a enlevé son chapeau, son manteau et ses gants. Puis, elle est allée directement au salon pour enlever une chaise et la mettre dans la salle à manger. Après cela, elle a enlevé les ordures.

enlever les ordures to take the garbage out
un enlèvement lifting, carrying off, removal
enlèvement d'un enfant baby snatching, kidnapping
un enlevage spurt (sports)

to bore, to annoy, to weary

The Seven Simple Tenses		The Seven Compound Tenses	
Singular	Plural	Singular	Plural
1 présent de l'indicatif		**8 passé composé**	
ennuie	ennuyons	ai ennuyé	avons ennuyé
ennuies	ennuyez	as ennuyé	avez ennuyé
ennuie	ennuient	a ennuyé	ont ennuyé
2 imparfait de l'indicatif		**9 plus-que-parfait de l'indicatif**	
ennuyais	ennuyions	avais ennuyé	avions ennuyé
ennuyais	ennuyiez	avais ennuyé	aviez ennuyé
ennuyait	ennuyaient	avait ennuyé	avaient ennuyé
3 passé simple		**10 passé antérieur**	
ennuyai	ennuyâmes	eus ennuyé	eûmes ennuyé
ennuyas	ennuyâtes	eus ennuyé	eûtes ennuyé
ennuya	ennuyèrent	eut ennuyé	eurent ennuyé
4 futur		**11 futur antérieur**	
ennuierai	ennuierons	aurai ennuyé	aurons ennuyé
ennuieras	ennuierez	auras ennuyé	aurez ennuyé
ennuiera	ennuieront	aura ennuyé	auront ennuyé
5 conditionnel		**12 conditionnel passé**	
ennuierais	ennuierions	aurais ennuyé	aurions ennuyé
ennuierais	ennuieriez	aurais ennuyé	auriez ennuyé
ennuierait	ennuieraient	aurait ennuyé	auraient ennuyé
6 présent du subjonctif		**13 passé du subjonctif**	
ennuie	ennuyions	aie ennuyé	ayons ennuyé
ennuies	ennuyiez	aies ennuyé	ayez ennuyé
ennuie	ennuient	ait ennuyé	aient ennuyé
7 imparfait du subjonctif		**14 plus-que-parfait du subjonctif**	
ennuyasse	ennuyassions	eusse ennuyé	eussions ennuyé
ennuyasses	ennuyassiez	eusses ennuyé	eussiez ennuyé
ennuyât	ennuyassent	eût ennuyé	eussent ennuyé

Impératif
ennuie
ennuyons
ennuyez

Sentences using this verb and words related to it

—**Est-ce que je vous ennuie?**
—**Oui, vous m'ennuyez. Allez-vous en!**

un ennui   weariness, boredom, ennui
des ennuis   worries, troubles
ennuyeux, ennuyeuse   boring

mourir d'ennui   to be bored to tears
s'ennuyer   to become bored, to get bored
ennuyant, ennuyante   annoying

Verbs ending in *-uyer* must change *y* to *i* before mute *e*.

to teach

The Seven Simple Tenses		The Seven Compound Tenses	
Singular	Plural	Singular	Plural
1 présent de l'indicatif		**8 passé composé**	
enseigne	enseignons	ai enseigné	avons enseigné
enseignes	enseignez	as enseigné	avez enseigné
enseigne	enseignent	a enseigné	ont enseigné
2 imparfait de l'indicatif		**9 plus-que-parfait de l'indicatif**	
enseignais	enseignions	avais enseigné	avions enseigné
enseignais	enseigniez	avais enseigné	aviez enseigné
enseignait	enseignaient	avait enseigné	avaient enseigné
3 passé simple		**10 passé antérieur**	
enseignai	enseignâmes	eus enseigné	eûmes enseigné
enseignas	enseignâtes	eus enseigné	eûtes enseigné
enseigna	enseignèrent	eut enseigné	eurent enseigné
4 futur		**11 futur antérieur**	
enseignerai	enseignerons	aurai enseigné	aurons enseigné
enseigneras	enseignerez	auras enseigné	aurez enseigné
enseignera	enseigneront	aura enseigné	auront enseigné
5 conditionnel		**12 conditionnel passé**	
enseignerais	enseignerions	aurais enseigné	aurions enseigné
enseignerais	enseigneriez	aurais enseigné	auriez enseigné
enseignerait	enseigneraient	aurait enseigné	auraient enseigné
6 présent du subjonctif		**13 passé du subjonctif**	
enseigne	enseignions	aie enseigné	ayons enseigné
enseignes	enseigniez	aies enseigné	ayez enseigné
enseigne	enseignent	ait enseigné	aient enseigné
7 imparfait du subjonctif		**14 plus-que-parfait du subjonctif**	
enseignasse	enseignassions	eusse enseigné	eussions enseigné
enseignasses	enseignassiez	eusses enseigné	eussiez enseigné
enseignât	enseignassent	eût enseigné	eussent enseigné

Impératif
enseigne
enseignons
enseignez

Sentences using this verb and words related to it

J'enseigne aux élèves à lire en français. L'enseignement est une profession.

enseigner quelque chose à quelqu'un   to teach something to someone
une enseigne   sign, flag
un enseigne   ensign
l'enseignement *(m.)*   teaching

to hear, to understand

The Seven Simple Tenses | The Seven Compound Tenses

Singular	Plural	Singular	Plural

1   présent de l'indicatif
entends	entendons
entends	entendez
entend	entendent

8   passé composé
ai entendu	avons entendu
as entendu	avez entendu
a entendu	ont entendu

2   imparfait de l'indicatif
entendais	entendions
entendais	entendiez
entendait	entendaient

9   plus-que-parfait de l'indicatif
avais entendu	avions entendu
avais entendu	aviez entendu
avait entendu	avaient entendu

3   passé simple
entendis	entendîmes
entendis	entendîtes
entendit	entendirent

10   passé antérieur
eus entendu	eûmes entendu
eus entendu	eûtes entendu
eut entendu	eurent entendu

4   futur
entendrai	entendrons
entendras	entendrez
entendra	entendront

11   futur antérieur
aurai entendu	aurons entendu
auras entendu	aurez entendu
aura entendu	auront entendu

5   conditionnel
entendrais	entendrions
entendrais	entendriez
entendrait	entendraient

12   conditionnel passé
aurais entendu	aurions entendu
aurais entendu	auriez entendu
aurait entendu	auraient entendu

6   présent du subjonctif
entende	entendions
entendes	entendiez
entende	entendent

13   passé du subjonctif
aie entendu	ayons entendu
aies entendu	ayez entendu
ait entendu	aient entendu

7   imparfait du subjonctif
entendisse	entendissions
entendisses	entendissiez
entendît	entendissent

14   plus-que-parfait du subjonctif
eusse entendu	eussions entendu
eusses entendu	eussiez entendu
eût entendu	eussent entendu

Impératif
entends
entendons
entendez

Sentences using this verb and words related to it

—As-tu entendu quelque chose?
—Non, chéri, je n'ai rien entendu.
—J'ai entendu un bruit. . . de la cuisine. . . silence . . . je l'entends encore.
—Oh! Un cambrioleur!

un entendement   understanding
sous-entendre   to imply
un sous-entendu   innuendo
une sous-entente   implication

The subject pronouns are found on the page facing page 1.   **109**

to enter, to come in, to go in

The Seven Simple Tenses		The Seven Compound Tenses	
Singular	Plural	Singular	Plural
1 présent de l'indicatif		**8 passé composé**	
entre	entrons	suis entré(e)	sommes entré(e)s
entres	entrez	es entré(e)	êtes entré(e)(s)
entre	entrent	est entré(e)	sont entré(e)s
2 imparfait de l'indicatif		**9 plus-que-parfait de l'indicatif**	
entrais	entrions	étais entré(e)	étions entré(e)s
entrais	entriez	étais entré(e)	étiez entré(e)(s)
entrait	entraient	était entré(e)	étaient entré(e)s
3 passé simple		**10 passé antérieur**	
entrai	entrâmes	fus entré(e)	fûmes entré(e)s
entras	entrâtes	fus entré(e)	fûtes entré(e)(s)
entra	entrèrent	fut entré(e)	furent entré(e)s
4 futur		**11 futur antérieur**	
entrerai	entrerons	serai entré(e)	serons entré(e)s
entreras	entrerez	seras entré(e)	serez entré(e)(s)
entrera	entreront	sera entré(e)	seront entré(e)s
5 conditionnel		**12 conditionnel passé**	
entrerais	entrerions	serais entré(e)	serions entré(e)s
entrerais	entreriez	serais entré(e)	seriez entré(e)(s)
entrerait	entreraient	serait entré(e)	seraient entré(e)s
6 présent du subjonctif		**13 passé du subjonctif**	
entre	entrions	sois entré(e)	soyons entré(e)s
entres	entriez	sois entré(e)	soyez entré(e)(s)
entre	entrent	soit entré(e)	soient entré(e)s
7 imparfait du subjonctif		**14 plus-que-parfait du subjonctif**	
entrasse	entrassions	fusse entré(e)	fussions entré(e)s
entrasses	entrassiez	fusses entré(e)	fussiez entré(e)(s)
entrât	entrassent	fût entré(e)	fussent entré(e)s

Impératif
entre
entrons
entrez

Sentences using this verb and words related to it

   Mes parents veulent acheter une nouvelle maison. Nous sommes allés voir quelques maisons à vendre. Nous avons vu une jolie maison et nous y sommes entrés. Ma mère est entrée dans la cuisine pour regarder. Mon père est entré dans le garage pour regarder. Ma soeur est entrée dans la salle à manger et moi, je suis entré dans la salle de bains pour voir s'il y avait une douche.

l'entrée *(f.)*   entrance
entrer par la fenêtre   to enter through the window

to send

The Seven Simple Tenses		The Seven Compound Tenses	
Singular	Plural	Singular	Plural
1 présent de l'indicatif		**8 passé composé**	
envoie	envoyons	ai envoyé	avons envoyé
envoies	envoyez	as envoyé	avez envoyé
envoie	envoient	a envoyé	ont envoyé
2 imparfait de l'indicatif		**9 plus-que-parfait de l'indicatif**	
envoyais	envoyions	avais envoyé	avions envoyé
envoyais	envoyiez	avais envoyé	aviez envoyé
envoyait	envoyaient	avait envoyé	avaient envoyé
3 passé simple		**10 passé antérieur**	
envoyai	envoyâmes	eus envoyé	eûmes envoyé
envoyas	envoyâtes	eus envoyé	eûtes envoyé
envoya	envoyèrent	eut envoyé	eurent envoyé
4 futur		**11 futur antérieur**	
enverrai	enverrons	aurai envoyé	aurons envoyé
enverras	enverrez	auras envoyé	aurez envoyé
enverra	enverront	aura envoyé	auront envoyé
5 conditionnel		**12 conditionnel passé**	
enverrais	enverrions	aurais envoyé	aurions envoyé
enverrais	enverriez	aurais envoyé	auriez envoyé
enverrait	enverraient	aurait envoyé	auraient envoyé
6 présent du subjonctif		**13 passé du subjonctif**	
envoie	envoyions	aie envoyé	ayons envoyé
envoies	envoyiez	aies envoyé	ayez envoyé
envoie	envoient	ait envoyé	aient envoyé
7 imparfait du subjonctif		**14 plus-que-parfait du subjonctif**	
envoyasse	envoyassions	eusse envoyé	eussions envoyé
envoyasses	envoyassiez	eusses envoyé	eussiez envoyé
envoyât	envoyassent	eût envoyé	eussent envoyé

	Impératif
	envoie
	envoyons
	envoyez

Sentences using this verb and words related to it

   Hier j'ai envoyé une lettre à des amis en France. Demain j'enverrai une lettre à mes amis en Italie. J'enverrais une lettre en Chine mais je ne connais personne dans ce pays.

Verbs ending in -*oyer* must change *y* to *i* before mute *e*.

envoyer chercher   to send for;   **Mon père a envoyé chercher le docteur parce que mon
      petit frère est malade.**
un envoi   envoy
envoyeur, envoyeuse   sender

to marry, to wed

The Seven Simple Tenses		The Seven Compound Tenses	
Singular	Plural	Singular	Plural
1　présent de l'indicatif		8　passé composé	
épouse	épousons	ai épousé	avons épousé
épouses	épousez	as épousé	avez épousé
épouse	épousent	a épousé	ont épousé
2　imparfait de l'indicatif		9　plus-que-parfait de l'indicatif	
épousais	épousions	avais épousé	avions épousé
épousais	épousiez	avais épousé	aviez épousé
épousait	épousaient	avait épousé	avaient épousé
3　passé simple		10　passé antérieur	
épousai	épousâmes	eus épousé	eûmes épousé
épousas	épousâtes	eus épousé	eûtes épousé
épousa	épousèrent	eut épousé	eurent épousé
4　futur		11　futur antérieur	
épouserai	épouserons	aurai épousé	aurons épousé
épouseras	épouserez	auras épousé	aurez épousé
épousera	épouseront	aura épousé	auront épousé
5　conditionnel		12　conditionnel passé	
épouserais	épouserions	aurais épousé	aurions épousé
épouserais	épouseriez	aurais épousé	auriez épousé
épouserait	épouseraient	aurait épousé	auraient épousé
6　présent du subjonctif		13　passé du subjonctif	
épouse	épousions	aie épousé	ayons épousé
épouses	épousiez	aies épousé	ayez épousé
épouse	épousent	ait épousé	aient épousé
7　imparfait du subjonctif		14　plus-que-parfait du subjonctif	
épousasse	épousassions	eusse épousé	eussions épousé
épousasses	épousassiez	eusses épousé	eussiez épousé
épousât	épousassent	eût épousé	eussent épousé

Impératif
épouse
épousons
épousez

Sentences using this verb and words related to it

　　J'ai trois frères. Le premier a épousé une jolie jeune fille française. Le deuxième a épousé une belle jeune fille italienne, et le troisième a épousé une jolie fille espagnole. Elles sont très intelligentes.

un époux　husband
une épouse　wife
les nouveaux mariés　the newlyweds
se marier avec quelqu'un　to get married to someone

112

The Seven Simple Tenses		The Seven Compound Tenses	
Singular	Plural	Singular	Plural
1 présent de l'indicatif		**8 passé composé**	
espère	espérons	ai espéré	avons espéré
espères	espérez	as espéré	avez espéré
espère	espèrent	a espéré	ont espéré
2 imparfait de l'indicatif		**9 plus-que-parfait de l'indicatif**	
espérais	espérions	avais espéré	avions espéré
espérais	espériez	avais espéré	aviez espéré
espérait	espéraient	avait espéré	avaient espéré
3 passé simple		**10 passé antérieur**	
espérai	espérâmes	eus espéré	eûmes espéré
espéras	espérâtes	eus espéré	eûtes espéré
espéra	espérèrent	eut espéré	eurent espéré
4 futur		**11 futur antérieur**	
espérerai	espérerons	aurai espéré	aurons espéré
espéreras	espérerez	auras espéré	aurez espéré
espérera	espéreront	aura espéré	auront espéré
5 conditionnel		**12 conditionnel passé**	
espérerais	espérerions	aurais espéré	aurions espéré
espérerais	espéreriez	aurais espéré	auriez espéré
espérerait	espéreraient	aurait espéré	auraient espéré
6 présent du subjonctif		**13 passé du subjonctif**	
espère	espérions	aie espéré	ayons espéré
espères	espériez	aies espéré	ayez espéré
espère	espèrent	ait espéré	aient espéré
7 imparfait du subjonctif		**14 plus-que-parfait du subjonctif**	
espérasse	espérassions	eusse espéré	eussions espéré
espérasses	espérassiez	eusses espéré	eussiez espéré
espérât	espérassent	eût espéré	eussent espéré

Impératif
espère
espérons
espérez

Sentences using this verb and words related to it

J'espère que Paul viendra mais je n'espère pas que son frère vienne.

l'espérance *(f.)*   hope, expectation
plein d'espérance   hopeful, full of hope
l'espoir *(m.)*   hope
avoir bon espoir de réussir   to have good hopes of succeeding

The subject pronouns are found on the page facing page 1.

to try, to try on

The Seven Simple Tenses		The Seven Compound Tenses	
Singular	Plural	Singular	Plural
1 présent de l'indicatif		**8 passé composé**	
essaye	essayons	ai essayé	avons essayé
essayes	essayez	as essayé	avez essayé
essaye	essayent	a essayé	ont essayé
2 imparfait de l'indicatif		**9 plus-que-parfait de l'indicatif**	
essayais	essayions	avais essayé	avions essayé
essayais	essayiez	avais essayé	aviez essayé
essayait	essayaient	avait essayé	avaient essayé
3 passé simple		**10 passé antérieur**	
essayai	essayâmes	eus essayé	eûmes essayé
essayas	essayâtes	eus essayé	eûtes essayé
essaya	essayèrent	eut essayé	eurent essayé
4 futur		**11 futur antérieur**	
essayerai	essayerons	aurai essayé	aurons essayé
essayeras	essayerez	auras essayé	aurez essayé
essayera	essayeront	aura essayé	auront essayé
5 conditionnel		**12 conditionnel passé**	
essayerais	essayerions	aurais essayé	aurions essayé
essayerais	essayeriez	aurais essayé	auriez essayé
essayerait	essayeraient	aurait essayé	auraient essayé
6 présent du subjonctif		**13 passé du subjonctif**	
essaye	essayions	aie essayé	ayons essayé
essayes	essayiez	aies essayé	ayez essayé
essaye	essayent	ait essayé	aient essayé
7 imparfait du subjonctif		**14 plus-que-parfait du subjonctif**	
essayasse	essayassions	eusse essayé	eussions essayé
essayasses	essayassiez	eusses essayé	eussiez essayé
essayât	essayassent	eût essayé	eussent essayé

Impératif
essaye
essayons
essayez

Sentences using this verb and words related to it

　　Marcel a essayé d'écrire un essai sur la vie des animaux sauvages mais il n'a pas pu réussir à écrire une seule phrase. Alors, il est allé dans la chambre de son grand frère pour travailler ensemble.

un essai	essay	**essayeur, essayeuse**	fitter (clothing)
essayiste	essayist	**essayage** *(m.)*	fitting (clothing)

Verbs ending in *-ayer* may change *y* to *i* before mute *e* or may keep *y*.

114

The Seven Simple Tenses		The Seven Compound Tenses	
Singular	Plural	Singular	Plural
1 présent de l'indicatif		**8 passé composé**	
essuie	essuyons	ai essuyé	avons essuyé
essuies	essuyez	as essuyé	avez essuyé
essuie	essuient	a essuyé	ont essuyé
2 imparfait de l'indicatif		**9 plus-que-parfait de l'indicatif**	
essuyais	essuyions	avais essuyé	avions essuyé
essuyais	essuyiez	avais essuyé	aviez essuyé
essuyait	essuyaient	avait essuyé	avaient essuyé
3 passé simple		**10 passé antérieur**	
essuyai	essuyâmes	eus essuyé	eûmes essuyé
essuyas	essuyâtes	eus essuyé	eûtes essuyé
essuya	essuyèrent	eut essuyé	eurent essuyé
4 futur		**11 futur antérieur**	
essuierai	essuierons	aurai essuyé	aurons essuyé
essuieras	essuierez	auras essuyé	aurez essuyé
essuiera	essuieront	aura essuyé	auront essuyé
5 conditionnel		**12 conditionnel passé**	
essuierais	essuierions	aurais essuyé	aurions essuyé
essuierais	essuieriez	aurais essuyé	auriez essuyé
essuierait	essuieraient	aurait essuyé	auraient essuyé
6 présent du subjonctif		**13 passé du subjonctif**	
essuie	essuyions	aie essuyé	ayons essuyé
essuies	essuyiez	aies essuyé	ayez essuyé
essuie	essuient	ait essuyé	aient essuyé
7 imparfait du subjonctif		**14 plus-que-parfait du subjonctif**	
essuyasse	essuyassions	eusse essuyé	eussions essuyé
essuyasses	essuyassiez	eusses essuyé	eussiez essuyé
essuyât	essuyassent	eût essuyé	eussent essuyé

Impératif
essuie
essuyons
essuyez

Words related to this verb

un essuie-mains   hand towel
un essuie-glace   windshield wiper
l'essuyage *(m.)*   wiping

Verbs ending in *-uyer* must change *y* to *i* before mute *e*.

éteindre

to extinguish

The Seven Simple Tenses		The Seven Compound Tenses	
Singular	Plural	Singular	Plural
1 présent de l'indicatif		**8 passé composé**	
éteins	éteignons	ai éteint	avons éteint
éteins	éteignez	as éteint	avez éteint
éteint	éteignent	a éteint	ont éteint
2 imparfait de l'indicatif		**9 plus-que-parfait de l'indicatif**	
éteignais	éteignions	avais éteint	avions éteint
éteignais	éteigniez	avais éteint	aviez éteint
éteignait	éteignaient	avait éteint	avaient éteint
3 passé simple		**10 passé antérieur**	
éteignis	éteignîmes	eus éteint	eûmes éteint
éteignis	éteignîtes	eus éteint	eûtes éteint
éteignit	éteignirent	eut éteint	eurent éteint
4 futur		**11 futur antérieur**	
éteindrai	éteindrons	aurai éteint	aurons éteint
éteindras	éteindrez	auras éteint	aurez éteint
éteindra	éteindront	aura éteint	auront éteint
5 conditionnel		**12 conditionnel passé**	
éteindrais	éteindrions	aurais éteint	aurions éteint
éteindrais	éteindriez	aurais éteint	auriez éteint
éteindrait	éteindraient	aurait éteint	auraient éteint
6 présent du subjonctif		**13 passé du subjonctif**	
éteigne	éteignions	aie éteint	ayons éteint
éteignes	éteigniez	aies éteint	ayez éteint
éteigne	éteignent	ait éteint	aient éteint
7 imparfait du subjonctif		**14 plus-que-parfait du subjonctif**	
éteignisse	éteignissions	eusse éteint	eussions éteint
éteignisses	éteignissiez	eusses éteint	eussiez éteint
éteignît	éteignissent	eût éteint	eussent éteint

Impératif
éteins
éteignons
éteignez

Sentences using this verb and words related to it

Il est minuit. Je vais me coucher. Je dois me lever tôt le matin pour aller à l'école. J'éteins la lumière. Bonne nuit!

éteint, éteinte   extinct
un éteignoir   extinguisher, snuffer
s'éteindre   to flicker out, to die out, to die

116

to stretch oneself, to stretch out, to lie down

The Seven Simple Tenses		The Seven Compound Tenses	
Singular	Plural	Singular	Plural
1 présent de l'indicatif		**8 passé composé**	
m'étends	nous étendons	me suis étendu(e)	nous sommes étendu(e)s
t'étends	vous étendez	t'es étendu(e)	vous êtes étendu(e)(s)
s'étend	s'étendent	s'est étendu(e)	se sont étendu(e)s
2 imparfait de l'indicatif		**9 plus-que-parfait de l'indicatif**	
m'étendais	nous étendions	m'étais étendu(e)	nous étions étendu(e)s
t'étendais	vous étendiez	t'étais étendu(e)	vous étiez étendu(e)(s)
s'étendait	s'étendaient	s'était étendu(e)	s'étaient étendu(e)s
3 passé simple		**10 passé antérieur**	
m'étendis	nous étendîmes	me fus étendu(e)	nous fûmes étendu(e)s
t'étendis	vous étendîtes	te fus étendu(e)	vous fûtes étendu(e)(s)
s'étendit	s'étendirent	se fut étendu(e)	se furent étendu(e)s
4 futur		**11 futur antérieur**	
m'étendrai	nous étendrons	me serai étendu(e)	nous serons étendu(e)s
t'étendras	vous étendrez	te seras étendu(e)	vous serez étendu(e)(s)
s'étendra	s'étendront	se sera étendu(e)	se seront étendu(e)s
5 conditionnel		**12 conditionnel passé**	
m'étendrais	nous étendrions	me serais étendu(e)	nous serions étendu(e)s
t'étendrais	vous étendriez	te serais étendu(e)	vous seriez étendu(e)(s)
s'étendrait	s'étendraient	se serait étendu(e)	se seraient étendu(e)s
6 présent du subjonctif		**13 passé du subjonctif**	
m'étende	nous étendions	me sois étendu(e)	nous soyons étendu(e)s
t'étendes	vous étendiez	te sois étendu(e)	vous soyez étendu(e)(s)
s'étende	s'étendent	se soit étendu(e)	se soient étendu(e)s
7 imparfait du subjonctif		**14 plus-que-parfait du subjonctif**	
m'étendisse	nous étendissions	me fusse étendu(e)	nous fussions étendu(e)s
t'étendisses	vous étendissiez	te fusses étendu(e)	vous fussiez étendu(e)(s)
s'étendît	s'étendissent	se fût étendu(e)	se fussent étendu(e)s

Impératif
étends-toi
étendons-nous
étendez-vous

Sentences using this verb and words related to it

Ma mére était si fatiguée quand elle est rentrée à la maison après avoir fait du shopping, qu'elle est allée directement au lit et elle s'est étendue.

to amaze, to astonish, to stun

The Seven Simple Tenses		The Seven Compound Tenses	
Singular	Plural	Singular	Plural
1 présent de l'indicatif		**8 passé composé**	
étonne	étonnons	ai étonné	avons étonné
étonnes	étonnez	as étonné	avez étonné
étonne	étonnent	a étonné	ont étonné
2 imparfait de l'indicatif		**9 plus-que-parfait de l'indicatif**	
étonnais	étonnions	avais étonné	avions étonné
étonnais	étonniez	avais étonné	aviez étonné
étonnait	étonnaient	avait étonné	avaient étonné
3 passé simple		**10 passé antérieur**	
étonnai	étonnâmes	eus étonné	eûmes étonné
étonnas	étonnâtes	eus étonné	eûtes étonné
étonna	étonnèrent	eut étonné	eurent étonné
4 futur		**11 futur antérieur**	
étonnerai	étonnerons	aurai étonné	aurons étonné
étonneras	étonnerez	auras étonné	aurez étonné
étonnera	étonneront	aura étonné	auront étonné
5 conditionnel		**12 conditionnel passé**	
étonnerais	étonnerions	aurais étonné	aurions étonné
étonnerais	étonneriez	aurais étonné	auriez étonné
étonnerait	étonneraient	aurait étonné	auraient étonné
6 présent du subjonctif		**13 passé du subjonctif**	
étonne	étonnions	aie étonné	ayons étonné
étonnes	étonniez	aies étonné	ayez étonné
étonne	étonnent	ait étonné	aient étonné
7 imparfait du subjonctif		**14 plus-que-parfait du subjonctif**	
étonnasse	étonnassions	eusse étonné	eussions étonné
étonnasses	étonnassiez	eusses étonné	eussiez étonné
étonnât	étonnassent	eût étonné	eussent étonné

Impératif
étonne
étonnons
étonnez

Words related to this verb

étonnant, étonnante   astonishing
C'est bien étonnant!   It's quite astonishing!
l'étonnement *(m.)*   astonishment, amazement
s'étonner de   to be astonished at
Cela m'étonne!   That astonishes me!
Cela ne m'étonne pas!   That does not surprise me!

The Seven Simple Tenses		The Seven Compound Tenses	
Singular	Plural	Singular	Plural
1 présent de l'indicatif		**8 passé composé**	
suis	sommes	ai été	avons été
es	êtes	as été	avez été
est	sont	a été	ont été
2 imparfait de l'indicatif		**9 plus-que-parfait de l'indicatif**	
étais	étions	avais été	avions été
étais	étiez	avais été	aviez été
était	étaient	avait été	avaient été
3 passé simple		**10 passé antérieur**	
fus	fûmes	eus été	eûmes été
fus	fûtes	eus été	eûtes été
fut	furent	eut été	eurent été
4 futur		**11 futur antérieur**	
serai	serons	aurai été	aurons été
seras	serez	auras été	aurez été
sera	seront	aura été	auront été
5 conditionnel		**12 conditionnel passé**	
serais	serions	aurais été	aurions été
serais	seriez	aurais été	auriez été
serait	seraient	aurait été	auraient été
6 présent du subjonctif		**13 passé du subjonctif**	
sois	soyons	aie été	ayons été
sois	soyez	aies été	ayez été
soit	soient	ait été	aient été
7 imparfait du subjonctif		**14 plus-que-parfait du subjonctif**	
fusse	fussions	eusse été	eussions été
fusses	fussiez	eusses été	eussiez été
fût	fussent	eût été	eussent été

Impératif
sois
soyons
soyez

Common idiomatic expressions using this verb

être en train de + inf.   to be in the act of + pres. part., to be in the process of, to be
   busy + pres. part.;
   Mon père est en train d'écrire une lettre à mes grands parents.

être à l'heure   to be on time
être à temps   to be in time
être pressé(e)   to be in a hurry

The subject pronouns are found on the page facing page 1.

119

to study

The Seven Simple Tenses		The Seven Compound Tenses	
Singular	Plural	Singular	Plural
1 présent de l'indicatif		**8 passé composé**	
étudie	étudions	ai étudié	avons étudié
étudies	étudiez	as étudié	avez étudié
étudie	étudient	a étudié	ont étudié
2 imparfait de l'indicatif		**9 plus-que-parfait de l'indicatif**	
étudiais	étudiions	avais étudié	avions étudié
étudiais	étudiiez	avais étudié	aviez étudié
étudiait	étudiaient	avait étudié	avaient étudié
3 passé simple		**10 passé antérieur**	
étudiai	étudiâmes	eus étudié	eûmes étudie
étudias	étudiâtes	eus étudié	eûtes étudié
étudia	étudièrent	eut étudié	eurent étudié
4 futur		**11 futur antérieur**	
étudierai	étudierons	aurai étudié	aurons étudie
étudieras	étudierez	auras étudié	aurez étudié
étudiera	étudieront	aura étudié	auront étudié
5 conditionnel		**12 conditionnel passé**	
étudierais	étudierions	aurais étudié	aurions étudié
étudierais	étudieriez	aurais étudié	auriez étudié
étudierait	étudieraient	aurait étudié	auraient étudié
6 présent du subjonctif		**13 passé du subjonctif**	
étudie	étudiions	aie étudié	ayons étudié
étudies	étudiiez	aies étudié	ayez étudié
étudie	étudient	ait étudié	aient étudié
7 imparfait du subjonctif		**14 plus-que-parfait du subjonctif**	
étudiasse	étudiassions	eusse étudié	eussions étudié
étudiasses	étudiassiez	eusses étudié	eussiez étudié
étudiât	étudiassent	eût étudié	eussent étudié

Impératif
étudie
étudions
étudiez

Sentences using this verb and words related to it

Je connais une jeune fille qui étudie le piano depuis deux ans. Je connais un garçon qui étudie ses leçons à fond. Je connais un astronome qui a étudié les étoiles dans le ciel pendant vingt ans.

étudier à fond   to study thoroughly
un étudiant, une étudiante   student
l'étude *(f.)*   study;   **les études**   studies
faire ses études   to study, to go to school
à l'étude   under consideration, under study

to excuse oneself, to appologize

The Seven Simple Tenses		The Seven Compound Tenses	
Singular	Plural	Singular	Plural
1 présent de l'indicatif		**8 passé composé**	
m'excuse	nous excusons	me suis excusé(e)	nous sommes excusé(e)s
t'excuses	vous excusez	t'es excusé(e)	vous êtes excusé(e)(s)
s'excuse	s'excusent	s'est excusé(e)	se sont excusé(e)s
2 imparfait de l'indicatif		**9 plus-que-parfait de l'indicatif**	
m'excusais	nous excusions	m'étais excusé(e)	nous étions excusé(e)s
t'excusais	vous excusiez	t'étais excusé(e)	vous étiez excusé(e)(s)
s'excusait	s'excusaient	s'était excusé(e)	s'étaient excusé(e)s
3 passé simple		**10 passé antérieur**	
m'excusai	nous excusâmes	me fus excusé(e)	nous fûmes excusé(e)s
t'excusas	vous excusâtes	te fus excusé(e)	vous fûtes excusé(e)(s)
s'excusa	s'excusèrent	se fut excusé(e)	se furent excusé(e)s
4 futur		**11 futur antérieur**	
m'excuserai	nous excuserons	me serai excusé(e)	nous serons excusé(e)s
t'excuseras	vous excuserez	te seras excusé(e)	vous serez excusé(e)(s)
s'excusera	s'excuseront	se sera excusé(e)	se seront excusé(e)s
5 conditionnel		**12 conditionnel passé**	
m'excuserais	nous excuserions	me serais excusé(e)	nous serions excusé(e)s
t'excuserais	vous excuseriez	te serais excusé(e)	vous seriez excusé(e)(s)
s'excuserait	s'excuseraient	se serait excusé(e)	se seraient excusé(e)s
6 présent du subjonctif		**13 passé du subjonctif**	
m'excuse	nous excusions	me sois excusé(e)	nous soyons excusé(e)s
t'excuses	vous excusiez	te sois excusé(e)	vous soyez excusé(e)(s)
s'excuse	s'excusent	se soit excusé(e)	se soient excusé(e)s
7 imparfait du subjonctif		**14 plus-que-parfait du subjonctif**	
m'excusasse	nous excusassions	me fusse excusé(e)	nous fussions excusé(e)s
t'excusasses	vous excusassiez	te fusses excusé(e)	vous fussiez excusé(e)(s)
s'excusât	s'excusassent	se fût excusé(e)	se fussent excusé(e)s

Impératif
excuse-toi
excusons-nous
excusez-vous

Sentences using this verb and words related to it

L'élève:	**Je m'excuse, madame. Excusez-moi. Je m'excuse de vous déranger.**
	Est-ce que vous m'excusez? Est-ce que je vous dérange?
La maîtresse:	**Oui, je t'excuse. Non, tu ne me déranges pas. Que veux-tu?**
L'élève:	**Est-ce que je peux quitter la salle de classe pour aller aux toilettes?**

to demand, to require

The Seven Simple Tenses		The Seven Compound Tenses	
Singular	Plural	Singular	Plural

1 présent de l'indicatif

		8 passé composé	
exige	exigeons	ai exigé	avons exigé
exiges	exigez	as exigé	avez exigé
exige	exigent	a exigé	ont exigé

2 imparfait de l'indicatif

		9 plus-que-parfait de l'indicatif	
exigeais	exigions	avais exigé	avions exigé
exigeais	exigiez	avais exigé	aviez exigé
exigeait	exigeaient	avait exigé	avaient exigé

3 passé simple

		10 passé antérieur	
exigeai	exigeâmes	eus exigé	eûmes exigé
exigeas	exigeâtes	eus exigé	eûtes exigé
exigea	exigèrent	eut exigé	eurent exigé

4 futur

		11 futur antérieur	
exigerai	exigerons	aurai exigé	aurons exigé
exigeras	exigerez	auras exigé	aurez exigé
exigera	exigeront	aura exigé	auront exigé

5 conditionnel

		12 conditionnel passé	
exigerais	exigerions	aurais exigé	aurions exigé
exigerais	exigeriez	aurais exigé	auriez exigé
exigerait	exigeraient	aurait exigé	auraient exigé

6 présent du subjonctif

		13 passé du subjonctif	
exige	exigions	aie exigé	ayons exigé
exiges	exigiez	aies exigé	ayez exigé
exige	exigent	ait exigé	aient exigé

7 imparfait du subjonctif

		14 plus-que-parfait du subjonctif	
exigeasse	exigeassions	eusse exigé	eussions exigé
exigeasses	exigeassiez	eusses exigé	eussiez exigé
exigeât	exigeassent	eût exigé	eussent exigé

Impératif
exige
exigeons
exigez

Sentences using this verb and words related to it

La maîtresse de français: Paul, viens ici. Ta composition est chargée de fautes.
                     J'exige que tu la refasses. Rends-la-moi dans dix minutes.
L'élève: Ce n'est pas de ma faute, madame. C'est mon père qui l'a écrite.
                Dois-je la refaire?

exigeant, exigeante   exacting
l'exigence *(f.)*   exigency
exiger des soins attentifs   to demand great care

expliquer

to explain

The Seven Simple Tenses		The Seven Compound Tenses	
Singular	Plural	Singular	Plural

1   présent de l'indicatif

		8 passé composé	
explique	expliquons	ai expliqué	avons expliqué
expliques	expliquez	as expliqué	avez expliqué
explique	expliquent	a expliqué	ont expliqué

2   imparfait de l'indicatif

		9 plus-que-parfait de l'indicatif	
expliquais	expliquions	avais expliqué	avions expliqué
expliquais	expliquiez	avais expliqué	aviez expliqué
expliquait	expliquaient	avait expliqué	avaient expliqué

3   passé simple

		10 passé antérieur	
expliquai	expliquâmes	eus expliqué	eûmes expliqué
expliquas	expliquâtes	eus expliqué	eûtes expliqué
expliqua	expliquèrent	eut expliqué	eurent expliqué

4   futur

		11 futur antérieur	
expliquerai	expliquerons	aurai expliqué	aurons expliqué
expliqueras	expliquerez	auras expliqué	aurez expliqué
expliquera	expliqueront	aura expliqué	auront expliqué

5   conditionnel

		12 conditionnel passé	
expliquerais	expliquerions	aurais expliqué	aurions expliqué
expliquerais	expliqueriez	aurais expliqué	auriez expliqué
expliquerait	expliqueraient	aurait expliqué	auraient expliqué

6   présent du subjonctif

		13 passé du subjonctif	
explique	expliquions	aie expliqué	ayons expliqué
expliques	expliquiez	aies expliqué	ayez expliqué
explique	expliquent	ait expliqué	aient expliqué

7   imparfait du subjonctif

		14 plus-que-parfait du subjonctif	
expliquasse	expliquassions	eusse expliqué	eussions expliqué
expliquasses	expliquassiez	eusses expliqué	eussiez expliqué
expliquât	expliquassent	eût expliqué	eussent expliqué

Impératif
explique
expliquons
expliquez

Words related to this verb

explicite   explicit
explicitement   explicitly
l'explication *(f.)*   explanation
explicateur, explicatrice   explainer

se fâcher

to become angry, to get angry

The Seven Simple Tenses		The Seven Compound Tenses	
Singular	Plural	Singular	Plural
1 présent de l'indicatif		**8 passé composé**	
me fâche	nous fâchons	me suis fâché(e)	nous sommes fâché(e)s
te fâches	vous fâchez	t'es fâché(e)	vous êtes fâché(e)(s)
se fâche	se fâchent	s'est fâché(e)	se sont fâché(e)s
2 imparfait de l'indicatif		**9 plus-que-parfait de l'indicatif**	
me fâchais	nous fâchions	m'étais fâché(e)	nous étions fâché(e)s
te fâchais	vous fâchiez	t'étais fâché(e)	vous étiez fâché(e)(s)
se fâchait	se fâchaient	s'était fâché(e)	s'étaient fâché(e)s
3 passé simple		**10 passé antérieur**	
me fâchai	nous fâchâmes	me fus fâché(e)	nous fûmes fâché(e)s
te fâchas	vous fâchâtes	te fus fâché(e)	vous fûtes fâché(e)(s)
se fâcha	se fâchèrent	se fut fâché(e)	se furent fâché(e)s
4 futur		**11 futur antérieur**	
me fâcherai	nous fâcherons	me serai fâché(e)	nous serons fâché(e)s
te fâcheras	vous fâcherez	te seras fâché(e)	vous serez fâché(e)(s)
se fâchera	se fâcheront	se sera fâché(e)	se seront fâché(e)s
5 conditionnel		**12 conditionnel passé**	
me fâcherais	nous fâcherions	me serais fâché(e)	nous serions fâché(e)s
te fâcherais	vous fâcheriez	te serais fâché(e)	vous seriez fâché(e)(s)
se fâcherait	se fâcheraient	se serait fâché(e)	se seraient fâché(e)s
6 présent du subjonctif		**13 passé du subjonctif**	
me fâche	nous fâchions	me sois fâché(e)	nous soyons fâché(e)s
te fâches	vous fâchiez	te sois fâché(e)	vous soyez fâché(e)(s)
se fâche	se fâchent	se soit fâché(e)	se soient fâché(e)s
7 imparfait du subjonctif		**14 plus-que-parfait du subjonctif**	
me fâchasse	nous fâchassions	me fusse fâché(e)	nous fussions fâché(e)s
te fâchasses	vous fâchassiez	te fusses fâché(e)	vous fussiez fâché(e)(s)
se fâchât	se fâchassent	se fût fâché(e)	se fussent fâché(e)s

Impératif
fâche-toi
fâchons-nous
fâchez-vous

Words related to this verb

fâcher qqn   to anger someone, to offend someone
se fâcher contre qqn   to become angry at someone
une fâcherie   tiff
C'est fâcheux!   It's a nuisance! It's annoying!
fâcheusement   annoyingly

The Seven Simple Tenses		The Seven Compound Tenses

Singular	Plural	Singular	Plural
1 présent de l'indicatif		**8 passé composé**	
faux	**faillons**	**ai failli**	**avons failli**
faux	**faillez**	**as failli**	**avez failli**
faut	**faillent**	**a failli**	**ont failli**
2 imparfait de l'indicatif		**9 plus-que-parfait de l'indicatif**	
faillais	**faillions**	**avais failli**	**avions failli**
faillais	**failliez**	**avais failli**	**aviez failli**
faillait	**faillaient**	**avait failli**	**avaient failli**
3 passé simple		**10 passé antérieur**	
faillis	**faillîmes**	**eus failli**	**eûmes failli**
faillis	**faillîtes**	**eus failli**	**eûtes failli**
faillit	**faillirent**	**eut failli**	**eurent failli**
4 futur		**11 futur antérieur**	
faillirai or faudrai	**faillirons or faudrons**	**aurai failli**	**aurons failli**
failliras or faudras	**faillirez or faudrez**	**auras failli**	**aurez failli**
faillira or faudra	**failliront or faudront**	**aura failli**	**auront failli**
5 conditionnel		**12 conditionnel passé**	
faillirais or faudrais	**faillirions or faudrions**	**aurais failli**	**aurions failli**
faillirais or faudrais	**failliriez or faudriez**	**aurais failli**	**auriez failli**
faillirait or faudrait	**failliraient or faudraient**	**aurait failli**	**auraient failli**
6 présent du subjonctif		**13 passé du subjonctif**	
faille	**faillions**	**aie failli**	**ayons failli**
failles	**failliez**	**aies failli**	**ayez failli**
faille	**faillent**	**ait failli**	**aient failli**
7 imparfait du subjonctif		**14 plus-que-parfait du subjonctif**	
faillisse	**faillissions**	**eusse failli**	**eussions failli**
faillisses	**faillissiez**	**eusses failli**	**eussiez failli**
faillît	**faillissent**	**eût failli**	**eussent failli**

Impératif

(not in use)

Words related to this verb

la faillite   bankruptcy, failure
failli, faillie   bankrupt
J'ai failli tomber.   I almost fell.
faire faillite   to go bankrupt

to do, to make

The Seven Simple Tenses		The Seven Compound Tenses	
Singular	Plural	Singular	Plural
1 présent de l'indicatif		**8 passé composé**	
fais	faisons	ai fait	avons fait
fais	faites	as fait	avez fait
fait	font	a fait	ont fait
2 imparfait de l'indicatif		**9 plus-que-parfait de l'indicatif**	
faisais	faisions	avais fait	avions fait
faisais	faisiez	avais fait	aviez fait
faisait	faisaient	avait fait	avaient fait
3 passé simple		**10 passé antérieur**	
fis	fîmes	eus fait	eûmes fait
fis	fîtes	eus fait	eûtes fait
fit	firent	eut fait	eurent fait
4 futur		**11 futur antérieur**	
ferai	ferons	aurai fait	aurons fait
feras	ferez	auras fait	aurez fait
fera	feront	aura fait	auront fait
5 conditionnel		**12 conditionnel passé**	
ferais	ferions	aurais fait	aurions fait
ferais	feriez	aurais fait	auriez fait
ferait	feraient	aurait fait	auraient fait
6 présent du subjonctif		**13 passé du subjonctif**	
fasse	fassions	aie fait	ayons fait
fasses	fassiez	aies fait	ayez fait
fasse	fassent	ait fait	aient fait
7 imparfait du subjonctif		**14 plus-que-parfait du subjonctif**	
fisse	fissions	eusse fait	eussions fait
fisses	fissiez	eusses fait	eussiez fait
fît	fissent	eût fait	eussent fait

Impératif
fais
faisons
faites

Common idiomatic expressions using this verb

faire beau   to be beautiful weather
faire chaud   to be warm weather
faire froid   to be cold weather
faire de l'autostop   to hitchhike
faire attention à qqn ou à qqch   to pay attention to someone or to something

to be necessary, must

The Seven Simple Tenses	The Seven Compound Tenses
Singular	Singular
1 présent de l'indicatif **il faut**	8 passé composé **il a fallu**
2 imparfait de l'indicatif **il fallait**	9 plus-que-parfait de l'indicatif **il avait fallu**
3 passé simple **il fallut**	10 passé antérieur **il eut fallu**
4 futur **il faudra**	11 futur antérieur **il aura fallu**
5 conditionnel **il faudrait**	12 conditionnel passé **il aurait fallu**
6 présent du subjonctif **qu'il faille**	13 passé du subjonctif **qu'il ait fallu**
7 imparfait du subjonctif **qu'il fallût**	14 plus-que-parfait du subjonctif **qu'il eût fallu**

Impératif
(inusité)

Common idiomatic expressions using this verb

Il faut que je fasse mes leçons avant de regarder la télé. Il faut me coucher tôt parce qu'il faut me lever tôt. Il faut faire attention en classe, et il faut être sage. Si je fais toutes ces choses, je serai récompensé.

comme il faut   as is proper
agir comme il faut   to behave properly
Il me faut de l'argent   I need some
    money.

Il faut manger pour vivre   It is necessary
    to eat in order to live.
Il ne faut pas parler sans politesse   One must
    not talk impolitely.

This is an impersonal verb and is used in the tenses given above with the subject *il*.

The subject pronouns are found on the page facing page 1.   **127**

fermer

Part. pr. **fermant** Part. passé **fermé**

to close

The Seven Simple Tenses		The Seven Compound Tenses	
Singular	Plural	Singular	Plural
1 présent de l'indicatif		**8 passé composé**	
ferme	fermons	ai fermé	avons fermé
fermes	fermez	as fermé	avez fermé
ferme	ferment	a fermé	ont fermé
2 imparfait de l'indicatif		**9 plus-que-parfait de l'indicatif**	
fermais	fermions	avais fermé	avions fermé
fermais	fermiez	avais fermé	aviez fermé
fermait	fermaient	avait fermé	avaient fermé
3 passé simple		**10 passé antérieur**	
fermai	fermâmes	eus fermé	eûmes fermé
fermas	fermâtes	eus fermé	eûtes fermé
ferma	fermèrent	eut fermé	eurent fermé
4 futur		**11 futur antérieur**	
fermerai	fermerons	aurai fermé	aurons fermé
fermeras	fermerez	auras fermé	aurez fermé
fermera	fermeront	aura fermé	auront fermé
5 conditionnel		**12 conditionnel passé**	
fermerais	fermerions	aurais fermé	aurions fermé
fermerais	fermeriez	aurais fermé	auriez fermé
fermerait	fermeraient	aurait fermé	auraient fermé
6 présent du subjonctif		**13 passé du subjonctif**	
ferme	fermions	aie fermé	ayons fermé
fermes	fermiez	aies fermé	ayez fermé
ferme	ferment	ait fermé	aient fermé
7 imparfait du subjonctif		**14 plus-que-parfait du subjonctif**	
fermasse	fermassions	eusse fermé	eussions fermé
fermasses	fermassiez	eusses fermé	eussiez fermé
fermât	fermassent	eût fermé	eussent fermé

Impératif
ferme
fermons
fermez

Sentences using this verb and words related to it

Georges est rentré tard hier soir. Il a ouvert la porte, puis il l'a fermée. Il a ouvert la garde-robe pour y mettre son manteau, son chapeau et ses gants et il l'a fermée. Il a ouvert la fenêtre mais il ne l'a pas fermée parce qu'il faisait trop chaud dans sa chambre et il ne peut pas dormir dans une chambre où l'air est lourd.

128

The Seven Simple Tenses		The Seven Compound Tenses	
Singular	Plural	Singular	Plural

1 présent de l'indicatif		8 passé composé	
me fie	**nous fions**	**me suis fié(e)**	**nous sommes fié(e)s**
te fies	**vous fiez**	**t'es fié(e)**	**vous êtes fié(e)(s)**
se fie	**se fient**	**s'est fié(e)**	**se sont fié(e)s**

2 imparfait de l'indicatif		9 plus-que-parfait de l'indicatif	
me fiais	**nous fiions**	**m'étais fié(e)**	**nous étions fié(e)s**
te fiais	**vous fiiez**	**t'étais fié(e)**	**vous étiez fié(e)(s)**
se fiait	**se fiaient**	**s'était fié(e)**	**s'étaient fié(e)s**

3 passé simple		10 passé antérieur	
me fiai	**nous fiâmes**	**me fus fié(e)**	**nous fûmes fié(e)s**
te fias	**vous fiâtes**	**te fus fié(e)**	**vous fûtes fié(e)(s)**
se fia	**se fièrent**	**se fut fié(e)**	**se furent fié(e)s**

4 futur		11 futur antérieur	
me fierai	**nous fierons**	**me serai fié(e)**	**nous serons fié(e)s**
te fieras	**vous fierez**	**te seras fié(e)**	**vous serez fié(e)(s)**
se fiera	**se fieront**	**se sera fié(e)**	**se seront fié(e)s**

5 conditionnel		12 conditionnel passé	
me fierais	**nous fierions**	**me serais fié(e)**	**nous serions fié(e)s**
te fierais	**vous fieriez**	**te serais fié(e)**	**vous seriez fié(e)(s)**
se fierait	**se fieraient**	**se serait fié(e)**	**se seraient fié(e)s**

6 présent du subjonctif		13 passé du subjonctif	
me fie	**nous fiions**	**me sois fié(e)**	**nous soyons fié(e)s**
te fies	**vous fiiez**	**te sois fié(e)**	**vous soyez fié(e)(s)**
se fie	**se fient**	**se soit fié(e)**	**se soient fié(e)s**

7 imparfait du subjonctif		14 plus-que-parfait du subjonctif	
me fiasse	**nous fiassions**	**me fusse fié(e)**	**nous fussions fié(e)s**
te fiasses	**vous fiassiez**	**te fusses fié(e)**	**vous fussiez fié(e)(s)**
se fiât	**se fiassent**	**se fût fié(e)**	**se fussent fié(e)s**

Impératif
fie-toi
fions-nous
fiez-vous

Words related to this verb

la confiance   confidence, trust
avoir confiance en soi   to be self-confident
confier à   to confide in
se méfier de   to mistrust

finir

to finish, to end, to terminate, to complete

The Seven Simple Tenses		The Seven Compound Tenses	
Singular	Plural	Singular	Plural
1 présent de l'indicatif		**8 passé composé**	
finis	finissons	ai fini	avons fini
finis	finissez	as fini	avez fini
finit	finissent	a fini	ont fini
2 imparfait de l'indicatif		**9 plus-que-parfait de l'indicatif**	
finissais	finissions	avais fini	avions fini
finissais	finissiez	avais fini	aviez fini
finissait	finissaient	avait fini	avaient fini
3 passé simple		**10 passé antérieur**	
finis	finîmes	eus fini	eûmes fini
finis	finîtes	eus fini	eûtes fini
finit	finirent	eut fini	eurent fini
4 futur		**11 futur antérieur**	
finirai	finirons	aurai fini	aurons fini
finiras	finirez	auras fini	aurez fini
finira	finiront	aura fini	auront fini
5 conditionnel		**12 conditionnel passé**	
finirais	finirions	aurais fini	aurions fini
finirais	finiriez	aurais fini	auriez fini
finirait	finiraient	aurait fini	auraient fini
6 présent du subjonctif		**13 passé du subjonctif**	
finisse	finissions	aie fini	ayons fini
finisses	finissiez	aies fini	ayez fini
finisse	finissent	ait fini	aient fini
7 imparfait du subjonctif		**14 plus-que-parfait du subjonctif**	
finisse	finissions	eusse fini	eussions fini
finisses	finissiez	eusses fini	eussiez fini
finît	finissent	eût fini	eussent fini

Impératif
finis
finissons
finissez

Sentences using this verb and words related to it

finir de + inf.   to finish + pr. part.
J'ai fini de travailler pour aujourd'hui   I have finished working for today.

finir par + inf.   to end up by + pr. part.
Louis a fini par épouser une femme plus âgée que lui   Louis ended up by marrying a woman older than he.

130

The Seven Simple Tenses		The Seven Compound Tenses	
Singular	Plural	Singular	Plural

1 présent de l'indicatif		8 passé composé	
force	forçons	ai forcé	avons forcé
forces	forcez	as forcé	avez forcé
force	forcent	a forcé	ont forcé

2 imparfait de l'indicatif		9 plus-que-parfait de l'indicatif	
forçais	forcions	avais forcé	avions forcé
forçais	forciez	avais forcé	aviez forcé
forçait	forçaient	avait forcé	avaient forcé

3 passé simple		10 passé antérieur	
forçai	forçâmes	eus forcé	eûmes forcé
forças	forçâtes	eus forcé	eûtes forcé
força	forcèrent	eut forcé	eurent forcé

4 futur		11 futur antérieur	
forcerai	forcerons	aurai forcé	aurons forcé
forceras	forcerez	auras forcé	aurez forcé
forcera	forceront	aura forcé	auront forcé

5 conditionnel		12 conditionnel passé	
forcerais	forcerions	aurais forcé	aurions forcé
forcerais	forceriez	aurais forcé	auriez forcé
forcerait	forceraient	aurait forcé	auraient forcé

6 présent du subjonctif		13 passé du subjonctif	
force	forcions	aie forcé	ayons forcé
forces	forciez	aies forcé	ayez forcé
force	forcent	ait forcé	aient forcé

7 imparfait du subjonctif		14 plus-que-parfait du subjonctif	
forçasse	forçassions	eusse forcé	eussions forcé
forçasses	forçassiez	eusses forcé	eussiez forcé
forçât	forçassent	eût forcé	eussent forcé

Impératif
force
forçons
forcez

Words and expressions related to this verb

forcer la porte de qqn   to force one's way into someone's house
être forcé de   to be obliged to
se forcer la voix   to strain one's voice
un forçat   a convict
à force de   by dint of
la force   strength, force

to knock, to hit, to frap, to rap

The Seven Simple Tenses		The Seven Compound Tenses	
Singular	Plural	Singular	Plural
1 présent de l'indicatif		**8 passé composé**	
frappe	frappons	ai frappé	avons frappé
frappes	frappez	as frappé	avez frappé
frappe	frappent	a frappé	ont frappé
2 imparfait de l'indicatif		**9 plus-que-parfait de l'indicatif**	
frappais	frappions	avais frappé	avions frappé
frappais	frappiez	avais frappé	aviez frappé
frappait	frappaient	avait frappé	avaient frappé
3 passé simple		**10 passé antérieur**	
frappai	frappâmes	eus frappé	eûmes frappé
frappas	frappâtes	eus frappé	eûtes frappé
frappa	frappèrent	eut frappé	eurent frappé
4 futur		**11 futur antérieur**	
frapperai	frapperons	aurai frappé	aurons frappé
frapperas	frapperez	auras frappé	aurez frappé
frappera	frapperont	aura frappé	auront frappé
5 conditionnel		**12 conditionnel passé**	
frapperais	frapperions	aurais frappé	aurions frappé
frapperais	frapperiez	aurais frappé	auriez frappé
frapperait	frapperaient	aurait frappé	auraient frappé
6 présent du subjonctif		**13 passé du subjonctif**	
frappe	frappions	aie frappé	ayons frappé
frappes	frappiez	aies frappé	ayez frappé
frappe	frappent	ait frappé	aient frappé
7 imparfait du subjonctif		**14 plus-que-parfait du subjonctif**	
frappasse	frappassions	eusse frappé	eussions frappé
frappasses	frappassiez	eusses frappé	eussiez frappé
frappât	frappassent	eût frappé	eussent frappé

Impératif
frappe
frappons
frappez

Common idiomatic expressions using this verb

se frapper la poitrine   to beat one's chest
le frappage   striking (medals, coins)
une faute de frappe   a typing mistake
frapper à la porte   to knock on the door
frapper du pied   to stamp one's foot
entrer sans frapper   enter without knocking
C'est frappant!   It's striking!

The Seven Simple Tenses		The Seven Compound Tenses	
Singular	Plural	Singular	Plural
1 présent de l'indicatif **fris** **fris** **frit**		8 passé composé	
2 imparfait de l'indicatif		9 plus-que-parfait de l'indicatif	
3 passé simple		10 passé antérieur	
4 futur **frirai** **friras** **frira**	**frirons** **frirez** **friront**	11 futur antérieur	
5 conditionnel **frirais** **frirais** **frirait**	**fririons** **fririez** **friraient**	12 conditionnel passé	
6 présent du subjonctif		13 passé du subjonctif	
7 imparfait du subjonctif		14 plus-que-parfait du subjonctif	

Impératif
fris
faisons frire
faites frire

Words related to this verb

friable   friable
des pommes de terre frites   French fries
une friteuse   frying basket
la friture   frying

This verb is generally used only in the persons and tenses given above. To supply the forms that are lacking, use the appropriate form of **faire** plus the infinitive **frire**, e.g., the plural of the present indicative is: **nous faisons frire, vous faites frire, ils font frire.**

to flee, to fly off

The Seven Simple Tenses		The Seven Compound Tenses	
Singular	Plural	Singular	Plural
1 présent de l'indicatif		8 passé composé	
fuis	fuyons	ai fui	avons fui
fuis	fuyez	as fui	avez fui
fuit	fuient	a fui	ont fui
2 imparfait de l'indicatif		9 plus-que-parfait de l'indicatif	
fuyais	fuyions	avais fui	avions fui
fuyais	fuyiez	avais fui	aviez fui
fuyait	fuyaient	avait fui	avaient fui
3 passé simple		10 passé antérieur	
fuis	fuîmes	eus fui	eûmes fui
fuis	fuîtes	eus fui	eûtes fui
fuit	fuirent	eut fui	eurent fui
4 futur		11 futur antérieur	
fuirai	fuirons	aurai fui	aurons fui
fuiras	fuirez	auras fui	aurez fui
fuira	fuiront	aura fui	auront fui
5 conditionnel		12 conditionnel passé	
fuirais	fuirions	aurais fui	aurions fui
fuirais	fuiriez	aurais fui	auriez fui
fuirait	fuiraient	aurait fui	auraient fui
6 présent du subjonctif		13 passé du subjonctif	
fuie	fuyions	aie fui	ayons fui
fuies	fuyiez	aies fui	ayez fui
fuie	fuient	ait fui	aient fui
7 imparfait du subjonctif		14 plus-que-parfait du subjonctif	
fuisse	fuissions	eusse fui	eussions fui
fuisses	fuissiez	eusses fui	eussiez fui
fuît	fuissent	eût fui	eussent fui

Impératif
fuis
fuyons
fuyez

Common idiomatic expressions using this verb

faire fuir   to put to flight
la fuite   flight
prendre la fuite   to take to flight
fugitif, fugitive   fugitive, fleeting, runaway
fugitivement   fugitively
s'enfuir   to flee, to run away

134

The Seven Simple Tenses		The Seven Compound Tenses	
Singular	Plural	Singular	Plural
1 présent de l'indicatif		8 passé composé	
fume	fumons	ai fumé	avons fumé
fumes	fumez	as fumé	avez fumé
fume	fument	a fumé	ont fumé
2 imparfait de l'indicatif		9 plus-que-parfait de l'indicatif	
fumais	fumions	avais fumé	avions fumé
fumais	fumiez	avais fumé	aviez fumé
fumait	fumaient	avait fumé	avaient fumé
3 passé simple		10 passé antérieur	
fumai	fumâmes	eus fumé	eûmes fumé
fumas	fumâtes	eus fumé	eûtes fumé
fuma	fumèrent	eut fumé	eurent fumé
4 futur		11 futur antérieur	
fumerai	fumerons	aurai fumé	aurons fumé
fumeras	fumerez	auras fumé	aurez fumé
fumera	fumeront	aura fumé	auront fumé
5 conditionnel		12 conditionnel passé	
fumerais	fumerions	aurais fumé	aurions fumé
fumerais	fumeriez	aurais fumé	auriez fumé
fumerait	fumeraient	aurait fumé	auraient fumé
6 présent du subjonctif		13 passé du subjonctif	
fume	fumions	aie fumé	ayons fumé
fumes	fumiez	aies fumé	ayez fumé
fume	fument	ait fumé	aient fumé
7 imparfait du subjonctif		14 plus-que-parfait du subjonctif	
fumasse	fumassions	eusse fumé	eussions fumé
fumasses	fumassiez	eusses fumé	eussiez fumé
fumât	fumassent	eût fumé	eussent fumé

Impératit
fume
fumons
fumez

Sentences using this verb and words related to it

Le père: **Je te défends de fumer. C'est une mauvaise habitude.**
Le fils: **Alors, pourquoi fumes-tu, papa?**

Défense de fumer   No smoking allowed
la fumée   smoke
un rideau de fumée   smoke screen

fumeux, fumeuse   smoky
un fume-cigare   cigar holder
un fume-cigarette   cigarette holder

gagner

to win, to earn, to gain

The Seven Simple Tenses		The Seven Compound Tenses	
Singular	Plural	Singular	Plural
1 présent de l'indicatif		**8 passé composé**	
gagne	gagnons	ai gagné	avons gagné
gagnes	gagnez	as gagné	avez gagné
gagne	gagnent	a gagné	ont gagné
2 imparfait de l'indicatif		**9 plus-que-parfait de l'indicatif**	
gagnais	gagnions	avais gagné	avions gagné
gagnais	gagniez	avais gagné	aviez gagné
gagnait	gagnaient	avait gagné	avaient gagné
3 passé simple		**10 passé antérieur**	
gagnai	gagnâmes	eus gagné	eûmes gagné
gagnas	gagnâtes	eus gagné	eûtes gagné
gagna	gagnèrent	eut gagné	eurent gagné
4 futur		**11 futur antérieur**	
gagnerai	gagnerons	aurai gagné	aurons gagné
gagneras	gagnerez	auras gagné	aurez gagné
gagnera	gagneront	aura gagné	auront gagné
5 conditionnel		**12 conditionnel passé**	
gagnerais	gagnerions	aurais gagné	aurions gagné
gagnerais	gagneriez	aurais gagné	auriez gagné
gagnerait	gagneraient	aurait gagné	auraient gagné
6 présent du subjonctif		**13 passé du subjonctif**	
gagne	gagnions	aie gagné	ayons gagné
gagnes	gagniez	aies gagné	ayez gagné
gagne	gagnent	ait gagné	aient gagné
7 imparfait du subjonctif		**14 plus-que-parfait du subjonctif**	
gagnasse	gagnassions	eusse gagné	eussions gagné
gagnasses	gagnassiez	eusses gagné	eussiez gagné
gagnât	gagnassent	eût gagné	eussent gagné

Impératif
gagne
gagnons
gagnez

Common idiomatic expressions using this verb

gagner sa vie   to earn one's living
gagner du poids   to gain weight
gagner de l'argent   to earn money
gagnable   obtainable
gagner du temps   to save time

to guard, to keep, to retain

The Seven Simple Tenses		The Seven Compound Tenses	
Singular	Plural	Singular	Plural
1 présent de l'indicatif		**8 passé composé**	
garde	gardons	ai gardé	avons gardé
gardes	gardez	as gardé	avez gardé
garde	gardent	a gardé	ont gardé
2 imparfait de l'indicatif		**9 plus-que-parfait de l'indicatif**	
gardais	gardions	avais gardé	avions gardé
gardais	gardiez	avais gardé	aviez gardé
gardait	gardaient	avait gardé	avaient gardé
3 passé simple		**10 passé antérieur**	
gardai	gardâmes	eus gardé	eûmes gardé
gardas	gardâtes	eus gardé	eûtes gardé
garda	gardèrent	eut gardé	eurent gardé
4 futur		**11 futur antérieur**	
garderai	garderons	aurai gardé	aurons gardé
garderas	garderez	auras gardé	aurez gardé
gardera	garderont	aura gardé	auront gardé
5 conditionnel		**12 conditionnel passé**	
garderais	garderions	aurais gardé	aurions gardé
garderais	garderiez	aurais gardé	auriez gardé
garderait	garderaient	aurait gardé	auraient gardé
6 présent du subjonctif		**13 passé du subjonctif**	
garde	gardions	aie gardé	ayons gardé
gardes	gardiez	aies gardé	ayez gardé
garde	gardent	ait gardé	aient gardé
7 imparfait du subjonctif		**14 plus-que-parfait du subjonctif**	
gardasse	gardassions	eusse gardé	eussions gardé
gardasses	gardassiez	eusses gardé	eussiez gardé
gardât	gardassent	eût gardé	eussent gardé

Impératif
garde
gardons
gardez

Sentences using this verb and words related to it

Madame Mimi a mis son enfant chez une gardienne d'enfants parce qu'elle va passer la journée en ville. Elle a besoin d'acheter une nouvelle garde-robe.

se garder   to protect oneself
se garder de tomber   to take care not to fall
un gardien, une gardienne   guardian
prendre garde de   to take care not to
une gardienne d'enfants   babysitter
une garde-robe   wardrobe (closet)

gâter

Part. pr. **gâtant**   Part. passé **gâté**

to spoil, to damage

The Seven Simple Tenses		The Seven Compound Tenses	
Singular	Plural	Singular	Plural
1 présent de l'indicatif		**8 passé composé**	
gâte	gâtons	ai gâté	avons gâté
gâtes	gâtez	as gâté	avez gâté
gâte	gâtent	a gâté	ont gâté
2 imparfait de l'indicatif		**9 plus-que-parfait de l'indicatif**	
gâtais	gâtions	avais gâté	avions gâté
gâtais	gâtiez	avais gâté	aviez gâté
gâtait	gâtaient	avait gâté	avaient gâté
3 passé simple		**10 passé antérieur**	
gâtai	gâtâmes	eus gâté	eûmes gâté
gâtas	gâtâtes	eus gâté	eûtes gâté
gâta	gâtèrent	eut gâté	eurent gâté
4 futur		**11 futur antérieur**	
gâterai	gâterons	aurai gâté	aurons gâté
gâteras	gâterez	auras gâté	aurez gâté
gâtera	gâteront	aura gâté	auront gâté
5 conditionnel		**12 conditionnel passé**	
gâterais	gâterions	aurais gâté	aurions gâté
gâterais	gâteriez	aurais gâté	auriez gâté
gâterait	gâteraient	aurait gâté	auraient gâté
6 présent du subjonctif		**13 passé du subjonctif**	
gâte	gâtions	aie gâté	ayons gâté
gâtes	gâtiez	aies gâté	ayez gâté
gâte	gâtent	ait gâté	aient gâté
7 imparfait du subjonctif		**14 plus-que-parfait du subjonctif**	
gâtasse	gâtassions	eusse gâté	eussions gâté
gâtasses	gâtassiez	eusses gâté	eussiez gâté
gâtât	gâtassent	eût gâté	eussent gâté

Impératif
gâte
gâtons
gâtez

Sentences using this verb and words related to it

Marcel est un enfant gâté. Je n'aime pas jouer avec lui. Il gâte tout. Il demande toujours des gâteries.

gâter un enfant   to spoil a child
se gâter   to pamper oneself
un enfant gâté   a spoiled child
une gâterie   a treat

138

to freeze

The Seven Simple Tenses	The Seven Compound Tenses
Singular	Singular
1 présent de l'indicatif **il gèle**	8 passé composé **il a gelé**
2 imparfait de l'indicatif **il gelait**	9 plus-que-parfait de l'indicatif **il avait gelé**
3 passé simple **il gela**	10 passé antérieur **il eut gelé**
4 futur **il gèlera**	11 futur antérieur **il aura gelé**
5 conditionnel **il gèlerait**	12 conditionnel passé **il aurait gelé**
6 présent du subjonctif **qu'il gèle**	13 passé du subjonctif **qu'il ait gelé**
7 imparfait du subjonctif **qu'il gelât**	14 plus-que-parfait du subjonctif **qu'il eût gelé**

Impératif
Qu'il gèle! (Let it freeze!)

Sentences using this verb and words related to it

Je ne veux pas sortir aujourd'hui parce qu'il gèle. Quand je me suis levé ce matin, j'ai regardé par la fenêtre et j'ai vu de la gelée partout.

le gel   frost, freezing
la gelée   frost
congeler   to congeal, to freeze
la congélation   congelation, freezing, icing

to taste, to have a snack

The Seven Simple Tenses		The Seven Compound Tenses	
Singular	Plural	Singular	Plural
1 présent de l'indicatif		8 passé composé	
goûte	goûtons	ai goûté	avons goûté
goûtes	goûtez	as goûté	avez goûté
goûte	goûtent	a goûté	ont goûté
2 imparfait de l'indicatif		9 plus-que-parfait de l'indicatif	
goûtais	goûtions	avais goûté	avions goûté
goûtais	goûtiez	avais goûté	aviez goûté
goûtait	goûtaient	avait goûté	avaient goûté
3 passé simple		10 passé antérieur	
goûtai	goûtâmes	eus goûté	eûmes goûté
goûtas	goûtâtes	eus goûté	eûtes goûté
goûta	goûtèrent	eut goûté	eurent goûté
4 futur		11 futur antérieur	
goûterai	goûterons	aurai goûté	aurons goûté
goûteras	goûterez	auras goûté	aurez goûté
goûtera	goûteront	aura goûté	auront goûté
5 conditionnel		12 conditionnel passé	
goûterais	goûterions	aurais goûté	aurions goûté
goûterais	goûteriez	aurais goûté	auriez goûté
goûterait	goûteraient	aurait goûté	auraient goûté
6 présent du subjonctif		13 passé du subjonctif	
goûte	goûtions	aie goûté	ayons goûté
goûtes	goûtiez	aies goûté	ayez goûté
goûte	goûtent	ait goûté	aient goûté
7 imparfait du subjonctif		14 plus-que-parfait du subjonctif	
goûtasse	goûtassions	eusse goûté	eussions goûté
goûtasses	goûtassiez	eusses goûté	eussiez goûté
goûtât	goûtassent	eût goûté	eussent goûté

Impératif
goûte
goûtons
goûtez

Common idiomatic expressions using this verb

Quand j'arrive chez moi de l'école l'après-midi, j'ai l'habitude de prendre le goûter.

le goûter   snack, bite to eat
goûter sur l'herbe   to have a picnic
Chacun son goût   To each his own
goûter à   to drink or eat only a small quantity
le goût   taste
de mauvais goût   in bad taste
avoir un goût de   to taste like
goûter de   to eat or drink something for the first time

to grow (up, taller), to increase

The Seven Simple Tenses		The Seven Compound Tenses	
Singular	Plural	Singular	Plural

1   présent de l'indicatif

		8 passé composé	
grandis	grandissons	ai grandi	avons grandi
grandis	grandissez	as grandi	avez grandi
grandit	grandissent	a grandi	ont grandi

2   imparfait de l'indicatif

		9 plus-que-parfait de l'indicatif	
grandissais	grandissions	avais grandi	avions grandi
grandissais	grandissiez	avais grandi	aviez grandi
grandissait	grandissaient	avait grandi	avaient grandi

3   passé simple

		10 passé antérieur	
grandis	grandîmes	eus grandi	eûmes grandi
grandis	grandîtes	eus grandi	eûtes grandi
grandit	grandirent	eut grandi	eurent grandi

4   futur

		11 futur antérieur	
grandirai	grandirons	aurai grandi	aurons grandi
grandiras	grandirez	auras grandi	aurez grandi
grandira	grandiront	aura grandi	auront grandi

5   conditionnel

		12 conditionnel passé	
grandirais	grandirions	aurais grandi	aurions grandi
grandirais	grandiriez	aurais grandi	auriez grandi
grandirait	grandiraient	aurait grandi	auraient grandi

6   présent du subjonctif

		13 passé du subjonctif	
grandisse	grandissions	aie grandi	ayons grandi
grandisses	grandissiez	aies grandi	ayez grandi
grandisse	grandissent	ait grandi	aient grandi

7   imparfait du subjonctif

		14 plus-que-parfait du subjonctif	
grandisse	grandissions	eusse grandi	eussions grandi
grandisses	grandissiez	eusses grandi	eussiez grandi
grandît	grandissent	eût grandi	eussent grandi

Impératif
grandis
grandissons
grandissez

Sentences using this verb and words related to it

Voyez-vous comme Joseph et Joséphine ont grandi? C'est incroyable! Quel âge ont-ils maintenant?

le grandissement   growth
grandiose   grandiose, grand
grand, grande   tall
la grandeur   size, greatness, grandeur
grandiosement   grandiosely

gronder

Part. pr. **grondant**   Part. passé **grondé**

to chide, to reprimand, to scold

The Seven Simple Tenses		The Seven Compound Tenses	
Singular	Plural	Singular	Plural
1 présent de l'indicatif		**8 passé composé**	
gronde	grondons	ai grondé	avons grondé
grondes	grondez	as grondé	avez grondé
gronde	grondent	a grondé	ont grondé
2 imparfait de l'indicatif		**9 plus-que-parfait de l'indicatif**	
grondais	grondions	avais grondé	avions grondé
grondais	grondiez	avais grondé	aviez grondé
grondait	grondaient	avait grondé	avaient grondé
3 passé simple		**10 passé antérieur**	
grondai	grondâmes	eus grondé	eûmes grondé
grondas	grondâtes	eus grondé	eûtes grondé
gronda	grondèrent	eut grondé	eurent grondé
4 futur		**11 futur antérieur**	
gronderai	gronderons	aurai grondé	aurons grondé
gronderas	gronderez	auras grondé	aurez grondé
grondera	gronderont	aura grondé	auront grondé
5 conditionnel		**12 conditionnel passé**	
gronderais	gronderions	aurais grondé	aurions grondé
gronderais	gronderiez	aurais grondé	auriez grondé
gronderait	gronderaient	aurait grondé	auraient grondé
6 présent du subjonctif		**13 passé du subjonctif**	
gronde	grondions	aie grondé	ayons grondé
grondes	grondiez	aies grondé	ayez grondé
gronde	grondent	ait grondé	aient grondé
7 imparfait du subjonctif		**14 plus-que-parfait du subjonctif**	
grondasse	grondassions	eusse grondé	eussions grondé
grondasses	grondassiez	eusses grondé	eussiez grondé
grondât	grondassent	eût grondé	eussent grondé

Impératif
gronde
grondons
grondez

Sentences using this verb and words related to it

—Victor, pourquoi pleures-tu?
—La maîtresse de mathématiques m'a grondé.
—Pourquoi est-ce qu'elle t'a grondé? Qu'est-ce que tu as fait?
—Ce n'est pas parce que j'ai fait quelque chose. C'est parce que je n'ai rien fait. Je n'ai pas préparé la leçon.
—Alors, tu mérites une gronderie et une réprimande.
—C'est une grondeuse. Elle gronde à chaque instant. C'est une criarde.

une grondeuse	a scolder	**une gronderie**	a scolding
une criarde	a nag, nagger	**à chaque instant**	constantly

142

to cure, to heal, to remedy

The Seven Simple Tenses		The Seven Compound Tenses	
Singular	Plural	Singular	Plural
1 présent de l'indicatif		**8 passé composé**	
guéris	guérissons	ai guéri	avons guéri
guéris	guérissez	as guéri	avez guéri
guérit	guérissent	a guéri	ont guéri
2 imparfait de l'indicatif		**9 plus-que-parfait de l'indicatif**	
guérissais	guérissions	avais guéri	avions guéri
guérissais	guérissiez	avais guéri	aviez guéri
guérissait	guérissaient	avait guéri	avaient guéri
3 passé simple		**10 passé antérieur**	
guéris	guérîmes	eus guéri	eûmes guéri
guéris	guérîtes	eus guéri	eûtes guéri
guérit	guérirent	eut guéri	eurent guéri
4 futur		**11 futur antérieur**	
guérirai	guérirons	aurai guéri	aurons guéri
guériras	guérirez	auras guéri	aurez guéri
guérira	guériront	aura guéri	auront guéri
5 conditionnel		**12 conditionnel passé**	
guérirais	guéririons	aurais guéri	aurions guéri
guérirais	guéririez	aurais guéri	auriez guéri
guérirait	guériraient	aurait guéri	auraient guéri
6 présent du subjonctif		**13 passé du subjonctif**	
guérisse	guérissions	aie guéri	ayons guéri
guérisses	guérissiez	aies guéri	ayez guéri
guérisse	guérissent	ait guéri	aient guéri
7 imparfait du subjonctif		**14 plus-que-parfait du subjonctif**	
guérisse	guérissions	eusse guéri	eussions guéri
guérisses	guérissiez	eusses guéri	eussiez guéri
guérît	guérissent	eût guéri	eussent guéri

	Impératif
	guéris
	guérissons
	guérissez

Sentences using this verb and words related to it

   Madame Gérard est tombée dans l'escalier la semaine dernière et elle a reçu une blessure au genou. Elle est allée chez le médecin et maintenant elle est guérie.

une guérison healing, cure
guérisseur, guérisseuse healer, faith healer
guérissable curable

to get dressed, to dress

The Seven Simple Tenses		The Seven Compound Tenses	
Singular	Plural	Singular	Plural
1 présent de l'indicatif		**8 passé composé**	
m'habille	nous habillons	me suis habillé(e)	nous sommes habillé(e)s
t'habilles	vous habillez	t'es habillé(e)	vous êtes habillé(e)(s)
s'habille	s'habillent	s'est habillé(e)	se sont habillé(e)s
2 imparfait de l'indicatif		**9 plus-que-parfait de l'indicatif**	
m'habillais	nous habillions	m'étais habillé(e)	nous étions habillé(e)s
t'habillais	vous habilliez	t'étais habillé(e)	vous étiez habillé(e)(s)
s'habillait	s'habillaient	s'était habillé(e)	s'étaient habillé(e)s
3 passé simple		**10 passé antérieur**	
m'habillai	nous habillâmes	me fus habillé(e)	nous fûmes habillé(e)s
t'habillas	vous habillâtes	te fus habillé(e)	vous fûtes habillé(e)(s)
s'habilla	s'habillèrent	se fut habillé(e)	se furent habillé(e)s
4 futur		**11 futur antérieur**	
m'habillerai	nous habillerons	me serai habillé(e)	nous serons habillé(e)s
t'habilleras	vous habillerez	te seras habillé(e)	vous serez habillé(e)(s)
s'habillera	s'habilleront	se sera habillé(e)	se seront habillé(e)s
5 conditionnel		**12 conditionnel passé**	
m'habillerais	nous habillerions	me serais habillé(e)	nous serions habillé(e)s
t'habillerais	vous habilleriez	te serais habillé(e)	vous seriez habillé(e)(s)
s'habillerait	s'habilleraient	se serait habillé(e)	se seraient habillé(e)s
6 présent du subjonctif		**13 passé du subjonctif**	
m'habille	nous habillions	me sois habillé(e)	nous soyons habillé(e)s
t'habilles	vous habilliez	te sois habillé(e)	vous soyez habillé(e)(s)
s'habille	s'habillent	se soit habillé(e)	se soient habillé(e)s
7 imparfait du subjonctif		**14 plus-que-parfait du subjonctif**	
m'habillasse	nous habillassions	me fusse habillé(e)	nous fussions habillé(e)s
t'habillasses	vous habillassiez	te fusses habillé(e)	vous fussiez habillé(e)(s)
s'habillât	s'habillassent	se fût habillé(e)	se fussent habillé(e)s

Impératif
habille-toi
habillons-nous
habillez-vous

Sentences using this verb and words related to it

   Tous les matins, je me réveille à six heures et demie, je me lève, je fais la toilette, et je m'habille. Ma mère habille mon petit frère parce qu'il a trois ans, mais moi, je m'habille moi-même parce que je suis grand garçon.

un habit   costume, outfit
les habits   clothes
habiller qqn   to dress someone
habillement *(m.)*   garment, wearing apparel

to live (in), to dwell (in), to inhabit

The Seven Simple Tenses		The Seven Compound Tenses	
Singular	Plural	Singular	Plural

1 présent de l'indicatif		8 passé composé	
habite	habitons	ai habité	avons habité
habites	habitez	as habité	avez habité
habite	habitent	a habité	ont habité

2 imparfait de l'indicatif		9 plus-que-parfait de l'indicatif	
habitais	habitions	avais habité	avions habité
habitais	habitiez	avais habité	aviez habité
habitait	habitaient	avait habité	avaient habité

3 passé simple		10 passé antérieur	
habitai	habitâmes	eus habité	eûmes habité
habitas	habitâtes	eus habité	eûtes habité
habita	habitèrent	eut habité	eurent habité

4 futur		11 futur antérieur	
habiterai	habiterons	aurai habité	aurons habité
habiteras	habiterez	auras habité	aurez habité
habitera	habiteront	aura habité	auront habité

5 conditionnel		12 conditionnel passé	
habiterais	habiterions	aurais habité	aurions habité
habiterais	habiteriez	aurais habité	auriez habité
habiterait	habiteraient	aurait habité	auraient habité

6 présent du subjonctif		13 passé du subjonctif	
habite	habitions	aie habité	ayons habité
habites	habitiez	aies habité	ayez habité
habite	habitent	ait habité	aient habité

7 imparfait du subjonctif		14 plus-que-parfait du subjonctif	
habitasse	habitassions	eusse habité	eussions habité
habitasses	habitassiez	eusses habité	eussiez habité
habitât	habitassent	eût habité	eussent habité

Impératif
habite
habitons
habitez

Sentences using this verb and words related to it

—Où habitez-vous?
—J'habite 27 rue Duparc dans une petite maison blanche.
—Avec qui habitez-vous?
—J'habite avec mes parents, mes frères, mes soeurs, et mon chien.

une habitation   dwelling, residence, abode
un habitat   habitat
un habitant   inhabitant

The subject pronouns are found on the page facing page 1.   **145**

haïr

to hate

The Seven Simple Tenses		The Seven Compound Tenses	
Singular	Plural	Singular	Plural
1 présent de l'indicatif		**8 passé composé**	
hais	haïssons	ai haï	avons haï
hais	haïssez	as haï	avez haï
hait	haïssent	a haï	ont haï
2 imparfait de l'indicatif		**9 plus-que-parfait de l'indicatif**	
haïssais	haïssions	avais haï	avions haï
haïssais	haïssiez	avais haï	aviez haï
haïssait	haïssaient	avait haï	avaient haï
3 passé simple		**10 passé antérieur**	
haïs	haïmes	eus haï	eûmes haï
haïs	haïtes	eus haï	eûtes haï
haït	haïrent	eut haï	eurent haï
4 futur		**11 futur antérieur**	
haïrai	haïrons	aurai haï	aurons haï
haïras	haïrez	auras haï	aurez haï
haïra	haïront	aura haï	auront haï
5 conditionnel		**12 conditionnel passé**	
haïrais	haïrions	aurais haï	aurions haï
haïrais	haïriez	aurais haï	auriez haï
haïrait	haïraient	aurait haï	auraient haï
6 présent du subjonctif		**13 passé du subjonctif**	
haïsse	haïssions	aie haï	ayons haï
haïsses	haïssiez	aies haï	ayez haï
haïsse	haïssent	ait haï	aient haï
7 imparfait du subjonctif		**14 plus-que-parfait du subjonctif**	
haïsse	haïssions	eusse haï	eussions haï
haïsses	haïssiez	eusses haï	eussiez haï
haït	haïssent	eût haï	eussent haï

Impératif
hais
haïssons
haïssez

Sentences using this verb and words related to it

Je hais le mensonge, je hais la médiocrité, et je hais la calomnie. Ces choses sont haïssables.

haïssable   detestable, hateful
la haine   hatred, hate
haineux, haineuse   hateful

This verb begins with aspirate *h;* make no liaison and use *je* instead of *j'.*

The Seven Simple Tenses		The Seven Compound Tenses	
Singular	Plural	Singular	Plural
1 présent de l'indicatif		**8 passé composé**	
insiste	insistons	ai insisté	avons insisté
insistes	insistez	as insisté	avez insisté
insiste	insistent	a insisté	ont insisté
2 imparfait de l'indicatif		**9 plus-que-parfait de l'indicatif**	
insistais	insistions	avais insisté	avions insisté
insistais	insistiez	avais insisté	aviez insisté
insistait	insistaient	avait insisté	avaient insisté
3 passé simple		**10 passé antérieur**	
insistai	insistâmes	eus insisté	eûmes insisté
insistas	insistâtes	eus insisté	eûtes insisté
insista	insistèrent	eut insisté	eurent insisté
4 futur		**11 futur antérieur**	
insisterai	insisterons	aurai insisté	aurons insisté
insisteras	insisterez	auras insisté	aurez insisté
insistera	insisteront	aura insisté	auront insisté
5 conditionnel		**12 conditionnel passé**	
insisterais	insisterions	aurais insisté	aurions insisté
insisterais	insisteriez	aurais insisté	auriez insisté
insisterait	insisteraient	aurait insisté	auraient insisté
6 présent du subjonctif		**13 passé du subjonctif**	
insiste	insistions	aie insisté	ayons insisté
insistes	insistiez	aies insisté	ayez insisté
insiste	insistent	ait insisté	aient insisté
7 imparfait du subjonctif		**14 plus-que-parfait du subjonctif**	
insistasse	insistassions	eusse insisté	eussions insisté
insistasses	insistassiez	eusses insisté	eussiez insisté
insistât	insistassent	eût insisté	eussent insisté

Impératif
insiste
insistons
insistez

Sentences using this verb and words related to it

Madame Albertine, maîtresse de français, insiste que les élèves fassent les devoirs tous les jours, qu'ils parlent en français dans la salle de classe, et qu'ils soient attentifs.

insistant, insistante   insistent, persistent
l'insistance *(f.)*   insistence

to instruct

The Seven Simple Tenses		The Seven Compound Tenses	
Singular	Plural	Singular	Plural
1 présent de l'indicatif		**8 passé composé**	
instruis	instruisons	ai instruit	avons instruit
instruis	instruisez	as instruit	avez instruit
instruit	instruisent	a instruit	ont instruit
2 imparfait de l'indicatif		**9 plus-que-parfait de l'indicatif**	
instruisais	instruisions	avais instruit	avions instruit
instruisais	instruisiez	avais instruit	aviez instruit
instruisait	instruisaient	avait instruit	avaient instruit
3 passé simple		**10 passé antérieur**	
instruisis	instruisîmes	eus instruit	eûmes instruit
instruisis	instruisîtes	eus instruit	eûtes instruit
instruisit	instruisirent	eut instruit	eurent instruit
4 futur		**11 futur antérieur**	
instruirai	instruirons	aurai instruit	aurons instruit
instruiras	instruirez	auras instruit	aurez instruit
instruira	instruiront	aura instruit	auront instruit
5 conditionnel		**12 conditionnel passé**	
instruirais	instruirions	aurais instruit	aurions instruit
instruirais	instruiriez	aurais instruit	auriez instruit
instruirait	instruiraient	aurait instruit	auraient instruit
6 présent du subjonctif		**13 passé du subjonctif**	
instruise	instruisions	aie instruit	ayons instruit
instruises	instruisiez	aies instruit	ayez instruit
instruise	instruisent	ait instruit	aient instruit
7 imparfait du subjonctif		**14 plus-que-parfait du subjonctif**	
instruisisse	instruisissions	eusse instruit	eussions instruit
instruisisses	instruisissiez	eusses instruit	eussiez instruit
instruisît	instruisissent	eût instruit	eussent instruit

Impératif
instruis
instruisons
instruisez

Words related to this verb

instruit, instruite educated
instruction *(f.)* instruction, teaching
sans instruction uneducated
instructeur, instructrice instructor
instructif, instructive instructive
les instructions instructions

to forbid, to prohibit

The Seven Simple Tenses		The Seven Compound Tenses	
Singular	Plural	Singular	Plural
1 présent de l'indicatif		**8 passé composé**	
interdis	interdisons	ai interdit	avons interdit
interdis	interdisez	as interdit	avez interdit
interdit	interdisent	a interdit	ont interdit
2 imparfait de l'indicatif		**9 plus-que-parfait de l'indicatif**	
interdisais	interdisions	avais interdit	avions interdit
interdisais	interdisiez	avais interdit	aviez interdit
interdisait	interdisaient	avait interdit	avaient interdit
3 passé simple		**10 passé antérieur**	
interdis	interdîmes	eus interdit	eûmes interdit
interdis	interdîtes	eus interdit	eûtes interdit
interdit	interdirent	eut interdit	eurent interdit
4 futur		**11 futur antérieur**	
interdirai	interdirons	aurai interdit	aurons interdit
interdiras	interdirez	auras interdit	aurez interdit
interdira	interdiront	aura interdit	auront interdit
5 conditionnel		**12 conditionnel passé**	
interdirais	interdirions	aurais interdit	aurions interdit
inerdirais	interdiriez	aurais interdit	auriez interdit
interdirait	interdiraient	aurait interdit	auraient interdit
6 présent du subjonctif		**13 passé du subjonctif**	
interdise	interdisions	aie interdit	ayons interdit
interdises	interdisiez	aies interdit	ayez interdit
interdise	interdisent	ait interdit	aient interdit
7 imparfait du subjonctif		**14 plus-que-parfait du subjonctif**	
interdisse	interdissions	eusse interdit	eussions interdit
interdisses	interdissiez	eusses interdit	eussiez interdit
interdît	interdissent	eût interdit	eussent interdit

Impératif
interdis
interdisons
interdisez

Sentences using this verb and words related to it

Je vous interdis de m'interrompre constamment, je vous interdis d'entrer dans la salle de classe en retard, et je vous interdis de quitter la salle sans permission.

interdire qqch à qqn   to forbid someone something
l'interdit *(m.)*   interdict
l'interdiction *(f.)*   interdiction, prohibition
Il est interdit de marcher sur l'herbe   Do not walk on the grass.

The subject pronouns are found on the page facing page 1.   **149**

to interrupt

The Seven Simple Tenses		The Seven Compound Tenses	
Singular	Plural	Singular	Plural
1 présent de l'indicatif		**8 passé composé**	
interromps	interrompons	ai interrompu	avons interrompu
interromps	interrompez	as interrompu	avez interrompu
interrompt	interrompent	a interrompu	ont interrompu
2 imparfait de l'indicatif		**9 plus-que-parfait de l'indicatif**	
interrompais	interrompions	avais interrompu	avions interrompu
interrompais	interrompiez	avais interrompu	aviez interrompu
interrompait	interrompaient	avait interrompu	avaient interrompu
3 passé simple		**10 passé antérieur**	
interrompis	interrompîmes	eus interrompu	eûmes interrompu
interrompis	interrompîtes	eus interrompu	eûtes interrompu
interrompit	interrompirent	eut interrompu	eurent interrompu
4 futur		**11 futur antérieur**	
interromprai	interromprons	aurai interrompu	aurons interrompu
interrompras	interromprez	auras interrompu	aurez interrompu
interrompra	interrompront	aura interrompu	auront interrompu
5 conditionnel		**12 conditionnel passé**	
interromprais	interromprions	aurais interrompu	aurions interrompu
interromprais	interrompriez	aurais interrompu	auriez interrompu
interromprait	interrompraient	aurait interrompu	auraient interrompu
6 présent du subjonctif		**13 passé du subjonctif**	
interrompe	interrompions	aie interrompu	ayons interrompu
interrompes	interrompiez	aies interrompu	ayez interrompu
interrompe	interrompent	ait interrompu	aient interrompu
7 imparfait du subjonctif		**14 plus-que-parfait du subjonctif**	
interrompisse	interrompissions	eusse interrompu	eussions interrompu
interrompisses	interrompissiez	eusses interrompu	eussiez interrompu
interrompît	interrompissent	eût interrompu	eussent interrompu

Impératif
interromps
interrompons
interrompez

Sentences using this verb and words related to it

—Maurice, tu m'interromps à chaque instant. Cesse de m'interrompre, s'il te plaît! C'est une mauvaise habitude et je ne l'aime pas. Est-ce que tu l'aimes quand on t'interrompt continuellement?

une interruption interruption
interrompu, interrompue interrupted

to introduce, to show in

The Seven Simple Tenses		The Seven Compound Tenses	
Singular	Plural	Singular	Plural
1 présent de l'indicatif		**8 passé composé**	
introduis	introduisons	ai introduit	avons introduit
introduis	introduisez	as introduit	avez introduit
introduit	introduisent	a introduit	ont introduit
2 imparfait de l'indicatif		**9 plus-que-parfait de l'indicatif**	
introduisais	introduisions	avais introduit	avions introduit
introduisais	introduisiez	avais introduit	aviez introduit
introduisait	introduisaient	avait introduit	avaient introduit
3 passé simple		**10 passé antérieur**	
introduisis	introduisîmes	eus introduit	eûmes introduit
introduisis	introduisîtes	eus introduit	eûtes introduit
introduisit	introduisirent	eut introduit	eurent introduit
4 futur		**11 futur antérieur**	
introduirai	introduirons	aurai introduit	aurons introduit
introduiras	introduirez	auras introduit	aurez introduit
introduira	introduiront	aura introduit	auront introduit
5 conditionnel		**12 conditionnel passé**	
introduirais	introduirions	aurais introduit	aurions introduit
introduirais	introduiriez	aurais introduit	auriez introduit
introduirait	introduiraient	aurait introduit	auraient introduit
6 présent du subjonctif		**13 passé du subjonctif**	
introduise	introduisions	aie introduit	ayons introduit
introduises	introduisiez	aies introduit	ayez introduit
introduise	introduisent	ait introduit	aient introduit
7 imparfait du subjonctif		**14 plus-que-parfait du subjonctif**	
introduisisse	introduisissions	eusse introduit	eussions introduit
introduisisses	introduisissiez	eusses introduit	eussiez introduit
introduisît	introduisissent	eût introduit	eussent introduit

Impératif
introduis
introduisons
introduisez

Words related to this verb

introductoire   introductory
introducteur, introductrice   introducer
introductif, introductive   introductory
introduction *(f.)*   introduction

to invite

The Seven Simple Tenses		The Seven Compound Tenses	
Singular	Plural	Singular	Plural
1 présent de l'indicatif		**8 passé composé**	
invite	invitons	ai invité	avons invité
invites	invitez	as invité	avez invité
invite	invitent	a invité	ont invité
2 imparfait de l'indicatif		**9 plus-que-parfait de l'indicatif**	
invitais	invitions	avais invité	avions invité
invitais	invitiez	avais invité	aviez invité
invitait	invitaient	avait invité	avaient invité
3 passé simple		**10 passé antérieur**	
invitai	invitâmes	eus invité	eûmes invité
invitas	invitâtes	eus invité	eûtes invité
invita	invitèrent	eut invité	eurent invité
4 futur		**11 futur antérieur**	
inviterai	inviterons	aurai invité	aurons invité
inviteras	inviterez	auras invité	aurez invité
invitera	inviteront	aura invité	auront invité
5 conditionnel		**12 conditionnel passé**	
inviterais	inviterions	aurais invité	aurions invité
inviterais	inviteriez	aurais invité	auriez invité
inviterait	inviteraient	aurait invité	auraient invité
6 présent du subjonctif		**13 passé du subjonctif**	
invite	invitions	aie invité	ayons invité
invites	invitiez	aies invité	ayez invité
invite	invitent	ait invité	aient invité
7 imparfait du subjonctif		**14 plus-que-parfait du subjonctif**	
invitasse	invitassions	eusse invité	eussions invité
invitasses	invitassiez	eusses invité	eussiez invité
invitât	invitassent	eût invité	eussent invité

Impératif
invite
invitons
invitez

Sentences using this verb and words related to it

    J'ai reçu une invitation à dîner chez les Martin. C'est pour samedi soir. J'ai accepté avec plaisir et maintenant je vais en ville acheter un cadeau pour eux.

l'invitation *(f.)*   invitation
les invités   the guests
sur l'invitation de   at the invitation of
sans invitation   without invitation, uninvited

152

to throw, to cast

The Seven Simple Tenses		The Seven Compound Tenses	
Singular	Plural	Singular	Plural
1 présent de l'indicatif		**8 passé composé**	
jette	jetons	ai jeté	avons jeté
jettes	jetez	as jeté	avez jeté
jette	jettent	a jeté	ont jeté
2 imparfait de l'indicatif		**9 plus-que-parfait de l'indicatif**	
jetais	jetions	avais jeté	avions jeté
jetais	jetiez	avais jeté	aviez jeté
jetait	jetaient	avait jeté	avaient jeté
3 passé simple		**10 passé antérieur**	
jetai	jetâmes	eus jeté	eûmes jeté
jetas	jetâtes	eus jeté	eûtes jeté
jeta	jetèrent	eut jeté	eurent jeté
4 futur		**11 futur antérieur**	
jetterai	jetterons	aurai jeté	aurons jeté
jetteras	jetterez	auras jeté	aurez jeté
jettera	jetteront	aura jeté	auront jeté
5 conditionnel		**12 conditionnel passé**	
jetterais	jetterions	aurais jeté	aurions jeté
jetterais	jetteriez	aurais jeté	auriez jeté
jetterait	jetteraient	aurait jeté	auraient jeté
6 présent du subjonctif		**13 passé du subjonctif**	
jette	jetions	aie jeté	ayons jeté
jettes	jetiez	aies jeté	ayez jeté
jette	jettent	ait jeté	aient jeté
7 imparfait du subjonctif		**14 plus-que-parfait du subjonctif**	
jetasse	jetassions	eusse jeté	eussions jeté
jetasses	jetassiez	eusses jeté	eussiez jeté
jetât	jetassent	eût jeté	eussent jeté

Impératif
jette
jetons
jetez

Common idiomatic expressions using this verb

jeter un cri   to utter a cry
jeter son argent par la fenêtre   to throw out one's money
se jeter sur (contre)   to throw oneself at (against)
un jeton de téléphone   telephone slug
une jetée   jetty
un jet d'eau   fountain

The subject pronouns are found on the page facing page 1.   **153**

joindre

to join

The Seven Simple Tenses		The Seven Compound Tenses	
Singular	Plural	Singular	Plural

1 présent de l'indicatif

		8 passé composé	
joins	joignons	ai joint	avons joint
joins	joignez	as joint	avez joint
joint	joignent	a joint	ont joint

2 imparfait de l'indicatif

		9 plus-que-parfait de l'indicatif	
joignais	joignions	avais joint	avions joint
joignais	joigniez	avais joint	aviez joint
joignait	joignaient	avait joint	avaient joint

3 passé simple

		10 passé antérieur	
joignis	joignîmes	eus joint	eûmes joint
joignis	joignîtes	eus joint	eûtes joint
joignit	joignirent	eut joint	eurent joint

4 futur

		11 futur antérieur	
joindrai	joindrons	aurai joint	aurons joint
joindras	joindrez	auras joint	aurez joint
joindra	joindront	aura joint	auront joint

5 conditionnel

		12 conditionnel passé	
joindrais	joindrions	aurais joint	aurions joint
joindrais	joindriez	aurais joint	auriez joint
joindrait	joindraient	aurait joint	auraient joint

6 présent du subjonctif

		13 passé du subjonctif	
joigne	joignions	aie joint	ayons joint
joignes	joigniez	aies joint	ayez joint
joigne	joignent	ait joint	aient joint

7 imparfait du subjonctif

		14 plus-que-parfait du subjonctif	
joignisse	joignissions	eusse joint	eussions joint
joignisses	joignissiez	eusses joint	eussiez joint
joignît	joignissent	eût joint	eussent joint

Impératif
joins
joignons
joignez

Common idiomatic expresions using this verb

joindre les deux bouts to make ends meet
les jointures des doigts knuckles
joint, jointe joined
joignant, joignante adjoining
ci-joint herewith, attached

to play, to act (in a play)

The Seven Simple Tenses		The Seven Compound Tenses	
Singular	Plural	Singular	Plural
1 présent de l'indicatif		**8 passé composé**	
joue	jouons	ai joué	avons joué
joues	jouez	as joué	avez joué
joue	jouent	a joué	ont joué
2 imparfait de l'indicatif		**9 plus-que-parfait de l'indicatif**	
jouais	jouions	avais joué	avions joué
jouais	jouiez	avais joué	aviez joué
jouait	jouaient	avait joué	avaient joué
3 passé simple		**10 passé antérieur**	
jouai	jouâmes	eus joué	eûmes joué
jouas	jouâtes	eus joué	eûtes joué
joua	jouèrent	eut joué	eurent joué
4 futur		**11 futur antérieur**	
jouerai	jouerons	aurai joué	aurons joué
joueras	jouerez	auras joué	aurez joué
jouera	joueront	aura joué	auront joué
5 conditionnel		**12 conditionnel passé**	
jouerais	jouerions	aurais joué	aurions joué
jouerais	joueriez	aurais joué	auriez joué
jouerait	joueraient	aurait joué	auraient joué
6 présent du subjonctif		**13 passé du subjonctif**	
joue	jouions	aie joué	ayons joué
joues	jouiez	aies joué	ayez joué
joue	jouent	ait joué	aient joué
7 imparfait du subjonctif		**14 plus-que-parfait du subjonctif**	
jouasse	jouassions	eusse joué	eussions joué
jouasses	jouassiez	eusses joué	eussiez joué
jouât	jouassent	eût joué	eussent joué

Impératif
joue
jouons
jouez

Common idiomatic expressions using this verb

jouer au tennis   to play tennis
jouer aux cartes   to play cards
jouer du piano   to play the piano
jouer un tour à qqn   to play a trick on someone
un jouet   toy, plaything
joueur, joueuse   player, gambler

to let, to allow, to leave

The Seven Simple Tenses		The Seven Compound Tenses	
Singular	Plural	Singular	Plural
1 présent de l'indicatif		8 passé composé	
laisse	laissons	ai laissé	avons laissé
laisses	laissez	as laissé	avez laissé
laisse	laissent	a laissé	ont laissé
2 imparfait de l'indicatif		9 plus-que-parfait de l'indicatif	
laissais	laissions	avais laissé	avions laissé
laissais	laissiez	avais laissé	aviez laissé
laissait	laissaient	avait laissé	avaient laissé
3 passé simple		10 passé antérieur	
laissai	laissâmes	eus laissé	eûmes laissé
laissas	laissâtes	eus laissé	eûtes laissé
laissa	laissèrent	eut laissé	eurent laissé
4 futur		11 futur antérieur	
laisserai	laisserons	aurai laissé	aurons laissé
laisseras	laisserez	auras laissé	aurez laissé
laissera	laisseront	aura laissé	auront laissé
5 conditionnel		12 conditionnel passé	
laisserais	laisserions	aurais laissé	aurions laissé
laisserais	laisseriez	aurais laissé	auriez laissé
laisserait	laisseraient	aurait laissé	auraient laissé
6 présent du subjonctif		13 passé du subjonctif	
laisse	laissions	aie laissé	ayons laissé
laisses	laissiez	aies laissé	ayez laissé
laisse	laissent	ait laissé	aient laissé
7 imparfait du subjonctif		14 plus-que-parfait du subjonctif	
laissasse	laissassions	eusse laissé	eussions laissé
laissasses	laissassiez	eusses laissé	eussiez laissé
laissât	laissassent	eût laissé	eussent laissé

	Impératif
	laisse
	laissons
	laissez

Common idiomatic expressions using this verb

    Quand j'ai quitté la maison ce matin pour aller à l'école, j'ai laissé mes livres sur la table dans la cuisine. Dans la classe de français, le professeur m'a demandé où étaient mes livres et je lui ai répondu que je les avais laissés sur la table chez moi. C'était fâcheux.

laissez-faire   do not interfere;   **Laissez-moi faire**   Let me do as I please.
une laisse   a leash
laisser entrer   to let in, to allow to enter
laisser aller   to let go
C'était fâcheux! (See se fâcher)

to hurl, to launch, to throw

The Seven Simple Tenses		The Seven Compound Tenses	
Singular	Plural	Singular	Plural
1 présent de l'indicatif		**8 passé composé**	
lance	lançons	ai lancé	avons lancé
lances	lancez	as lancé	avez lancé
lance	lancent	a lancé	ont lancé
2 imparfait de l'indicatif		**9 plus-que-parfait de l'indicatif**	
lançais	lancions	avais lancé	avions lancé
lançais	lanciez	avais lancé	aviez lancé
lançait	lançaient	avait lancé	avaient lancé
3 passé simple		**10 passé antérieur**	
lançai	lançâmes	eus lancé	eûmes lancé
lanças	lançâtes	eus lancé	eûtes lancé
lança	lancèrent	eut lancé	eurent lancé
4 futur		**11 futur antérieur**	
lancerai	lancerons	aurai lancé	aurons lancé
lanceras	lancerez	auras lancé	aurez lancé
lancera	lanceront	aura lancé	auront lancé
5 conditionnel		**12 conditionnel passé**	
lancerais	lancerions	aurais lancé	aurions lancé
lancerais	lanceriez	aurais lancé	auriez lancé
lancerait	lanceraient	aurait lancé	auraient lancé
6 présent du subjonctif		**13 passé du subjonctif**	
lance	lancions	aie lancé	ayons lancé
lances	lanciez	aies lancé	ayez lancé
lance	lancent	ait lancé	aient lancé
7 imparfait du subjonctif		**14 plus-que-parfait du subjonctif**	
lançasse	lançassions	eusse lancé	eussions lancé
lançasses	lançassiez	eusses lancé	eussiez lancé
lançât	lançassent	eût lancé	eussent lancé

Impératif
lance
lançons
lancez

Words related to this verb

se lancer contre   to throw oneself at, against
un départ lancé   a flying start (sports)
une lance   a spear
un lancement   hurling, casting
un lanceur   thrower, pitcher (sports)

to wash

The Seven Simple Tenses		The Seven Compound Tenses	
Singular	Plural	Singular	Plural
1 présent de l'indicatif		**8 passé composé**	
lave	lavons	ai lavé	avons lavé
laves	lavez	as lavé	avez lavé
lave	lavent	a lavé	ont lavé
2 imparfait de l'indicatif		**9 plus-que-parfait de l'indicatif**	
lavais	lavions	avais lavé	avions lavé
lavais	laviez	avais lavé	aviez lavé
lavait	lavaient	avait lavé	avaient lavé
3 passé simple		**10 passé antérieur**	
lavai	lavâmes	eus lavé	eûmes lavé
lavas	lavâtes	eus lavé	eûtes lavé
lava	lavèrent	eut lavé	eurent lavé
4 futur		**11 futur antérieur**	
laverai	laverons	aurai lavé	aurons lavé
laveras	laverez	auras lavé	aurez lavé
lavera	laveront	aura lavé	auront lavé
5 conditionnel		**12 conditionnel passé**	
laverais	laverions	aurais lavé	aurions lavé
laverais	laveriez	aurais lavé	auriez lavé
laverait	laveraient	aurait lavé	auraient lavé
6 présent du subjonctif		**13 passé du subjonctif**	
lave	lavions	aie lavé	ayons lavé
laves	laviez	aies lavé	ayez lavé
lave	lavent	ait lavé	aient lavé
7 imparfait du subjonctif		**14 plus-que-parfait du subjonctif**	
lavasse	lavassions	eusse lavé	eussions lavé
lavasses	lavassiez	eusses lavé	eussiez lavé
lavât	lavassent	eût lavé	eussent lavé

Impératif
lave
lavons
lavez

Sentences using this verb and words related to it

Samedi après-midi j'ai lavé la voiture de mon père et il m'a donné a l'argent pour mon travail.

le lavage	washing	**la lavure** dish water	
le lavement	enema	**un laveur, une laveuse** washer	
la lavette	dish mop	**une laveuse mécanique** washing machine	

158

The Seven Simple Tenses		The Seven Compound Tenses	
Singular	Plural	Singular	Plural
1 présent de l'indicatif		**8 passé composé**	
me lave	nous lavons	me suis lavé(e)	nous sommes lavé(e)s
te laves	vous lavez	t'es lavé(e)	vous êtes lavé(e)(s)
se lave	se lavent	s'est lavé(e)	se sont lavé(e)s
2 imparfait de l'indicatif		**9 plus-que-parfait de l'indicatif**	
me lavais	nous lavions	m'étais lavé(e)	nous étions lavé(e)s
te lavais	vous laviez	t'étais lavé(e)	vous étiez lavé(e)(s)
se lavait	se lavaient	s'était lavé(e)	s'étaient lavé(e)s
3 passé simple		**10 passé antérieur**	
me lavai	nous lavâmes	me fus lavé(e)	nous fûmes lavé(e)s
te lavas	vous lavâtes	te fus lavé(e)	vous fûtes lavé(e)(s)
se lava	se lavèrent	se fut lavé(e)	se furent lavé(e)s
4 futur		**11 futur antérieur**	
me laverai	nous laverons	me serai lavé(e)	nous serons lavé(e)s
te laveras	vous laverez	te seras lavé(e)	vous serez lavé(e)(s)
se lavera	se laveront	se sera lavé(e)	se seront lavé(e)s
5 conditionnel		**12 conditionnel passé**	
me laverais	nous laverions	me serais lavé(e)	nous serions lavé(e)s
te laverais	vous laveriez	te serais lavé(e)	vous seriez lavé(e)(s)
se laverait	se laveraient	se serait lavé(e)	se seraient lavé(e)s
6 présent du subjonctif		**13 passé du subjonctif**	
me lave	nous lavions	me sois lavé(e)	nous soyons lavé(e)s
te laves	vous laviez	te sois lavé(e)	vous soyez lavé(e)(s)
se lave	se lavent	se soit lavé(e)	se soient lavé(e)s
7 imparfait du subjonctif		**14 plus-que-parfait du subjonctif**	
me lavasse	nous lavassions	me fusse lavé(e)	nous fussions lavé(e)s
te lavasses	vous lavassiez	te fusses lavé(e)	vous fussiez lavé(e)(s)
se lavât	se lavassent	se fût lavé(e)	se fussent lavé(e)s

Impératif
lave-toi
lavons-nous
lavez-vous

Sentences using this verb and words related to it

Tous les matins je me lave. Je me lave le visage, je me lave les mains, le cou et les oreilles. Hier soir je me suis lavé les pieds.
   Ma mère m'a demandé: —Henriette, est-ce que tu t'es lavée bien?
   Je lui ai répondu: —Oui, maman, je me suis lavée!

For words related to **se laver,** see the verb **laver.**

to lift, to raise

The Seven Simple Tenses		The Seven Compound Tenses	
Singular	Plural	Singular	Plural
1 présent de l'indicatif		**8 passé composé**	
lève	levons	ai levé	avons levé
lèves	levez	as levé	avez levé
lève	lèvent	a levé	ont levé
2 imparfait de l'indicatif		**9 plus-que-parfait de l'indicatif**	
levais	levions	avais levé	avions levé
levais	leviez	avais levé	aviez levé
levait	levaient	avait levé	avaient levé
3 passé simple		**10 passé antérieur**	
levai	levâmes	eus levé	eûmes levé
levas	levâtes	eus levé	eûtes levé
leva	levèrent	eut levé	eurent levé
4 futur		**11 futur antérieur**	
lèverai	lèverons	aurai levé	aurons levé
lèveras	lèverez	auras levé	aurez levé
lèvera	lèveront	aura levé	auront levé
5 conditionnel		**12 conditionnel passé**	
lèverais	lèverions	aurais levé	aurions levé
lèverais	lèveriez	aurais levé	auriez levé
lèverait	lèveraient	aurait levé	auraient levé
6 présent du subjonctif		**13 passé du subjonctif**	
lève	levions	aie levé	ayons levé
lèves	leviez	aies levé	ayez levé
lève	lèvent	ait levé	aient levé
7 imparfait du subjonctif		**14 plus-que-parfait du subjonctif**	
levasse	levassions	eusse levé	eussions levé
levasses	levassiez	eusses levé	eussiez levé
levât	levassent	eût levé	eussent levé

Impératif
lève
levons
levez

Words and expressions related to this verb

voter à main levée   to vote by a show of hands
le levage   raising, lifting
faire lever qqn   to get someone out of bed
le levant   the East
le levain   leaven
du pain sans levain   unleavened bread
le lever du soleil   sunrise

The Seven Simple Tenses		The Seven Compound Tenses	
Singular	Plural	Singular	Plural
1 présent de l'indicatif		**8 passé composé**	
me lève	nous levons	me suis levé(e)	nous sommes levé(e)s
te lèves	vous levez	t'es levé(e)	vous êtes levé(e)(s)
se lève	se lèvent	s'est levé(e)	se sont levé(e)s
2 imparfait de l'indicatif		**9 plus-que-parfait de l'indicatif**	
me levais	nous levions	m'étais levé(e)	nous étions levé(e)s
te levais	vous leviez	t'étais levé(e)	vous étiez levé(e)(s)
se levait	se levaient	s'était levé(e)	s'étaient levé(e)s
3 passé simple		**10 passé antérieur**	
me levai	nous levâmes	me fus levé(e)	nous fûmes levé(e)s
te levas	vous levâtes	te fus levé(e)	vous fûtes levé(e)(s)
se leva	se levèrent	se fut levé(e)	se furent levé(e)s
4 futur		**11 futur antérieur**	
me lèverai	nous lèverons	me serai levé(e)	nous serons levé(e)s
te lèveras	vous lèverez	te seras levé(e)	vous serez levé(e)(s)
se lèvera	se lèveront	se sera levé(e)	se seront levé(e)s
5 conditionnel		**12 conditionnel passé**	
me lèverais	nous lèverions	me serais levé(e)	nous serions levé(e)s
te lèverais	vous lèveriez	te serais levé(e)	vous seriez levé(e)(s)
se lèverait	se lèveraient	se serait levé(e)	se seraient levé(e)s
6 présent du subjonctif		**13 passé du subjonctif**	
me lève	nous levions	me sois levé(e)	nous soyons levé(e)s
te lèves	vous leviez	te sois levé(e)	vous soyez levé(e)(s)
se lève	se lèvent	se soit levé(e)	se soient levé(e)s
7 imparfait du subjonctif		**14 plus-que-parfait du subjonctif**	
me levasse	nous levassions	me fusse levé(e)	nous fussions levé(e)s
te levasses	vous levassiez	te fusses levé(e)	vous fussiez levé(e)(s)
se levât	se levassent	se fût levé(e)	se fussent levé(e)s

Impératif
lève-toi
levons-nous
levez-vous

Sentences using this verb and words related to it

   Caroline est entrée dans le salon. Elle s'est assise, puis elle s'est levée. Après s'être levée, elle a quitté la maison.

For words related to **se lever,** see the verb **lever.**

to read

The Seven Simple Tenses		The Seven Compound Tenses	
Singular	Plural	Singular	Plural
1 présent de l'indicatif		**8 passé composé**	
lis	lisons	ai lu	avons lu
lis	lisez	as lu	avez lu
lit	lisent	a lu	ont lu
2 imparfait de l'indicatif		**9 plus-que-parfait de l'indicatif**	
lisais	lisions	avais lu	avions lu
lisais	lisiez	avais lu	aviez lu
lisait	lisaient	avait lu	avaient lu
3 passé simple		**10 passé antérieur**	
lus	lûmes	eus lu	eûmes lu
lus	lûtes	eus lu	eûtes lu
lut	lurent	eut lu	eurent lu
4 futur		**11 futur antérieur**	
lirai	lirons	aurai lu	aurons lu
liras	lirez	auras lu	aurez lu
lira	liront	aura lu	auront lu
5 conditionnel		**12 conditionnel passé**	
lirais	lirions	aurais lu	aurions lu
lirais	liriez	aurais lu	auriez lu
lirait	liraient	aurait lu	auraient lu
6 présent du subjonctif		**13 passé du subjonctif**	
lise	lisions	aie lu	ayons lu
lises	lisiez	aies lu	ayez lu
lise	lisent	ait lu	aient lu
7 imparfait du subjonctif		**14 plus-que-parfait du subjonctif**	
lusse	lussions	eusse lu	eussions lu
lusses	lussiez	eusses lu	eussiez lu
lût	lussent	eût lu	eussent lu

Impératif
lis
lisons
lisez

Words related to this verb

C'est un livre à lire   It's a book worth reading.
lisible   legible, readable
lisiblement   legibly
lecteur, lectrice   reader (a person who reads)
un lecteur d'épreuves, une lectrice d'épreuves   proof reader
la lecture   reading
lectures pour la jeunesse   juvenile reading

to shine

The Seven Simple Tenses	The Seven Compound Tenses
Singular	Singular
1 présent de l'indicatif **il luit**	8 passé composé **il a lui**
2 imparfait de l'indicatif **il luisait**	9 plus-que-parfait de l'indicatif **il avait lui**
3 passé simple **(inusité)**	10 passé antérieur **il eut lui**
4 futur **il luira**	11 futur antérieur **il aura lui**
5 conditionnel **il luirait**	12 conditionnel passé **il aurait lui**
6 présent du subjonctif **qu'il luise**	13 passé du subjonctif **qu'il ait lui**
7 imparfait du subjonctif **(inusité)**	14 plus-que-parfait du subjonctif **qu'il eût lui**

Impératif
(ordinairement inusité)

Words related to this verb

la lueur   glimmer, glean, glow
luisant, luisante   shining

This verb is used ordinarily when referring to the sun.

to reduce (one's weight), to grow thin, to lose weight

The Seven Simple Tenses		The Seven Compound Tenses	
Singular	Plural	Singular	Plural

1 présent de l'indicatif		8 passé composé	
maigris	maigrissons	ai maigri	avons maigri
maigris	maigrissez	as maigri	avez maigri
maigrit	maigrissent	a maigri	ont maigri

2 imparfait de l'indicatif		9 plus-que-parfait de l'indicatif	
maigrissais	maigrissions	avais maigri	avions maigri
maigrissais	maigrissiez	avais maigri	aviez maigri
maigrissait	maigrissaient	avait maigri	avaient maigri

3 passé simple		10 passé antérieur	
maigris	maigrîmes	eus maigri	eûmes maigri
maigris	maigrîtes	eus maigri	eûtes maigri
maigrit	maigrirent	eut maigri	eurent maigri

4 futur		11 futur antérieur	
maigrirai	maigrirons	aurai maigri	aurons maigri
maigriras	maigrirez	auras maigri	aurez maigri
maigrira	maigriront	aura maigri	auront maigri

5 conditionnel		12 conditionnel passé	
maigrirais	maigririons	aurais maigri	aurions maigri
maigrirais	maigririez	aurais maigri	auriez maigri
maigrirait	maigriraient	aurait maigri	auraient maigri

6 présent du subjonctif		13 passé du subjonctif	
maigrisse	maigrissions	aie maigri	ayons maigri
maigrisses	maigrissiez	aies maigri	ayez maigri
maigrisse	maigrissent	ait maigri	aient maigri

7 imparfait du subjonctif		14 plus-que-parfait du subjonctif	
maigrisse	maigrissions	eusse maigri	eussions maigri
maigrisses	maigrissiez	eusses maigri	eussiez maigri
maigrît	maigrissent	eût maigri	eussent maigri

		Impératif	
		maigris	
		maigrissons	
		maigrissez	

Words related to this verb

maigre   thin
la maigreur   thinness
maigrement   meagerly
se faire maigrir   to slim down one's weight

The Seven Simple Tenses		The Seven Compound Tenses	
Singular	Plural	Singular	Plural
1 présent de l'indicatif		**8 passé composé**	
mange	mangeons	ai mangé	avons mangé
manges	mangez	as mangé	avez mangé
mange	mangent	a mangé	ont mangé
2 imparfait de l'indicatif		**9 plus-que-parfait de l'indicatif**	
mangeais	mangions	avais mangé	avions mangé
mangeais	mangiez	avais mangé	aviez mangé
mangeait	mangeaient	avait mangé	avaient mangé
3 passé simple		**10 passé antérieur**	
mangeai	mangeâmes	eus mangé	eûmes mangé
mangeas	mangeâtes	eus mangé	eûtes mangé
mangea	mangèrent	eut mangé	eurent mangé
4 futur		**11 futur antérieur**	
mangerai	mangerons	aurai mangé	aurons mangé
mangeras	mangerez	auras mangé	aurez mangé
mangera	mangeront	aura mangé	auront mangé
5 conditionnel		**12 conditionnel passé**	
mangerais	mangerions	aurais mangé	aurions mangé
mangerais	mangeriez	aurais mangé	auriez mangé
mangerait	mangeraient	aurait mangé	auraient mangé
6 présent du subjonctif		**13 passé du subjonctif**	
mange	mangions	aie mangé	ayons mangé
manges	mangiez	aies mangé	ayez mangé
mange	mangent	ait mangé	aient mangé
7 imparfait du subjonctif		**14 plus-que-parfait du subjonctif**	
mangeasse	mangeassions	eusse mangé	eussions mangé
mangeasses	mangeassiez	eusses mangé	eussiez mangé
mangeât	mangeassent	eût mangé	eussent mangé

Impératif
mange
mangeons
mangez

Words and expressions related to this verb

le manger   food
gros mangeur   big eater
manger de l'argent   to spend money foolishly
ne pas manger à sa faim   not to have much to eat

manquer

Part. pr. **manquant**   Part. passé **manqué**

to miss, to lack

The Seven Simple Tenses		The Seven Compound Tenses	
Singular	Plural	Singular	Plural

1 présent de l'indicatif

		8 passé composé	
manque	manquons	ai manqué	avons manqué
manques	manquez	as manqué	avez manqué
manque	manquent	a manqué	ont manqué

2 imparfait de l'indicatif

		9 plus-que-parfait de l'indicatif	
manquais	manquions	avais manqué	avions manqué
manquais	manquiez	avais manqué	aviez manqué
manquait	manquaient	avait manqué	avaient manqué

3 passé simple

		10 passé antérieur	
manquai	manquâmes	eus manqué	eûmes manqué
manquas	manquâtes	eus manqué	eûtes manqué
manqua	manquèrent	eut manqué	eurent manqué

4 futur

		11 futur antérieur	
manquerai	manquerons	aurai manqué	aurons manqué
manqueras	manquerez	auras manqué	aurez manqué
manquera	manqueront	aura manqué	auront manqué

5 conditionnel

		12 conditionnel passé	
manquerais	manquerions	aurais manqué	aurions manqué
manquerais	manqueriez	aurais manqué	auriez manqué
manquerait	manqueraient	aurait manqué	auraient manqué

6 présent du subjonctif

		13 passé du subjonctif	
manque	manquions	aie manqué	ayons manqué
manques	manquiez	aies manqué	ayez manqué
manque	manquent	ait manqué	aient manqué

7 imparfait du subjonctif

		14 plus-que-parfait du subjonctif	
manquasse	manquassions	eusse manqué	eussions manqué
manquasses	manquassiez	eusses manqué	eussiez manqué
manquât	manquassent	eût manqué	eussent manqué

Imperatif
manque
manquons
manquez

Common idiomatic expressions using this verb

manquer à   to lack;   **Le courage lui manque**   He lacks courage.
Elle me manque   I miss her.
Est-ce que je te manque?   Do you miss me?
manquer de qqch   to be lacking something; **manquer de sucre**   to be out of sugar
Ne manquez pas de venir   Don't fail to come.
un mariage manqué   a broken engagement
un héros manqué   a would-be hero

to walk, to march

The Seven Simple Tenses		The Seven Compound Tenses	
Singular	Plural	Singular	Plural

1　présent de l'indicatif		8　passé composé	
marche	marchons	ai marché	avons marché
marches	marchez	as marché	avez marché
marche	marchent	a marché	ont marché

2　imparfait de l'indicatif		9　plus-que-parfait de l'indicatif	
marchais	marchions	avais marché	avions marché
marchais	marchiez	avais marché	aviez marché
marchait	marchaient	avait marché	avaient marché

3　passé simple		10　passé antérieur	
marchai	marchâmes	eus marché	eûmes marché
marchas	marchâtes	eus marché	eûtes marché
marcha	marchèrent	eut marché	eurent marché

4　futur		11　futur antérieur	
marcherai	marcherons	aurai marché	aurons marché
marcheras	marcherez	auras marché	aurez marché
marchera	marcheront	aura marché	auront marché

5　conditionnel		12　conditionnel passé	
marcherais	marcherions	aurais marché	aurions marché
marcherais	marcheriez	aurais marché	auriez marché
marcherait	marcheraient	aurait marché	auraient marché

6　présent du subjonctif		13　passé du subjonctif	
marche	marchions	aie marché	ayons marché
marches	marchiez	aies marché	ayez marché
marche	marchent	ait marché	aient marché

7　imparfait du subjonctif		14　plus-que-parfait du subjonctif	
marchasse	marchassions	eusse marché	eussions marché
marchasses	marchassiez	eusses marché	eussiez marché
marchât	marchassent	eût marché	eussent marché

Impératif
marche
marchons
marchez

Words and expressions related to this verb

la marche　　march, walking
ralentir sa marche　　to slow down one's pace
le marché　　market
le marché aux fleurs　　flower market
le marché aux puces　　flea market
à bon marché　　cheap

se méfier

to beware, distrust, to mistrust

The Seven Simple Tenses		The Seven Compound Tenses	
Singular	Plural	Singular	Plural
1 présent de l'indicatif		**8 passé composé**	
me méfie	nous méfions	me suis méfié(e)	nous sommes méfié(e)s
te méfies	vous méfiez	t'es méfié(e)	vous êtes méfié(e)(s)
se méfie	se méfient	s'est méfié(e)	se sont méfié(e)s
2 imparfait de l'indicatif		**9 plus-que-parfait de l'indicatif**	
me méfiais	nous méfiions	m'étais méfié(e)	nous étions méfié(e)s
te méfiais	vous méfiiez	t'étais méfié(e)	vous étiez méfié(e)(s)
se méfiait	se méfiaient	s'était méfié(e)	s'étaient méfié(e)s
3 passé simple		**10 passé antérieur**	
me méfiai	nous méfiâmes	me fus méfié(e)	nous fûmes méfié(e)s
te méfias	vous méfiâtes	te fus méfié(e)	vous fûtes méfié(e)(s)
se méfia	se méfièrent	se fut méfié(e)	se furent méfié(e)s
4 futur		**11 futur antérieur**	
me méfierai	nous méfierons	me serai méfié(e)	nous serons méfié(e)s
te méfieras	vous méfierez	te seras méfié(e)	vous serez méfié(e)(s)
se méfiera	se méfieront	se sera méfié(e)	se seront méfié(e)s
5 conditionnel		**12 conditionnel passé**	
me méfierais	nous méfierions	me serais méfié(e)	nous serions méfié(e)s
te méfierais	vous méfieriez	te serais méfié(e)	vous seriez méfié(e)(s)
se méfierait	se méfieraient	se serait méfié(e)	se seraient méfié(e)s
6 présent du subjonctif		**13 passé du subjonctif**	
me méfie	nous méfiions	me sois méfié(e)	nous soyons méfié(e)s
te méfies	vous méfiiez	te sois méfié(e)	vous soyez méfié(e)(s)
se méfie	se méfient	se soit méfié(e)	se soient méfié(e)s
7 imparfait du subjonctif		**14 plus-que-parfait du subjonctif**	
me méfiasse	nous méfiassions	me fusse méfié(e)	nous fussions méfié(e)s
te méfiasses	vous méfiassiez	te fusses méfié(e)	vous fussiez méfié(e)(s)
se méfiât	se méfiassent	se fût méfié(e)	se fussent méfié(e)s

Impératif
méfie-toi
méfions-nous
méfiez-vous

See also the verb **se fier.**

Part. pr. **menant**   Part. passé **mené**   **mener**

The Seven Simple Tenses | The Seven Compound Tenses

Singular	Plural	Singular	Plural
1 présent de l'indicatif		**8 passé composé**	
mène	menons	ai mené	avons mené
mènes	menez	as mené	avez mené
mène	mènent	a mené	ont mené
2 imparfait de l'indicatif		**9 plus-que-parfait de l'indicatif**	
menais	menions	avais mené	avions mené
menais	meniez	avais mené	aviez mené
menait	menaient	avait mené	avaient mené
3 passé simple		**10 passé antérieur**	
menai	menâmes	eus mené	eûmes mené
menas	menâtes	eus mené	eûtes mené
mena	menèrent	eut mené	eurent mené
4 futur		**11 futur antérieur**	
mènerai	mènerons	aurai mené	aurons mené
mèneras	mènerez	auras mené	aurez mené
mènera	mèneront	aura mené	auront mené
5 conditionnel		**12 conditionnel passé**	
mènerais	mènerions	aurais mené	aurions mené
mènerais	mèneriez	aurais mené	auriez mené
mènerait	mèneraient	aurait mené	auraient mené
6 présent du subjonctif		**13 passé du subjonctif**	
mène	menions	aie mené	ayons mené
mènes	meniez	aies mené	ayez mené
mène	mènent	ait mené	aient mené
7 imparfait du subjonctif		**14 plus-que-parfait du subjonctif**	
menasse	menassions	eusse mené	eussions mené
menasses	menassiez	eusses mené	eussiez mené
menât	menassent	eût mené	eussent mené

Impératif
mène
menons
menez

Words related to this verb

un meneur, une meneuse   leader
Cela ne mène à rien   That leads to nothing.
mener qqn par le bout du nez   to lead someone around by the nose

mentir

to lie, to tell lies

The Seven Simple Tenses		The Seven Compound Tenses	
Singular	Plural	Singular	Plural
1 présent de l'indicatif		**8 passé composé**	
mens	mentons	ai menti	avons menti
mens	mentez	as menti	avez menti
ment	mentent	a menti	ont menti
2 imparfait de l'indicatif		**9 plus-que-parfait de l'indicatif**	
mentais	mentions	avais menti	avions menti
mentais	mentiez	avais menti	aviez menti
mentait	mentaient	avait menti	avaient menti
3 passé simple		**10 passé antérieur**	
mentis	mentîmes	eus menti	eûmes menti
mentis	mentîtes	eus menti	eûtes menti
mentit	mentirent	eut menti	eurent menti
4 futur		**11 futur antérieur**	
mentirai	mentirons	aurai menti	aurons menti
mentiras	mentirez	auras menti	aurez menti
mentira	mentiront	aura menti	auront menti
5 conditionnel		**12 conditionnel passé**	
mentirais	mentirions	aurais menti	aurions mnti
mentirais	mentiriez	aurais menti	auriez menti
mentirait	mentiraient	aurait menti	auraient menti
6 présent du subjonctif		**13 passé du subjonctif**	
mente	mentions	aie menti	ayons menti
mentes	mentiez	aies menti	ayez menti
mente	mentent	ait menti	aient menti
7 imparfait du subjonctif		**14 plus-que-parfait du subjonctif**	
mentisse	mentissions	eusse menti	eussions menti
mentisses	mentissiez	eusses menti	eussiez menti
mentît	mentissent	eût menti	eussent menti

Impératif
[Ordinarily not used]

Words related to this verb

un mensonge   a lie
dire des mensonges   to tell lies
un menteur, une menteuse   a liar

to put, to place

The Seven Simple Tenses		The Seven Compound Tenses	
Singular	Plural	Singular	Plural
1 présent de l'indicatif		**8 passé composé**	
mets	mettons	ai mis	avons mis
mets	mettez	as mis	avez mis
met	mettent	a mis	ont mis
2 imparfait de l'indicatif		**9 plus-que-parfait de l'indicatif**	
mettais	mettions	avais mis	avions mis
mettais	mettiez	avais mis	aviez mis
mettait	mettaient	avait mis	avaient mis
3 passé simple		**10 passé antérieur**	
mis	mîmes	eus mis	eûmes mis
mis	mîtes	eus mis	eûtes mis
mit	mirent	eut mis	eurent mis
4 futur		**11 futur antérieur**	
mettrai	mettrons	aurai mis	aurons mis
mettras	mettrez	auras mis	aurez mis
mettra	mettront	aura mis	auront mis
5 conditionnel		**12 conditionnel passé**	
mettrais	mettrions	aurais mis	aurions mis
mettrais	mettriez	aurais mis	auriez mis
mettrait	mettraient	aurait mis	auraient mis
6 présent du subjonctif		**13 passé du subjonctif**	
mette	mettions	aie mis	ayons mis
mettes	mettiez	aies mis	ayez mis
mette	mettent	ait mis	aient mis
7 imparfait du subjonctif		**14 plus-que-parfait du subjonctif**	
misse	missions	eusse mis	eussions mis
misses	missiez	eusses mis	eussiez mis
mît	missent	eût mis	eussent mis

Impératif
mets
mettons
mettez

Words and expressions related to this verb

mettre la table   to set the table
mettre de côté   to lay aside, to save

to begin, to start, to place oneself

The Seven Simple Tenses		The Seven Compound Tenses	
Singular	Plural	Singular	Plural
1 présent de l'indicatif		**8 passé composé**	
me mets	nous mettons	me suis mis(e)	nous sommes mis(es)
te mets	vous mettez	t'es mis(e)	vous êtes mis(e)(es)
se met	se mettent	s'est mis(e)	se sont mis(es)
2 imparfait de l'indicatif		**9 plus-que-parfait de l'indicatif**	
me mettais	nous mettions	m'étais mis(e)	nous étions mis(es)
te mettais	vous mettiez	t'étais mis(e)	vous étiez mis(e)(es)
se mettait	se mettaient	s'était mis(e)	s'étaient mis(es)
3 passé simple		**10 passé antérieur**	
me mis	nous mîmes	me fus mis(e)	nous fûmes mis(es)
te mis	vous mîtes	te fus mis(e)	vous fûtes mis(e)(es)
se mit	se mirent	se fut mis(e)	se furent mis(es)
4 futur		**11 futur antérieur**	
me mettrai	nous mettrons	me serai mis(e)	nous serons mis(es)
te mettras	vous mettrez	te seras mis(e)	vous serez mis(e)(es)
se mettra	se mettront	se sera mis(e)	se seront mis(es)
5 conditionnel		**12 conditionnel passé**	
me mettrais	nous mettrions	me serais mis(e)	nous serions mis(es)
te mettrais	vous mettriez	te serais mis(e)	vous seriez mis(e)(es)
se mettrait	se mettraient	se serait mis(e)	se seraient mis(es)
6 présent du subjonctif		**13 passé du subjonctif**	
me mette	nous mettions	me sois mis(e)	nous soyons mis(es)
te mettes	vous mettiez	te sois mis(e)	vous soyez mis(e)(es)
se mette	se mettent	se soit mis(e)	se soient mis(es)
7 imparfait du subjonctif		**14 plus-que-parfait du subjonctif**	
me misse	nous missions	me fusse mis(e)	nous fussions mis(es)
te misses	vous missiez	te fusses mis(e)	vous fussiez mis(e)(es)
se mît	se missent	se fût mis(e)	se fussent mis(es)

Impératif
mets-toi
mettons-nous
mettez-vous

to go up, to ascend, to take up, to bring up

The Seven Simple Tenses		The Seven Compound Tenses	
Singular	Plural	Singular	Plural
1 présent de l'indicatif		**8 passé composé**	
monte	montons	suis monté(e)	sommes monté(e)s
montes	montez	es monté(e)	êtes monté(e)(s)
monte	montent	est monté(e)	sont monté(e)
2 imparfait de l'indicatif		**9 plus-que-parfait de l'indicatif**	
montais	montions	étais monté(e)	étions monté(e)s
montais	montiez	étais monté(e)	étiez monté(e)(s)
montait	montaient	était monté(e)	étaient monté(e)s
3 passé simple		**10 passé antérieur**	
montai	montâmes	fus monté(e)	fûmes monté(e)s
montas	montâtes	fus monté(e)	fûtes monté(e)(s)
monta	montèrent	fut monté(e)	furent monté(e)s
4 futur		**11 futur antérieur**	
monterai	monterons	serai monté(e)	serons monté(e)s
monteras	monterez	seras monté(e)	serez monté(e)(s)
montera	monteront	sera monté(e)	seront monté(e)s
5 conditionnel		**12 conditionnel passé**	
monterais	monterions	serais monté(e)	serions monté(e)s
monterais	monteriez	serais monté(e)	seriez monté(e)(s)
monterait	monteraient	serait monté(e)	seraient monté(e)s
6 présent du subjonctif		**13 passé du subjonctif**	
monte	montions	sois monté(e)	soyons monté(e)s
montes	montiez	sois monté(e)	soyez monté(e)(s)
monte	montent	soit monté(e)	soient monté(e)s
7 imparfait du subjonctif		**14 plus-que-parfait du subjonctif**	
montasse	montassions	fusse monté(e)	fussions monté(e)s
montasses	montassiez	fusses monté(e)	fussiez monté(e)(s)
montât	montassent	fût monté(e)	fussent monté(e)s

Impératif
monte
montons
montez

This verb is conjugated with *avoir* when it has a direct object.

Examples: **J'ai monté l'escalier**   I went up the stairs.
             J'ai monté les valises   I brought up the suitcases.

BUT: **Elle est montée vite**   She went up quickly.

See also the verb **descendre.**

to show, to display, to exhibit

The Seven Simple Tenses		The Seven Compound Tenses	
Singular	Plural	Singular	Plural
1 présent de l'indicatif		**8 passé composé**	
montre	montrons	ai montré	avons montré
montres	montrez	as montré	avez montré
montre	montrent	a montré	ont montré
2 imparfait de l'indicatif		**9 plus-que-parfait de l'indicatif**	
montrais	montrions	avais montré	avions montré
montrais	montriez	avais montré	aviez montré
montrait	montraient	avait montré	avaient montré
3 passé simple		**10 passé antérieur**	
montrai	montrâmes	eus montré	eûmes montré
montras	montrâtes	eus montré	eûtes montré
montra	montrèrent	eut montré	eurent montré
4 futur		**11 futur antérieur**	
montrerai	montrerons	aurai montré	aurons montré
montreras	montrerez	auras montré	aurez montré
montrera	montreront	aura montré	auront montré
5 conditionnel		**12 conditionnel passé**	
montrerais	montrerions	aurais montré	aurions montré
montrerais	montreriez	aurais montré	auriez montré
montrerait	montreraient	aurait montré	auraient montré
6 présent du subjonctif		**13 passé du subjonctif**	
montre	montrions	aie montré	ayons montré
montres	montriez	aies montré	ayez montré
montre	montrent	ait montré	aient montré
7 imparfait du subjonctif		**14 plus-que-parfait du subjonctif**	
montrasse	montrassions	eusse montré	eussions montré
montrasses	montrassiez	eusses montré	eussiez montré
montrât	montrassent	eût montré	eussent montré

Impératif
montre
montrons
montrez

Words and expressions related to this verb

une montre   a watch, display
une montre-bracelet   wrist watch
faire montre de sa richesse   to display, to show off one's wealth
Quelle heure est-il à votre montre?   What time is it on your watch?
se faire montrer la porte   to be put out the door

The Seven Simple Tenses		The Seven Compound Tenses	
Singular	Plural	Singular	Plural
1 présent de l'indicatif		**8 passé composé**	
mords	mordons	ai mordu	avons mordu
mords	mordez	as mordu	avez mordu
mord	mordent	a mordu	ont mordu
2 imparfait de l'indicatif		**9 plus-que-parfait de l'indicatif**	
mordais	mordions	avais mordu	avions mordu
mordais	mordiez	avais mordu	aviez mordu
mordait	mordaient	avait mordu	avaient mordu
3 passé simple		**10 passé antérieur**	
mordis	mordîmes	eus mordu	eûmes mordu
mordis	mordîtes	eus mordu	eûtes mordu
mordit	mordirent	eut mordu	eurent mordu
4 futur		**11 futur antérieur**	
mordrai	mordrons	aurai mordu	aurons mordu
mordras	mordrez	auras mordu	aurez mordu
mordra	mordront	aura mordu	auront mordu
5 conditionnel		**12 conditionnel passé**	
mordrais	mordrions	aurais mordu	aurions mordu
mordrais	mordriez	aurais mordu	auriez mordu
mordrait	mordraient	aurait mordu	auraient mordu
6 présent du subjonctif		**13 passé du subjonctif**	
morde	mordions	aie mordu	ayons mordu
mordes	mordiez	aies mordu	ayez mordu
morde	mordent	ait mordu	aient mordu
7 imparfait du subjonctif		**14 plus-que-parfait du subjonctif**	
mordisse	mordissions	eusse mordu	eussions mordu
mordisses	mordissiez	eusses mordu	eussiez mordu
mordît	mordissent	eût mordu	eussent mordu

Impératif
mords
mordons
mordez

Words and expressions related to this verb

Chien qui aboie ne mord pas   A barking dog does not bite; **(aboyer,** to bark)
Tous les chiens qui aboient ne mordent pas   All dogs that bark do not bite.
mordre la poussière   to bite the dust
se mordre les lèvres   to bite one's lips

mourir

Part. pr. **mourant**   Part. passé **mort(e)(s)**

to die

The Seven Simple Tenses		The Seven Compound Tenses	
Singular	Plural	Singular	Plural
1 présent de l'indicatif		**8 passé composé**	
meurs	mourons	suis mort(e)	sommes mort(e)s
meurs	mourez	es mort(e)	êtes mort(e)(s)
meurt	meurent	est mort(e)	sont mort(e)s
2 imparfait de l'indicatif		**9 plus-que-parfait de l'indicatif**	
mourais	mourions	étais mort(e)	étions mort(e)s
mourais	mouriez	étais mort(e)	étiez mort(e)(s)
mourait	mouraient	était mort(e)	étaient mort(e)s
3 passé simple		**10 passé antérieur**	
mourus	mourûmes	fus mort(e)	fûmes mort(e)s
mourus	mourûtes	fus mort(e)	fûtes mort(e)(s)
mourut	moururent	fut mort(e)	furent mort(e)s
4 futur		**11 futur antérieur**	
mourrai	mourrons	serai mort(e)	serons mort(e)s
mourras	mourrez	seras mort(e)	serez mort(e)(s)
mourra	mourront	sera mort(e)	seront mort(e)s
5 conditionnel		**12 conditionnel passé**	
mourrais	mourrions	serais mort(e)	serions mort(e)s
mourrais	mourriez	serais mort(e)	seriez mort(e)(s)
mourrait	mourraient	serait mort(e)	seraient mort(e)s
6 présent du subjonctif		**13 passé du subjonctif**	
meure	mourions	sois mort(e)	soyons mort(e)s
meures	mouriez	sois mort(e)	soyez mort(e)(s)
meure	meurent	soit mort(e)	soient mort(e)s
7 imparfait du subjonctif		**14 plus-que-parfait du subjonctif**	
mourusse	mourussions	fusse mort(e)	fussions mort(e)s
mourusses	mourussiez	fusses mort(e)	fussiez mort(e)(s)
mourût	mourussent	fût mort(e)	fussent mort(e)s

Impératif
meurs
mourons
mourez

Words and expressions related to this verb

mourir de faim   to starve to death
la mort   death
Elle est mourante   She is dying; **Elle se meure**   She is dying.
mourir d'ennui   to be bored to tears (see the verb **ennuyer**)

to move

The Seven Simple Tenses		The Seven Compound Tenses	
Singular	Plural	Singular	Plural
1 présent de l'indicatif		**8 passé composé**	
meus	mouvons	ai mû	avons mû
meus	mouvez	as mû	avez mû
meut	meuvent	a mû	ont mû
2 imparfait de l'indicatif		**9 plus-que-parfait de l'indicatif**	
mouvais	mouvions	avais mû	avions mû
mouvais	mouviez	avais mû	aviez mû
mouvait	mouvaient	avait mû	avaient mû
3 passé simple		**10 passé antérieur**	
mus	mûmes	eus mû	eûmes mû
mus	mûtes	eus mû	eûtes mû
mut	murent	eut mû	eurent mû
4 futur		**11 futur antérieur**	
mouvrai	mouvrons	aurai mû	aurons mû
mouvras	mouvrez	auras mû	aurez mû
mouvra	mouvront	aura mû	auront mû
5 conditionnel		**12 conditionnel passé**	
mouvrais	mouvrions	aurais mû	aurions mû
mouvrais	mouvriez	aurais mû	auriez mû
mouvrait	mouvraient	aurait mû	auraient mû
6 présent du subjonctif		**13 passé du subjonctif**	
meuve	mouvions	aie mû	ayons mû
meuves	mouviez	aies mû	ayez mû
meuve	meuvent	ait mû	aient mû
7 imparfait du subjonctif		**14 plus-que-parfait du subjonctif**	
musse	mussions	eusse mû	eussions mû
musses	mussiez	eusses mû	eussiez mû
mût	mussent	eût mû	eussent mû

Impératif
meus
mouvons
mouvez

Words and expressions related to this verb

émouvoir   to move, to affect (emotionally)
s'émouvoir   to be moved, to be touched, to be affected (emotionally)
faire mouvoir   to move, to set in motion

Do not confuse this verb with **déménager,** which means to move from one dwelling to another or from one city to another.

nager　　　　　　　　Part. pr. **nageant**　　Part. passé **nagé**

to swim

The Seven Simple Tenses		The Seven Compound Tenses	
Singular	Plural	Singular	Plural
1 présent de l'indicatif		**8 passé composé**	
nage	nageons	ai nagé	avons nagé
nages	nagez	as nagé	avez nagé
nage	nagent	a nagé	ont nagé
2 imparfait de l'indicatif		**9 plus-que-parfait de l'indicatif**	
nageais	nagions	avais nagé	avions nagé
nageais	nagiez	avais nagé	aviez nagé
nageait	nageaient	avait nagé	avaient nagé
3 passé simple		**10 passé antérieur**	
nageai	nageâmes	eus nagé	eûmes nagé
nageas	nageâtes	eus nagé	eûtes nagé
nagea	nagèrent	eut nagé	eurent nagé
4 futur		**11 futur antérieur**	
nagerai	nagerons	aurai nagé	aurons nagé
nageras	nagerez	auras nagé	aurez nagé
nagera	nageront	aura nagé	auront nagé
5 conditionnel		**12 conditionnel passé**	
nagerais	nagerions	aurais nagé	aurions nagé
nagerais	nageriez	aurais nagé	auriez nagé
nagerait	nageraient	aurait nagé	auraient nagé
6 présent du subjonctif		**13 passé du subjonctif**	
nage	nagions	aie nagé	ayons nagé
nages	nagiez	aies nagé	ayez nagé
nage	nagent	ait nagé	aient nagé
7 imparfait du subjonctif		**14 plus-que-parfait du subjonctif**	
nageasse	nageassions	eusse nagé	eussions nagé
nageasses	nageassiez	eusses nagé	eussiez nagé
nageât	nageassent	eût nagé	eussent nagé

Impératif
nage
nageons
nagez

Words and expressions related to this verb

un nageur, une nageuse　swimmer
la piscine　swimming pool
savoir nager　to know how to swim
la natation　swimming
nager entre deux eaux　to swim under water
la nage　swimming; **la nage libre**　free style swimming
se sauver à la nage　to swim to safety

The Seven Simple Tenses | | The Seven Compound Tenses | |
| Singular | Plural | Singular | Plural |

1 présent de l'indicatif

nais	naissons		
nais	naissez		
naît	naissent		

8 passé composé

suis né(e)	sommes né(e)s
es né(e)	êtes né(e)(s)
est né(e)	sont né(e)s

2 imparfait de l'indicatif

naissais	naissions
naissais	naissiez
naissait	naissaient

9 plus-que-parfait de l'indicatif

étais né(e)	étions né(e)s
étais né(e)	étiez né(e)(s)
était né(e)	étaient né(e)s

3 passé simple

naquis	naquîmes
naquis	naquîtes
naquit	naquirent

10 passé antérieur

fus né(e)	fûmes né(e)s
fus né(e)	fûtes né(e)(s)
fut né(e)	furent né(e)s

4 futur

naîtrai	naîtrons
naîtras	naîtrez
naîtra	naîtront

11 futur antérieur

serai né(e)	serons né(e)s
seras né(e)	serez né(e)(s)
sera né(e)	seront né(e)s

5 conditionnel

naîtrais	naîtrions
naîtrais	naîtriez
naîtrait	naîtraient

12 conditionnel passé

serais né(e)	serions né(e)s
serais né(e)	seriez né(e)(s)
serait né(e)	seraient né(e)s

6 présent du subjonctif

naisse	naissions
naisses	naissiez
naisse	naissent

13 passé du subjonctif

sois né(e)	soyons né(e)s
sois né(e)	soyez né(e)(s)
soit né(e)	soient né(e)s

7 imparfait du subjonctif

naquisse	naquissions
naquisses	naquissiez
naquît	naquissent

14 plus-que-parfait du subjonctif

fusse né(e)	fussions né(e)s
fusses né(e)	fussiez né(e)(s)
fût né(e)	fussent né(e)s

Impératif
nais
naissons
naissez

Words and expressions related to this verb

la naissance   birth
un anniversaire de naissance   a birthday anniversary
donner naissance à   to give birth to
Anne est Française de naissance   Anne was born French.

to snow

The Seven Simple Tenses	The Seven Compound Tenses
Singular	Singular
1 présent de l'indicatif **il neige**	8 passé composé **il a neigé**
2 imparfait de l'indicatif **il neigeait**	9 plus-que-parfait de l'indicatif **il avait neigé**
3 passé simple **il neigea**	10 passé antérieur **il eut neigé**
4 futur **il neigera**	11 futur antérieur **il aura neigé**
5 conditionnel **il neigerait**	12 conditionnel passé **il aurait neigé**
6 présent du subjonctif **qu'il neige**	13 passé du subjonctif **qu'il ait neigé**
7 imparfait du subjonctif **qu'il neigeât**	14 plus-que-parfait du subjonctif **qu'il eût neigé**

Impératif
Qu'il neige! (Let it snow)!

Words and expressions related to this verb

la neige   snow
un bonhomme de neige   a snowman
neige fondue   slush
neigeux, neigeuse   snowy
Blanche-Neige   Snow-White
une boule de neige   snowball
lancer des boules de neige   to throw snowballs
une chute de neige   snowfall

The Seven Simple Tenses		The Seven Compound Tenses	
Singular	Plural	Singular	Plural

1 présent de l'indicatif		8 passé composé	
nettoie	nettoyons	ai nettoyé	avons nettoyé
nettoies	nettoyez	as nettoyé	avez nettoyé
nettoie	nettoient	a nettoyé	ont nettoyé

2 imparfait de l'indicatif		9 plus-que-parfait de l'indicatif	
nettoyais	nettoyions	avais nettoyé	avions nettoyé
nettoyais	nettoyiez	avais nettoyé	aviez nettoyé
nettoyait	nettoyaient	avait nettoyé	avaient nettoyé

3 passé simple		10 passé antérieur	
nettoyai	nettoyâmes	eus nettoyé	eûmes nettoyé
nettoyas	nettoyâtes	eus nettoyé	eûtes nettoyé
nettoya	nettoyèrent	eut nettoyé	eurent nettoyé

4 futur		11 futur antérieur	
nettoierai	nettoierons	aurai nettoyé	aurons nettoyé
nettoieras	nettoierez	auras nettoyé	aurez nettoyé
nettoiera	nettoieront	aura nettoyé	auront nettoyé

5 conditionnel		12 conditionnel passé	
nettoierais	nettoierions	aurais nettoyé	aurions nettoyé
nettoierais	nettoieriez	aurais nettoyé	auriez nettoyé
nettoierait	nettoieraient	aurait nettoyé	auraient nettoyé

6 présent du subjonctif		13 passé du subjonctif	
nettoie	nettoyions	aie nettoyé	ayons nettoyé
nettoies	nettoyiez	aies nettoyé	ayez nettoyé
nettoie	nettoient	ait nettoyé	aient nettoyé

7 imparfait du subjonctif		14 plus-que-parfait du subjonctif	
nettoyasse	nettoyassions	eusse nettoyé	eussions nettoyé
nettoyasses	nettoyassiez	eusses nettoyé	eussiez nettoyé
nettoyât	nettoyassent	eût nettoyé	eussent nettoyé

Impératif
nettoie
nettoyons
nettoyez

Words and expressions related to this verb

le nettoyage   cleaning; **le nettoyage à sec**   dry cleaning
nettoyer à sec   to dry clean
une nettoyeuse   cleaning machine
un nettoyeur de fenêtres   window cleaner

Verbs ending in -*oyer* must change *y* to *i* before mute *e*.

to feed, to nourish

The Seven Simple Tenses		The Seven Compound Tenses	
Singular	Plural	Singular	Plural
1 présent de l'indicatif		**8 passé composé**	
nourris	nourrissons	ai nourri	avons nourri
nourris	nourrissez	as nourri	avez nourri
nourrit	nourrissent	a nourri	ont nourri
2 imparfait de l'indicatif		**9 plus-que-parfait de l'indicatif**	
nourrissais	nourrissions	avais nourri	avions nourri
nourrissais	nourrissiez	avais nourri	aviez nourri
nourrissait	nourrissaient	avait nourri	avaient nourri
3 passé simple		**10 passé antérieur**	
nourris	nourrîmes	eus nourri	eûmes nourri
nourris	nourrîtes	eus nourri	eûtes nourri
nourrit	nourrirent	eut nourri	eurent nourri
4 futur		**11 futur antérieur**	
nourrirai	nourrirons	aurai nourri	aurons nourri
nourriras	nourrirez	auras nourri	aurez nourri
nourrira	nourriront	aura nourri	auront nourri
5 conditionnel		**12 conditionnel passé**	
nourrirais	nourririons	aurais nourri	aurions nourri
nourrirais	nourririez	aurais nourri	auriez nourri
nourrirait	nourriraient	aurait nourri	auraient nourri
6 présent du subjonctif		**13 passé du subjonctif**	
nourrisse	nourrissions	aie nourri	ayons nourri
nourrisses	nourrissiez	aies nourri	ayez nourri
nourrisse	nourrissent	ait nourri	aient nourri
7 imparfait du subjonctif		**14 plus-que-parfait du subjonctif**	
nourrisse	nourrissions	eusse nourri	eussions nourri
nourrisses	nourrissiez	eusses nourri	eussiez nourri
nourrît	nourrissent	eût nourri	eussent nourri

Impératif
nourris
nourrissons
nourrissez

Words and expressions related to this verb

la nourriture   nourishment, food
une nourrice   wet nurse
bien nourri   well fed; **mal nourri**   poorly fed
nourrissant, nourrissante   nourishing

182

to harm, to hinder

The Seven Simple Tenses		The Seven Compound Tenses	
Singular	Plural	Singular	Plural
1 présent de l'indicatif		**8 passé composé**	
nuis	**nuisons**	**ai nui**	**avons nui**
nuis	**nuisez**	**as nui**	**avez nui**
nuit	**nuisent**	**a nui**	**ont nui**
2 imparfait de l'indicatif		**9 plus-que-parfait de l'indicatif**	
nuisais	**nuisions**	**avais nui**	**avions nui**
nuisais	**nuisiez**	**avais nui**	**aviez nui**
nuisait	**nuisaient**	**avait nui**	**avaient nui**
3 passé simple		**10 passé antérieur**	
nuisis	**nuisîmes**	**eus nui**	**eûmes nui**
nuisis	**nuisîtes**	**eus nui**	**eûtes nui**
nuisit	**nuisirent**	**eut nui**	**eurent nui**
4 futur		**11 futur antérieur**	
nuirai	**nuirons**	**aurai nui**	**aurons nui**
nuiras	**nuirez**	**auras nui**	**aurez nui**
nuira	**nuiront**	**aura nui**	**auront nui**
5 conditionnel		**12 conditionnel passé**	
nuirais	**nuirions**	**aurais nui**	**aurions nui**
nuirais	**nuiriez**	**aurais nui**	**auriez nui**
nuirait	**nuiraient**	**aurait nui**	**auraient nui**
6 présent du subjonctif		**13 passé du subjonctif**	
nuise	**nuisions**	**aie nui**	**ayons nui**
nuises	**nuisiez**	**aies nui**	**ayez nui**
nuise	**nuisent**	**ait nui**	**aient nui**
7 imparfait du subjonctif		**14 plus-que-parfait du subjonctif**	
nuisisse	**nuisissions**	**eusse nui**	**eussions nui**
nuisisses	**nuisissiez**	**eusses nui**	**eussiez nui**
nuisît	**nuisissent**	**eût nui**	**eussent nui**

	Impératif
	nuis
	nuisons
	nuisez

Words related to this verb

la nuisance   nuisance
la nuisibilité   harmfulness
nuisible   harmful

to obey

The Seven Simple Tenses		The Seven Compound Tenses	
Singular	Plural	Singular	Plural
1 présent de l'indicatif		**8 passé composé**	
obéis	obéissons	ai obéi	avons obéi
obéis	obéissez	as obéi	avez obéi
obéit	obéissent	a obéi	ont obéi
2 imparfait de l'indicatif		**9 plus-que-parfait de l'indicatif**	
obéissais	obéissions	avais obéi	avions obéi
obéissais	obéissiez	avais obéi	aviez obéi
obéissait	obéissaient	avait obéi	avaient obéi
3 passé simple		**10 passé antérieur**	
obéis	obéîmes	eus obéi	eûmes obéi
obéis	obéîtes	eus obéi	eûtes obéi
obéit	obéirent	eut obéi	eurent obéi
4 futur		**11 futur antérieur**	
obéirai	obéirons	aurai obéi	aurons obéi
obéiras	obéirez	auras obéi	aurez obéi
obéira	obéiront	aura obéi	auront obéi
5 conditionnel		**12 conditionnel passé**	
obéirais	obéirions	aurais obéi	aurions obéi
obéirais	obéiriez	aurais obéi	auriez obéi
obéirait	obéiraient	aurait obéi	auraient obéi
6 présent du subjonctif		**13 passé du subjonctif**	
obéisse	obéissions	aie obéi	ayons obéi
obéisses	obéissiez	aies obéi	ayez obéi
obéisse	obéissent	ait obéi	aient obéi
7 imparfait du subjonctif		**14 plus-que-parfait du subjonctif**	
obéisse	obéissions	eusse obéi	eussions obéi
obéisses	obéissiez	eusses obéi	eussiez obéi
obéît	obéissent	eût obéi	eussent obéi

Impératif
obéis
obéissons
obéissez

Words and expressions related to this verb

obéir à qqn   to obey someone
désobéir à qqn   to disobey someone
l'obéissance *(f.)*   obedience
obéissant, obéissante   obedient
désobéissant, désobéissante   disobedient

to oblige

The Seven Simple Tenses		The Seven Compound Tenses	
Singular	Plural	Singular	Plural

1   présent de l'indicatif

		8 passé composé	
oblige	obligeons	ai obligé	avons obligé
obliges	obligez	as obligé	avez obligé
oblige	obligent	a obligé	ont obligé

2   imparfait de l'indicatif

		9 plus-que-parfait de l'indicatif	
obligeais	obligions	avais obligé	avions obligé
obligeais	obligiez	avais obligé	aviez obligé
obligeait	obligeaient	avait obligé	avaient obligé

3   passé simple

		10 passé antérieur	
obligeai	obligeâmes	eus obligé	eûmes obligé
obligeas	obligeâtes	eus obligé	eûtes obligé
obligea	obligèrent	eut obligé	eurent obligé

4   futur

		11 futur antérieur	
obligerai	obligerons	aurai obligé	aurons obligé
obligeras	obligerez	auras obligé	aurez obligé
obligera	obligeront	aura obligé	auront obligé

5   conditionnel

		12 conditionnel passé	
obligerais	obligerions	aurais obligé	aurions obligé
obligerais	obligeriez	aurais obligé	auriez obligé
obligerait	obligeraient	aurait obligé	auraient obligé

6   présent du subjonctif

		13 passé du subjonctif	
oblige	obligions	aie obligé	ayons obligé
obliges	obligiez	aies obligé	ayez obligé
oblige	obligent	ait obligé	aient obligé

7   imparfait du subjonctif

		14 plus-que-parfait du subjonctif	
obligeasse	obligeassions	eusse obligé	eussions obligé
obligeasses	obligeassiez	eusses obligé	eussiez obligé
obligeât	obligeassent	eût obligé	eussent obligé

Impératif
oblige
obligeons
obligez

Words and expressions related to this verb

obligatoire   obligatory
obligation *(f.)*   obligation
avoir beaucoup d'obligation à qqn   to be much obliged to someone
obligeant, obligeante   obliging
se montrer obligeant envers qqn   to show kindness to someone
obligé, obligée   obliged

The subject pronouns are found on the page facing page 1.   **185**

to obtain, to get

The Seven Simple Tenses		The Seven Compound Tenses	
Singular	Plural	Singular	Plural
1 présent de l'indicatif		8 passé composé	
obtiens	obtenons	ai obtenu	avons obtenu
obtiens	obtenez	as obtenu	avez obtenu
obtient	obtiennent	a obtenu	ont obtenu
2 imparfait de l'indicatif		9 plus-que-parfait de l'indicatif	
obtenais	obtenions	avais obtenu	avions obtenu
obtenais	obteniez	avais obtenu	aviez obtenu
obtenait	obtenaient	avait obtenu	avaient obtenu
3 passé simple		10 passé antérieur	
obtins	obtînmes	eus obtenu	eûmes obtenu
obtins	obtîntes	eus obtenu	eûtes obtenu
obtint	obtinrent	eut obtenu	eurent obtenu
4 futur		11 futur antérieur	
obtiendrai	obtiendrons	aurai obtenu	aurons obtenu
obtiendras	obtiendrez	auras obtenu	aurez obtenu
obtiendra	obtiendront	aura obtenu	auront obtenu
5 conditionnel		12 conditionnel passé	
obtiendrais	obtiendrions	aurais obtenu	aurions obtenu
obtiendrais	obtiendriez	aurais obtenu	auriez obtenu
obtiendrait	obtiendraient	aurait obtenu	auraient obtenu
6 présent du subjonctif		13 passé du subjonctif	
obtienne	obtenions	aie obtenu	ayons obtenu
obtiennes	obteniez	aies obtenu	ayez obtenu
obtienne	obtiennent	ait obtenu	aient obtenu
7 imparfait du subjonctif		14 plus-que-parfait du subjonctif	
obtinsse	obtinssions	eusse obtenu	eussions obtenu
obtinsses	obtinssiez	eusses obtenu	eussiez obtenu
obtînt	obtinssent	eût obtenu	eussent obtenu

	Impératif
	obtiens
	obtenons
	obtenez

Words and expressions related to this verb

l'obtention   obtainment
obtenir de qqn qqch de force   to get something out of someone by force

The Seven Simple Tenses		The Seven Compound Tenses	
Singular	Plural	Singular	Plural
1 présent de l'indicatif		**8 passé composé**	
occupe	occupons	ai occupé	avons occupé
occupes	occupez	as occupé	avez occupé
occupe	occupent	a occupé	ont occupé
2 imparfait de l'indicatif		**9 plus-que-parfait de l'indicatif**	
occupais	occupions	avais occupé	avions occupé
occupais	occupiez	avais occupé	aviez occupé
occupait	occupaient	avait occupé	avaient occupé
3 passé simple		**10 passé antérieur**	
occupai	occupâmes	eus occupé	eûmes occupé
occupas	occupâtes	eus occupé	eûtes occupé
occupa	occupèrent	eut occupé	eurent occupé
4 futur		**11 futur antérieur**	
occuperai	occuperons	aurai occupé	aurons occupé
occuperas	occuperez	auras occupé	aurez occupé
occupera	occuperont	aura occupé	auront occupé
5 conditionnel		**12 conditionnel passé**	
occuperais	occuperions	aurais occupé	aurions occupé
occuperais	occuperiez	aurais occupé	auriez occupé
occuperait	occuperaient	aurait occupé	auraient occupé
6 présent du subjonctif		**13 passé du subjonctif**	
occupe	occupions	aie occupé	ayons occupé
occupes	occupiez	aies occupé	ayez occupé
occupe	occupent	ait occupé	aient occupé
7 imparfait du subjonctif		**14 plus-que-parfait du subjonctif**	
occupasse	occupassions	eusse occupé	eussions occupé
occupasses	occupassiez	eusses occupé	eussiez occupé
occupât	occupassent	eût occupé	eussent occupé

Impératif
occupe
occupons
occupez

Words and expressions related to this verb

occupation *(f.)*   occupation
être occupé(e)   to be busy
occuper qqn   to keep someone busy
occuper trop de place   to take up too much room

to be busy, to keep oneself busy

The Seven Simple Tenses		The Seven Compound Tenses	
Singular	Plural	Singular	Plural
1 présent de l'indicatif		**8 passé composé**	
m'occupe	nous occupons	me suis occupé(e)	nous sommes occupé(e)s
t'occupes	vous occupez	t'es occupé(e)	vous êtes occupé(e)(s)
s'occupe	s'occupent	s'est occupé(e)	se sont occupé(e)s
2 imparfait de l'indicatif		**9 plus-que-parfait de l'indicatif**	
m'occupais	nous occupions	m'étais occupé(e)	nous étions occupé(e)s
t'occupais	vous occupiez	t'étais occupé(e)	vous étiez occupé(e)(s)
s'occupait	s'occupaient	s'était occupé(e)	s'étaient occupé(e)s
3 passé simple		**10 passé antérieur**	
m'occupai	nous occupâmes	me fus occupé(e)	nous fûmes occupé(e)s
t'occupas	vous occupâtes	te fus occupé(e)	vous fûtes occupé(e)(s)
s'occupa	s'occupèrent	se fut occupé(e)	se furent occupé(e)s
4 futur		**11 futur antérieur**	
m'occuperai	nous occuperons	me serai occupé(e)	nous serons occupé(e)s
t'occuperas	vous occuperez	te seras occupé(e)	vous serez occupé(e)(s)
s'occupera	s'occuperont	se sera occupé(e)	se seront occupé(e)s
5 conditionnel		**12 conditionnel passé**	
m'occuperais	nous occuperions	me serais occupé(e)	nous serions occupé(e)s
t'occuperais	vous occuperiez	te serais occupé(e)	vous seriez occupé(e)(s)
s'occuperait	s'occuperaient	se serait occupé(e)	se seraient occupé(e)s
6 présent du subjonctif		**13 passé du subjonctif**	
m'occupe	nous occupions	me sois occupé(e)	nous soyons occupé(e)s
t'occupes	vous occupiez	te sois occupé(e)	vous soyez occupé(e)(s)
s'occupe	s'occupent	se soit occupé(e)	se soient occupé(e)s
7 imparfait du subjonctif		**14 plus-que-parfait du subjonctif**	
m'occupasse	nous occupassions	me fusse occupé(e)	nous fussions occupé(e)s
t'occupasses	vous occupassiez	te fusses occupé(e)	vous fussiez occupé(e)(s)
s'occupât	s'occupassent	se fût occupé(e)	se fussent occupé(e)s

Impératif
occupe-toi
occupons-nous
occupez-vous

Words and expressions related to this verb

s'occuper de ses affaires　　to mind one's own business
Je m'occupe de mes affaires　　I mind my own business.
s'occuper des enfants　　to look after children

See also the verb **occuper**.

The Seven Simple Tenses		The Seven Compound Tenses	
Singular	Plural	Singular	Plural

1 présent de l'indicatif

		8 passé composé	
offre	offrons	ai offert	avons offert
offres	offrez	as offert	avez offert
offre	offrent	a offert	ont offert

2 imparfait de l'indicatif

		9 plus-que-parfait de l'indicatif	
offrais	offrions	avais offert	avions offert
offrais	offriez	avais offert	aviez offert
offrait	offraient	avait offert	avaient offert

3 passé simple

		10 passé antérieur	
offris	offrîmes	eus offert	eûmes offert
offris	offrîtes	eus offert	eûtes offert
offrit	offrirent	eut offert	eurent offert

4 futur

		11 futur antérieur	
offrirai	offrirons	aurai offert	aurons offert
offriras	offrirez	auras offert	aurez offert
offrira	offriront	aura offert	auront offert

5 conditionnel

		12 conditionnel passé	
offrirais	offririons	aurais offert	aurions offert
offrirais	offririez	aurais offert	auriez offert
offrirait	offriraient	aurait offert	auraient offert

6 présent du subjonctif

		13 passé du subjonctif	
offre	offrions	aie offert	ayons offert
offres	offriez	aies offert	ayez offert
offre	offrent	ait offert	aient offert

7 imparfait du subjonctif

		14 plus-que-parfait du subjonctif	
offrisse	offrissions	eusse offert	eussions offert
offrisses	offrissiez	eusses offert	eussiez offert
offrît	offrissent	eût offert	eussent offert

Impératif
offre
offrons
offrez

Words and expressions related to this verb

offrir qqch à qqn   to offer (to present) something to someone
une offre   an offer, a proposal
une offrande   gift, offering
l'offre et la demande   supply and demand

to omit

The Seven Simple Tenses		The Seven Compound Tenses	
Singular	Plural	Singular	Plural
1 présent de l'indicatif		**8 passé composé**	
omets	omettons	ai omis	avons omis
omets	omettez	as omis	avez omis
omet	omettent	a omis	ont omis
2 imparfait de l'indicatif		**9 plus-que-parfait de l'indicatif**	
omettais	omettions	avais omis	avions omis
omettais	omettiez	avais omis	aviez omis
omettait	omettaient	avait omis	avaient omis
3 passé simple		**10 passé antérieur**	
omis	omîmes	eus omis	eûmes omis
omis	omîtes	eus omis	eûtes omis
omit	omirent	eut omis	eurent omis
4 futur		**11 futur antérieur**	
omettrai	omettrons	aurai omis	aurons omis
omettras	omettrez	auras omis	aurez omis
omettra	omettront	aura omis	auront omis
5 conditionnel		**12 conditionnel passé**	
omettrais	omettrions	aurais omis	aurions omis
omettrais	omettriez	aurais omis	auriez omis
omettrait	omettraient	aurait omis	auraient omis
6 présent du subjonctif		**13 passé du subjonctif**	
omette	omettions	aie omis	ayons omis
omettes	omettiez	aies omis	ayez omis
omette	omettent	ait omis	aient omis
7 imparfait du subjonctif		**14 plus-que-parfait du subjonctif**	
omisse	omissions	eusse omis	eussions omis
omisses	omissiez	eusses omis	eussiez omis
omît	omissent	eût omis	eussent omis

Impératif
omets
omettons
omettez

Words and expressions related to this verb

omettre de faire qqch   to neglect to do something
une omission   an omission

oublier

to forget

The Seven Simple Tenses		The Seven Compound Tenses	
Singular	Plural	Singular	Plural
1 présent de l'indicatif		**8 passé composé**	
oublie	oublions	ai oublié	avons oublié
oublies	oubliez	as oublié	avez oublié
oublie	oublient	a oublié	ont oublié
2 imparfait de l'indicatif		**9 plus-que-parfait de l'indicatif**	
oubliais	oubliions	avais oublié	avions oublié
oubliais	oubliiez	avais oublié	aviez oublié
oubliait	oubliaient	avait oublié	avaient oublié
3 passé simple		**10 passé antérieur**	
oubliai	oubliâmes	eus oublié	eûmes oublié
oublias	oubliâtes	eus oublié	eûtes oublié
oublia	oublièrent	eut oublié	eurent oublié
4 futur		**11 futur antérieur**	
oublierai	oublierons	aurai oublié	aurons oublié
oublieras	oublierez	auras oublié	aurez oublié
oubliera	oublieront	aura oublié	auront oublié
5 conditionnel		**12 conditionnel passé**	
oublierais	oublierions	aurais oublié	aurions oublié
oublierais	oublieriez	aurais oublié	auriez oublié
oublierait	oublieraient	aurait oublié	auraient oublié
6 présent du subjonctif		**13 passé du subjonctif**	
oublie	oubliions	aie oublié	ayons oublié
oublies	oubliiez	aies oublié	ayez oublié
oublie	oublient	ait oublié	aient oublié
7 imparfait du subjonctif		**14 plus-que-parfait du subjonctif**	
oubliasse	oubliassions	eusse oublié	eussions oublié
oubliasses	oubliassiez	eusses oublié	eussiez oublié
oubliât	oubliassent	eût oublié	eussent oublié

Impératif
oublie
oublions
oubliez

Words related to this verb

un oubli   oversight
oubliable   forgettable
inoubliable   unforgettable

to open

The Seven Simple Tenses		The Seven Compound Tenses	
Singular	Plural	Singular	Plural

1 présent de l'indicatif

ouvre	ouvrons		
ouvres	ouvrez		
ouvre	ouvrent		

8 passé composé

ai ouvert	avons ouvert
as ouvert	avez ouvert
a ouvert	ont ouvert

2 imparfait de l'indicatif

ouvrais	ouvrions
ouvrais	ouvriez
ouvrait	ouvraient

9 plus-que-parfait de l'indicatif

avais ouvert	avions ouvert
avais ouvert	aviez ouvert
avait ouvert	avaient ouvert

3 passé simple

ouvris	ouvrîmes
ouvris	ouvrîtes
ouvrit	ouvrirent

10 passé antérieur

eus ouvert	eûmes ouvert
eus ouvert	eûtes ouvert
eut ouvert	eurent ouvert

4 futur

ouvrirai	ouvrirons
ouvriras	ouvrirez
ouvrira	ouvriront

11 futur antérieur

aurai ouvert	aurons ouvert
auras ouvert	aurez ouvert
aura ouvert	auront ouvert

5 conditionnel

ouvrirais	ouvririons
ouvrirais	ouvririez
ouvrirait	ouvriraient

12 conditionnel passé

aurais ouvert	aurions ouvert
aurais ouvert	auriez ouvert
aurait ouvert	auraient ouvert

6 présent du subjonctif

ouvre	ouvrions
ouvres	ouvriez
ouvre	ouvrent

13 passé du subjonctif

aie ouvert	ayons ouvert
aies ouvert	ayez ouvert
ait ouvert	aient ouvert

7 imparfait du subjonctif

ouvrisse	ouvrissions
ouvrisses	ouvrissiez
ouvrît	ouvrissent

14 plus-que-parfait du subjonctif

eusse ouvert	eussions ouvert
eusses ouvert	eussiez ouvert
eût ouvert	eussent ouvert

Impératif
ouvre
ouvrons
ouvrez

Words and expressions related to this verb

ouvert, ouverte   open
ouverture *(f.)*   opening
ouvrir le gaz   to turn on the gas

to appear, to seem

The Seven Simple Tenses		The Seven Compound Tenses	
Singular	Plural	Singular	Plural
1 présent de l'indicatif		**8 passé composé**	
parais	paraissons	ai paru	avons paru
parais	paraissez	as paru	avez paru
paraît	paraissent	a paru	ont paru
2 imparfait de l'indicatif		**9 plus-que-parfait de l'indicatif**	
paraissais	paraissions	avais paru	avions paru
paraissais	paraissiez	avais paru	aviez paru
paraissait	paraissaient	avait paru	avaient paru
3 passé simple		**10 passé antérieur**	
parus	parûmes	eus paru	eûmes paru
parus	parûtes	eus paru	eûtes paru
parut	parurent	eut paru	eurent paru
4 futur		**11 futur antérieur**	
paraîtrai	paraîtrons	aurai paru	aurons paru
paraîtras	paraîtrez	auras paru	aurez paru
paraîtra	paraîtront	aura paru	auront paru
5 conditionnel		**12 conditionnel passé**	
paraîtrais	paraîtrions	aurais paru	aurions paru
paraîtrais	paraîtriez	aurais paru	auriez paru
paraîtrait	paraîtraient	aurait paru	auraient paru
6 présent du subjonctif		**13 passé du subjonctif**	
paraisse	paraissions	aie paru	ayons paru
paraisses	paraissiez	aies paru	ayez paru
paraisse	paraissent	ait paru	aient paru
7 imparfait du subjonctif		**14 plus-que-parfait du subjonctif**	
parusse	parussions	eusse paru	eussions paru
parusses	parussiez	eusses paru	eussiez paru
parût	parussent	eût paru	eussent paru

Impératif
parais
paraissons
paraissez

Words and expressions related to this verb

apparition *(f.)*   apparition, appearance
Cela me paraît incroyable   That seems unbelievable to me.
Le jour paraît   Day is breaking.

pardonner

Part. pr. **pardonnant**   Part. passé **pardonné**

to pardon, to forgive

The Seven Simple Tenses		The Seven Compound Tenses	
Singular	Plural	Singular	Plural
1 présent de l'indicatif		**8 passé composé**	
pardonne	pardonnons	ai pardonné	avons pardonné
pardonnes	pardonnez	as pardonné	avez pardonné
pardonne	pardonnent	a pardonné	ont pardonné
2 imparfait de l'indicatif		**9 plus-que-parfait de l'indicatif**	
pardonnais	pardonnions	avais pardonné	avions pardonné
pardonnais	pardonniez	avais pardonné	aviez pardonné
pardonnait	pardonnaient	avait pardonné	avaient pardonné
3 passé simple		**10 passé antérieur**	
pardonnai	pardonnâmes	eus pardonné	eûmes pardonné
pardonnas	pardonnâtes	eus pardonné	eûtes pardonné
pardonna	pardonnèrent	eut pardonné	eurent pardonné
4 futur		**11 futur antérieur**	
pardonnerai	pardonnerons	aurai pardonné	aurons pardonné
pardonneras	pardonnerez	auras pardonné	aurez pardonné
pardonnera	pardonneront	aura pardonné	auront pardonné
5 conditionnel		**12 conditionnel passé**	
pardonnerais	pardonnerions	aurais pardonné	aurions pardonné
pardonnerais	pardonneriez	aurais pardonné	auriez pardonné
pardonnerait	pardonneraient	aurait pardonné	auraient pardonné
6 présent du subjonctif		**13 passé du subjonctif**	
pardonne	pardonnions	aie pardonné	ayons pardonné
pardonnes	pardonniez	aies pardonné	ayez pardonné
pardonne	pardonnent	ait pardonné	aient pardonné
7 imparfait du subjonctif		**14 plus-que-parfait du subjonctif**	
pardonnasse	pardonnassions	eusse pardonné	eussions pardonné
pardonnasses	pardonnassiez	eusses pardonné	eussiez pardonné
pardonnât	pardonnassent	eût pardonné	eussent pardonné

Impératif
pardonne
pardonnons
pardonnez

Sentences using this verb and words related to it

pardonner à qqn de qqch   to forgive someone for something
    J'ai pardonné à mon ami d'être arrivé en retard   I forgave my friend for arriving late.
un pardon   forgiveness, pardon
un don   gift
pardonnable   forgivable, pardonable
pardonnez-moi   pardon me

194

to talk, to speak

The Seven Simple Tenses		The Seven Compound Tenses	
Singular	Plural	Singular	Plural
1 présent de l'indicatif		**8 passé composé**	
parle	parlons	ai parlé	avons parlé
parles	parlez	as parlé	avez parlé
parle	parlent	a parlé	ont parlé
2 imparfait de l'indicatif		**9 plus-que-parfait de l'indicatif**	
parlais	parlions	avais parlé	avions parlé
parlais	parliez	avais parlé	aviez parlé
parlait	parlaient	avait parlé	avaient parlé
3 passé simple		**10 passé antérieur**	
parlai	parlâmes	eus parlé	eûmes parlé
parlas	parlâtes	eus parlé	eûtes parlé
parla	parlèrent	eut parlé	eurent parlé
4 futur		**11 futur antérieur**	
parlerai	parlerons	aurai parlé	aurons parlé
parleras	parlerez	auras parlé	aurez parlé
parlera	parleront	aura parlé	auront parlé
5 conditionnel		**12 conditionnel passé**	
parlerais	parlerions	aurais parlé	aurions parlé
parlerais	parleriez	aurais parlé	auriez parlé
parlerait	parleraient	aurait parlé	auraient parlé
6 présent du subjonctif		**13 passé du subjonctif**	
parle	parlions	aie parlé	ayons parlé
parles	parliez	aies parlé	ayez parlé
parle	parlent	ait parlé	aient parlé
7 imparfait du subjonctif		**14 plus-que-parfait du subjonctif**	
parlasse	parlassions	eusse parlé	eussions parlé
parlasses	parlassiez	eusses parlé	eussiez parlé
parlât	parlassent	eût parlé	eussent parlé

Impératif
parle
parlons
parlez

Words and expressions related to this verb

parler à haute voix   to speak in a loud voice
parler à voix basse   to speak softly
la parole   spoken word
selon la parole du Christ   according to Christ's words
le don de la parole   the gift of gab

to leave, to depart

The Seven Simple Tenses		The Seven Compound Tenses	
Singular	Plural	Singular	Plural
1 présent de l'indicatif		**8 passé composé**	
pars	partons	suis parti(e)	sommes parti(e)s
pars	partez	es parti(e)	êtes parti(e)(s)
part	partent	est parti(e)	sont parti(e)s
2 imparfait de l'indicatif		**9 plus-que-parfait de l'indicatif**	
partais	partions	étais parti(e)	étions parti(e)s
partais	partiez	étais parti(e)	étiez parti(e)(s)
partait	partaient	était parti(e)	étaient parti(e)s
3 passé simple		**10 passé antérieur**	
partis	partîmes	fus parti(e)	fûmes parti(e)s
partis	partîtes	fus parti(e)	fûtes parti(e)(s)
partit	partirent	fut parti(e)	furent parti(e)s
4 futur		**11 futur antérieur**	
partirai	partirons	serai parti(e)	serons parti(e)s
partiras	partirez	seras parti(e)	serez parti(e)(s)
partira	partiront	sera parti(e)	seront parti(e)s
5 conditionnel		**12 conditionnel passé**	
partirais	partirions	serais parti(e)	serions parti(e)s
partirais	partiriez	serais parti(e)	seriez parti(e)(s)
partirait	partiraient	serait parti(e)	seraient parti(e)s
6 présent du subjonctif		**13 passé du subjonctif**	
parte	partions	sois parti(e)	soyons parti(e)s
partes	partiez	sois parti(e)	soyez parti(e)(s)
parte	partent	soit parti(e)	soient parti(e)s
7 imparfait du subjonctif		**14 plus-que-parfait du subjonctif**	
partisse	partissions	fusse parti(e)	fussions parti(e)s
partisses	partissiez	fusses parti(e)	fussiez parti(e)(s)
partît	partissent	fût parti(e)	fussent parti(e)s

Impératif
pars
partons
partez

Words and expressions related to this verb

A quelle heure part le train pour Paris?　　At what time does the train for Paris leave?
à partir de maintenant　　from now on; **à partir d'aujourd'hui**　　from today on
le départ　　departure

to pass, to spend (time)

The Seven Simple Tenses		The Seven Compound Tenses	
Singular	Plural	Singular	Plural
1 présent de l'indicatif		**8 passé composé**	
passe	passons	ai passé	avons passé
passes	passez	as passé	avez passé
passe	passent	a passé	ont passé
2 imparfait de l'indicatif		**9 plus-que-parfait de l'indicatif**	
passais	passions	avais passé	avions passé
passais	passiez	avais passé	aviez passé
passait	passaient	avait passé	avaient passé
3 passé simple		**10 passé antérieur**	
passai	passâmes	eus passé	eûmes passé
passas	passâtes	eus passé	eûtes passé
passa	passèrent	eut passé	eurent passé
4 futur		**11 futur antérieur**	
passerai	passerons	aurai passé	aurons passé
passeras	passerez	auras passé	aurez passé
passera	passeront	aura passé	auront passé
5 conditionnel		**12 conditionnel passé**	
passerais	passerions	aurais passé	aurions passé
passerais	passeriez	aurais passé	auriez passé
passerait	passeraient	aurait passé	auraient passé
6 présent du subjonctif		**13 passé du subjonctif**	
passe	passions	aie passé	ayons passé
passes	passiez	aies passé	ayez passé
passe	passent	ait passé	aient passé
7 imparfait du subjonctif		**14 plus-que-parfait du subjonctif**	
passasse	passassions	eusse passé	eussions passé
passasses	passassiez	eusses passé	eussiez passé
passât	passassent	eût passé	eussent passé

Impératif
passe
passons
passez

This verb·is conjugated with **être** to indicate a state.

Example: **Ses soupçons sont passés en certitudes.**

This verb is conjugated with **être** when it means *to pass by, go by:*

Example: **Elle est passée chez moi.**   She came by my house.

BUT: This verb is conjugated with **avoir** when it has a direct object:

Examples: **Elle m'a passé le sel.**   She passed me the salt.
            Elle a passé un examen.   She took an exam.

The subject pronouns are found on the page facing page 1.   **197**

se passer   Part. pr. **se passant**   Part. passé **passé**

to happen

The Seven Simple Tenses	The Seven Compound Tenses
Singular	Singular
1 présent de l'indicatif **il se passe**	8 passé composé **il s'est passé**
2 imparfait de l'indicatif **il se passait**	9 plus-que-parfait de l'indicatif **il s'était passé**
3 passé simple **il se passa**	10 passé antérieur **il se fut passé**
4 futur **il se passera**	11 futur antérieur **il se sera passé**
5 conditionnel **il se passerait**	12 conditionnel passé **il se serait passé**
6 présent du subjonctif **qu'il se passe**	13 passé du subjonctif **qu'il se soit passé**
7 imparfait du subjonctif **qu'il se passât**	14 plus-que-parfait du subjonctif **qu'il se fût passé**

Impératif
Qu'il se passe! (Let it happen!)

This verb is impersonal and is used in the tenses and persons given above.

to skate

The Seven Simple Tenses		The Seven Compound Tenses	
Singular	Plural	Singular	Plural
1 présent de l'indicatif		**8 passé composé**	
patine	patinons	ai patiné	avons patiné
patines	patinez	as patiné	avez patiné
patine	patinent	a patiné	ont patiné
2 imparfait de l'indicatif		**9 plus-que-parfait de l'indicatif**	
patinais	patinions	avais patiné	avions patiné
patinais	patiniez	avais patiné	aviez patiné
patinait	patinaient	avait patiné	avaient patiné
3 passé simple		**10 passé antérieur**	
patinai	patinâmes	eus patiné	eûmes patiné
patinas	patinâtes	eus patiné	eûtes patiné
patina	patinèrent	eut patiné	eurent patiné
4 futur		**11 futur antérieur**	
patinerai	patinerons	aurai patiné	aurons patiné
patineras	patinerez	auras patiné	aurez patiné
patinera	patineront	aura patiné	auront patiné
5 conditionnel		**12 conditionnel passé**	
patinerais	patinerions	aurais patiné	aurions patiné
patinerais	patineriez	aurais patiné	auriez patiné
patinerait	patineraient	aurait patiné	auraient patiné
6 présent du subjonctif		**13 passé du subjonctif**	
patine	patinions	aie patiné	ayons patiné
patines	patiniez	aies patiné	ayez patiné
patine	patinent	ait patiné	aient patiné
7 imparfait du subjonctif		**14 plus-que-parfait du subjonctif**	
patinasse	patinassions	eusse patiné	eussions patiné
patinasses	patinassiez	eusses patiné	eussiez patiné
patinât	patinassent	eût patiné	eussent patiné

Impératif
patine
patinons
patinez

Words and expressions related to this verb

patiner sur glace   to skate on ice
une patinette   scooter
un patineur, une patineuse   skater
une patinoire   skating rink
patiner sur roulettes   to roller skate
le patinage à roulettes   roller skating

to pay (for)

The Seven Simple Tenses		The Seven Compound Tenses	
Singular	Plural	Singular	Plural
1 présent de l'indicatif		**8 passé composé**	
paye	payons	ai payé	avons payé
payes	payez	as payé	avez payé
paye	payent	a payé	ont payé
2 imparfait de l'indicatif		**9 plus-que-parfait de l'indicatif**	
payais	payions	avais payé	avions payé
payais	payiez	avais payé	aviez payé
payait	payaient	avait payé	avaient payé
3 passé simple		**10 passé antérieur**	
payai	payâmes	eus payé	eûmes payé
payas	payâtes	eus payé	eûtes payé
paya	payèrent	eut payé	eurent payé
4 futur		**11 futur antérieur**	
payerai	payerons	aurai payé	aurons payé
payeras	payerez	auras payé	aurez payé
payera	payeront	aura payé	auront payé
5 conditionnel		**12 conditionnel passé**	
payerais	payerions	aurais payé	aurions payé
payerais	payeriez	aurais payé	auriez payé
payerait	payeraient	aurait payé	auraient payé
6 présent du subjonctif		**13 passé du subjonctif**	
paye	payions	aie payé	ayons payé
payes	payiez	aies payé	ayez payé
paye	payent	ait payé	aient payé
7 imparfait du subjonctif		**14 plus-que-parfait du subjonctif**	
payasse	payassions	eusse payé	eussions payé
payasses	payassiez	eusses payé	eussiez payé
payât	payassent	eût payé	eussent payé

Impératif
paye
payons
payez

Words and expressions related to this verb

payer à la caisse, s'il vous plaît pay at the cashier, please
un payement (or paiement) payment
avoir de quoi payer to have the means to pay
payable payable
payer comptant to pay in cash
se faire payer à dîner par qqn to get your dinner paid for by someone

Verbs ending in -*ayer* may change *y* to *i* before mute *e* or may keep *y.*

to sin, to commit a sin

The Seven Simple Tenses		The Seven Compound Tenses	
Singular	Plural	Singular	Plural
1 présent de l'indicatif		**8 passé composé**	
pèche	péchons	ai péché	avons péché
pèches	péchez	as péché	avez péché
pèche	pèchent	a péché	ont péché
2 imparfait de l'indicatif		**9 plus-que-parfait de l'indicatif**	
péchais	péchions	avais péché	avions péché
péchais	péchiez	avais péché	aviez péché
péchait	péchaient	avait péché	avaient péché
3 passé simple		**10 passé antérieur**	
péchai	péchâmes	eus péché	eûmes péché
péchas	péchâtes	eus péché	eûtes péché
pécha	péchèrent	eut péché	eurent péché
4 futur		**11 futur antérieur**	
pécherai	pécherons	aurai péché	aurons péché
pécheras	pécherez	auras péché	aurez péché
péchera	pécheront	aura péché	auront péché
5 conditionnel		**12 conditionnel passé**	
pécherais	pécherions	aurais péché	aurions péché
pécherais	pécheriez	aurais péché	auriez péché
pécherait	pécheraient	aurait péché	auraient péché
6 présent du subjonctif		**13 passé du subjonctif**	
pèche	péchions	aie péché	ayons péché
pèches	péchiez	aies péché	ayez péché
pèche	pèchent	ait péché	aient péché
7 imparfait du subjonctif		**14 plus-que-parfait du subjonctif**	
péchasse	péchassions	eusse péché	eussions péché
péchasses	péchassiez	eusses péché	eussiez péché
péchât	péchassent	eût péché	eussent péché

Impératif
[ordinairement inemployé]

Words and expressions related to this verb

le péché   sin
un pécheur, une pécheresse   sinner
à tout péché miséricorde   forgiveness for every sin

Do not confuse this verb with **pêcher,** *to fish.*

pêcher

to fish

The Seven Simple Tenses		The Seven Compound Tenses	
Singular	Plural	Singular	Plural
1 présent de l'indicatif		**8 passé composé**	
pêche	pêchons	ai pêché	avons pêché
pêches	pêchez	as pêché	avez pêché
pêche	pêchent	a péché	ont péché
2 imparfait de l'indicatif		**9 plus-que-parfait de l'indicatif**	
pêchais	pêchions	avais pêché	avions pêché
pêchais	pêchiez	avais pêché	aviez pêché
pêchait	pêchaient	avait pêché	avaient pêché
3 passé simple		**10 passé antérieur**	
pêchai	pêchâmes	eus pêché	eûmes pêché
pêchas	pêchâtes	eus pêché	eûtes pêché
pêcha	pêchèrent	eut pêché	eurent pêché
4 futur		**11 futur antérieur**	
pêcherai	pêcherons	aurai pêché	aurons pêché
pêcheras	pêcherez	auras pêché	aurez pêché
pêchera	pêcheront	aura pêché	auront pêché
5 conditionnel		**12 conditionnel passé**	
pêcherais	pêcherions	aurais pêché	aurions pêché
pêcherais	pêcheriez	aurais pêché	auriez pêché
pêcherait	pêcheraient	aurait pêché	auraient pêché
6 présent du subjonctif		**13 passé du subjonctif**	
pêche	pêchions	aie pêché	ayons pêché
pêches	pêchiez	aies pêché	ayez pêché
pêche	pêchent	ait pêché	aient pêché
7 imparfait du subjonctif		**14 plus-que-parfait du subjonctif**	
pêchasse	pêchassions	eusse pêché	eussions pêché
pêchasses	pêchassiez	eusses pêché	eussiez pêché
pêchât	pêchassent	eût pêché	eussent pêché

Impératif
pêche
pêchons
pêchez

Common idiomatic expressions using this verb

Samedi nous irons à la pêche. Je connais un lac à la campagne où il y a beaucoup de poissons.

aller à la pêche   to go fishing
un pêcheur   fisherman; **une pêcheuse**
un bateau pêcheur   fishing boat

Do not confuse this verb with **pécher,** *to sin.*

to comb one's hair

The Seven Simple Tenses		The Seven Compound Tenses	
Singular	Plural	Singular	Plural
1 présent de l'indicatif		**8 passé composé**	
me peigne	nous peignons	me suis peigné(e)	nous sommes peigné(e)s
te peignes	vous peignez	t'es peigné(e)	vous êtes peigné(e)(s)
se peigne	se peignent	s'est peigné(e)	se sont peigné(e)s
2 imparfait de l'indicatif		**9 plus-que-parfait de l'indicatif**	
me peignais	nous peignions	m'étais peigné(e)	nous étions peigné(e)s
te peignais	vous peigniez	t'étais peigné(e)	vous étiez peigné(e)(s)
se peignait	se peignaient	s'était peigné(e)	s'étaient peigné(e)s
3 passé simple		**10 passé antérieur**	
me peignai	nous peignâmes	me fus peigné(e)	nous fûmes peigné(e)s
te peignas	vous peignâtes	te fus peigné(e)	vous fûtes peigné(e)(s)
se peigna	se peignèrent	se fut peigné(e)	se furent peigné(e)s
4 futur		**11 futur antérieur**	
me peignerai	nous peignerons	me serai peigné(e)	nous serons peigné(e)s
te peigneras	vous peignerez	te seras peigné(e)	vous serez peigné(e)(s)
se peignera	se peigneront	se sera peigné(e)	se seront peigné(e)s
5 conditionnel		**12 conditionnel passé**	
me peignerais	nous peignerions	me serais peigné(e)	nous serions peigné(e)s
te peignerais	vous peigneriez	te serais peigné(e)	vous seriez peigné(e)(s)
se peignerait	se peigneraient	se serait peigné(e)	se seraient peigné(e)s
6 présent du subjonctif		**13 passé du subjonctif**	
me peigne	nous peignions	me sois peigné(e)	nous soyons peigné(e)s
te peignes	vous peigniez	te sois peigné(e)	vous soyez peigné(e)(s)
se peigne	se peignent	se soit peigné(e)	se soient peigné(e)s
7 imparfait du subjonctif		**14 plus-que-parfait du subjonctif**	
me peignasse	nous peignassions	me fusse peigné(e)	nous fussions peigné(e)s
te peignasses	vous peignassiez	te fusses peigné(e)	vous fussiez peigné(e)(s)
se peignât	se peignassent	se fût peigné(e)	se fussent peigné(e)s

Impératif
peigne-toi
peignons-nous
peignez-vous

Sentences using this verb and words related to it

Mon frère a peigné notre petit chien. Ma mère a lavé les cheveux de ma petite soeur et elle l'a peignée. Après cela, elle s'est lavé les cheveux et elle s'est peignée.

peigner qqn	to comb someone	**mal peigné(e)(s)**	untidy hair, dishevelled
un peigne	a comb	**bien peigné(e)(s)**	well combed
un peignoir	dressing gown	**un peignoir de bain**	bath robe

The subject pronouns are found on the page facing page 1.

to paint

The Seven Simple Tenses		The Seven Compound Tenses	
Singular	Plural	Singular	Plural
1 présent de l'indicatif		**8 passé composé**	
peins	peignons	ai peint	avons peint
peins	peignez	as peint	avez peint
peint	peignent	a peint	ont peint
2 imparfait de l'indicatif		**9 plus-que-parfait de l'indicatif**	
peignais	peignions	avais peint	avions peint
peignais	peigniez	avais peint	aviez peint
peignait	peignaient	avait peint	avaient peint
3 passé simple		**10 passé antérieur**	
peignis	peignîmes	eus peint	eûmes peint
peignis	peignîtes	eus peint	eûtes peint
peignit	peignirent	eut peint	eurent peint
4 futur		**11 futur antérieur**	
peindrai	peindrons	aurai peint	aurons peint
peindras	peindrez	auras peint	aurez peint
peindra	peindront	aura peint	auront peint
5 conditionnel		**12 conditionnel passé**	
peindrais	peindrions	aurais peint	aurions peint
peindrais	peindriez	aurais peint	auriez peint
peindrait	peindraient	aurait peint	auraient peint
6 présent du subjonctif		**13 passé du subjonctif**	
peigne	peignions	aie peint	ayons peint
peignes	peigniez	aies peint	ayez peint
peigne	peignent	ait peint	aient peint
7 imparfait du subjonctif		**14 plus-que-parfait du subjonctif**	
peignisse	peignissions	eusse peint	eussions peint
peignisses	peignissiez	eusses peint	eussiez peint
peignît	peignissent	eût peint	eussent peint

Impératif
peins
peignons
peignez

Sentences using this verb and words related to it

Qui a peint ce tableau? Mon fils. Il est artiste peintre.

une peinture	painting, picture	**un peintre**	painter
un tableau	painting, picture	**un artiste peintre**	artist
une peinture à l'huile	oil painting	**une femme peintre**	woman artist
peintre en bâtiments	house painter	**une palette de peintre**	artist's palette

The Seven Simple Tenses		The Seven Compound Tenses	
Singular	Plural	Singular	Plural

1   présent de l'indicatif

pense	pensons	
penses	pensez	
pense	pensent	

8   passé composé

ai pensé	avons pensé
as pensé	avez pensé
a pensé	ont pensé

2   imparfait de l'indicatif

pensais	pensions
pensais	pensiez
pensait	pensaient

9   plus-que-parfait de l'indicatif

avais pensé	avions pensé
avais pensé	aviez pensé
avait pensé	avaient pensé

3   passé simple

pensai	pensâmes
pensas	pensâtes
pensa	pensèrent

10   passé antérieur

eus pensé	eûmes pensé
eus pensé	eûtes pensé
eut pensé	eurent pensé

4   futur

penserai	penserons
penseras	penserez
pensera	penseront

11   futur antérieur

aurai pensé	aurons pensé
auras pensé	aurez pensé
aura pensé	auront pensé

5   conditionnel

penserais	penserions
penserais	penseriez
penserait	penseraient

12   conditionnel passé

aurais pensé	aurions pensé
aurais pensé	auriez pensé
aurait pensé	auraient pensé

6   présent du subjonctif

pense	pensions
penses	pensiez
pense	pensent

13   passé du subjonctif

aie pensé	ayons pensé
aies pensé	ayez pensé
ait pensé	aient pensé

7   imparfait du subjonctif

pensasse	pensassions
pensasses	pensassiez
pensât	pensassent

14   plus-que-parfait du subjonctif

eusse pensé	eussions pensé
eusses pensé	eussiez pensé
eût pensé	eussent pensé

Impératif
pense
pensons
pensez

Common idiomatic expressions using this verb

—**Robert, tu as l'air pensif; à quoi penses-tu?**
—**Je pense à mon examen de français.**
—**Moi, je pense aux vacances de Noël.**
—**Que penses-tu de cette classe de français?**
—**Je trouve que cette classe est excellente.**
—**Penses-tu continuer à étudier le français l'année prochaine?**
—**Certainement.**

The subject pronouns are found on the page facing page 1.

perdre

Part. pr. **perdant**   Part. passé **perdu**

to lose

The Seven Simple Tenses		The Seven Compound Tenses	
Singular	Plural	Singular	Plural
1 présent de l'indicatif		**8 passé composé**	
perds	perdons	ai perdu	avons perdu
perds	perdez	as perdu	avez perdu
perd	perdent	a perdu	ont perdu
2 imparfait de l'indicatif		**9 plus-que-parfait de l'indicatif**	
perdais	perdions	avais perdu	avions perdu
perdais	perdiez	avais perdu	aviez perdu
perdait	perdaient	avait perdu	avaient perdu
3 passé simple		**10 passé antérieur**	
perdis	perdîmes	eus perdu	eûmes perdu
perdis	perdîtes	eus perdu	eûtes perdu
perdit	perdirent	eut perdu	eurent perdu
4 futur		**11 futur antérieur**	
perdrai	perdrons	aurai perdu	aurons perdu
perdras	perdrez	auras perdu	aurez perdu
perdra	perdront	aura perdu	auront perdu
5 conditionnel		**12 conditionnel passé**	
perdrais	perdrions	aurais perdu	aurions perdu
perdrais	perdriez	aurais perdu	auriez perdu
perdrait	perdraient	aurait perdu	auraient perdu
6 présent du subjonctif		**13 passé du subjonctif**	
perde	perdions	aie perdu	ayons perdu
perdes	perdiez	aies perdu	ayez perdu
perde	perdent	ait perdu	aient perdu
7 imparfait du subjonctif		**14 plus-que-parfait du subjonctif**	
perdisse	perdissions	eusse perdu	eussions perdu
perdisses	perdissiez	eusses perdu	eussiez perdu
perdît	perdissent	eût perdu	eussent perdu

Impératif
perds
perdons
perdez

Sentences using this verb and words related to it

Je n'ai pas d'argent sur moi. Je l'ai laissé à la maison parce que si je l'avais pris avec moi je sais que je l'aurais perdu dans la rue. Puis-je vous demander deux dollars? Je vous les rendrai la semaine prochaine.

se perdre   to lose oneself
perdre son temps   to waste one's time
perdre son chemin   to lose one's way
perdre pied   to lose one's footing

Vous n'avez rien à perdre   You have nothing to lose.
une perte   a loss

The Seven Simple Tenses

The Seven Compound Tenses

Singular	Plural	Singular	Plural
1 présent de l'indicatif		**8 passé composé**	
péris	périssons	ai péri	avons péri
péris	périssez	as péri	avez péri
périt	périssent	a péri	ont péri
2 imparfait de l'indicatif		**9 plus-que-parfait de l'indicatif**	
périssais	périssions	avais péri	avions péri
périssais	périssiez	avais péri	aviez péri
périssait	périssaient	avait péri	avaient péri
3 passé simple		**10 passé antérieur**	
péris	pérîmes	eus péri	eûmes péri
péris	pérîtes	eus péri	eûtes péri
périt	périrent	eut péri	eurent péri
4 futur		**11 futur antérieur**	
périrai	périrons	aurai péri	aurons péri
périras	périrez	auras péri	aurez péri
périra	périront	aura péri	auront péri
5 conditionnel		**12 conditionnel passé**	
périrais	péririons	aurais péri	aurions peri
périrais	péririez	aurais péri	auriez péri
périrait	périraient	aurait péri	auraient péri
6 présent du subjonctif		**13 passé du subjonctif**	
périsse	périssions	aie péri	ayons péri
périsses	périssiez	aies péri	ayez péri
périsse	périssent	ait péri	aient péri
7 imparfait du subjonctif		**14 plus-que-parfait du subjonctif**	
périsse	périssions	eusse péri	eussions péri
périsses	périssiez	eusses péri	eussiez péri
pérît	périssent	eût péri	eussent péri

Impératif
péris
périssons
périssez

Common idiomatic expressions using this verb

faire périr   to kill
s'ennuyer à périr   to be bored to death
périssable   perishable

to permit, to allow, to let

The Seven Simple Tenses		The Seven Compound Tenses	
Singular	Plural	Singular	Plural
1 présent de l'indicatif		**8 passé composé**	
permets	permettons	ai permis	avons permis
permets	permettez	as permis	avez permis
permet	permettent	a permis	ont permis
2 imparfait de l'indicatif		**9 plus-que-parfait de l'indicatif**	
permettais	permettions	avais permis	avions permis
permettais	permettiez	avais permis	aviez permis
permettait	permettaient	avait permis	avaient permis
3 passé simple		**10 passé antérieur**	
permis	permîmes	eus permis	eûmes permis
permis	permîtes	eus permis	eûtes permis
permit	permirent	eut permis	eurent permis
4 futur		**11 futur antérieur**	
permettrai	permettrons	aurai permis	aurons permis
permettras	permettrez	auras permis	aurez permis
permettra	permettront	aura permis	auront permis
5 conditionnel		**12 conditionnel passé**	
permettrais	permettrions	aurais permis	aurions permis
permettrais	permettriez	aurais permis	auriez permis
permettrait	permettraient	aurait permis	auraient permis
6 présent du subjonctif		**13 passé du subjonctif**	
permette	permettions	aie permis	ayons permis
permettes	permettiez	aies permis	ayez permis
permette	permettent	ait permis	aient permis
7 imparfait du subjonctif		**14 plus-que-parfait du subjonctif**	
permisse	permissions	eusse permis	eussions permis
permisses	permissiez	eusses permis	eussiez permis
permît	permissent	eût permis	eussent permis

Impératif
permets
permettons
permettez

Common idiomatic expressions using this verb

La maîtresse de français a permis à l'élève de quitter la salle de classe quelques minutes avant la fin de la leçon.

permettre à qqn de faire qqch   to permit (to allow) someone to do something
Vous permettez?   May I?
s'il est permis   if it is allowed, permitted
un permis   permit
un permis de conduire   driving license
la permission   permission

The Seven Simple Tenses		The Seven Compound Tenses	
Singular	Plural	Singular	Plural
1 présent de l'indicatif		**8 passé composé**	
place	plaçons	ai placé	avons placé
places	placez	as placé	avez placé
place	placent	a placé	ont placé
2 imparfait de l'indicatif		**9 plus-que-parfait de l'indicatif**	
plaçais	placions	avais placé	avions placé
plaçais	placiez	avais placé	aviez placé
plaçait	plaçaient	avait placé	avaient placé
3 passé simple		**10 passé antérieur**	
plaçai	plaçâmes	eus placé	eûmes placé
plaças	plaçâtes	eus placé	eûtes placé
plaça	placèrent	eut placé	eurent placé
4 futur		**11 futur antérieur**	
placerai	placerons	aurai placé	aurons placé
placeras	placerez	auras placé	aurez placé
placera	placeront	aura placé	auront placé
5 conditionnel		**12 conditionnel passé**	
placerais	placerions	aurais placé	aurions placé
placerais	placeriez	aurais placé	auriez placé
placerait	placeraient	aurait placé	auraient placé
6 présent du subjonctif		**13 passé du subjonctif**	
place	placions	aie placé	ayons placé
places	placiez	aies placé	ayez placé
place	placent	ait placé	aient placé
7 imparfait du subjonctif		**14 plus-que-parfait du subjonctif**	
plaçasse	plaçassions	eusse placé	eussions placé
plaçasses	plaçassiez	eusses placé	eussiez placé
plaçât	plaçassent	eût placé	eussent placé

Impératif
place
plaçons
placez

Sentences using this verb and words related to it

Nous pouvons déjeuner maintenant. Ma place est ici près de la fenêtre, ta place est là-bas près de la porte. Marie, place-toi à côté de Pierre. Combien de places y a-t-il? Y a-t-il assez de places pour tout le monde?

une place   a seat, a place
chaque chose à sa place   everything in its place
un placement   placing
un bureau de placement   employment agency
se placer   to place oneself, to take a seat

The subject pronouns are found on the page facing page 1.

to pity

The Seven Simple Tenses		The Seven Compound Tenses	
Singular	Plural	Singular	Plural
1 présent de l'indicatif		**8 passé composé**	
plains	plaignons	ai plaint	avons plaint
plains	plaignez	as plaint	avez plaint
plaint	plaignent	a plaint	ont plaint
2 imparfait de l'indicatif		**9 plus-que-parfait de l'indicatif**	
plaignais	plaignions	avais plaint	avions plaint
plaignais	plaigniez	avais plaint	aviez plaint
plaignait	plaignaient	avait plaint	avaient plaint
3 passé simple		**10 passé antérieur**	
plaignis	plaignîmes	eus plaint	eûmes plaint
plaignis	plaignîtes	eus plaint	eûtes plaint
plaignit	plaignirent	eut plaint	eurent plaint
4 futur		**11 futur antérieur**	
plaindrai	plaindrons	aurai plaint	aurons plaint
plaindras	plaindrez	auras plaint	aurez plaint
plaindra	plaindront	aura plaint	auront plaint
5 conditionnel		**12 conditionnel passé**	
plaindrais	plaindrions	aurais plaint	aurions plaint
plaindrais	plaindriez	aurais plaint	auriez plaint
plaindrait	plaindraient	aurait plaint	auraient plaint
6 présent du subjonctif		**13 passé du subjonctif**	
plaigne	plaignions	aie plaint	ayons plaint
plaignes	plaigniez	aies plaint	ayez plaint
plaigne	plaignent	ait plaint	aient plaint
7 imparfait du subjonctif		**14 plus-que-parfait du subjonctif**	
plaignisse	plaignissions	eusse plaint	eussions plaint
plaignisses	plaignissiez	eusses plaint	eussiez plaint
plaignît	plaignissent	eût plaint	eussent plaint

Impératif
plains
plaignons
plaignez

Sentences using this verb and words related to it

Pauvre Madame Bayou! Elle a des ennuis et je la plains.

une plainte   groan, moan, protest, complaint
porter plainte contre   to bring charges against
plaintif, plaintive   plaintive
plaintivement   plaintively, mournfully

For additional related words, see **se plaindre**.

to complain, to lament, to moan

The Seven Simple Tenses		The Seven Compound Tenses	
Singular	Plural	Singular	Plural

1 présent de l'indicatif

me plains	nous plaignons		
te plains	vous plaignez		
se plaint	se plaignent		

8 passé composé

me suis plaint(e)	nous sommes plaint(e)s
t'es plaint(e)	vous êtes plaint(e)(s)
s'est plaint(e)	se sont plaint(e)s

2 imparfait de l'indicatif

me plaignais	nous plaignions
te plaignais	vous plaigniez
se plaignait	se plaignaient

9 plus-que-parfait de l'indicatif

m'étais plaint(e)	nous étions plaint(e)s
t'étais plaint(e)	vous étiez plaint(e)(s)
s'était plaint(e)	s'étaient plaint(e)s

3 passé simple

me plaignis	nous plaignîmes
te plaignis	vous plaignîtes
se plaignit	se plaignirent

10 passé antérieur

me fus plaint(e)	nous fûmes plaint(e)s
te fus plaint(e)	vous fûtes plaint(e)(s)
se fut plaint(e)	se furent plaint(e)s

4 futur

me plaindrai	nous plaindrons
te plaindras	vous plaindrez
se plaindra	se plaindront

11 futur antérieur

me serai plaint(e)	nous serons plaint(e)s
te seras plaint(e)	vous serez plaint(e)(s)
se sera plaint(e)	se seront plaint(e)s

5 conditionnel

me plaindrais	nous plaindrions
te plaindrais	vous plaindriez
se plaindrait	se plaindraient

12 conditionnel passé

me serais plaint(e)	nous serions plaint(e)s
te serais plaint(e)	vous seriez plaint(e)(s)
se serait plaint(e)	se seraient plaint(e)s

6 présent du subjonctif

me plaigne	nous plaignions
te plaignes	vous plaigniez
se plaigne	se plaignent

13 passé du subjonctif

me sois plaint(e)	nous soyons plaint(e)s
te sois plaint(e)	vous soyez plaint(e)(s)
se soit plaint(e)	se soient plaint(e)s

7 imparfait du subjonctif

me plaignisse	nous plaignissions
te plaignisses	vous plaignissiez
se plaignît	se plaignissent

14 plus-que-parfait du subjonctif

me fusse plaint(e)	nous fussions plaint(e)s
te fusses plaint(e)	vous fussiez plaint(e)(s)
se fût plaint(e)	se fussent plaint(e)s

Imperatif
plains-toi
plaignons-nous
plaignez-vous

Common idiomatic expressions using this verb

Quelle jeune fille! Elle se plaint toujours de tout! Hier elle s'est plainte de son professeur de français, aujourd'hui elle se plaint de ses devoirs, et je suis certain que demain elle se plaindra du temps.

se plaindre du temps   to complain about the weather
se plaindre de qqn ou de qqch   to complain of, to find fault with someone or something
avoir bonne raison de se plaindre   to have a good reason to complain

For other words related to this verb, see **plaindre**.

The subject pronouns are found on the page facing page 1.   **211**

to please

The Seven Simple Tenses		The Seven Compound Tenses	
Singular	Plural	Singular	Plural
1 présent de l'indicatif		**8 passé composé**	
plais	plaisons	ai plu	avons plu
plais	plaisez	as plu	avez plu
plaît	plaisent	a plu	ont plu
2 imparfait de l'indicatif		**9 plus-que-parfait de l'indicatif**	
plaisais	plaisions	avais plu	avions plu
plaisais	plaisiez	avais plu	aviez plu
plaisait	plaisaient	avait plu	avaient plu
3 passé simple		**10 passé antérieur**	
plus	plûmes	eus plu	eûmes plu
plus	plûtes	eus plu	eûtes plu
plut	plurent	eut plu	eurent plu
4 futur		**11 futur antérieur**	
plairai	plairons	aurai plu	aurons plu
plairas	plairez	auras plu	aurez plu
plaira	plairont	aura plu	auront plu
5 conditionnel		**12 conditionnel passé**	
plairais	plairions	aurais plu	aurions plu
plairais	plairiez	aurais plu	auriez plu
plairait	plairaient	aurait plu	auraient plu
6 présent du subjonctif		**13 passé du subjonctif**	
plaise	plaisions	aie plu	ayons plu
plaises	plaisiez	aies plu	ayez plu
plaise	plaisent	ait plu	aient plu
7 imparfait du subjonctif		**14 plus-que-parfait du subjonctif**	
plusse	plussions	eusse plu	eussions plu
plusses	plussiez	eusses plu	eussiez plu
plût	plussent	eût plu	eussent plu

Impératif
plais
plaisons
plaisez

Common idiomatic expressions using this verb

plaire à qqn   to please, to be pleasing to someone;   **Son mariage a plu à sa famille**
Her (his) marriage pleased her (his) family. **Est-ce que ce cadeau lui plaira?**   Will
this present please her (him)? Will this gift be pleasing to her (to him)?
se plaire à   to take pleasure in;   **Robert se plaît à ennuyer son petit frère**   Robert
takes pleasure in bothering his little brother.
le plaisir   delight, pleasure

to cry, to weep

The Seven Simple Tenses		The Seven Compound Tenses	
Singular	Plural	Singular	Plural

1 présent de l'indicatif

pleure	pleurons		
pleures	pleurez		
pleure	pleurent		

8 passé composé

ai pleuré	avons pleuré		
as pleuré	avez pleuré		
a pleuré	ont pleuré		

2 imparfait de l'indicatif

pleurais	pleurions
pleurais	pleuriez
pleurait	pleuraient

9 plus-que-parfait de l'indicatif

avais pleuré	avions pleuré
avais pleuré	aviez pleuré
avait pleuré	avaient pleuré

3 passé simple

pleurai	pleurâmes
pleuras	pleurâtes
pleura	pleurèrent

10 passé antérieur

eus pleuré	eûmes pleuré
eus pleuré	eûtes pleuré
eut pleuré	eurent pleuré

4 futur

pleurerai	pleurerons
pleureras	pleurerez
pleurera	pleureront

11 futur antérieur

aurai pleuré	aurons pleuré
auras pleuré	aurez pleuré
aura pleuré	auront pleuré

5 conditionnel

pleurerais	pleurerions
pleurerais	pleureriez
pleurerait	pleureraient

12 conditionnel passé

aurais pleuré	aurions pleuré
aurais pleuré	auriez pleuré
aurait pleuré	auraient pleuré

6 présent du subjonctif

pleure	pleurions
pleures	pleuriez
pleure	pleurent

13 passé du subjonctif

aie pleuré	ayons pleuré
aies pleuré	ayez pleuré
ait pleuré	aient pleuré

7 imparfait du subjonctif

pleurasse	pleurassions
pleurasses	pleurassiez
pleurât	pleurassent

14 plus-que-parfait du subjonctif

eusse pleuré	eussions pleuré
eusses pleuré	eussiez pleuré
eût pleuré	eussent pleuré

Impératif
pleure
pleurons
pleurez

Common idiomatic expressions using this verb

pleurer toutes les larmes de son corps   to cry one's eyes out
une larme   a tear
un pleur   a tear
pleurard, pleurarde   whimpering person
une pièce pleurnicharde   soap opera
larmoyant, larmoyante   tearful, lachrymose

The subject pronouns are found on the page facing page 1.

to rain

The Seven Simple Tenses	The Seven Compound Tenses
Singular	Singular
1 présent de l'indicatif **il pleut**	8 passé composé **il a plu**
2 imparfait de l'indicatif **il pleuvait**	9 plus-que-parfait de l'indicatif **il avait plu**
3 passé simple **il plut**	10 passé antérieur **il eut plu**
4 futur **il pleuvra**	11 futur antérieur **il aura plu**
5 conditionnel **il pleuvrait**	12 conditionnel passé **il aurait plu**
6 présent du subjonctif **qu'il pleuve**	13 passé du subjonctif **qu'il ait plu**
7 imparfait du subjonctif **qu'il plût**	14 plus-que-parfait du subjonctif **qu'il eût plu**

Impératif
qu'il pleuve

Sentences using this verb and words related to it

Hier il a plu, il pleut maintenant, et je suis certain qu'il pleuvra demain.

la pluie	the rain	**bruiner**	to drizzle
pluvieux, pluvieuse	rainy	**Il pleut à seaux**	It's raining in buckets.
pleuvoter	to drizzle	**Il pleut à verse**	It's raining hard.

Do not confuse the past part. of this verb with the past
part. of **plaire,** which are identical.

to wear, to carry

The Seven Simple Tenses		The Seven Compound Tenses	
Singular	Plural	Singular	Plural
1 présent de l'indicatif		**8 passé composé**	
porte	portons	ai porté	avons porté
portes	portez	as porté	avez porté
porte	portent	a porté	ont porté
2 imparfait de l'indicatif		**9 plus-que-parfait de l'indicatif**	
portais	portions	avais porté	avions porté
portais	portiez	avais porté	aviez porté
portait	portaient	avait porté	avaient porté
3 passé simple		**10 passé antérieur**	
portai	portâmes	eus porté	eûmes porté
portas	portâtes	eus porté	eûtes porté
porta	portèrent	eut porté	eurent porté
4 futur		**11 futur antérieur**	
porterai	porterons	aurai porté	aurons porté
porteras	porterez	auras porté	aurez porté
portera	porteront	aura porté	auront porté
5 conditionnel		**12 conditionnel passé**	
porterais	porterions	aurais porté	aurions porté
porterais	porteriez	aurais porté	auriez porté
porterait	porteraient	aurait porté	auraient porté
6 présent du subjonctif		**13 passé du subjonctif**	
porte	portions	aie porté	ayons porté
portes	portiez	aies porté	ayez porté
porte	portent	ait porté	aient porté
7 imparfait du subjonctif		**14 plus-que-parfait du subjonctif**	
portasse	portassions	eusse porté	eussions porté
portasses	portassiez	eusses porté	eussiez porté
portât	portassent	eût porté	eussent porté

Impératif
porte
portons
portez

Common idiomatic expressions using this verb

porter la main sur qqn   to raise one's hand against someone
porter son âge   to look one's age
se porter   to feel (health); **Comment vous portez-vous aujourd'hui?**   How do you
     feel today?

to push

The Seven Simple Tenses		The Seven Compound Tenses	
Singular	Plural	Singular	Plural
1 présent de l'indicatif		**8 passé composé**	
pousse	poussons	ai poussé	avons poussé
pousses	poussez	as poussé	avez poussé
pousse	poussent	a poussé	ont poussé
2 imparfait de l'indicatif		**9 plus-que-parfait de l'indicatif**	
poussais	poussions	avais poussé	avions poussé
poussais	poussiez	avais poussé	aviez poussé
poussait	poussaient	avait poussé	avaient poussé
3 passé simple		**10 passé antérieur**	
poussai	poussâmes	eus poussé	eûmes poussé
poussas	poussâtes	eus poussé	eûtes poussé
poussa	poussèrent	eut poussé	eurent poussé
4 futur		**11 futur antérieur**	
pousserai	pousserons	aurai poussé	aurons poussé
pousseras	pousserez	auras poussé	aurez poussé
poussera	pousseront	aura poussé	auront poussé
5 conditionnel		**12 conditionnel passé**	
pousserais	pousserions	aurais poussé	aurions poussé
pousserais	pousseriez	aurais poussé	auriez poussé
pousserait	pousseraient	aurait poussé	auraient poussé
6 présent du subjonctif		**13 passé du subjonctif**	
pousse	poussions	aie poussé	ayons poussé
pousses	poussiez	aies poussé	ayez poussé
pousse	poussent	ait poussé	aient poussé
7 imparfait du subjonctif		**14 plus-que-parfait du subjonctif**	
poussasse	poussassions	eusse poussé	eussions poussé
poussasses	poussassiez	eusses poussé	eussiez poussé
poussât	poussassent	eût poussé	eussent poussé

Impératif
pousse
poussons
poussez

Common idiomatic expressions using this verb

une poussée   a push
pousser qqn à faire qqch   to egg someone on to do something
Robert pousse une barbe   Robert is growing a beard.
pousser un cri   to utter a cry
une poussette   a stroller

to be able, can

The Seven Simple Tenses		The Seven Compound Tenses	
Singular	Plural	Singular	Plural

1   présent de l'indicatif

		8 passé composé	
peux *or* puis	pouvons	ai pu	avons pu
peux	pouvez	as pu	avez pu
peut	peuvent	a pu	ont pu

2   imparfait de l'indicatif

		9 plus-que-parfait de l'indicatif	
pouvais	pouvions	avais pu	avions pu
pouvais	pouviez	avais pu	aviez pu
pouvait	pouvaient	avait pu	avaient pu

3   passé simple

		10 passé antérieur	
pus	pûmes	eus pu	eûmes pu
pus	pûtes	eus pu	eûtes pu
put	purent	eut pu	eurent pu

4   futur

		11 futur antérieur	
pourrai	pourrons	aurai pu	aurons pu
pourras	pourrez	auras pu	aurez pu
pourra	pourront	aura pu	auront pu

5   conditionnel

		12 conditionnel passé	
pourrais	pourrions	aurais pu	aurions pu
pourrais	pourriez	aurais pu	auriez pu
pourrait	pourraient	aurait pu	auraient pu

6   présent du subjonctif

		13 passé du subjonctif	
puisse	puissions	aie pu	ayons pu
puisses	puissiez	aies pu	ayez pu
puisse	puissent	ait pu	aient pu

7   imparfait du subjonctif

		14 plus-que-parfait du subjonctif	
pusse	pussions	eusse pu	eussions pu
pusses	pussiez	eusses pu	eussiez pu
pût	pussent	eût pu	eussent pu

Impératif
(inusité)

Common idiomatic expressions using this verb

si l'on peut dire   if one may say so
se pouvoir: Cela se peut   That may be.
le pouvoir   power
avoir du pouvoir sur soi-même   to have self control

to prefer

The Seven Simple Tenses		The Seven Compound Tenses	
Singular	Plural	Singular	Plural
1 présent de l'indicatif		**8 passé composé**	
préfère	préférons	ai préféré	avons préféré
préfères	préférez	as préféré	avez préféré
préfère	préfèrent	a préféré	ont préféré
2 imparfait de l'indicatif		**9 plus-que-parfait de l'indicatif**	
préférais	préférions	avais préféré	avions préféré
préférais	préfériez	avais préféré	aviez préféré
préférait	préféraient	avait préféré	avaient préféré
3 passé simple		**10 passé antérieur**	
préférai	préférâmes	eus préféré	eûmes préféré
préféras	préférâtes	eus préféré	eûtes préféré
préféra	préférèrent	eut préféré	eurent préféré
4 futur		**11 futur antérieur**	
préférerai	préférerons	aurai préféré	aurons préféré
préféreras	préférerez	auras préféré	aurez préféré
préférera	préféreront	aura préféré	auront préféré
5 conditionnel		**12 conditionnel passé**	
préférerais	préférerions	aurais préféré	aurions préféré
préférerais	préféreriez	aurais préféré	auriez préféré
préférerait	préféreraient	aurait préféré	auraient préféré
6 présent du subjonctif		**13 passé du subjonctif**	
préfère	préférions	aie préféré	ayons préféré
préfères	préfériez	aies préféré	ayez préféré
préfère	préfèrent	ait préféré	aient préféré
7 imparfait du subjonctif		**14 plus-que-parfait du subjonctif**	
préférasse	préférassions	eusse préféré	eussions préféré
préférasses	préférassiez	eusses préféré	eussiez préféré
préférât	préférassent	eût préféré	eussent préféré

Impératif
préfère
préférons
préférez

Sentences using this verb and words related to it

    —Qu'est-ce que vous préférez faire ce soir?
    —Je préfère aller voir un bon film. Et vous?
    —Je préfère rester à la maison.

une préférence   a preference
préférentiel, préférentielle   preferential
préférable   preferable
préférablement   preferably

The Seven Simple Tenses		The Seven Compound Tenses	
Singular	Plural	Singular	Plural
1 présent de l'indicatif		**8 passé composé**	
prends	prenons	ai pris	avons pris
prends	prenez	as pris	avez pris
prend	prennent	a pris	ont pris
2 imparfait de l'indicatif		**9 plus-que-parfait de l'indicatif**	
prenais	prenions	avais pris	avions pris
prenais	preniez	avais pris	aviez pris
prenait	prenaient	avait pris	avaient pris
3 passé simple		**10 passé antérieur**	
pris	prîmes	eus pris	eûmes pris
pris	prîtes	eus pris	eûtes pris
prit	prirent	eut pris	eurent pris
4 futur		**11 futur antérieur**	
prendrai	prendrons	aurai pris	aurons pris
prendras	prendrez	auras pris	aurez pris
prendra	prendront	aura pris	auront pris
5 conditionnel		**12 conditionnel passé**	
prendrais	prendrions	aurais pris	aurions pris
prendrais	prendriez	aurais pris	auriez pris
prendrait	prendraient	aurait pris	auraient pris
6 présent du subjonctif		**13 passé du subjonctif**	
prenne	prenions	aie pris	ayons pris
prennes	preniez	aies pris	ayez pris
prenne	prennent	ait pris	aient pris
7 imparfait du subjonctif		**14 plus-que-parfait du subjonctif**	
prisse	prissions	eusse pris	eussions pris
prisses	prissiez	eusses pris	eussiez pris
prît	prissent	eût pris	eussent pris

	Impératif
	prends
	prenons
	prenez

Sentences using this verb and words related to it

—**Qui a pris les fleurs qui étaient sur la table?**
—**C'est moi qui les ai prises.**

à tout prendre   on the whole
un preneur, une preneuse   taker, purchaser
s'y prendre   to go about it, to handle it, to set about it;
Je ne sais comment m'y prendre   I don't know how to go about it.

to prepare

The Seven Simple Tenses		The Seven Compound Tenses	
Singular	Plural	Singular	Plural
1 présent de l'indicatif		**8 passé composé**	
prépare	préparons	ai préparé	avons préparé
prépares	préparez	as préparé	avez préparé
prépare	préparent	a préparé	ont préparé
2 imparfait de l'indicatif		**9 plus-que-parfait de l'indicatif**	
préparais	préparions	avais préparé	avions préparé
préparais	prépariez	avais préparé	aviez préparé
préparait	préparaient	avait préparé	avaient préparé
3 passé simple		**10 passé antérieur**	
préparai	préparâmes	eus préparé	eûmes préparé
préparas	préparâtes	eus préparé	eûtes préparé
prépara	préparèrent	eut préparé	eurent préparé
4 futur		**11 futur antérieur**	
préparerai	préparerons	aurai préparé	aurons préparé
prépareras	préparerez	auras préparé	aurez préparé
préparera	prépareront	aura préparé	auront préparé
5 conditionnel		**12 conditionnel passé**	
préparerais	préparerions	aurais préparé	aurions préparé
préparerais	prépareriez	aurais préparé	auriez préparé
préparerait	prépareraient	aurait préparé	auraient préparé
6 présent du subjonctif		**13 passé du subjonctif**	
prépare	préparions	aie préparé	ayons préparé
prépares	prépariez	aies préparé	ayez préparé
prépare	préparent	ait préparé	aient préparé
7 imparfait du subjonctif		**14 plus-que-parfait du subjonctif**	
préparasse	préparassions	eusse préparé	eussions préparé
préparasses	préparassiez	eusses préparé	eussiez préparé
préparât	préparassent	eût préparé	eussent préparé

Impératif
prépare
préparons
préparez

Sentences using this verb and words related to it

Si Albert avait préparé sa leçon, il aurait reçu une bonne note. Il prépare toujours ses leçons mais cette fois il ne les a pas préparées.

la préparation   preparation
les préparatifs *(m.)*   preparations
préparatoire   preparatory
se préparer   to prepare oneself

The Seven Simple Tenses		The Seven Compound Tenses	
Singular	Plural	Singular	Plural
1 présent de l'indicatif		**8 passé composé**	
prête	prêtons	ai prêté	avons prêté
prêtes	prêtez	as prêté	avez prêté
prête	prêtent	a prêté	ont prêté
2 imparfait de l'indicatif		**9 plus-que-parfait de l'indicatif**	
prêtais	prêtions	avais prêté	avions prêté
prêtais	prêtiez	avais prêté	aviez prêté
prêtait	prêtaient	avait prêté	avaient prêté
3 passé simple		**10 passé antérieur**	
prêtai	prêtâmes	eus prêté	eûmes prêté
prêtas	prêtâtes	eus prêté	eûtes prêté
prêta	prêtèrent	eut prêté	eurent prêté
4 futur		**11 futur antérieur**	
prêterai	prêterons	aurai prêté	aurons prêté
prêteras	prêterez	auras prêté	aurez prêté
prêtera	prêteront	aura prêté	auront prêté
5 conditionnel		**12 conditionnel passé**	
prêterais	prêterions	aurais prêté	aurions prêté
prêterais	prêteriez	aurais prêté	auriez prêté
prêterait	prêteraient	aurait prêté	auraient prêté
6 présent du subjonctif		**13 passé du subjonctif**	
prête	prêtions	aie prêté	ayons prêté
prêtes	prêtiez	aies prêté	ayez prêté
prête	prêtent	ait prêté	aient prêté
7 imparfait du subjonctif		**14 plus-que-parfait du subjonctif**	
prêtasse	prêtassions	eusse prêté	eussions prêté
prêtasses	prêtassiez	eusses prêté	eussiez prêté
prêtât	prêtassent	eût prêté	eussent prêté

Impératif
prête
prêtons
prêtez

Common idiomatic expressions using this verb

prêter à intérêt   to lend at interest
prêter attention à qqn ou à qqch   to pay attention to someone or something
un prêteur sur gages   pawnbroker

produire

to produce

The Seven Simple Tenses		The Seven Compound Tenses	
Singular	Plural	Singular	Plural
1 présent de l'indicatif		**8 passé composé**	
produis	produisons	ai produit	avons produit
produis	produisez	as produit	avez produit
produit	produisent	a produit	ont produit
2 imparfait de l'indicatif		**9 plus-que-parfait de l'indicatif**	
produisais	produisions	avais produit	avions produit
produisais	produisiez	avais produit	aviez produit
produisait	produisaient	avait produit	avaient produit
3 passé simple		**10 passé antérieur**	
produisis	produisîmes	eus produit	eûmes produit
produisis	produisîtes	eus produit	eûtes produit
produisit	produisirent	eut produit	eurent produit
4 futur		**11 futur antérieur**	
produirai	produirons	aurai produit	aurons produit
produiras	produirez	auras produit	aurez produit
produira	produiront	aura produit	auront produit
5 conditionnel		**12 conditionnel passé**	
produirais	produirions	aurais produit	aurions produit
produirais	produiriez	aurais produit	auriez produit
produirait	produiraient	aurait produit	auraient produit
6 présent du subjonctif		**13 passé du subjonctif**	
produise	produisions	aie produit	ayons produit
produises	produisiez	aies produit	ayez produit
produise	produisent	ait produit	aient produit
7 imparfait du subjonctif		**14 plus-que-parfait du subjonctif**	
produisisse	produisissions	eusse produit	eussions produit
produisisses	produisissiez	eusses produit	eussiez produit
produisît	produisissent	eût produit	eussent produit

Impératif
produis
produisons
produisez

Words related to this verb

un produit   product
la production   production
productible   producible
productif, productive   productive
la productivité   productivity

222

The Seven Simple Tenses		The Seven Compound Tenses	
Singular	Plural	Singular	Plural
1 présent de l'indicatif		**8 passé composé**	
me promène	nous promenons	me suis promené(e)	nous sommes promené(e)s
te promènes	vous promenez	t'es promené(e)	vous êtes promené(e)(s)
se promène	se promènent	s'est promené(e)	se sont promené(e)s
2 imparfait de l'indicatif		**9 plus-que-parfait de l'indicatif**	
me promenais	nous promenions	m'étais promené(e)	nous étions promené(e)s
te promenais	vous promeniez	t'étais promené(e)	vous étiez promené(e)(s)
se promenait	se promenaient	s'était promené(e)	s'étaient promené(e)s
3 passé simple		**10 passé antérieur**	
me promenai	nous promenâmes	me fus promené(e)	nous fûmes promené(e)s
te promenas	vous promenâtes	te fus promené(e)	vous fûtes promené(e)(s)
se promena	se promenèrent	se fut promené(e)	se furent promené(e)s
4 futur		**11 futur antérieur**	
me promènerai	nous promènerons	me serai promené(e)	nous serons promené(e)s
te promèneras	vous promènerez	te seras promené(e)	vous serez promené(e)(s)
se promènera	se promèneront	se sera promené(e)	se seront promené(e)s
5 conditionnel		**12 conditionnel passé**	
me promènerais	nous promènerions	me serais promené(e)	nous serions promené(e)s
te promènerais	vous promèneriez	te serais promené(e)	vous seriez promené(e)(s)
se promènerait	se promèneraient	se serait promené(e)	se seraient promené(e)s
6 présent du subjonctif		**13 passé du subjonctif**	
me promène	nous promenions	me sois promené(e)	nous soyons promené(e)s
te promènes	vous promeniez	te sois promené(e)	vous soyez promené(e)(s)
se promène	se promènent	se soit promené(e)	se soient promené(e)s
7 imparfait du subjonctif		**14 plus-que-parfait du subjonctif**	
me promenasse	nous promenassions	me fusse promené(e)	nous fussions promené(e)s
te promenasses	vous promenassiez	te fusses promené(e)	vous fussiez promené(e)(s)
se promenât	se promenassent	se fût promené(e)	se fussent promené(e)s

Impératif
promène-toi
promenons-nous
promenez-vous

Common idiomatic expressions using this verb

Je me promène tous les matins   I take a walk every morning.
Cette promenade est merveilleuse.   This walk is marvelous.
Janine et Robert se sont promenés dans le parc.   Janine and Robert took a walk
    in the park.
faire une promenade   to take a walk
faire une promenade en voiture   to go for a drive

to promise

The Seven Simple Tenses		The Seven Compound Tenses	
Singular	Plural	Singular	Plural
1 présent de l'indicatif		**8 passé composé**	
promets	promettons	ai promis	avons promis
promets	promettez	as promis	avez promis
promet	promettent	a promis	ont promis
2 imparfait de l'indicatif		**9 plus-que-parfait de l'indicatif**	
promettais	promettions	avais promis	avions promis
promettais	promettiez	avais promis	aviez promis
promettait	promettaient	avait promis	avaient promis
3 passé simple		**10 passé antérieur**	
promis	promîmes	eus promis	eûmes promis
promis	promîtes	eus promis	eûtes promis
promit	promirent	eut promis	eurent promis
4 futur		**11 futur antérieur**	
promettrai	promettrons	aurai promis	aurons promis
promettras	promettrez	auras promis	aurez promis
promettra	promettront	aura promis	auront promis
5 conditionnel		**12 conditionnel passé**	
promettrais	promettrions	aurais promis	aurions promis
promettrais	promettriez	aurais promis	auriez promis
promettrait	promettraient	aurait promis	auraient promis
6 présent du subjonctif		**13 passé du subjonctif**	
promette	promettions	aie promis	ayons promis
promettes	promettiez	aies promis	ayez promis
promette	promettent	ait promis	aient promis
7 imparfait du subjonctif		**14 plus-que-parfait du subjonctif**	
promisse	promissions	eusse promis	eussions promis
promisses	promissiez	eusses promis	eussiez promis
promît	promissent	eût promis	eussent promis

Impératif
promets
promettons
promettez

Common idiomatic expressions using this verb

promettre de faire qqch   to promise to do something
une promesse   promise
tenir sa promesse   to keep one's promise

to pronounce

The Seven Simple Tenses		The Seven Compound Tenses	
Singular	Plural	Singular	Plural
1 présent de l'indicatif		**8 passé composé**	
prononce	prononçons	ai prononcé	avons prononcé
prononces	prononcez	as prononcé	avez prononcé
prononce	prononcent	a prononcé	ont prononcé
2 imparfait de l'indicatif		**9 plus-que-parfait de l'indicatif**	
prononçais	prononcions	avais prononcé	avions prononcé
prononçais	prononciez	avais prononcé	aviez prononcé
prononçait	prononçaient	avait prononcé	avaient prononcé
3 passé simple		**10 passé antérieur**	
prononçai	prononçâmes	eus prononcé	eûmes prononce
prononças	prononçâtes	eus prononcé	eûtes prononcé
prononça	prononcèrent	eut prononcé	eurent prononcé
4 futur		**11 futur antérieur**	
prononcerai	prononcerons	aurai prononcé	aurons prononcé
prononceras	prononcerez	auras prononcé	aurez prononcé
prononcera	prononceront	aura prononcé	auront prononcé
5 conditionnel		**12 conditionnel passé**	
prononcerais	prononcerions	aurais prononcé	aurions prononcé
prononcerais	prononceriez	aurais prononcé	auriez prononcé
prononcerait	prononceraient	aurait prononcé	auraient prononcé
6 présent du subjonctif		**13 passé du subjonctif**	
prononce	prononcions	aie prononcé	ayons prononcé
prononces	prononciez	aies prononcé	ayez prononcé
prononce	prononcent	ait prononcé	aient prononcé
7 imparfait du subjonctif		**14 plus-que-parfait du subjonctif**	
prononçasse	prononçassions	eusse prononcé	eussions prononcé
prononçasses	prononçassiez	eusses prononcé	eussiez prononcé
prononçât	prononçassent	eût prononcé	eussent prononcé

Impératif
prononce
prononçons
prononcez

Words and expressions related to this verb

prononcer un discours   to deliver a speech
la prononciation   pronunciation
prononçable   pronounceable

prouver

to prove

The Seven Simple Tenses		The Seven Compound Tenses	
Singular	Plural	Singular	Plural
1 présent de l'indicatif		**8 passé composé**	
prouve	prouvons	ai prouvé	avons prouvé
prouves	prouvez	as prouvé	avez prouvé
prouve	prouvent	a prouvé	ont prouvé
2 imparfait de l'indicatif		**9 plus-que-parfait de l'indicatif**	
prouvais	prouvions	avais prouvé	avions prouvé
prouvais	prouviez	avais prouvé	aviez prouvé
prouvait	prouvaient	avait prouvé	avaient prouvé
3 passé simple		**10 passé antérieur**	
prouvai	prouvâmes	eus prouvé	eûmes prouvé
prouvas	prouvâtes	eus prouvé	eûtes prouvé
prouva	prouvèrent	eut prouvé	eurent prouvé
4 futur		**11 futur antérieur**	
prouverai	prouverons	aurai prouvé	aurons prouvé
prouveras	prouverez	auras prouvé	aurez prouvé
prouvera	prouveront	aura prouvé	auront prouvé
5 conditionnel		**12 conditionnel passé**	
prouverais	prouverions	aurais prouvé	aurions prouvé
prouverais	prouveriez	aurais prouvé	auriez prouvé
prouverait	prouveraient	aurait prouvé	auraient prouvé
6 présent du subjonctif		**13 passé du subjonctif**	
prouve	prouvions	aie prouvé	ayons prouvé
prouves	prouviez	aies prouvé	ayez prouvé
prouve	prouvent	ait prouvé	aient prouvé
7 imparfait du subjonctif		**14 plus-que-parfait du subjonctif**	
prouvasse	prouvassions	eusse prouvé	eussions prouvé
prouvasses	prouvassiez	eusses prouvé	eussiez prouvé
prouvât	prouvassent	eût prouvé	eussent prouvé

Impératif
prouve
prouvons
prouvez

Words related to this verb

une preuve　proof
comme preuve　by way of proof
prouvable　provable

The Seven Simple Tenses

Singular	Plural

1 présent de l'indicatif

pue	puons
pues	puez
pue	puent

2 imparfait de l'indicatif

puais	puions
puais	puiez
puait	puaient

3 futur

puerai	puerons
pueras	puerez
puera	pueront

4 conditionnel

puerais	puerions
puerais	pueriez
puerait	pueraient

This verb is used mainly in the above tenses.

to punish

The Seven Simple Tenses		The Seven Compound Tenses	
Singular	Plural	Singular	Plural
1 présent de l'indicatif		**8 passé composé**	
punis	punissons	ai puni	avons puni
punis	punissez	as puni	avez puni
punit	punissent	a puni	ont puni
2 imparfait de l'indicatif		**9 plus-que-parfait de l'indicatif**	
punissais	punissions	avais puni	avions puni
punissais	punissiez	avais puni	aviez puni
punissait	punissaient	avait puni	avaient puni
3 passé simple		**10 passé antérieur**	
punis	punîmes	eus puni	eûmes puni
punis	punîtes	eus puni	eûtes puni
punit	punirent	eut puni	eurent puni
4 futur		**11 futur antérieur**	
punirai	punirons	aurai puni	aurons puni
puniras	punirez	auras puni	aurez puni
punira	puniront	aura puni	auront puni
5 conditionnel		**12 conditionnel passé**	
punirais	punirions	aurais puni	aurions puni
punirais	puniriez	aurais puni	auriez puni
punirait	puniraient	aurait puni	auraient puni
6 présent du subjonctif		**13 passé du subjonctif**	
punisse	punissions	aie puni	ayons puni
punisses	punissiez	aies puni	ayez puni
punisse	punissent	ait puni	aient puni
7 imparfait du subjonctif		**14 plus-que-parfait du subjonctif**	
punisse	punissions	eusse puni	eussions puni
punisses	punissiez	eusses puni	eussiez puni
punît	punissent	eût puni	eussent puni

Impératif
punis
punissons
punissez

Words related to this verb

punisseur, punisseuse punisher
punissable punishable
punition *(f.)* punishment
punitif, punitive punitive

to leave

The Seven Simple Tenses		The Seven Compound Tenses	
Singular	Plural	Singular	Plural
1 présent de l'indicatif		**8 passé composé**	
quitte	quittons	ai quitté	avons quitté
quittes	quittez	as quitté	avez quitté
quitte	quittent	a quitté	ont quitté
2 imparfait de l'indicatif		**9 plus-que-parfait de l'indicatif**	
quittais	quittions	avais quitté	avions quitté
quittais	quittiez	avais quitté	aviez quitté
quittait	quittaient	avait quitté	avaient quitté
3 passé simple		**10 passé antérieur**	
quittai	quittâmes	eus quitté	eûmes quitté
quittas	quittâtes	eus quitté	eûtes quitté
quitta	quittèrent	eut quitté	eurent quitté
4 futur		**11 futur antérieur**	
quitterai	quitterons	aurai quitté	aurons quitté
quitteras	quitterez	auras quitté	aurez quitté
quittera	quitteront	aura quitté	auront quitté
5 conditionnel		**12 conditionnel passé**	
quitterais	quitterions	aurais quitté	aurions quitté
quitterais	quitteriez	aurais quitté	auriez quitté
quitterait	quitteraient	aurait quitté	auraient quitté
6 présent du subjonctif		**13 passé du subjonctif**	
quitte	quittions	aie quitté	ayons quitté
quittes	quittiez	aies quitté	ayez quitté
quitte	quittent	ait quitté	aient quitté
7 imparfait du subjonctif		**14 plus-que-parfait du subjonctif**	
quittasse	quittassions	eusse quitté	eussions quitté
quittasses	quittassiez	eusses quitté	eussiez quitté
quittât	quittassent	eût quitté	eussent quitté

Impératif
quitte
quittons
quittez

Words related to this verb

une quittance   acquittance, discharge
quitter son chapeau   to take off one's hat
se quitter   to separate, to leave each other

to relate, to tell about

The Seven Simple Tenses		The Seven Compound Tenses	
Singular	Plural	Singular	Plural
1　présent de l'indicatif		**8　passé compose**	
raconte	racontons	ai raconté	avons raconté
racontes	racontez	as raconté	avez raconté
raconte	racontent	a raconté	ont raconté
2　imparfait de l'indicatif		**9　plus-que-parfait de l'indicatif**	
racontais	racontions	avais raconté	avions raconté
racontais	racontiez	avais raconté	aviez raconté
racontait	racontaient	avait raconté	avaient raconté
3　passé simple		**10　passé antérieur**	
racontai	racontâmes	eus raconté	eûmes raconté
racontas	racontâtes	eus raconté	eûtes raconté
raconta	racontèrent	eut raconté	eurent raconté
4　futur		**11　futur antérieur**	
raconterai	raconterons	aurai raconté	aurons raconté
raconteras	raconterez	auras raconté	aurez raconté
racontera	raconteront	aura raconté	auront raconté
5　conditionnel		**12　conditionnel passé**	
raconterais	raconterions	aurais raconté	aurions raconté
raconterais	raconteriez	aurais raconté	auriez raconté
raconterait	raconteraient	aurait raconté	auraient raconté
6　présent du subjonctif		**13　passé du subjonctif**	
raconte	racontions	aie raconté	ayons raconté
racontes	racontiez	aies raconté	ayez raconté
raconte	racontent	ait raconté	aient raconté
7　imparfait du subjonctif		**14　plus-que-parfait du subjonctif**	
racontasse	racontassions	eusse raconté	eussions raconté
racontasses	racontassiez	eusses raconté	eussiez raconté
racontât	racontassent	eût raconté	eussent raconté

Impératif
raconte
racontons
racontez

Sentences using this verb and words related to it

　　Mon professeur de français aime nous raconter des anecdotes en français dans la classe de français. C'est un bon raconteur.

un raconteur　storyteller
Qu'est-ce que vous racontez?　　What are you talking about?

to call again, to call back, to recall, to remind

The Seven Simple Tenses		The Seven Compound Tenses	
Singular	Plural	Singular	Plural

1 présent de l'indicatif		8 passé composé	
rappelle	rappelons	ai rappelé	avons rappelé
rappelles	rappelez	as rappelé	avez rappelé
rappelle	rappellent	a rappelé	ont rappelé

2 imparfait de l'indicatif		9 plus-que-parfait de l'indicatif	
rappelais	rappelions	avais rappelé	avions rappelé
rappelais	rappeliez	avais rappelé	aviez rappelé
rappelait	rappelaient	avait rappelé	avaient rappelé

3 passé simple		10 passé antérieur	
rappelai	rappelâmes	eus rappelé	eûmes rappelé
rappelas	rappelâtes	eus rappelé	eûtes rappelé
rappela	rappelèrent	eut rappelé	eurent rappelé

4 futur		11 futur antérieur	
rappellerai	rappellerons	aurai rappelé	aurons rappelé
rappelleras	rappellerez	auras rappelé	aurez rappelé
rappellera	rappelleront	aura rappelé	auront rappelé

5 conditionnel		12 conditionnel passé	
rappellerais	rappellerions	aurais rappelé	aurions rappelé
rappellerais	rappelleriez	aurais rappelé	auriez rappelé
rappellerait	rappelleraient	aurait rappelé	auraient rappelé

6 présent du subjonctif		13 passé du subjonctif	
rappelle	rappelions	aie rappelé	ayons rappelé
rappelles	rappeliez	aies rappelé	ayez rappelé
rappelle	rappellent	ait rappelé	aient rappelé

7 imparfait du subjonctif		14 plus-que-parfait du subjonctif	
rappelasse	rappelassions	eusse rappelé	eussions rappelé
rappelasses	rappelassiez	eusses rappelé	eussiez rappelé
rappelât	rappelassent	eût rappelé	eussent rappelé

	Impératif		
	rappelle		
	rappelons		
	rappelez		

Sentences using this verb and words related to it

—**Je ne peux pas vous parler maintenant. Rappelez-moi demain.**
—**D'accord. Je vous rappellerai demain.**

un rappel   recall, call back, recalling
rappeler à la vie   to restore to life
Rappelez-moi votre nom.   Remind me of your name

se rappeler

Part. pr. **se rappelant** Part. passé **rappelé(e)(s)**

to remember, to recall, to recollect

The Seven Simple Tenses		The Seven Compound Tenses	
Singular	Plural	Singular	Plural
1 présent de l'indicatif		**8 passé composé**	
me rappelle	nous rappelons	me suis rappelé(e)	nous sommes rappelé(e)s
te rappelles	vous rappelez	t'es rappelé(e)	vous êtes rappelé(e)(s)
se rappelle	se rappellent	s'est rappelé(e)	se sont rappelé(e)s
2 imparfait de l'indicatif		**9 plus-que-parfait de l'indicatif**	
me rappelais	nous rappelions	m'étais rappelé(e)	nous étions rappelé(e)s
te rappelais	vous rappeliez	t'étais rappelé(e)	vous étiez rappelé(e)(s)
se rappelait	se rappelaient	s'était rappelé(e)	s'étaient rappelé(e)s
3 passé simple		**10 passé antérieur**	
me rappelai	nous rappelâmes	me fus rappelé(e)	nous fûmes rappelé(e)s
te rappelas	vous rappelâtes	te fus rappelé(e)	vous fûtes rappelé(e)(s)
se rappela	se rappelèrent	se fut rappelé(e)	se furent rappelé(e)s
4 futur		**11 futur antérieur**	
me rappellerai	nous rappellerons	me serai rappelé(e)	nous serons rappelé(e)s
te rappelleras	vous rappellerez	te seras rappelé(e)	vous serez rappelé(e)(s)
se rappellera	se rappelleront	se sera rappelé(e)	se seront rappelé(e)s
5 conditionnel		**12 conditionnel passé**	
me rappellerais	nous rappellerions	me serais rappelé(e)	nous serions rappelé(e)s
te rappellerais	vous rappelleriez	te serais rappelé(e)	vous seriez rappelé(e)(s)
se rappellerait	se rappelleraient	se serait rappelé(e)	se seraient rappelé(e)s
6 présent du subjonctif		**13 passé du subjonctif**	
me rappelle	nous rappelions	me sois rappelé(e)	nous soyons rappelé(e)s
te rappelles	vous rappeliez	te sois rappelé(e)	vous soyez rappelé(e)(s)
se rappelle	se rappellent	se soit rappelé(e)	se soient rappelé(e)s
7 imparfait du subjonctif		**14 plus-que-parfait du subjonctif**	
me rappelasse	nous rappelassions	me fusse rappelé(e)	nous fussions rappelé(e)s
te rappelasses	vous rappelassiez	te fusses rappelé(e)	vous fussiez rappelé(e)(s)
se rappelât	se rappelassent	se fût rappelé(e)	se fussent rappelé(e)s

Impératif
rappelle-toi
rappelons-nous
rappelez-vous

Sentences using this verb and words related to it

Je me rappelle bien le premier jour quand j'ai vu la belle Hélène. C'était un jour inoubliable.

Compare this verb with **rappeler** on the preceding page.

The Seven Simple Tenses		The Seven Compound Tenses	
Singular	Plural	Singular	Plural
1 présent de l'indicatif		**8 passé composé**	
reçois	recevons	ai reçu	avons reçu
reçois	recevez	as reçu	avez reçu
reçoit	reçoivent	a reçu	ont reçu
2 imparfait de l'indicatif		**9 plus-que-parfait de l'indicatif**	
recevais	recevions	avais reçu	avions reçu
recevais	receviez	avais reçu	aviez reçu
recevait	recevaient	avait reçu	avaient reçu
3 passé simple		**10 passé antérieur**	
reçus	reçûmes	eus reçu	eûmes reçu
reçus	reçûtes	eus reçu	eûtes reçu
reçut	reçurent	eut reçu	eurent reçu
4 futur		**11 futur antérieur**	
recevrai	recevrons	aurai reçu	aurons reçu
recevras	recevrez	auras reçu	aurez reçu
recevra	recevront	aura reçu	auront reçu
5 conditionnel		**12 conditionnel passé**	
recevrais	recevrions	aurais reçu	aurions reçu
recevrais	recevriez	aurais reçu	auriez reçu
recevrait	recevraient	aurait reçu	auraient reçu
6 présent du subjonctif		**13 passé du subjonctif**	
reçoive	recevions	aie reçu	ayons reçu
reçoives	receviez	aies reçu	ayez reçu
reçoive	reçoivent	ait reçu	aient reçu
7 imparfait du subjonctif		**14 plus-que-parfait du subjonctif**	
reçusse	reçussions	eusse reçu	eussions reçu
reçusses	reçussiez	eusses reçu	eussiez reçu
reçût	reçussent	eût reçu	eussent reçu

Impératif
reçois
recevons
recevez

Words related to this verb

réceptif, réceptive   receptive
une réception   reception, welcome
un, une réceptionniste   receptionist
un reçu   a receipt
au reçu de   on receipt of

to think, to meditate, to reflect

The Seven Simple Tenses		The Seven Compound Tenses	
Singular	Plural	Singular	Plural
1 présent de l'indicatif		**8 passé composé**	
réfléchis	réfléchissons	ai réfléchi	avons réfléchi
réfléchis	réfléchissez	as réfléchi	avez réfléchi
réfléchit	réfléchissent	a réfléchi	ont réfléchi
2 imparfait de l'indicatif		**9 plus-que-parfait de l'indicatif**	
réfléchissais	réfléchissions	avais réfléchi	avions réfléchi
réfléchissais	réfléchissiez	avais réfléchi	aviez réfléchi
réfléchissait	réfléchissaient	avait réfléchi	avaient réfléchi
3 passé simple		**10 passé antérieur**	
réfléchis	réfléchîmes	eus réfléchi	eûmes réfléchi
réfléchis	réfléchîtes	eus réfléchi	eûtes réfléchi
réfléchit	réfléchirent	eut réfléchi	eurent réfléchi
4 futur		**11 futur antérieur**	
réfléchirai	réfléchirons	aurai réfléchi	aurons réfléchi
réfléchiras	réfléchirez	auras réfléchi	aurez réfléchi
réfléchira	réfléchiront	aura réfléchi	auront réfléchi
5 conditionnel		**12 conditionnel passé**	
réfléchirais	réfléchirions	aurais réfléchi	aurions réfléchi
réfléchirais	réfléchiriez	aurais réfléchi	auriez réfléchi
réfléchirait	réfléchiraient	aurait réfléchi	auraient réfléchi
6 présent du subjonctif		**13 passé du subjonctif**	
réfléchisse	réfléchissions	aie réfléchi	ayons réfléchi
réfléchisses	réfléchissiez	aies réfléchi	ayez réfléchi
réfléchisse	réfléchissent	ait réfléchi	aient réfléchi
7 imparfait du subjonctif		**14 plus-que-parfait du subjonctif**	
réfléchisse	réfléchissions	eusse réfléchi	eussions réfléchi
réfléchisses	réfléchissiez	eusses réfléchi	eussiez réfléchi
réfléchît	réfléchissent	eût réfléchi	eussent réfléchi

Impératif
réfléchis
réfléchissons
réfléchissez

Consult the sections on verbs used in idiomatic expressions, verbs with prepositions, and the list of over 1,000 verbs conjugated like model verbs in the back pages.

The Seven Simple Tenses		The Seven Compound Tenses	
Singular	Plural	Singular	Plural
1 présent de l'indicatif		**8 passé composé**	
refuse	refusons	ai refusé	avons refusé
refuses	refusez	as refusé	avez refusé
refuse	refusent	a refusé	ont refusé
2 imparfait de l'indicatif		**9 plus-que-parfait de l'indicatif**	
refusais	refusions	avais refusé	avions refusé
refusais	refusiez	avais refusé	aviez refusé
refusait	refusaient	avait refusé	avaient refusé
3 passé simple		**10 passé antérieur**	
refusai	refusâmes	eus refusé	eûmes refusé
refusas	refusâtes	eus refusé	eûtes refusé
refusa	refusèrent	eut refusé	eurent refusé
4 futur		**11 futur antérieur**	
refuserai	refuserons	aurai refusé	aurons refusé
refuseras	refuserez	auras refusé	aurez refusé
refusera	refuseront	aura refusé	auront refusé
5 conditionnel		**12 conditionnel passé**	
refuserais	refuserions	aurais refusé	aurions refusé
refuserais	refuseriez	aurais refusé	auriez refusé
refuserait	refuseraient	aurait refusé	auraient refusé
6 présent du subjonctif		**13 passé du subjonctif**	
refuse	refusions	aie refusé	ayons refusé
refuses	refusiez	aies refusé	ayez refusé
refuse	refusent	ait refusé	aient refusé
7 imparfait du subjonctif		**14 plus-que-parfait du subjonctif**	
refusasse	refusassions	eusse refusé	eussions refusé
refusasses	refusassiez	eusses refusé	eussiez refusé
refusât	refusassent	eût refusé	eussent refusé

Impératif
refuse
refusons
refusez

Sentences using this verb

Je refuse absolument de vous écouter. Sortez, s'il vous plaît! Si vous refusez, vous le regretterez.

The subject pronouns are found on the page facing page 1.

regarder

to look (at), to watch

The Seven Simple Tenses		The Seven Compound Tenses	
Singular	Plural	Singular	Plural
1 présent de l'indicatif		**8 passé composé**	
regarde	regardons	ai regardé	avons regardé
regardes	regardez	as regardé	avez regardé
regarde	regardent	a regardé	ont regardé
2 imparfait de l'indicatif		**9 plus-que-parfait de l'indicatif**	
regardais	regardions	avais regardé	avions regardé
regardais	regardiez	avais regardé	aviez regardé
regardait	regardaient	avait regardé	avaient regardé
3 passé simple		**10 passé antérieur**	
regardai	regardâmes	eus regardé	eûmes regardé
regardas	regardâtes	eus regardé	eûtes regardé
regarda	regardèrent	eut regardé	eurent regardé
4 futur		**11 futur antérieur**	
regarderai	regarderons	aurai regardé	aurons regardé
regarderas	regarderez	auras regardé	aurez regardé
regardera	regarderont	aura regardé	auront regardé
5 conditionnel		**12 conditionnel passé**	
regarderais	regarderions	aurais regardé	aurions regardé
regarderais	regarderiez	aurais regardé	auriez regardé
regarderait	regarderaient	aurait regardé	auraient regardé
6 présent du subjonctif		**13 passé du subjonctif**	
regarde	regardions	aie regardé	ayons regardé
regardes	regardiez	aies regardé	ayez regardé
regarde	regardent	ait regardé	aient regardé
7 imparfait du subjonctif		**14 plus-que-parfait du subjonctif**	
regardasse	regardassions	eusse regardé	eussions regardé
regardasses	regardassiez	eusses regardé	eussiez regardé
regardât	regardassent	eût regardé	eussent regardé

Impératif
regarde
regardons
regardez

Sentences using this verb

—Qu'est-ce que tu regardes, Bernard?
—Je regarde le ciel. Il est beau et clair.
—Pourquoi ne me regardes-tu pas?

to remark, to notice, to observe

The Seven Simple Tenses		The Seven Compound Tenses	
Singular	Plural	Singular	Plural
1 présent de l'indicatif		**8 passé composé**	
remarque	remarquons	ai remarqué	avons remarqué
remarques	remarquez	as remarqué	avez remarqué
remarque	remarquent	a remarqué	ont remarqué
2 imparfait de l'indicatif		**9 plus-que-parfait de l'indicatif**	
remarquais	remarquions	avais remarqué	avions remarqué
remarquais	remarquiez	avais remarqué	aviez remarqué
remarquait	remarquaient	avait remarqué	avaient remarqué
3 passé simple		**10 passé antérieur**	
remarquai	remarquâmes	eus remarqué	eûmes remarqué
remarquas	remarquâtes	eus remarqué	eûtes remarqué
remarqua	remarquèrent	eut remarqué	eurent remarqué
4 futur		**11 futur antérieur**	
remarquerai	remarquerons	aurai remarqué	aurons remarqué
remarqueras	remarquerez	auras remarqué	aurez remarqué
remarquera	remarqueront	aura remarqué	auront remarqué
5 conditionnel		**12 conditionnel passé**	
remarquerais	remarquerions	aurais remarqué	aurions remarqué
remarquerais	remarqueriez	aurais remarqué	auriez remarqué
remarquerait	remarqueraient	aurait remarqué	auraient remarqué
6 présent du subjonctif		**13 passé du subjonctif**	
remarque	remarquions	aie remarqué	ayons remarqué
remarques	remarquiez	aies remarqué	ayez remarqué
remarque	remarquent	ait remarqué	aient remarqué
7 imparfait du subjonctif		**14 plus-que-parfait du subjonctif**	
remarquasse	remarquassions	eusse remarqué	eussions remarqué
remarquasses	remarquassiez	eusses remarqué	eussiez remarqué
remarquât	remarquassent	eût remarqué	eussent remarqué

Impératif
remarque
remarquons
remarquez

Consult the sections on verbs used in idiomatic expressions, verbs with prepositions, and the list of over 1,000 verbs conjugated like model verbs in the back pages.

to put (on) again, to replace, to put back, to give back

The Seven Simple Tenses		The Seven Compound Tenses	
Singular	Plural	Singular	Plural
1 présent de l'indicatif		**8 passé composé**	
remets	remettons	ai remis	avons remis
remets	remettez	as remis	avez remis
remet	remettent	a remis	ont remis
2 imparfait de l'indicatif		**9 plus-que-parfait de l'indicatif**	
remettais	remettions	avais remis	avions remis
remettais	remettiez	avais remis	aviez remis
remettait	remettaient	avait remis	avaient remis
3 passé simple		**10 passé antérieur**	
remis	remîmes	eus remis	eûmes remis
remis	remîtes	eus remis	eûtes remis
remit	remirent	eut remis	eurent remis
4 futur		**11 futur antérieur**	
remettrai	remettrons	aurai remis	aurons remis
remettras	remettrez	auras remis	aurez remis
remettra	remettront	aura remis	auront remis
5 conditionnel		**12 conditionnel passé**	
remettrais	remettrions	aurais remis	aurions remis
remettrais	remettriez	aurais remis	auriez remis
remettrait	remettraient	aurait remis	auraient remis
6 présent du subjonctif		**13 passé du subjonctif**	
remette	remettions	aie remis	ayons remis
remettes	remettiez	aies remis	ayez remis
remette	remettent	ait remis	aient remis
7 imparfait du subjonctif		**14 plus-que-parfait du subjonctif**	
remisse	remissions	eusse remis	eussions remis
remisses	remissiez	eusses remis	eussiez remis
remît	remissent	eût remis	eussent remis

Impératif
remets
remettons
remettez

Sentences using this verb

—Où avez-vous remis les fleurs que je vous ai données?
—Je les ai remises là-bas. Ne les voyez-vous pas?

The Seven Simple Tenses		The Seven Compound Tenses	
Singular	Plural	Singular	Plural
1 présent de l'indicatif		**8 passé composé**	
remplace	remplaçons	ai remplacé	avons remplacé
remplaces	remplacez	as remplacé	avez remplacé
remplace	remplacent	a remplacé	ont remplacé
2 imparfait de l'indicatif		**9 plus-que-parfait de l'indicatif**	
remplaçais	remplacions	avais remplacé	avions remplacé
remplaçais	remplaciez	avais remplacé	aviez remplacé
remplaçait	remplaçaient	avait remplacé	avaient remplacé
3 passé simple		**10 passé antérieur**	
remplaçai	remplaçâmes	eus remplacé	eûmes remplacé
remplaças	remplaçâtes	eus remplacé	eûtes remplacé
remplaça	remplacèrent	eut remplacé	eurent remplacé
4 futur		**11 futur antérieur**	
remplacerai	remplacerons	aurai remplacé	aurons remplacé
remplaceras	remplacerez	auras remplacé	aurez remplacé
remplacera	remplaceront	aura remplacé	auront remplacé
5 conditionnel		**12 conditionnel passé**	
remplacerais	remplacerions	aurais remplacé	aurions remplacé
remplacerais	remplaceriez	aurais remplacé	auriez remplacé
remplacerait	remplaceraient	aurait remplacé	auraient remplacé
6 présent du subjonctif		**13 passé du subjonctif**	
remplace	remplacions	aie remplacé	ayons remplacé
remplaces	remplaciez	aies remplacé	ayez remplacé
remplace	remplacent	ait remplacé	aient remplacé
7 imparfait du subjonctif		**14 plus-que-parfait du subjonctif**	
remplaçasse	remplaçassions	eusse remplacé	eussions remplacé
remplaçasses	remplaçassiez	eusses remplacé	eussiez remplacé
remplaçât	remplaçassent	eût remplacé	eussent remplacé

Impératif
remplace
remplaçons
remplacez

Consult the sections on verbs used in idiomatic expressions, verbs with prepositions, and the list of over 1,000 verbs conjugated like model verbs in the back pages.

to fill

The Seven Simple Tenses		The Seven Compound Tenses	
Singular	Plural	Singular	Plural

1　présent de l'indicatif

		8　passé composé	
remplis	remplissons	ai rempli	avons rempli
remplis	remplissez	as rempli	avez rempli
remplit	remplissent	a rempli	ont rempli

2　imparfait de l'indicatif

		9　plus-que-parfait de l'indicatif	
remplissais	remplissions	avais rempli	avions rempli
remplissais	remplissiez	avais rempli	aviez rempli
remplissait	remplissaient	avait rempli	avaient rempli

3　passé simple

		10　passé antérieur	
remplis	remplîmes	eus rempli	eûmes rempli
remplis	remplîtes	eus rempli	eûtes rempli
remplit	remplirent	eut rempli	eurent rempli

4　futur

		11　futur antérieur	
remplirai	remplirons	aurai rempli	aurons rempli
rempliras	remplirez	auras rempli	aurez rempli
remplira	rempliront	aura rempli	auront rempli

5　conditionnel

		12　conditionnel passé	
remplirais	remplirions	aurais rempli	aurions rempli
remplirais	rempliriez	aurais rempli	auriez rempli
remplirait	rempliraient	aurait rempli	auraient rempli

6　présent du subjonctif

		13　passé du subjonctif	
remplisse	remplissions	aie rempli	ayons rempli
remplisses	remplissiez	aies rempli	ayez rempli
remplisse	remplissent	ait rempli	aient rempli

7　imparfait du subjonctif

		14　plus-que-parfait du subjonctif	
remplisse	remplissions	eusse rempli	eussions rempli
remplisses	remplissiez	eusses rempli	eussiez rempli
remplît	remplissent	eût rempli	eussent rempli

Impératif
remplis
remplissons
remplissez

Consult the sections on verbs used in idiomatic expressions, verbs with prepositions, and the list of over 1,000 verbs conjugated like model verbs in the back pages.

to meet

The Seven Simple Tenses		The Seven Compound Tenses	
Singular	Plural	Singular	Plural

1 présent de l'indicatif

		8 passé composé	
rencontre	rencontrons	ai rencontré	avons rencontré
rencontres	rencontrez	as rencontré	avez rencontré
rencontre	rencontrent	a rencontré	ont rencontré

2 imparfait de l'indicatif — **9 plus-que-parfait de l'indicatif**

rencontrais	rencontrions	avais rencontré	avions rencontré
rencontrais	rencontriez	avais rencontré	aviez rencontré
rencontrait	rencontraient	avait rencontré	avaient rencontré

3 passé simple — **10 passé antérieur**

rencontrai	rencontrâmes	eus rencontré	eûmes rencontré
rencontras	rencontrâtes	eus rencontré	eûtes rencontré
rencontra	rencontrèrent	eut rencontré	eurent rencontré

4 futur — **11 futur antérieur**

rencontrerai	rencontrerons	aurai rencontré	aurons rencontré
rencontreras	rencontrerez	auras rencontré	aurez rencontré
rencontrera	rencontreront	aura rencontré	auront rencontré

5 conditionnel — **12 conditionnel passé**

rencontrerais	rencontrerions	aurais rencontré	aurions rencontré
rencontrerais	rencontreriez	aurais rencontré	auriez rencontré
rencontrerait	rencontreraient	aurait rencontré	auraient rencontré

6 présent du subjonctif — **13 passé du subjonctif**

rencontre	rencontrions	aie rencontré	ayons rencontré
rencontres	rencontriez	aies rencontré	ayez rencontré
rencontre	rencontrent	ait rencontré	aient rencontré

7 imparfait du subjonctif — **14 plus-que-parfait du subjonctif**

recontrasse	rencontrassions	eusse rencontré	eussions rencontré
rencontrasses	rencontrassiez	eusses rencontré	eussiez rencontré
rencontrât	rencontrassent	eût rencontré	eussent rencontré

Impératif
rencontre
rencontrons
rencontrez

Consult the sections on verbs used in idiomatic expressions, verbs with prepositions, and the list of over 1,000 verbs conjugated like model verbs in the back pages.

to give back, to return (something), to render

The Seven Simple Tenses		The Seven Compound Tenses	
Singular	Plural	Singular	Plural
1 présent de l'indicatif		**8 passé composé**	
rends	rendons	ai rendu	avons rendu
rends	rendez	as rendu	avez rendu
rend	rendent	a rendu	ont rendu
2 imparfait de l'indicatif		**9 plus-que-parfait de l'indicatif**	
rendais	rendions	avais rendu	avions rendu
rendais	rendiez	avais rendu	aviez rendu
rendait	rendaient	avait rendu	avaient rendu
3 passé simple		**10 passé antérieur**	
rendis	rendîmes	eus rendu	eûmes rendu
rendis	rendîtes	eus rendu	eûtes rendu
rendit	rendirent	eut rendu	eurent rendu
4 futur		**11 futur antérieur**	
rendrai	rendrons	aurai rendu	aurons rendu
rendras	rendrez	auras rendu	aurez rendu
rendra	rendront	aura rendu	auront rendu
5 conditionnel		**12 conditionnel passé**	
rendrais	rendrions	aurais rendu	aurions rendu
rendrais	rendriez	aurais rendu	auriez rendu
rendrait	rendraient	aurait rendu	auraient rendu
6 présent du subjonctif		**13 passé du subjonctif**	
rende	rendions	aie rendu	ayons rendu
rendes	rendiez	aies rendu	ayez rendu
rende	rendent	ait rendu	aient rendu
7 imparfait du subjonctif		**14 plus-que-parfait du subjonctif**	
rendisse	rendissions	eusse rendu	eussions rendu
rendisses	rendissiez	eusses rendu	eussiez rendu
rendît	rendissent	eût rendu	eussent rendu

Impératif
rends
rendons
rendez

Words related to this verb

un rendez-vous   appointment, date
un compte rendu   report, account
se rendre   to surrender
se rendre compte de   to realize

rentrer

to return

The Seven Simple Tenses		The Seven Compound Tenses	
Singular	Plural	Singular	Plural
1 présent de l'indicatif		**8 passé composé**	
rentre	**rentrons**	**suis rentré(e)**	**sommes rentré(e)s**
rentres	**rentrez**	**es rentré(e)**	**êtes rentré(e)(s)**
rentre	**rentrent**	**est rentré(e)**	**sont rentré(e)s**
2 imparfait de l'indicatif		**9 plus-que-parfait de l'indicatif**	
rentrais	**rentrions**	**étais rentré(e)**	**étions rentré(e)s**
rentrais	**rentriez**	**étais rentré(e)**	**étiez rentré(e)(s)**
rentrait	**rentraient**	**était rentré(e)**	**étaient rentré(e)s**
3 passé simple		**10 passé antérieur**	
rentrai	**rentrâmes**	**fus rentré(e)**	**fûmes rentré(e)s**
rentras	**rentrâtes**	**fus rentré(e)**	**fûtes rentré(e)(s)**
rentra	**rentrèrent**	**fut rentré(e)**	**furent rentré(e)s**
4 futur		**11 futur antérieur**	
rentrerai	**rentrerons**	**serai rentré(e)**	**serons rentré(e)s**
rentreras	**rentrerez**	**seras rentré(e)**	**serez rentré(e)(s)**
rentrera	**rentreront**	**sera rentré(e)**	**seront rentré(e)s**
5 conditionnel		**12 conditionnel passé**	
rentrerais	**rentrerions**	**serais rentré(e)**	**serions rentré(e)s**
rentrerais	**rentreriez**	**serais rentré(e)**	**seriez rentré(e)(s)**
rentrerait	**rentreraient**	**serait rentré(e)**	**seraient rentré(e)s**
6 présent du subjonctif		**13 passé du subjonctif**	
rentre	**rentrions**	**sois rentré(e)**	**soyons rentré(e)s**
rentres	**rentriez**	**sois rentré(e)**	**soyez rentré(e)(s)**
rentre	**rentrent**	**soit rentré(e)**	**soient rentré(e)s**
7 imparfait du subjonctif		**14 plus-que-parfait du subjonctif**	
rentrasse	**rentrassions**	**fusse rentré(e)**	**fussions rentré(e)s**
rentrasses	**rentrassiez**	**fusses rentré(e)**	**fussiez rentré(e)(s)**
rentrât	**rentrassent**	**fût rentré(e)**	**fussent rentré(e)s**

Impératif
rentre
rentrons
rentrez

This verb is conjugated with **avoir** when it has a direct object.

Example: **Elle a rentré le chat dans la maison.**   She brought (took) the cat into the house.
BUT: **Elle est rentrée tôt.**   She returned home early.

répéter

Part. pr. **répétant**   Part. passé **répété**

to repeat

The Seven Simple Tenses | The Seven Compound Tenses

Singular	Plural	Singular	Plural
1 présent de l'indicatif		**8 passé composé**	
répète	répétons	ai répété	avons répété
répètes	répétez	as répété	avez répété
répète	répètent	a répété	ont répété
2 imparfait de l'indicatif		**9 plus-que-parfait de l'indicatif**	
répétais	répétions	avais répété	avions répété
répétais	répétiez	avais répété	aviez répété
répétait	répétaient	avait répété	avaient répété
3 passé simple		**10 passé antérieur**	
répétai	répétâmes	eus répété	eûmes répété
répétas	répétâtes	eus répété	eûtes répété
répéta	répétèrent	eut répété	eurent répété
4 futur		**11 futur antérieur**	
répéterai	répéterons	aurai répété	aurons répété
répéteras	répéterez	auras répété	aurez répété
répétera	répéteront	aura répété	auront répété
5 conditionnel		**12 conditionnel passé**	
répéterais	répéterions	aurais répété	aurions répété
répéterais	répéteriez	aurais répété	auriez répété
répéterait	répéteraient	aurait répété	auraient répété
6 présent du subjonctif		**13 passé du subjonctif**	
répète	répétions	aie répété	ayons répété
répètes	répétiez	aies répété	ayez répété
répète	répètent	ait répété	aient répété
7 imparfait du subjonctif		**14 plus-que-parfait du subjonctif**	
répétasse	répétassions	eusse répété	eussions répété
répétasses	répétassiez	eusses répété	eussiez répété
répétât	répétassent	eût répété	eussent répété

Impératif
répète
répétons
répétez

Consult the sections on verbs used in idiomatic expressions, verbs with prepositions, and the list of over 1,000 verbs conjugated like model verbs in the back pages.

to respond, to reply, to answer

The Seven Simple Tenses		The Seven Compound Tenses	
Singular	Plural	Singular	Plural
1 présent de l'indicatif		**8 passé composé**	
réponds	répondons	ai répondu	avons répondu
réponds	répondez	as répondu	avez répondu
répond	répondent	a répondu	ont répondu
2 imparfait de l'indicatif		**9 plus-que-parfait de l'indicatif**	
répondais	répondions	avais répondu	avions répondu
répondais	répondiez	avais répondu	aviez répondu
répondait	répondaient	avait répondu	avaient répondu
3 passé simple		**10 passé antérieur**	
répondis	répondîmes	eus répondu	eûmes répondu
répondis	répondîtes	eus répondu	eûtes répondu
répondit	répondirent	eut répondu	eurent répondu
4 futur		**11 futur antérieur**	
répondrai	répondrons	aurai répondu	aurons répondu
répondras	répondrez	auras répondu	aurez répondu
répondra	répondront	aura répondu	auront répondu
5 conditionnel		**12 conditionnel passé**	
répondrais	répondrions	aurais répondu	aurions répondu
répondrais	répondriez	aurais répondu	auriez répondu
répondrait	répondraient	aurait répondu	auraient répondu
6 présent du subjonctif		**13 passé du subjonctif**	
réponde	répondions	aie répondu	ayons répondu
répondes	répondiez	aies répondu	ayez répondu
réponde	répondent	ait répondu	aient répondu
7 imparfait du subjonctif		**14 plus-que-parfait du subjonctif**	
répondisse	répondissions	eusse répondu	eussions répondu
répondisses	répondissiez	eusses répondu	eussiez répondu
répondît	répondissent	eût répondu	eussent répondu

Impératif
réponds
répondons
répondez

Consult the sections on verbs used in idiomatic expressions, verbs with prepositions, and the list of over 1,000 verbs conjugated like model verbs in the back pages.

se reposer

Part. pr. **se reposant**   **Part. passé** **reposé(e)(s)**

to rest

The Seven Simple Tenses		The Seven Compound Tenses	
Singular	Plural	Singular	Plural
1 présent de l'indicatif		**8 passé composé**	
me repose	nous reposons	me suis reposé(e)	nous sommes reposé(e)s
te reposes	vous reposez	t'es reposé(e)	vous êtes reposé(e)(s)
se repose	se reposent	s'est reposé(e)	se sont reposé(e)s
2 imparfait de l'indicatif		**9 plus-que-parfait de l'indicatif**	
me reposais	nous reposions	m'étais reposé(e)	nous étions reposé(e)s
te reposais	vous reposiez	t'étais reposé(e)	vous étiez reposé(e)(s)
se reposait	se reposaient	s'était reposé(e)	s'étaient reposé(e)s
3 passé simple		**10 passé antérieur**	
me reposai	nous reposâmes	me fus reposé(e)	nous fûmes reposé(e)s
te reposas	vous reposâtes	te fus reposé(e)	vous fûtes reposé(e)(s)
se reposa	se reposèrent	se fut reposé(e)	se furent reposé(e)s
4 futur		**11 futur antérieur**	
me reposerai	nous reposerons	me serai reposé(e)	nous serons reposé(e)s
te reposeras	vous reposerez	te seras reposé(e)	vous serez reposé(e)(s)
se reposera	se reposeront	se sera reposé(e)	se seront reposé(e)s
5 conditionnel		**12 conditionnel passé**	
me reposerais	nous reposerions	me serais reposé(e)	nous serions reposé(e)s
te reposerais	vous reposeriez	te serais reposé(e)	vous seriez reposé(e)(s)
se reposerait	se reposeraient	se serait reposé(e)	se seraient reposé(e)s
6 présent du subjonctif		**13 passé du subjonctif**	
me repose	nous reposions	me sois reposé(e)	nous soyons reposé(e)s
te reposes	vous reposiez	te sois reposé(e)	vous soyez reposé(e)(s)
se repose	se reposent	se soit reposé(e)	se soient reposé(e)s
7 imparfait du subjonctif		**14 plus-que-parfait du subjonctif**	
me reposasse	nous reposassions	me fusse reposé(e)	nous fussions reposé(e)s
te reposasses	vous reposassiez	te fusses reposé(e)	vous fussiez reposé(e)(s)
se reposât	se reposassent	se fût reposé(e)	se fussent reposé(e)s

Impératif
repose-toi
reposons-nous
reposez-vous

Consult the sections on verbs used in idiomatic expressions, verbs with prepositions, and the list of over 1,000 verbs conjugated like model verbs in the back pages.

to take again, to take back, to recover, to resume

The Seven Simple Tenses		The Seven Compound Tenses	
Singular	Plural	Singular	Plural

1 présent de l'indicatif		8 passé composé	
reprends	reprenons	ai repris	avons repris
reprends	reprenez	as repris	avez repris
reprend	reprennent	a repris	ont repris

2 imparfait de l'indicatif		9 plus-que-parfait de l'indicatif	
reprenais	reprenions	avais repris	avions repris
reprenais	repreniez	avais repris	aviez repris
reprenait	reprenaient	avait repris	avaient repris

3 passé simple		10 passé antérieur	
repris	reprîmes	eus repris	eûmes repris
repris	reprîtes	eus repris	eûtes repris
reprit	reprirent	eut repris	eurent repris

4 futur		11 futur antérieur	
reprendrai	reprendrons	aurai repris	aurons repris
reprendras	reprendrez	auras repris	aurez repris
reprendra	reprendront	aura repris	auront repris

5 conditionnel		12 conditionnel passé	
reprendrais	reprendrions	aurais repris	aurions repris
reprendrais	reprendriez	aurais repris	auriez repris
reprendrait	reprendraient	aurait repris	auraient repris

6 présent du subjonctif		13 passé du subjonctif	
reprenne	reprenions	aie repris	ayons repris
reprennes	repreniez	aies repris	ayez repris
reprenne	reprennent	ait repris	aient repris

7 imparfait du subjonctif		14 plus-que-parfait du subjonctif	
reprisse	reprissions	eusse repris	eussions repris
reprisses	reprissiez	eusses repris	eussiez repris
reprît	reprissent	eût repris	eussent repris

Impératif
reprends
reprenons
reprenez

Consult the sections on verbs used in idiomatic expressions, verbs with prepositions, and the list of over 1,000 verbs conjugated like model verbs in the back pages.

résoudre

Part. pr. **résolvant**   Part. passé **résolu**

to resolve, to solve

The Seven Simple Tenses		The Seven Compound Tenses	
Singular	Plural	Singular	Plural
1 présent de l'indicatif		**8 passé composé**	
résous	résolvons	ai résolu	avons résolu
résous	résolvez	as résolu	avez résolu
résout	résolvent	a résolu	ont résolu
2 imparfait de l'indicatif		**9 plus-que-parfait de l'indicatif**	
résolvais	résolvions	avais résolu	avions résolu
résolvais	résolviez	avais résolu	aviez résolu
résolvait	résolvaient	avait résolu	avaient résolu
3 passé simple		**10 passé antérieur**	
résolus	résolûmes	eus résolu	eûmes résolu
résolus	résolûtes	eus résolu	eûtes résolu
résolut	résolurent	eut résolu	eurent résolu
4 futur		**11 futur antérieur**	
résoudrai	résoudrons	aurai résolu	aurons résolu
résoudras	résoudrez	auras résolu	aurez résolu
résoudra	résoudront	aura résolu	auront résolu
5 conditionnel		**12 conditionnel passé**	
résoudrais	résoudrions	aurais résolu	aurions résolu
résoudrais	résoudriez	aurais résolu	auriez résolu
résoudrait	résoudraient	aurait résolu	auraient résolu
6 présent du subjonctif		**13 passé du subjonctif**	
résolve	résolvions	aie résolu	ayons résolu
résolves	résolviez	aies résolu	ayez résolu
résolve	résolvent	ait résolu	aient résolu
7 imparfait du subjonctif		**14 plus-que-parfait du subjonctif**	
résolusse	résolussions	eusse résolu	eussions résolu
résolusses	résolussiez	eusses résolu	eussiez résolu
résolût	résolussent	eût résolu	eussent résolu

Impératif
résous
résolvons
résolvez

Consult the sections on verbs used in idiomatic expressions, verbs with prepositions, and the list of over 1,000 verbs conjugated like model verbs in the back pages.

to resemble, to be like, to look like

The Seven Simple Tenses		The Seven Compound Tenses	
Singular	Plural	Singular	Plural
1 présent de l'indicatif		**8 passé composé**	
ressemble	ressemblons	ai ressemblé	avons ressemblé
ressembles	ressemblez	as ressemblé	avez ressemblé
ressemble	ressemblent	a ressemblé	ont ressemblé
2 imparfait de l'indicatif		**9 plus-que-parfait de l'indicatif**	
ressemblais	ressemblions	avais ressemblé	avions ressemblé
ressemblais	ressembliez	avais ressemblé	aviez ressemblé
ressemblait	ressemblaient	avait ressemblé	avaient ressemblé
3 passé simple		**10 passé antérieur**	
ressemblai	ressemblâmes	eus ressemblé	eûmes ressemblé
ressemblas	ressemblâtes	eus ressemblé	eûtes ressemblé
ressembla	ressemblèrent	eut ressemblé	eurent ressemblé
4 futur		**11 futur antérieur**	
ressemblerai	ressemblerons	aurai ressemblé	aurons ressemblé
ressembleras	ressemblerez	auras ressemblé	aurez ressemblé
ressemblera	ressembleront	aura ressemblé	auront ressemblé
5 conditionnel		**12 conditionnel passé**	
ressemblerais	ressemblerions	aurais ressemblé	aurions ressemblé
ressemblerais	ressembleriez	aurais ressemblé	auriez ressemblé
ressemblerait	ressembleraient	aurait ressemblé	auraient ressemblé
6 présent du subjonctif		**13 passé du subjonctif**	
ressemble	ressemblions	aie ressemblé	ayons ressemblé
ressembles	ressembliez	aies ressemblé	ayez ressemblé
ressemble	ressemblent	ait ressemblé	aient ressemblé
7 imparfait du subjonctif		**14 plus-que-parfait du subjonctif**	
ressemblasse	ressemblassions	eusse ressemblé	eussions ressemblé
ressemblasses	ressemblassiez	eusses ressemblé	eussiez ressemblé
ressemblât	ressemblassent	eût ressemblé	eussent ressemblé

Impératif
[ordinairement inemployé]

Consult the sections on verbs used in idiomatic expressions, verbs with prepositions, and the list of over 1,000 verbs conjugated like model verbs in the back pages.

to remain, to stay

The Seven Simple Tenses		The Seven Compound Tenses	
Singular	Plural	Singular	Plural
1 présent de l'indicatif		**8 passé composé**	
reste	restons	suis resté(e)	sommes resté(e)s
restes	restez	es resté(e)	êtes resté(e)(s)
reste	restent	est resté(e)	sont resté(e)s
2 imparfait de l'indicatif		**9 plus-que-parfait de l'indicatif**	
restais	restions	étais resté(e)	étions resté(e)s
restais	restiez	étais resté(e)	étiez resté(e)(s)
restait	restaient	était resté(e)	étaient resté(e)s
3 passé simple		**10 passé antérieur**	
restai	restâmes	fus resté(e)	fûmes resté(e)s
restas	restâtes	fus resté(e)	fûtes resté(e)(s)
resta	restèrent	fut resté(e)	furent resté(e)s
4 futur		**11 futur antérieur**	
resterai	resterons	serai resté(e)	serons resté(e)s
resteras	resterez	seras resté(e)	serez resté(e)(s)
restera	resteront	sera resté(e)	seront resté(e)s
5 conditionnel		**12 conditionnel passé**	
resterais	resterions	serais resté(e)	serions resté(e)s
resterais	resteriez	serais resté(e)	seriez resté(e)(s)
resterait	resteraient	serait resté(e)	seraient resté(e)s
6 présent du subjonctif		**13 passé du subjonctif**	
reste	restions	sois resté(e)	soyons resté(e)s
restes	restiez	sois resté(e)	soyez resté(e)(s)
reste	restent	soit resté(e)	soient resté(e)s
7 imparfait du subjonctif		**14 plus-que-parfait du subjonctif**	
restasse	restassions	fusse resté(e)	fussions resté(e)s
restasses	restassiez	fusses resté(e)	fussiez resté(e)(s)
restât	restassent	fût resté(e)	fussent resté(e)s

Impératif
reste
restons
restez

Consult the sections on verbs used in idiomatic expressions, verbs with prepositions, and the list of over 1,000 verbs conjugated like model verbs in the back pages.

to return, to go back

The Seven Simple Tenses		The Seven Compound Tenses	
Singular	Plural	Singular	Plural
1 présent de l'indicatif		**8 passé composé**	
retourne	retournons	suis retourné(e)	sommes retourné(e)s
retournes	retournez	es retourné(e)	êtes retourné(e)(s)
retourne	retournent	est retourné(e)	sont retourné(e)s
2 imparfait de l'indicatif		**9 plus-que-parfait de l'indicatif**	
retournais	retournions	étais retourné(e)	étions retourné(e)s
retournais	retourniez	étais retourné(e)	étiez retourné(e)(s)
retournait	retournaient	était retourné(e)	étaient retourné(e)s
3 passé simple		**10 passé antérieur**	
retournai	retournâmes	fus retourné(e)	fûmes retourné(e)s
retournas	retournâtes	fus retourné(e)	fûtes retourné(e)(s)
retourna	retournèrent	fut retourné(e)	furent retourné(e)s
4 futur		**11 futur antérieur**	
retournerai	retournerons	serai retourné(e)	serons retourné(e)s
retourneras	retournerez	seras retourné(e)	serez retourné(e)(s)
retournera	retourneront	sera retourné(e)	seront retourné(e)s
5 conditionnel		**12 conditionnel passé**	
retournerais	retournerions	serais retourné(e)	serions retourné(e)s
retournerais	retourneriez	serais retourné(e)	seriez retourné(e)(s)
retournerait	retourneraient	serait retourné(e)	seraient retourné(e)s
6 présent du subjonctif		**13 passé du subjonctif**	
retourne	retournions	sois retourné(e)	soyons retourné(e)s
retournes	retourniez	sois retourné(e)	soyez retourné(e)(s)
retourne	retournent	soit retourné(e)	soient retourné(e)s
7 imparfait du subjonctif		**14 plus-que-parfait du subjonctif**	
retournasse	retournassions	fusse retourné(e)	fussions retourné(e)s
retournasses	retournassiez	fusses retourné(e)	fussiez retourné(e)(s)
retournât	retournassent	fût retourné(e)	fussent retourné(e)s

Impératif
retourne
retournons
retournez

Consult the sections on verbs used in idiomatic expressions, verbs with prepositions, and the list of over 1,000 verbs conjugated like model verbs in the back pages.

réussir

to succeed

The Seven Simple Tenses		The Seven Compound Tenses	
Singular	Plural	Singular	Plural

1   présent de l'indicatif
		8 passé composé	
réussis	réussissons	ai réussi	avons réussi
réussis	réussissez	as réussi	avez réussi
réussit	réussissent	a réussi	ont réussi

2   imparfait de l'indicatif
		9 plus-que-parfait de l'indicatif	
réussissais	réussissions	avais réussi	avions réussi
réussissais	réussissiez	avais réussi	aviez réussi
réussissait	réussissaient	avait réussi	avaient réussi

3   passé simple
		10 passé antérieur	
réussis	réussîmes	eus réussi	eûmes réussi
réussis	réussîtes	eus réussi	eûtes réussi
réussit	réussirent	eut réussi	eurent réussi

4   futur
		11 futur antérieur	
réussirai	réussirons	aurai réussi	aurons réussi
réussiras	réussirez	auras réussi	aurez réussi
réussira	réussiront	aura réussi	auront réussi

5   conditionnel
		12 conditionnel passé	
réussirais	réussirions	aurais réussi	aurions réussi
réussirais	réussiriez	aurais réussi	auriez réussi
réussirait	réussiraient	aurait réussi	auraient réussi

6   présent du subjonctif
		13 passé du subjonctif	
réussisse	réussissions	aie réussi	ayons réussi
réussisses	réussissiez	aies réussi	ayez réussi
réussisse	réussissent	ait réussi	aient réussi

7   imparfait du subjonctif
		14 plus-que-parfait du subjonctif	
réussisse	réussissions	eusse réussi	eussions réussi
réussisses	réussissiez	eusses réussi	eussiez réussi
réussît	réussissent	eût réussi	eussent réussi

Impératif
réussis
réussissons
réussissez

Consult the sections on verbs used in idiomatic expressions, verbs with prepositions, and the list of over 1,000 verbs conjugated like model verbs in the back pages.

The Seven Simple Tenses		The Seven Compound Tenses	
Singular	Plural	Singular	Plural
1 présent de l'indicatif		**8 passé composé**	
me réveille	nous réveillons	me suis réveillé(e)	nous sommes réveillé(e)s
te réveilles	vous réveillez	t'es réveillé(e)	vous êtes réveillé(e)(s)
se réveille	se réveillent	s'est réveillé(e)	se sont réveillé(e)s
2 imparfait de l'indicatif		**9 plus-que-parfait de l'indicatif**	
me réveillais	nous réveillions	m'étais réveillé(e)	nous étions réveillé(e)s
te réveillais	vous réveilliez	t'étais réveillé(e)	vous étiez réveillé(e)(s)
se réveillait	se réveillaient	s'était réveillé(e)	s'étaient réveillé(e)s
3 passé simple		**10 passé antérieur**	
me réveillai	nous réveillâmes	me fus réveillé(e)	nous fûmes réveillé(e)s
te réveillas	vous réveillâtes	te fus réveillé(e)	vous fûtes réveillé(e)(s)
se réveilla	se réveillèrent	se fut réveillé(e)	se furent réveillé(e)s
4 futur		**11 futur antérieur**	
me réveillerai	nous réveillerons	me serai réveillé(e)	nous serons réveillé(e)s
te réveilleras	vous réveillerez	te seras réveillé(e)	vous serez réveillé(e)(s)
se réveillera	se réveilleront	se sera réveillé(e)	se seront réveillé(e)s
5 conditionnel		**12 conditionnel passé**	
me réveillerais	nous réveillerions	me serais réveillé(e)	nous serions réveillé(e)s
te réveillerais	vous réveilleriez	te serais réveillé(e)	vous seriez réveillé(e)(s)
se réveillerait	se réveilleraient	se serait réveillé(e)	se seraient réveilllé(e)s
6 présent du subjonctif		**13 passé du subjonctif**	
me réveille	nous réveillions	me sois réveillé(e)	nous soyons réveillé(e)s
te réveilles	vous réveilliez	te sois réveillé(e)	vous soyez réveillé(e)(s)
se réveille	se réveillent	se soit réveillé(e)	se soient réveillé(e)s
7 imparfait du subjonctif		**14 plus-que-parfait du subjonctif**	
me réveillasse	nous réveillassions	me fusse réveillé(e)	nous fussions réveillé(e)s
te réveillasses	vous réveillassiez	te fusses réveillé(e)	vous fussiez réveillé(e)(s)
se réveillât	se réveillassent	se fût réveillé(e)	se fussent réveillé(e)s

Impératif
réveille-toi
réveillons-nous
réveillez-vous

Words related to this verb

le réveillon   Christmas or New Year's Eve party
faire réveillon   to see the New Year in, to see Christmas in on Christmas eve
un réveille-matin   alarm clock

The subject pronouns are found on the page facing page 1.   **253**

revenir

to come back

Part. pr. **revenant**   Part. passé **revenu(e)(s)**

The Seven Simple Tenses		The Seven Compound Tenses	
Singular	Plural	Singular	Plural
1 présent de l'indicatif		**8 passé composé**	
reviens	revenons	suis revenu(e)	sommes revenu(e)s
reviens	revenez	es revenu(e)	êtes revenu(e)(s)
revient	reviennent	est revenu(e)	sont revenu(e)s
2 imparfait de l'indicatif		**9 plus-que-parfait de l'indicatif**	
revenais	revenions	étais revenu(e)	étions revenu(e)s
revenais	reveniez	étais revenu(e)	étiez revenu(e)(s)
revenait	revenaient	était revenu(e)	étaient revenu(e)s
3 passé simple		**10 passé antérieur**	
revins	revînmes	fus revenu(e)	fûmes revenu(e)s
revins	revîntes	fus revenu(e)	fûtes revenu(e)(s)
revint	revinrent	fut revenu(e)	furent revenu(e)s
4 futur		**11 futur antérieur**	
reviendrai	reviendrons	serai revenu(e)	serons revenu(e)s
reviendras	reviendrez	seras revenu(e)	serez revenu(e)(s)
reviendra	reviendront	sera revenu(e)	seront revenu(e)s
5 conditionnel		**12 conditionnel passé**	
reviendrais	reviendrions	serais revenu(e)	serions revenu(e)s
reviendrais	reviendriez	serais revenu(e)	seriez revenu(e)(s)
reviendrait	reviendraient	serait revenu(e)	seraient revenu(e)s
6 présent du subjonctif		**13 passé du subjonctif**	
revienne	revenions	sois revenu(e)	soyons revenu(e)s
reviennes	reveniez	sois revenu(e)	soyez revenu(e)(s)
revienne	reviennent	soit revenu(e)	soient revenu(e)s
7 imparfait du subjonctif		**14 plus-que-parfait du subjonctif**	
revinsse	revinssions	fusse revenu(e)	fussions revenu(e)s
revinsses	revinssiez	fusses revenu(e)	fussiez revenu(e)(s)
revînt	revinssent	fût revenu(e)	fussent revenu(e)s

Impératif
reviens
revenons
revenez

Words related to this verb

le revenu   revenue, income
à revenu fixe   fixed interest
revenir d'une erreur   to realize one's mistake

to see again, to see once more

The Seven Simple Tenses		The Seven Compound Tenses	
Singular	Plural	Singular	Plural

1   présent de l'indicatif

		8 passé composé	
revois	revoyons	ai revu	avons revu
revois	revoyez	as revu	avez revu
revoit	revoient	a revu	ont revu

2   imparfait de l'indicatif

		9 plus-que-parfait de l'indicatif	
revoyais	revoyions	avais revu	avions revu
evoyais	revoyiez	avais revu	aviez revu
revoyait	revoyaient	avait revu	avaient revu

3   passé simple

		10 passé antérieur	
revis	revîmes	eus revu	eûmes revu
revis	revîtes	eus revu	eûtes revu
revit	revirent	eut revu	eurent revu

4   futur

		11 futur antérieur	
reverrai	reverrons	aurai revu	aurons revu
reverras	reverrez	auras revu	aurez revu
reverra	reverront	aura revu	auront revu

5   conditionnel

		12 conditionnel passé	
reverrais	reverrions	aurais revu	aurions revu
reverrais	reverriez	aurais revu	auriez revu
reverrait	reverraient	aurait revu	auraient revu

6   présent du subjonctif

		13 passé du subjonctif	
revoie	revoyions	aie revu	ayons revu
revoies	revoyiez	aies revu	ayez revu
revoie	revoient	ait revu	aient revu

7   imparfait du subjonctif

		14 plus-que-parfait du subjonctif	
revisse	revissions	eusse revu	eussions revu
revisses	revissiez	eusses revu	eussiez revu
revît	revissent	eût revu	eussent revu

Impératif
revois
revoyons
revoyez

Words related to this verb

au revoir   good-bye, see you again
se revoir   to see each other again
une revue   review, magazine
un, une revuiste   a writer of revues

to laugh

The Seven Simple Tenses		The Seven Compound Tenses	
Singular	Plural	Singular	Plural
1 présent de l'indicatif		**8 passé composé**	
ris	rions	ai ri	avons ri
ris	riez	as ri	avez ri
rit	rient	a ri	ont ri
2 imparfait de l'indicatif		**9 plus-que-parfait de l'indicatif**	
riais	riions	avais ri	avions ri
riais	riiez	avais ri	aviez ri
riait	riaient	avait ri	avaient ri
3 passé simple		**10 passé antérieur**	
ris	rîmes	eus ri	eûmes ri
ris	rîtes	eus ri	eûtes ri
rit	rirent	eut ri	eurent ri
4 futur		**11 futur antérieur**	
rirai	rirons	aurai ri	aurons ri
riras	rirez	auras ri	aurez ri
rira	riront	aura ri	auront ri
5 conditionnel		**12 conditionnel passé**	
rirais	ririons	aurais ri	aurions ri
rirais	ririez	aurais ri	auriez ri
rirait	riraient	aurait ri	auraient ri
6 présent du subjonctif		**13 passé du subjonctif**	
rie	riions	aie ri	ayons ri
ries	riiez	aies ri	ayez ri
rie	rient	ait ri	aient ri
7 imparfait du subjonctif		**14 plus-que-parfait du subjonctif**	
risse	rissions	eusse ri	eussions ri
risses	rissiez	eusses ri	eussiez ri
rît	rissent	eût ri	eussent ri

Impératif
ris
rions
riez

Consult the sections on verbs used in idiomatic expressions, verbs with prepositions, and the list of over 1,000 verbs conjugated like model verbs in the back pages.

to break, to burst, to shatter

The Seven Simple Tenses		The Seven Compound Tenses	
Singular	Plural	Singular	Plural
1 présent de l'indicatif		**8 passé composé**	
romps	rompons	ai rompu	avons rompu
romps	rompez	as rompu	avez rompu
rompt	rompent	a rompu	ont rompu
2 imparfait de l'indicatif		**9 plus-que-parfait de l'indicatif**	
rompais	rompions	avais rompu	avions rompu
rompais	rompiez	avais rompu	aviez rompu
rompait	rompaient	avait rompu	avaient rompu
3 passé simple		**10 passé antérieur**	
rompis	rompîmes	eus rompu	eûmes rompu
rompis	rompîtes	eus rompu	eûtes rompu
rompit	rompirent	eut rompu	eurent rompu
4 futur		**11 futur antérieur**	
romprai	romprons	aurai rompu	aurons rompu
rompras	romprez	auras rompu	aurez rompu
rompra	rompront	aura rompu	auront rompu
5 conditionnel		**12 conditionnel passé**	
romprais	romprions	aurais rompu	aurions rompu
romprais	rompriez	aurais rompu	auriez rompu
romprait	rompraient	aurait rompu	auraient rompu
6 présent du subjonctif		**13 passé du subjonctif**	
rompe	rompions	aie rompu	ayons rompu
rompes	rompiez	aies rompu	ayez rompu
rompe	rompent	ait rompu	aient rompu
7 imparfait du subjonctif		**14 plus-que-parfait du subjonctif**	
rompisse	rompissions	eusse rompu	eussions rompu
rompisses	rompissiez	eusses rompu	eussiez rompu
rompît	rompissent	eût rompu	eussent rompu

Impératif
romps
rompons
rompez

Common idiomatic expressions using this verb

rompu de fatigue   worn out
rompu aux affaires   experienced in business
se rompre à   to get used to
se rompre la tête   to rack one's brains

to seize, to grasp

The Seven Simple Tenses		The Seven Compound Tenses	
Singular	Plural	Singular	Plural
1 présent de l'indicatif		**8 passé composé**	
saisis	saisissons	ai saisi	avons saisi
saisis	saisissez	as saisi	avez saisi
saisit	saisissent	a saisi	ont saisi
2 imparfait de l'indicatif		**9 plus-que-parfait de l'indicatif**	
saisissais	saisissions	avais saisi	avions saisi
saisissais	saisissiez	avais saisi	aviez saisi
saisissait	saisissaient	avait saisi	avaient saisi
3 passé simple		**10 passé antérieur**	
saisis	saisîmes	eus saisi	eûmes saisi
saisis	saisîtes	eus saisi	eûtes saisi
saisit	saisirent	eut saisi	eurent saisi
4 futur		**11 futur antérieur**	
saisirai	saisirons	aurai saisi	aurons saisi
saisiras	saisirez	auras saisi	aurez saisi
saisira	saisiront	aura saisi	auront saisi
5 conditionnel		**12 conditionnel passé**	
saisirais	saisirions	aurais saisi	aurions saisi
saisirais	saisiriez	aurais saisi	auriez saisi
saisirait	saisiraient	aurait saisi	auraient saisi
6 présent du subjonctif		**13 passé du subjonctif**	
saisisse	saisissions	aie saisi	ayons saisi
saisisses	saisissiez	aies saisi	ayez saisi
saisisse	saisissent	ait saisi	aient saisi
7 imparfait du subjonctif		**14 plus-que-parfait du subjonctif**	
saisisse	saisissions	eusse saisi	eussions saisi
saisisses	saisissiez	eusses saisi	eussiez saisi
saisît	saisissent	eût saisi	eussent saisi

Impératif
saisis
saisissons
saisissez

Words related to this verb

un saisissement   shock
saisissable   seizable
saisissant, saisissante   thrilling, piercing

to soil, to dirty

The Seven Simple Tenses		The Seven Compound Tenses	
Singular	Plural	Singular	Plural
1 présent de l'indicatif		**8 passé composé**	
salis	salissons	ai sali	avons sali
salis	salissez	as sali	avez sali
salit	salissent	a sali	ont sali
2 imparfait de l'indicatif		**9 plus-que-parfait de l'indicatif**	
salissais	salissions	avais sali	avions sali
salissais	salissiez	avais sali	aviez sali
salissait	salissaient	avait sali	avaient sali
3 passé simple		**10 passé antérieur**	
salis	salîmes	eus sali	eûmes sali
salis	salîtes	eus sali	eûtes sali
salit	salirent	eut sali	eurent sali
4 futur		**11 futur antérieur**	
salirai	salirons	aurai sali	aurons sali
saliras	salirez	auras sali	aurez sali
salira	saliront	aura sali	auront sali
5 conditionnel		**12 conditionnel passé**	
salirais	salirions	aurais sali	aurions sali
salirais	saliriez	aurais sali	auriez sali
salirait	saliraient	aurait sali	auraient sali
6 présent du subjonctif		**13 passé du subjonctif**	
salisse	salissions	aie sali	ayons sali
salisses	salissiez	aies sali	ayez sali
salisse	salissent	ait sali	aient sali
7 imparfait du subjonctif		**14 plus-que-parfait du subjonctif**	
salisse	salissions	eusse sali	eussions sali
salisses	salissiez	eusses sali	eussiez sali
salît	salissent	eût sali	eussent sali

Impératif
salis
salissons
salissez

Words related to this verb

sale   dirty, soiled
salement   disgustingly
la saleté   filth

sauter   Part. pr. **sautant**   Part. passé **sauté**

to jump, to leap

The Seven Simple Tenses		The Seven Compound Tenses	
Singular	Plural	Singular	Plural
1 présent de l'indicatif		**8 passé composé**	
saute	sautons	ai sauté	avons sauté
sautes	sautez	as sauté	avez sauté
saute	sautent	a sauté	ont sauté
2 imparfait de l'indicatif		**9 plus-que-parfait de l'indicatif**	
sautais	sautions	avais sauté	avions sauté
sautais	sautiez	avais sauté	aviez sauté
sautait	sautaient	avait sauté	avaient sauté
3 passé simple		**10 passé antérieur**	
sautai	sautâmes	eus sauté	eûmes sauté
sautas	sautâtes	eus sauté	eûtes sauté
sauta	sautèrent	eut sauté	eurent sauté
4 futur		**11 futur antérieur**	
sauterai	sauterons	aurai sauté	aurons sauté
sauteras	sauterez	auras sauté	aurez sauté
sautera	sauteront	aura sauté	auront sauté
5 conditionnel		**12 conditionnel passé**	
sauterais	sauterions	aurais sauté	aurions sauté
sauterais	sauteriez	aurais sauté	auriez sauté
sauterait	sauteraient	aurait sauté	auraient sauté
6 présent du subjonctif		**13 passé du subjonctif**	
saute	sautions	aie sauté	ayons sauté
sautes	sautiez	aies sauté	ayez sauté
saute	sautent	ait sauté	aient sauté
7 imparfait du subjonctif		**14 plus-que-parfait du subjonctif**	
sautasse	sautassions	eusse sauté	eussions sauté
sautasses	sautassiez	eusses sauté	eussiez sauté
sautât	sautassent	eût sauté	eussent sauté

Impératif
saute
sautons
sautez

Words related to this verb

un saut a leap, jump
une sauterelle grasshopper
sautiller to skip, to hop

260

to rescue, to save

The Seven Simple Tenses		The Seven Compound Tenses	
Singular	Plural	Singular	Plural
1 présent de l'indicatif		**8 passé composé**	
sauve	sauvons	ai sauvé	avons sauvé
sauves	sauvez	as sauvé	avez sauvé
sauve	sauvent	a sauvé	ont sauvé
2 imparfait de l'indicatif		**9 plus-que-parfait de l'indicatif**	
sauvais	sauvions	avais sauvé	avions sauvé
sauvais	sauviez	avais sauvé	aviez sauvé
sauvait	sauvaient	avait sauvé	avaient sauvé
3 passé simple		**10 passé antérieur**	
sauvai	sauvâmes	eus sauvé	eûmes sauvé
sauvas	sauvâtes	eus sauvé	eûtes sauvé
sauva	sauvèrent	eut sauvé	eurent sauvé
4 futur		**11 futur antérieur**	
sauverai	sauverons	aurai sauvé	aurons sauvé
sauveras	sauverez	auras sauvé	aurez sauvé
sauvera	sauveront	aura sauvé	auront sauvé
5 conditionnel		**12 conditionnel passé**	
sauverais	sauverions	aurais sauvé	aurions sauvé
sauverais	sauveriez	aurais sauvé	auriez sauvé
sauverait	sauveraient	aurait sauvé	auraient sauvé
6 présent du subjonctif		**13 passé du subjonctif**	
sauve	sauvions	aie sauvé	ayons sauvé
sauves	sauviez	aies sauvé	ayez sauvé
sauve	sauvent	ait sauvé	aient sauvé
7 imparfait du subjonctif		**14 plus-que-parfait du subjonctif**	
sauvasse	sauvassions	eusse sauvé	eussions sauvé
sauvasses	sauvassiez	eusses sauvé	eussiez sauvé
sauvât	sauvassent	eût sauvé	eussent sauvé

Impératif
sauve
sauvons
sauvez

Words related to this verb

sauvegarder   to safeguard
le sauvetage   life-saving, rescue
sauve-qui-peut   run for your life

to run away

The Seven Simple Tenses		The Seven Compound Tenses	
Singular	Plural	Singular	Plural
1 présent de l'indicatif		**8 passé composé**	
me sauve	nous sauvons	me suis sauvé(e)	nous sommes sauvé(e)s
te sauves	vous sauvez	t'es sauvé(e)	vous êtes sauvé(e)(s)
se sauve	se sauvent	s'est sauvé(e)	se sont sauvé(e)s
2 imparfait de l'indicatif		**9 plus-que-parfait de l'indicatif**	
me sauvais	nous sauvions	m'étais sauvé(e)	nous étions sauvé(e)s
te sauvais	vous sauviez	t'étais sauvé(e)	vous étiez sauvé(e)(s)
se sauvait	se sauvaient	s'était sauvé(e)	s'étaient sauvé(e)s
3 passé simple		**10 passé antérieur**	
me sauvai	nous sauvâmes	me fus sauvé(e)	nous fûmes sauvé(e)s
te sauvas	vous sauvâtes	te fus sauvé(e)	vous fûtes sauvé(e)(s)
se sauva	se sauvèrent	se fut sauvé(e)	se furent sauvé(e)s
4 futur		**11 futur antérieur**	
me sauverai	nous sauverons	me serai sauvé(e)	nous serons sauvé(e)s
te sauveras	vous sauverez	te seras sauvé(e)	vous serez sauvé(e)(s)
se sauvera	se sauveront	se sera sauvé(e)	se seront sauvé(e)s
5 conditionnel		**12 conditionnel passé**	
me sauverais	nous sauverions	me serais sauvé(e)	nous serions sauvé(e)s
te sauverais	vous sauveriez	te serais sauvé(e)	vous seriez sauvé(e)(s)
se sauverait	se sauveraient	se serait sauvé(e)	se seraient sauvé(e)s
6 présent du subjonctif		**13 passé du subjonctif**	
me sauve	nous sauvions	me sois sauvé(e)	nous soyons sauvé(e)s
te sauves	vous sauviez	te sois sauvé(e)	vous soyez sauvé(e)(s)
se sauve	se sauvent	se soit sauvé(e)	se soient sauvé(e)s
7 imparfait du subjonctif		**14 plus-que-parfait du subjonctif**	
me sauvasse	nous sauvassions	me fusse sauvé(e)	nous fussions sauvé(e)s
te sauvasses	vous sauvassiez	te fusses sauvé(e)	vous fussiez sauvé(e)(s)
se sauvât	se sauvassent	se fût sauvé(e)	se fussent sauvé(e)s

Impératif
sauve-toi
sauvons-nous
sauvez-vous

Words related to this verb

se sauver de prison   to get out of prison
sauvegarder   to safeguard
le sauvetage   life-saving, rescue
sauve-qui-peut   run for your life

262

to know (how)

The Seven Simple Tenses		The Seven Compound Tenses	
Singular	Plural	Singular	Plural
1 présent de l'indicatif		**8 passé composé**	
sais	savons	ai su	avons su
sais	savez	as su	avez su
sait	savent	a su	ont su
2 imparfait de l'indicatif		**9 plus-que-parfait de l'indicatif**	
savais	savions	avais su	avions su
savais	saviez	avais su	aviez su
savait	savaient	avait su	avaient su
3 passé simple		**10 passé antérieur**	
sus	sûmes	eus su	eûmes su
sus	sûtes	eus su	eûtes su
sut	surent	eut su	eurent su
4 futur		**11 futur antérieur**	
saurai	saurons	aurai su	aurons su
sauras	saurez	auras su	aurez su
saura	sauront	aura su	auront su
5 conditionnel		**12 conditionnel passé**	
saurais	saurions	aurais su	aurions su
saurais	sauriez	aurais su	auriez su
saurait	sauraient	aurait su	auraient su
6 présent du subjonctif		**13 passé du subjonctif**	
sache	sachions	aie su	ayons su
saches	sachiez	aies su	ayez su
sache	sachent	ait su	aient su
7 imparfait du subjonctif		**14 plus-que-parfait du subjonctif**	
susse	sussions	eusse su	eussions su
susses	sussiez	eusses su	eussiez su
sût	sussent	eût su	eussent su

Impératif
sache
sachons
sachez

Words related to this verb

le savoir knowledge
le savoir-faire know-how, tact, ability
le savoir-vivre knowledge of how to live

to seem

The Seven Simple Tenses		The Seven Compound Tenses	
Singular	Plural	Singular	Plural
1 présent de l'indicatif **il semble**		8 passé composé **il a semblé**	
2 imparfait de l'indicatif **il semblait**		9 plus-que-parfait de l'indicatif **il avait semblé**	
3 passé simple **il sembla**		10 passé antérieur **il eut semblé**	
4 futur **il semblera**		11 futur antérieur **il aura semblé**	
5 conditionnel **il semblerait**		12 conditionnel passé **il aurait semblé**	
6 présent du subjonctif **qu'il semble**		13 passé du subjonctif **qu'il ait semblé**	
7 imparfait du subjonctif **qu'il semblât**		14 plus-que-parfait du subjonctif **qu'il eût semblé**	

Impératif
(inusité)

This is an impersonal verb and it is used mainly in the tenses given above and in the third person singular.

This verb has regular forms in all the tenses (like **ressembler** on p. 249) but much of the time it is used impersonally in the forms given above with **il** (it) as the subject.

to feel, to smell

The Seven Simple Tenses		The Seven Compound Tenses	
Singular	Plural	Singular	Plural
1 présent de l'indicatif		**8 passé composé**	
sens	sentons	ai senti	avons senti
sens	sentez	as senti	avez senti
sent	sentent	a senti	ont senti
2 imparfait de l'indicatif		**9 plus-que-parfait de l'indicatif**	
sentais	sentions	avais senti	avions senti
sentais	sentiez	avais senti	aviez senti
sentait	sentaient	avait senti	avaient senti
3 passé simple		**10 passé antérieur**	
sentis	sentîmes	eus senti	eûmes senti
sentis	sentîtes	eus senti	eûtes senti
sentit	sentirent	eut senti	eurent senti
4 futur		**11 futur antérieur**	
sentirai	sentirons	aurai senti	aurons senti
sentiras	sentirez	auras senti	aurez senti
sentira	sentiront	aura senti	auront senti
5 conditionnel		**12 conditionnel passé**	
sentirais	sentirions	aurais senti	aurions senti
sentirais	sentiriez	aurais senti	auriez senti
sentirait	sentiraient	aurait senti	auraient senti
6 présent du subjonctif		**13 passé du subjonctif**	
sente	sentions	aie senti	ayons senti
sentes	sentiez	aies senti	ayez senti
sente	sentent	ait senti	aient senti
7 imparfait du subjonctif		**14 plus-que-parfait du subjonctif**	
sentisse	sentissions	eusse senti	eussions senti
sentisses	sentissiez	eusses senti	eussiez senti
sentît	sentissent	eût senti	eussent senti

Imperatif
sens
sentons
sentez

Words related to this verb

un sentiment   feeling, sense, impression
sentimental, sentimentale   sentimental
la sentimentalité   sentimentality

to serve

The Seven Simple Tenses		The Seven Compound Tenses	
Singular	Plural	Singular	Plural
1 présent de l'indicatif		**8 passé composé**	
sers	servons	ai servi	avons servi
sers	servez	as servi	avez servi
sert	servent	a servi	ont servi
2 imparfait de l'indicatif		**9 plus-que-parfait de l'indicatif**	
servais	servions	avais servi	avions servi
servais	serviez	avais servi	aviez servi
servait	servaient	avait servi	avaient servi
3 passé simple		**10 passé antérieur**	
servis	servîmes	eus servi	eûmes servi
servis	servîtes	eus servi	eûtes servi
servit	servirent	eut servi	eurent servi
4 futur		**11 futur antérieur**	
servirai	servirons	aurai servi	aurons servi
serviras	servirez	auras servi	aurez servi
servira	serviront	aura servi	auront servi
5 conditionnel		**12 conditionnel passé**	
servirais	servirions	aurais servi	aurions servi
servirais	serviriez	aurais servi	auriez servi
servirait	serviraient	aurait servi	auraient servi
6 présent du subjonctif		**13 passé du subjonctif**	
serve	servions	aie servi	ayons servi
serves	serviez	aies servi	ayez servi
serve	servent	ait servi	aient servi
7 imparfait du subjonctif		**14 plus-que-parfait du subjonctif**	
servisse	servissions	eusse servi	eussions servi
servisses	servissiez	eusses servi	eussiez servi
servît	servissent	eût servi	eussent servi

Impératif
sers
servons
servez

Words related to this verb

le serveur   waiter
la serveuse   waitress
le service   service
une serviette   napkin
un serviteur   servant
la servitude   servitude

to use, to make use of, to serve oneself, to help oneself (to food and drink)

The Seven Simple Tenses		The Seven Compound Tenses	
Singular	Plural	Singular	Plural

1 présent de l'indicatif

me sers	nous servons
te sers	vous servez
se sert	se servent

8 passé composé

me suis servi(e)	nous sommes servi(e)s
t'es servi(e)	vous êtes servi(e)(s)
s'est servi(e)	se sont servi(e)s

2 imparfait de l'indicatif

me servais	nous servions
te servais	vous serviez
se servait	se servaient

9 plus-que-parfait de l'indicatif

m'étais servi(e)	nous étions servi(e)s
t'étais servi(e)	vous étiez servi(e)(s)
s'était servi(e)	s'étaient servi(e)s

3 passé simple

me servis	nous servîmes
te servis	vous servîtes
se servit	se servirent

10 passé antérieur

me fus servi(e)	nous fûmes servi(e)s
te fus servi(e)	vous fûtes servi(e)(s)
se fut servi(e)	se furent servi(e)s

4 futur

me servirai	nous servirons
te serviras	vous servirez
se servira	se serviront

11 futur antérieur

me serai servi(e)	nous serons servi(e)s
te seras servi(e)	vous serez servi(e)(s)
se sera servi(e)	se seront servi(e)s

5 conditionnel

me servirais	nous servirions
te servirais	vous serviriez
se servirait	se serviraient

12 conditionnel passé

me serais servi(e)	nous serions servi(e)s
te serais servi(e)	vous seriez servi(e)(s)
se serait servi(e)	se seraient servi(e)s

6 présent du subjonctif

me serve	nous servions
te serves	vous serviez
se serve	se servent

13 passé du subjonctif

me sois servi(e)	nous soyons servi(e)s
te sois servi(e)	vous soyez servi(e)(s)
se soit servi(e)	se soient servi(e)s

7 imparfait du subjonctif

me servisse	nous servissions
te servisses	vous servissiez
se servît	se servissent

14 plus-que-parfait du subjonctif

me fusse servi(e)	nous fussions servi(e)s
te fusses servi(e)	vous fussiez servi(e)(s)
se fût servi(e)	se fussent servi(e)s

Impératif
sers-toi
servons-nous
servez-vous

Words related to this verb

un serviteur	servant	**la serveuse**	waitress
la servitude	servitude	**le service**	service
le serveur	waiter	**une serviette**	napkin .

se servir de   to use; **Je me sers d'un stylo pour écrire une lettre.**   I use a pen to write a
letter.

Consult the section on verbs with prepositions beginning on p. 336.

to dream, to think

The Sever. Simple Tenses		The Seven Compound Tenses	
Singular	Plural	Singular	Plural
1 présent de l'indicatif		**8 passé composé**	
songe	songeons	ai songé	avons songé
songes	songez	as songé	avez songé
songe	songent	a songé	ont songé
2 imparfait de l'indicatif		**9 plus-que-parfait de l'indicatif**	
songeais	songions	avais songé	avions songé
songeais	songiez	avais songé	aviez songé
songeait	songeaient	avait songé	avaient songé
3 passé simple		**10 passé antérieur**	
songeai	songeâmes	eus songé	eûmes songé
songeas	songeâtes	eus songé	eûtes songé
songea	songèrent	eut songé	eurent songé
4 futur		**11 futur antérieur**	
songerai	songerons	aurai songé	aurons songé
songeras	songerez	auras songé	aurez songé
songera	songeront	aura songé	auront songé
5 conditionnel		**12 conditionnel passé**	
songerais	songerions	aurais songé	aurions songé
songerais	songeriez	aurais songé	auriez songé
songerait	songeraient	aurait songé	auraient songé
6 présent du subjonctif		**13 passé du subjonctif**	
songe	songions	aie songé	ayons songé
songes	songiez	aies songé	ayez songé
songe	songent	ait songé	aient songé
7 imparfait du subjonctif		**14 plus-que-parfait du subjonctif**	
songeasse	songeassions	eusse songé	eussions songé
songeasses	songeassiez	eusses songé	eussiez songé
songeât	songeassent	eût songé	eussent songé

Impératif
songe
songeons
songez

Words related to this verb

un songe dream
un songeur, une songeuse dreamer
songer à l'avenir to think of the future

The Seven Simple Tenses		The Seven Compound Tenses	
Singular	Plural	Singular	Plural
1 présent de l'indicatif		**8 passé composé**	
sonne	sonnons	ai sonné	avons sonné
sonnes	sonnez	as sonné	avez sonné
sonne	sonnent	a sonné	ont sonné
2 imparfait de l'indicatif		**9 plus-que-parfait de l'indicatif**	
sonnais	sonnions	avais sonné	avions sonné
sonnais	sonniez	avais sonné	aviez sonné
sonnait	sonnaient	avait sonné	avaient sonné
3 passé simple		**10 passé antérieur**	
sonnai	sonnâmes	eus sonné	eûmes sonné
sonnas	sonnâtes	eus sonné	eûtes sonné
sonna	sonnèrent	eut sonné	eurent sonné
4 futur		**11 futur antérieur**	
sonnerai	sonnerons	aurai sonné	aurons sonné
sonneras	sonnerez	auras sonné	aurez sonné
sonnera	sonneront	aura sonné	auront sonné
5 conditionnel		**12 conditionnel passé**	
sonnerais	sonnerions	aurais sonné	aurions sonné
sonnerais	sonneriez	aurais sonné	auriez sonné
sonnerait	sonneraient	aurait sonné	auraient sonné
6 présent du subjonctif		**13 passé du subjonctif**	
sonne	sonnions	aie sonné	ayons sonné
sonnes	sonniez	aies sonné	ayez sonné
sonne	sonnent	ait sonné	aient sonné
7 imparfait du subjonctif		**14 plus-que-parfait du subjonctif**	
sonnasse	sonnassions	eusse sonné	eussions sonné
sonnasses	sonnassiez	eusses sonné	eussiez sonné
sonnât	sonnassent	eût sonné	eussent sonné

Impératif
sonne
sonnons
sonnez

Words related to this verb

une sonnerie   ringing, chiming
une sonnette   house bell, hand bell
une sonnette électrique   electric bell

sortir

to go out, to leave

The Seven Simple Tenses		The Seven Compound Tenses	
Singular	Plural	Singular	Plural
1 présent de l'indicatif		**8 passé composé**	
sors	sortons	suis sorti(e)	sommes sorti(e)s
sors	sortez	es sorti(e)	êtes sorti(e)(s)
sort	sortent	est sorti(e)	sont sorti(e)s
2 imparfait de l'indicatif		**9 plus-que-parfait de l'indicatif**	
sortais	sortions	étais sorti(e)	étions sorti(e)s
sortais	sortiez	étais sorti(e)	étiez sorti(e)(s)
sortait	sortaient	était sorti(e)	étaient sorti(e)s
3 passé simple		**10 passé antérieur**	
sortis	sortîmes	fus sorti(e)	fûmes sorti(e)s
sortis	sortîtes	fus sorti(e)	fûtes sorti(e)(s)
sortit	sortirent	fut sorti(e)	furent sorti(e)s
4 futur		**11 futur antérieur**	
sortirai	sortirons	serai sorti(e)	serons sorti(e)s
sortiras	sortirez	seras sorti(e)	serez sorti(e)(s)
sortira	sortiront	sera sorti(e)	seront sorti(e)s
5 conditionnel		**12 conditionnel passé**	
sortirais	sortirions	serais sorti(e)	serions sorti(e)s
sortirais	sortiriez	serais sorti(e)	seriez sorti(e)(s)
sortirait	sortiraient	serait sorti(e)	seraient sorti(e)s
6 présent du subjonctif		**13 passé du subjonctif**	
sorte	sortions	sois sorti(e)	soyons sorti(e)s
sortes	sortiez	sois sorti(e)	soyez sorti(e)(s)
sorte	sortent	soit sorti(e)	soient sorti(e)s
7 imparfait du subjonctif		**14 plus-que-parfait du subjonctif**	
sortisse	sortissions	fusse sorti(e)	fussions sorti(e)s
sortisses	sortissiez	fusses sorti(e)	fussiez sorti(e)(s)
sortît	sortissent	fût sorti(e)	fussent sorti(e)s

Impératif
sors
sortons
sortez

This verb is conjugated with **avoir** when it has a direct object.

Example: **Elle a sorti son mouchoir.**   She took out her handkerchief.

BUT: **Elle est sortie hier soir.**   She went out last night.

to blow, to pant, to prompt (an actor/actress with a cue)

The Seven Simple Tenses		The Seven Compound Tenses	
Singular	Plural	Singular	Plural

1   présent de l'indicatif

		8 passé composé	
souffle	soufflons	ai soufflé	avons soufflé
souffles	soufflez	as soufflé	avez soufflé
souffle	soufflent	a soufflé	ont soufflé

2   imparfait de l'indicatif

		9 plus-que-parfait de l'indicatif	
soufflais	soufflions	avais soufflé	avions soufflé
soufflais	souffliez	avais soufflé	aviez soufflé
soufflait	soufflaient	avait soufflé	avaient soufflé

3   passé simple

		10 passé antérieur	
soufflai	soufflâmes	eus soufflé	eûmes soufflé
soufflas	soufflâtes	eus soufflé	eûtes soufflé
souffla	soufflèrent	eut soufflé	eurent soufflé

4   futur

		11 futur antérieur	
soufflerai	soufflerons	aurai soufflé	aurons soufflé
souffleras	soufflerez	auras soufflé	aurez soufflé
soufflera	souffleront	aura soufflé	auront soufflé

5   conditionnel

		12 conditionnel passé	
soufflerais	soufflerions	aurais soufflé	aurions soufflé
soufflerais	souffleriez	aurais soufflé	auriez soufflé
soufflerait	souffleraient	aurait soufflé	auraient soufflé

6   présent du subjonctif

		13 passé du subjonctif	
souffle	soufflions	aie soufflé	ayons soufflé
souffles	souffliez	aies soufflé	ayez soufflé
souffle	soufflent	ait soufflé	aient soufflé

7   imparfait du subjonctif

		14 plus-que-parfait du subjonctif	
soufflasse	soufflassions	eusse soufflé	eussions soufflé
soufflasses	soufflassiez	eusses soufflé	eussiez soufflé
soufflât	soufflassent	eût soufflé	eussent soufflé

Impératif
souffle
soufflons
soufflez

Consult the sections on verbs used in idiomatic expressions, verbs with prepositions, and the list of over 1,000 verbs conjugated like model verbs in the back pages.

souffrir

Part. pr. **souffrant**   Part. passé **souffert**

to suffer, to endure

The Seven Simple Tenses		The Seven Compound Tenses	
Singular	Plural	Singular	Plural
1 présent de l'indicatif		**8 passé composé**	
souffre	souffrons	ai souffert	avons souffert
souffres	souffrez	as souffert	avez souffert
souffre	souffrent	a souffert	ont souffert
2 imparfait de l'indicatif		**9 plus-que-parfait de l'indicatif**	
souffrais	souffrions	avais souffert	avions souffert
souffrais	souffriez	avais souffert	aviez souffert
souffrait	souffraient	avait souffert	avaient souffert
3 passé simple		**10 passé antérieur**	
souffris	souffrîmes	eus souffert	eûmes souffert
souffris	souffrîtes	eus souffert	eûtes souffert
souffrit	souffrirent	eut souffert	eurent souffert
4 futur		**11 futur antérieur**	
souffrirai	souffrirons	aurai souffert	aurons souffert
souffriras	souffrirez	auras souffert	aurez souffert
souffrira	souffriront	aura souffert	auront souffert
5 conditionnel		**12 conditionnel passé**	
souffrirais	souffririons	aurais souffert	aurions souffert
souffrirais	souffririez	aurais souffert	auriez souffert
souffrirait	souffriraient	aurait souffert	auraient souffert
6 présent du subjonctif		**13 passé du subjonctif**	
souffre	souffrions	aie souffert	ayons souffert
souffres	souffriez	aies souffert	ayez souffert
souffre	souffrent	ait souffert	aient souffert
7 imparfait du subjonctif		**14 plus-que-parfait du subjonctif**	
souffrisse	souffrissions	eusse souffert	eussions souffert
souffrisses	souffrissiez	eusses souffert	eussiez souffert
souffrît	souffrissent	eût souffert	eussent souffert

Impératif
souffre
souffrons
souffrez

Words related to this verb

la souffrance   suffering
souffrant, souffrante   ailing, sick
souffreteux, souffreteuse   sickly, feeble

The Seven Simple Tenses		The Seven Compound Tenses	
Singular	Plural	Singular	Plural

1   présent de l'indicatif

souhaite	souhaitons		
souhaites	souhaitez		
souhaite	souhaitent		

8   passé composé

ai souhaité	avons souhaité
as souhaité	avez souhaité
a souhaité	ont souhaité

2   imparfait de l'indicatif

souhaitais	souhaitions
souhaitais	souhaitiez
souhaitait	souhaitaient

9   plus-que-parfait de l'indicatif

avais souhaité	avions souhaité
avais souhaité	aviez souhaité
avait souhaité	avaient souhaité

3   passé simple

souhaitai	souhaitâmes
souhaitas	souhaitâtes
souhaita	souhaitèrent

10   passé antérieur

eus souhaité	eûmes souhaité
eus souhaité	eûtes souhaité
eut souhaité	eurent souhaité

4   futur

souhaiterai	souhaiterons
souhaiteras	souhaiterez
souhaitera	souhaiteront

11   futur antérieur

aurai souhaité	aurons souhaité
auras souhaité	aurez souhaité
aura souhaité	auront souhaité

5   conditionnel

souhaiterais	souhaiterions
souhaiterais	souhaiteriez
souhaiterait	souhaiteraient

12   conditionnel passé

aurais souhaité	aurions souhaité
aurais souhaité	auriez souhaité
aurait souhaité	auraient souhaité

6   présent du subjonctif

souhaite	souhaitions
souhaites	souhaitiez
souhaite	souhaitent

13   passé du subjonctif

aie souhaité	ayons souhaité
aies souhaité	ayez souhaité
ait souhaité	aient souhaité

7   imparfait du subjonctif

souhaitasse	souhaitassions
souhaitasses	souhaitassiez
souhaitât	souhaitassent

14   plus-que-parfait du subjonctif

eusse souhaité	eussions souhaité
eusses souhaité	eussiez souhaité
eût souhaité	eussent souhaité

Impératif
souhaite
souhaitons
souhaitez

Words related to this verb

un souhait   a wish
à souhait   to one's liking
souhaits de bonne année   New Year's greetings

to submit

The Seven Simple Tenses		The Seven Compound Tenses	
Singular	Plural	Singular	Plural
1 présent de l'indicatif		**8 passé composé**	
soumets	soumettons	ai soumis	avons soumis
soumets	soumettez	as soumis	avez soumis
soumet	soumettent	a soumis	ont soumis
2 imparfait de l'indicatif		**9 plus-que-parfait de l'indicatif**	
soumettais	soumettions	avais soumis	avions soumis
soumettais	soumettiez	avais soumis	aviez soumis
soumettait	soumettaient	avait soumis	avaient soumis
3 passé simple		**10 passé antérieur**	
soumis	soumîmes	eus soumis	eûmes soumis
soumis	soumîtes	eus soumis	eûtes soumis
soumit	soumirent	eut soumis	eurent soumis
4 futur		**11 futur antérieur**	
soumettrai	soumettrons	aurai soumis	aurons soumis
soumettras	soumettrez	auras soumis	aurez soumis
soumettra	soumettront	aura soumis	auront soumis
5 conditionnel		**12 conditionnel passé**	
soumettrais	soumettrions	aurais soumis	aurions soumis
soumettrais	soumettriez	aurais soumis	auriez soumis
soumettrait	soumettraient	aurait soumis	auraient soumis
6 présent du subjonctif		**13 passé du subjonctif**	
soumette	soumettions	aie soumis	ayons soumis
soumettes	soumettiez	aies soumis	ayez soumis
soumette	soumettent	ait soumis	aient soumis
7 imparfait du subjonctif		**14 plus-que-parfait du subjonctif**	
soumisse	soumissions	eusse soumis	eussions soumis
soumisses	soumissiez	eusses soumis	eussiez soumis
soumît	soumissent	eût soumis	eussent soumis

Impératif
soumets
soumettons
soumettez

Consult the sections on verbs used in idiomatic expressions, verbs with prepositions, and the list of over 1,000 verbs conjugated like model verbs in the back pages.

The Seven Simple Tenses		The Seven Compound Tenses	
Singular	Plural	Singular	Plural
1 présent de l'indicatif		**8 passé composé**	
souris	sourions	ai souri	avons souri
souris	souriez	as souri	avez souri
sourit	sourient	a souri	ont souri
2 imparfait de l'indicatif		**9 plus-que-parfait de l'indicatif**	
souriais	souriions	avais souri	avions souri
souriais	souriiez	avais souri	aviez souri
souriait	souriaient	avait souri	avaient souri
3 passé simple		**10 passé antérieur**	
souris	sourîmes	eus souri	eûmes souri
souris	sourîtes	eus souri	eûtes souri
sourit	sourirent	eut souri	eurent souri
4 futur		**11 futur antérieur**	
sourirai	sourirons	aurai souri	aurons souri
souriras	sourirez	auras souri	aurez souri
sourira	souriront	aura souri	auront souri
5 conditionnel		**12 conditionnel passé**	
sourirais	souririons	aurais souri	aurions souri
sourirais	souririez	aurais souri	auriez souri
sourirait	souriraient	aurait souri	auraient souri
6 présent du subjonctif		**13 passé du subjonctif**	
sourie	souriions	aie souri	ayons souri
souries	souriiez	aies souri	ayez souri
sourie	sourient	ait souri	aient souri
7 imparfait du subjonctif		**14 plus-que-parfait du subjonctif**	
sourisse	sourissions	eusse souri	eussions souri
sourisses	sourissiez	eusses souri	eussiez souri
sourît	sourissent	eût souri	eussent souri

	Impératif
	souris
	sourions
	souriez

Words related to this verb

un sourire   a smile
Gardez le sourire!   Keep smiling!
un large sourire   a broad smile

to remember, to recall

The Seven Simple Tenses		The Seven Compound Tenses	
Singular	Plural	Singular	Plural

1 présent de l'indicatif

me souviens	nous souvenons
te souviens	vous souvenez
se souvient	se souviennent

8 passé composé

me suis souvenu(e)	nous sommes souvenu(e)s
t'es souvenu(e)	vous êtes souvenu(e)(s)
s'est souvenu(e)	se sont souvenu(e)s

2 imparfait de l'indicatif

me souvenais	nous souvenions
te souvenais	vous souveniez
se souvenait	se souvenaient

9 plus-que-parfait de l'indicatif

m'étais souvenu(e)	nous étions souvenu(e)s
t'étais souvenu(e)	vous étiez souvenu(e)(s)
s'était souvenu(e)	s'étaient souvenu(e)s

3 passé simple

me souvins	nous souvînmes
te souvins	vous souvîntes
se souvint	se souvinrent

10 passé antérieur

me fus souvenu(e)	nous fûmes souvenu(e)s
te fus souvenu(e)	vous fûtes souvenu(e)(s)
se fut souvenu(e)	se furent souvenu(e)s

4 futur

me souviendrai	nous souviendrons
te souviendras	vous souviendrez
se souviendra	se souviendront

11 futur antérieur

me serai souvenu(e)	nous serons souvenu(e)s
te seras souvenu(e)	vous serez souvenu(e)(s)
se sera souvenu(e)	se seront souvenu(e)s

5 conditionnel

me souviendrais	nous souviendrions
te souviendrais	vous souviendriez
se souviendrait	se souviendraient

12 conditionnel passé

me serais souvenu(e)	nous serions souvenu(e)s
te serais souvenu(e)	vous seriez souvenu(e)(s)
se serait souvenu(e)	se seraient souvenu(e)s

6 présent du subjonctif

me souvienne	nous souvenions
te souviennes	vous souveniez
se souvienne	se souviennent

13 passé du subjonctif

me sois souvenu(e)	nous soyons souvenu(e)s
te sois souvenu(e)	vous soyez souvenu(e)(s)
se soit souvenu(e)	se soient souvenu(e)s

7 imparfait du subjonctif

me souvinsse	nous souvinssions
te souvinsses	vous souvinssiez
se souvînt	se souvinssent

14 plus-que-parfait du subjonctif

me fusse souvenu(e)	nous fussions souvenu(e)s
te fusses souvenu(e)	vous fussiez souvenu(e)(s)
se fût souvenu(e)	se fussent souvenu(e)s

Impératif
souviens-toi
souvenons-nous
souvenez-vous

Words related to this verb

un souvenir   souvenir, remembrance
Je m'en souviendrai!   I'll remember that! I won't forget that!

Consult the section on verbs with prepositions beginning on p. 336.

to suffice, to be sufficient, to be enough

The Seven Simple Tenses	The Seven Compound Tenses
Singular	Singular
1 présent de l'indicatif **il suffit**	8 passé composé **il a suffi**
2 imparfait de l'indicatif **il suffisait**	9 plus-que-parfait de l'indicatif **il avait suffi**
3 passé simple **il suffit**	10 passé antérieur **il eut suffi**
4 futur **il suffira**	11 futur antérieur **il aura suffi**
5 conditionnel **il suffirait**	12 conditionnel passé **il aurait suffi**
6 présent du subjonctif **qu'il suffise**	13 passé du subjonctif **qu'il ait suffi**
7 imparfait du subjonctif **qu'il suffît**	14 plus-que-parfait du subjonctif **qu'il eût suffi**

Impératif
Qu'il suffise!

This verb is impersonal and is used in the third person singular as given in the above tenses.

to follow

The Seven Simple Tenses		The Seven Compound Tenses	
Singular	Plural	Singular	Plural
1 présent de l'indicatif		**8 passé composé**	
suis	suivons	ai suivi	avons suivi
suis	suivez	as suivi	avez suivi
suit	suivent	a suivi	ont suivi
2 imparfait de l'indicatif		**9 plus-que-parfait de l'indicatif**	
suivais	suivions	avais suivi	avions suivi
suivais	suiviez	avais suivi	aviez suivi
suivait	suivaient	avait suivi	avaient suivi
3 passé simple		**10 passé antérieur**	
suivis	suivîmes	eus suivi	eûmes suivi
suivis	suivîtes	eus suivi	eûtes suivi
suivit	suivirent	eut suivi	eurent suivi
4 futur		**11 futur antérieur**	
suivrai	suivrons	aurai suivi	aurons suivi
suivras	suivrez	auras suivi	aurez suivi
suivra	suivront	aura suivi	auront suivi
5 conditionnel		**12 conditionnel passé**	
suivrais	suivrions	aurais suivi	aurions suivi
suivrais	suivriez	aurais suivi	auriez suivi
suivrait	suivraient	aurait suivi	auraient suivi
6 présent du subjonctif		**13 passé du subjonctif**	
suive	suivions	aie suivi	ayons suivi
suives	suiviez	aies suivi	ayez suivi
suive	suivent	ait suivi	aient suivi
7 imparfait du subjonctif		**14 plus-que-parfait du subjonctif**	
suivisse	suivissions	eusse suivi	eussions suivi
suivisses	suivissiez	eusses suivi	eussiez suivi
suivît	suivissent	eût suivi	eussent suivi

Impératif
suis
suivons
suivez

Consult the sections on verbs used in idiomatic expressions, verbs with prepositions, and the list of over 1,000 verbs conjugated like model verbs in the back pages.

to be silent, to be quiet, not to speak

The Seven Simple Tenses		The Seven Compound Tenses	
Singular	Plural	Singular	Plural
1 présent de l'indicatif		**8 passé composé**	
me tais	nous taisons	me suis tu(e)	nous sommes tu(e)s
te tais	vous taisez	t'es tu(e)	vous êtes tu(e)(s)
se tait	se taisent	s'est tu(e)	se sont tu(e)s
2 imparfait de l'indicatif		**9 plus-que-parfait de l'indicatif**	
me taisais	nous taisions	m'étais tu(e)	nous étions tu(e)s
te taisais	vous taisiez	t'étais tu(e)	vous étiez tu(e)(s)
se taisait	se taisaient	s'était tu(e)	s'étaient tu(e)s
3 passé simple		**10 passé antérieur**	
me tus	nous tûmes	me fus tu(e)	nous fûmes tu(e)s
te tus	vous tûtes	te fus tu(e)	vous fûtes tu(e)(s)
se tut	se turent	se fut tu(e)	se furent tu(e)s
4 futur		**11 futur antérieur**	
me tairai	nous tairons	me serai tu(e)	nous serons tu(e)s
te tairas	vous tairez	te seras tu(e)	vous serez tu(e)(s)
se taira	se tairont	se sera tu(e)	se seront tu(e)s
5 conditionnel		**12 conditionnel passé**	
me tairais	nous tairions	me serais tu(e)	nous serions tu(e)s
te tairais	vous tairiez	te serais tu(e)	vous seriez tu(e)(s)
se tairait	se tairaient	se serait tu(e)	se seraient tu(e)s
6 présent du subjonctif		**13 passé du subjonctif**	
me taise	nous taisions	me sois tu(e)	nous soyons tu(e)s
te taises	vous taisiez	te sois tu(e)	vous soyez tu(e)(s)
se taise	se taisent	se soit tu(e)	se soient tu(e)s
7 imparfait du subjonctif		**14 plus-que-parfait du subjonctif**	
me tusse	nous tussions	me fusse tu(e)	nous fussions tu(e)s
te tusses	vous tussiez	te fusses tu(e)	vous fussiez tu(e)(s)
se tût	se tussent	se fût tu(e)	se fussent tu(e)s

Impératif
tais-toi
taisons-nous
taisez-vous

téléphoner

to telephone

The Seven Simple Tenses		The Seven Compound Tenses	
Singular	Plural	Singular	Plural
1 présent de l'indicatif		**8 passé composé**	
téléphone	téléphonons	ai téléphoné	avons téléphoné
téléphones	téléphonez	as téléphoné	avez téléphoné
téléphone	téléphonent	a téléphoné	ont téléphoné
2 imparfait de l'indicatif		**9 plus-que-parfait de l'indicatif**	
téléphonais	téléphonions	avais téléphoné	avions téléphoné
téléphonais	téléphoniez	avais téléphoné	aviez téléphoné
téléphonait	téléphonaient	avait téléphoné	avaient téléphoné
3 passé simple		**10 passé antérieur**	
téléphonai	téléphonâmes	eus téléphoné	eûmes téléphoné
téléphonas	téléphonâtes	eus téléphoné	eûtes téléphoné
téléphona	téléphonèrent	eut téléphoné	eurent téléphoné
4 futur		**11 futur antérieur**	
téléphonerai	téléphonerons	aurai téléphoné	aurons téléphoné
téléphoneras	téléphonerez	auras téléphoné	aurez téléphoné
téléphonera	téléphoneront	aura téléphoné	auront téléphoné
5 conditionnel		**12 conditionnel passé**	
téléphonerais	téléphonerions	aurais téléphoné	aurions téléphoné
téléphonerais	téléphoneriez	aurais téléphoné	auriez téléphoné
téléphonerait	téléphoneraient	aurait téléphoné	auraient téléphoné
6 présent du subjonctif		**13 passé du subjonctif**	
téléphone	téléphonions	aie téléphoné	ayons téléphoné
téléphones	téléphoniez	aies téléphoné	ayez téléphoné
téléphone	téléphonent	ait téléphoné	aient téléphoné
7 imparfait du subjonctif		**14 plus-que-parfait du subjonctif**	
téléphonasse	téléphonassions	eusse téléphoné	eussions téléphoné
téléphonasses	téléphonassiez	eusses téléphoné	eussiez téléphoné
téléphonât	téléphonassent	eût téléphoné	eussent téléphoné

Impératif
téléphone
téléphonons
téléphonez

Words related to this verb

le téléphone   telephone
téléphonique   telephonic
téléphoniquement   telephonically (by telephone)
téléphoniste   telephone operator

The Seven Simple Tenses		The Seven Compound Tenses	
Singular	Plural	Singular	Plural
1 présent de l'indicatif		**8 passé composé**	
tiens	tenons	ai tenu	avons tenu
tiens	tenez	as tenu	avez tenu
tient	tiennent	a tenu	ont tenu
2 imparfait de l'indicatif		**9 plus-que-parfait de l'indicatif**	
tenais	tenions	avais tenu	avions tenu
tenais	teniez	avais tenu	aviez tenu
tenait	tenaient	avait tenu	avaient tenu
3 passé simple		**10 passé antérieur**	
tins	tînmes	eus tenu	eûmes tenu
tins	tîntes	eus tenu	eûtes tenu
tint	tinrent	eut tenu	eurent tenu
4 futur		**11 futur antérieur**	
tiendrai	tiendrons	aurai tenu	aurons tenu
tiendras	tiendrez	auras tenu	aurez tenu
tiendra	tiendront	aura tenu	auront tenu
5 conditionnel		**12 conditionnel passé**	
tiendrais	tiendrions	aurais tenu	aurions tenu
tiendrais	tiendriez	aurais tenu	auriez tenu
tiendrait	tiendraient	aurait tenu	auraient tenu
6 présent du subjonctif		**13 passé du subjonctif**	
tienne	tenions	aie tenu	ayons tenu
tiennes	teniez	aies tenu	ayez tenu
tienne	tiennent	ait tenu	aient tenu
7 imparfait du subjonctif		**14 plus-que-parfait du subjonctif**	
tinsse	tinssions	eusse tenu	eussions tenu
tinsses	tinssiez	eusses tenu	eussiez tenu
tînt	tinssent	eût tenu	eussent tenu

Impératif
tiens
tenons
tenez

Consult the sections on verbs used in idiomatic expressions, verbs with prepositions, and the list of over 1,000 verbs conjugated like model verbs in the back pages.

terminer

Part. pr. **terminant**   Part. passé **terminé**

to terminate, to finish, to end

The Seven Simple Tenses		The Seven Compound Tenses	
Singular	Plural	Singular	Plural
1 présent de l'indicatif		**8 passé composé**	
termine	terminons	ai terminé	avons teminé
termines	terminez	as terminé	avez terminé
termine	terminent	a terminé	ont terminé
2 imparfait de l'indicatif		**9 plus-que-parfait de l'indicatif**	
terminais	terminions	avais terminé	avions terminé
terminais	terminiez	avais terminé	aviez terminé
terminait	terminaient	avait terminé	avaient terminé
3 passé simple		**10 passé antérieur**	
terminai	terminâmes	eus terminé	eûmes terminé
terminas	terminâtes	eus terminé	eûtes terminé
termina	terminèrent	eut terminé	eurent terminé
4 futur		**11 futur antérieur**	
terminerai	terminerons	aurai terminé	aurons terminé
termineras	terminerez	auras terminé	aurez terminé
terminera	termineront	aura terminé	auront terminé
5 conditionnel		**12 conditionnel passé**	
terminerais	terminerions	aurais terminé	aurions terminé
terminerais	termineriez	aurais terminé	auriez terminé
terminerait	termineraient	aurait terminé	auraient terminé
6 présent du subjonctif		**13 passé du subjonctif**	
termine	terminions	aie terminé	ayons terminé
termines	terminiez	aies terminé	ayez terminé
termine	terminent	ait terminé	aient terminé
7 imparfait du subjonctif		**14 plus-que-parfait du subjonctif**	
terminasse	terminassions	eusse terminé	eussions terminé
terminasses	terminassiez	eusses terminé	eussiez terminé
terminât	terminassent	eût terminé	eussent terminé

Impératif
termine
terminons
terminez

Words related to this verb

terminal, terminale terminal
la terminaison ending, termination
terminable terminable
interminable interminable, endless

282

The Seven Simple Tenses		The Seven Compound Tenses	
Singular	Plural	Singular	Plural
1 présent de l'indicatif		**8 passé composé**	
tombe	tombons	suis tombé(e)	sommes tombé(e)s
tombes	tombez	es tombé(e)	êtes tombé(e)(s)
tombe	tombent	est tombé(e)	sont tombé(e)s
2 imparfait de l'indicatif		**9 plus-que-parfait de l'indicatif**	
tombais	tombions	étais tombé(e)	étions tombé(e)s
tombais	tombiez	étais tombé(e)	étiez tombé(e)(s)
tombait	tombaient	était tombé(e)	étaient tombé(e)s
3 passé simple		**10 passé antérieur**	
tombai	tombâmes	fus tombé(e)	fûmes tombé(e)s
tombas	tombâtes	fus tombé(e)	fûtes tombé(e)(s)
tomba	tombèrent	fut tombé(e)	furent tombé(e)s
4 futur		**11 futur antérieur**	
tomberai	tomberons	serai tombé(e)	serons tombé(e)s
tomberas	tomberez	seras tombé(e)	serez tombé(e)(s)
tombera	tomberont	sera tombé(e)	seront tombé(e)s
5 conditionnel		**12 conditionnel passé**	
tomberais	tomberions	serais tombé(e)	serions tombé(e)s
tomberais	tomberiez	serais tombé(e)	seriez tombé(e)(s)
tomberait	tomberaient	serait tombé(e)	seraient tombé(e)s
6 présent du subjonctif		**13 passé du subjonctif**	
tombe	tombions	sois tombé(e)	soyons tombé(e)s
tombes	tombiez	sois tombé(e)	soyez tombé(e)(s)
tombe	tombent	soit tombé(e)	soient tombé(e)s
7 imparfait du subjonctif		**14 plus-que-parfait du subjonctif**	
tombasse	tombassions	fusse tombé(e)	fussions tombé(e)s
tombasses	tombassiez	fusses tombé(e)	fussiez tombé(e)(s)
tombât	tombassent	fût tombé(e)	fussent tombé(e)s

Impératif
tombe
tombons
tombez

Consult the sections on verbs used in idiomatic expressions, verbs with prepositions, and the list of over 1,000 verbs conjugated like model verbs in the back pages.

toucher

to touch

The Seven Simple Tenses		The Seven Compound Tenses	
Singular	Plural	Singular	Plural
1 présent de l'indicatif		**8 passé composé**	
touche	touchons	ai touché	avons touché
touches	touchez	as touché	avez touché
touche	touchent	a touché	ont touché
2 imparfait de l'indicatif		**9 plus-que-parfait de l'indicatif**	
touchais	touchions	avais touché	avions touché
touchais	touchiez	avais touché	aviez touché
touchait	touchaient	avait touché	avaient touché
3 passé simple		**10 passé antérieur**	
touchai	touchâmes	eus touché	eûmes touché
touchas	touchâtes	eus touché	eûtes touché
toucha	touchèrent	eut touché	eurent touché
4 futur		**11 futur antérieur**	
toucherai	toucherons	aurai touché	aurons touché
toucheras	toucherez	auras touché	aurez touché
touchera	toucheront	aura touché	auront touché
5 conditionnel		**12 conditionnel passé**	
toucherais	toucherions	aurais touché	aurions touché
toucherais	toucheriez	aurais touché	auriez touché
toucherait	toucheraient	aurait touché	auraient touché
6 présent du subjonctif		**13 passé du subjonctif**	
touche	touchions	aie touché	ayons touché
touches	touchiez	aies touché	ayez touché
touche	touchent	ait touché	aient touché
7 imparfait du subjonctif		**14 plus-que-parfait du subjonctif**	
touchasse	touchassions	eusse touché	eussions touché
touchasses	touchassiez	eusses touché	eussiez touché
touchât	touchassent	eût touché	eussent touché

Impératif
touche
touchons
touchez

Consult the sections on verbs used in idiomatic expressions, verbs with prepositions, and the list of over 1,000 verbs conjugated like model verbs in the back pages.

The Seven Simple Tenses		The Seven Compound Tenses	
Singular	Plural	Singular	Plural
1 présent de l'indicatif		**8 passé composé**	
tourne	tournons	ai tourné	avons tourné
tournes	tournez	as tourné	avez tourné
tourne	tournent	a tourné	ont tourné
2 imparfait de l'indicatif		**9 plus-que-parfait de l'indicatif**	
tournais	tournions	avais tourné	avions tourné
tournais	tourniez	avais tourné	aviez tourné
tournait	tournaient	avait tourné	avaient tourné
3 passé simple		**10 passé antérieur**	
tournai	tournâmes	eus tourné	eûmes tourné
tournas	tournâtes	eus tourné	eûtes tourné
tourna	tournèrent	eut tourné	eurent tourné
4 futur		**11 futur antérieur**	
tournerai	tournerons	aurai tourné	aurons tourné
tourneras	tournerez	auras tourné	aurez tourné
tournera	tourneront	aura tourné	auront tourné
5 conditionnel		**12 conditionnel passé**	
tournerais	tournerions	aurais tourné	aurions tourné
tournerais	tourneriez	aurais tourné	auriez tourné
tournerait	tourneraient	aurait tourné	auraient tourné
6 présent du subjonctif		**13 passé du subjonctif**	
tourne	tournions	aie tourné	ayons tourné
tournes	tourniez	aies tourné	ayez tourné
tourne	tournent	ait tourné	aient tourné
7 imparfait du subjonctif		**14 plus-que-parfait du subjonctif**	
tournasse	tournassions	eusse tourné	eussions tourné
tournasses	tournassiez	eusses tourné	eussiez tourné
tournât	tournassent	eût tourné	eussent tourné

Impératif
tourne
tournons
tournez

Consult the sections on verbs used in idiomatic expressions, verbs with prepositions, and the list of over 1,000 verbs conjugated like model verbs in the back pages.

to translate

The Seven Simple Tenses		The Seven Compound Tenses	
Singular	Plural	Singular	Plural
1 présent de l'indicatif		**8 passé composé**	
traduis	traduisons	ai traduit	avons traduit
traduis	traduisez	as traduit	avez traduit
traduit	traduisent	a traduit	ont traduit
2 imparfait de l'indicatif		**9 plus-que-parfait de l'indicatif**	
traduisais	traduisions	avais traduit	avions traduit
traduisais	traduisiez	avais traduit	aviez traduit
traduisait	traduisaient	avait traduit	avaient traduit
3 passé simple		**10 passé antérieur**	
traduisis	traduisîmes	eus traduit	eûmes traduit
traduisis	traduisîtes	eus traduit	eûtes traduit
traduisit	traduisirent	eut traduit	eurent traduit
4 futur		**11 futur antérieur**	
traduirai	traduirons	aurai traduit	aurons traduit
traduiras	traduirez	auras traduit	aurez traduit
traduira	traduiront	aura traduit	auront traduit
5 conditionnel		**12 conditionnel passé**	
traduirais	traduirions	aurais traduit	aurions traduit
traduirais	traduiriez	aurais traduit	auriez traduit
traduirait	traduiraient	aurait traduit	auraient traduit
6 présent du subjonctif		**13 passé du subjonctif**	
traduise	traduisions	aie traduit	ayons traduit
traduises	traduisiez	aies traduit	ayez traduit
traduise	traduisent	ait traduit	aient traduit
7 imparfait du subjonctif		**14 plus-que-parfait du subjonctif**	
traduisisse	traduisissions	eusse traduit	eussions traduit
traduisisses	traduisissiez	eusses traduit	eussiez traduit
traduisît	traduisissent	eût traduit	eussent traduit

Impératif
traduis
traduisons
traduisez

Words related to this verb

un traducteur, une traductrice translator
une traduction a translation
traduisible translatable

The Seven Simple Tenses		The Seven Compound Tenses	
Singular	Plural	Singular	Plural
1 présent de l'indicatif		**8 passé composé**	
travaille	travaillons	ai travaillé	avons travaillé
travailles	travaillez	as travaillé	avez travaillé
travaille	travaillent	a travaillé	ont travaillé
2 imparfait de l'indicatif		**9 plus-que-parfait de l'indicatif**	
travaillais	travaillions	avais travaillé	avions travaillé
travaillais	travailliez	avais travaillé	aviez travaillé
travaillait	travaillaient	avait travaillé	avaient travaillé
3 passé simple		**10 passé antérieur**	
travaillai	travaillâmes	eus travaillé	eûmes travaillé
travaillas	travaillâtes	eus travaillé	eûtes travaillé
travailla	travaillèrent	eut travaillé	eurent travaillé
4 futur		**11 futur antérieur**	
travaillerai	travaillerons	aurai travaillé	aurons travaillé
travailleras	travaillerez	auras travaillé	aurez travaillé
travaillera	travailleront	aura travaillé	auront travaillé
5 conditionnel		**12 conditionnel passé**	
travaillerais	travaillerions	aurais travaillé	aurions travaillé
travaillerais	travailleriez	aurais travaillé	auriez travaillé
travaillerait	travailleraient	aurait travaillé	auraient travaillé
6 présent du subjonctif		**13 passé du subjonctif**	
travaille	travaillions	aie travaillé	ayons travaillé
travailles	travailliez	aies travaillé	ayez travaillé
travaille	travaillent	ait travaillé	aient travaillé
7 imparfait du subjonctif		**14 plus-que-parfait du subjonctif**	
travaillasse	travaillassions	eusse travaillé	eussions travaillé
travaillasses	travaillassiez	eusses travaillé	eussiez travaillé
travaillât	travaillassent	eût travaillé	eussent travaillé

Impératif
travaille
travaillons
travaillez

Words related to this verb

travailleur, travailleuse   industrious, worker
le travail   the work
les travaux   the works

The subject pronouns are found on the page facing page 1.

287

to traverse, to cross

The Seven Simple Tenses		The Seven Compound Tenses	
Singular	Plural	Singular	Plural
1 présent de l'indicatif		**8 passé composé**	
traverse	traversons	ai traversé	avons traversé
traverses	traversez	as traversé	avez traversé
traverse	traversent	a traversé	ont traversé
2 imparfait de l'indicatif		**9 plus-que-parfait de l'indicatif**	
traversais	traversions	avais traversé	avions traversé
traversais	traversiez	avais traversé	aviez traversé
traversait	traversaient	avait traversé	avaient traversé
3 passé simple		**10 passé antérieur**	
traversai	traversâmes	eus traversé	eûmes traversé
traversas	traversâtes	eus traversé	eûtes traversé
traversa	traversèrent	eut traversé	eurent traversé
4 futur		**11 futur antérieur**	
traverserai	traverserons	aurai traversé	aurons traversé
traverseras	traverserez	auras traversé	aurez traversé
traversera	traverseront	aura traversé	auront traversé
5 conditionnel		**12 conditionnel passé**	
traverserais	traverserions	aurais traversé	aurions traversé
traverserais	traverseriez	aurais traversé	auriez traversé
traverserait	traverseraient	aurait traversé	auraient traversé
6 présent du subjonctif		**13 passé du subjonctif**	
traverse	traversions	aie traversé	ayons traversé
traverses	traversiez	aies traversé	ayez traversé
traverse	traversent	ait traversé	aient traversé
7 imparfait du subjonctif		**14 plus-que-parfait du subjonctif**	
traversasse	traversassions	eusse traversé	eussions traversé
traversasses	traversassiez	eusses traversé	eussiez traversé
traversât	traversassent	eût traversé	eussent traversé

Impératif
traverse
traversons
traversez

Words related to this verb

la traversée the crossing
à travers through

The Seven Simple Tenses		The Seven Compound Tenses	
Singular	Plural	Singular	Plural
1 présent de l'indicatif		**8 passé composé**	
trouve	trouvons	ai trouvé	avons trouvé
trouves	trouvez	as trouvé	avez trouvé
trouve	trouvent	a trouvé	ont trouvé
2 imparfait de l'indicatif		**9 plus-que-parfait de l'indicatif**	
trouvais	trouvions	avais trouvé	avions trouvé
trouvais	trouviez	avais trouvé	aviez trouvé
trouvait	trouvaient	avait trouvé	avaient trouvé
3 passé simple		**10 passé antérieur**	
trouvai	trouvâmes	eus trouvé	eûmes trouvé
trouvas	trouvâtes	eus trouvé	eûtes trouvé
trouva	trouvèrent	eut trouvé	eurent trouvé
4 futur		**11 futur antérieur**	
trouverai	trouverons	aurai trouvé	aurons trouvé
trouveras	trouverez	auras trouvé	aurez trouvé
trouvera	trouveront	aura trouvé	auront trouvé
5 conditionnel		**12 conditionnel passé**	
trouverais	trouverions	aurais trouvé	aurions trouvé
trouverais	trouveriez	aurais trouvé	auriez trouvé
trouverait	trouveraient	aurait trouvé	auraient trouvé
6 présent du subjonctif		**13 passé du subjonctif**	
trouve	trouvions	aie trouvé	ayons trouvé
trouves	trouviez	aies trouvé	ayez trouvé
trouve	trouvent	ait trouvé	aient trouvé
7 imparfait du subjonctif		**14 plus-que-parfait du subjonctif**	
trouvasse	trouvassions	eusse trouvé	eussions trouvé
trouvasses	trouvassiez	eusses trouvé	eussiez trouvé
trouvât	trouvassent	eût trouvé	eussent trouvé

Impératif
trouve
trouvons
trouvez

Consult the sections on verbs used in idiomatic expressions, verbs with prepositions, and the list of over 1,000 verbs conjugated like model verbs in the back pages.

to be located, to be situated

The Seven Simple Tenses		The Seven Compound Tenses	
Singular	Plural	Singular	Plural
1 présent de l'indicatif		**8 passé composé**	
me trouve	nous trouvons	me suis trouvé(e)	nous sommes trouvé(e)s
te trouves	vous trouvez	t'es trouvé(e)	vous êtes trouvé(e)(s)
se trouve	se trouvent	s'est trouvé(e)	se sont trouvé(e)s
2 imparfait de l'indicatif		**9 plus-que-parfait de l'indicatif**	
me trouvais	nous trouvions	m'étais trouvé(e)	nous étions trouvé(e)s
te trouvais	vous trouviez	t'étais trouvé(e)	vous étiez trouvé(e)(s)
se trouvait	se trouvaient	s'était trouvé(e)	s'étaient trouvé(e)s
3 passé simple		**10 passé antérieur**	
me trouvai	nous trouvâmes	me fus trouvé(e)	nous fûmes trouvé(e)s
te trouvas	vous trouvâtes	te fus trouvé(e)	vous fûtes trouvé(e)(s)
se trouva	se trouvèrent	se fut trouvé(e)	se furent trouvé(e)s
4 futur		**11 futur antérieur**	
me trouverai	nous trouverons	me serai trouvé(e)	nous serons trouvé(e)s
te trouveras	vous trouverez	te seras trouvé(e)	vous serez trouvé(e)(s)
se trouvera	se trouveront	se sera trouvé(e)	se seront trouvé(e)s
5 conditionnel		**12 conditionnel passé**	
me trouverais	nous trouverions	me serais trouvé(e)	nous serions trouvé(e)s
te trouverais	vous trouveriez	te serais trouvé(e)	vous seriez trouvé(e)(s)
se trouverait	se trouveraient	se serait trouvé(e)	se seraient trouvé(e)s
6 présent du subjonctif		**13 passé du subjonctif**	
me trouve	nous trouvions	me sois trouvé(e)	nous soyons trouvé(e)s
te trouves	vous trouviez	te sois trouvé(e)	vous soyez trouvé(e)(s)
se trouve	se trouvent	se soit trouvé(e)	se soient trouvé(e)s
7 imparfait du subjonctif		**14 plus-que-parfait du subjonctif**	
me trouvasse	nous trouvassions	me fusse trouvé(e)	nous fussions trouvé(e)s
te trouvasses	vous trouvassiez	te fusses trouvé(e)	vous fussiez trouvé(e)(s)
se trouvât	se trouvassent	se fût trouvé(e)	se fussent trouvé(e)s

Impératif
trouve-toi
trouvons-nous
trouvez-vous

Consult the sections on verbs used in idiomatic expressions, verbs with prepositions, and the list of over 1,000 verbs conjugated like model verbs in the back pages.

to unite

The Seven Simple Tenses		The Seven Compound Tenses	
Singular	Plural	Singular	Plural

1   présent de l'indicatif
unis	unissons		
unis	unissez		
unit	unissent		

8   passé composé
ai uni	avons uni
as uni	avez uni
a uni	ont uni

2   imparfait de l'indicatif
unissais	unissions
unissais	unissiez
unissait	unissaient

9   plus-que-parfait de l'indicatif
avais uni	avions uni
avais uni	aviez uni
avait uni	avaient uni

3   passé simple
unis	unîmes
unis	unîtes
unit	unirent

10   passé antérieur
eus uni	eûmes uni
eus uni	eûtes uni
eut uni	eurent uni

4   futur
unirai	unirons
uniras	unirez
unira	uniront

11   futur antérieur
aurai uni	aurons uni
auras uni	aurez uni
aura uni	auront uni

5   conditionnel
unirais	unirions
unirais	uniriez
unirait	uniraient

12   conditionnel passé
aurais uni	aurions uni
aurais uni	auriez uni
aurait uni	auraient uni

6   présent du subjonctif
unisse	unissions
unisses	unissiez
unisse	unissent

13   passé du subjonctif
aie uni	ayons uni
aies uni	ayez uni
ait uni	aient uni

7   imparfait du subjonctif
unisse	unissions
unisses	unissiez
unît	unissent

14   plus-que-parfait du subjonctif
eusse uni	eussions uni
eusses uni	eussiez uni
eût uni	eussent uni

Impératif
unis
unissons
unissez

Consult the sections on verbs used in idiomatic expressions, verbs with prepositions, and the list of over 1,000 verbs conjugated like model verbs in the back pages.

to vanquish, to conquer

The Seven Simple Tenses		The Seven Compound Tenses	
Singular	Plural	Singular	Plural
1 présent de l'indicatif		8 passé composé	
vaincs	vainquons	ai vaincu	avons vaincu
vaincs	vainquez	as vaincu	avez vaincu
vainc	vainquent	a vaincu	ont vaincu
2 imparfait de l'indicatif		9 plus-que-parfait de l'indicatif	
vainquais	vainquions	avais vaincu	avions vaincu
vainquais	vainquiez	avais vaincu	aviez vaincu
vainquait	vainquaient	avait vaincu	avaient vaincu
3 passé simple		10 passé antérieur	
vainquis	vainquîmes	eus vaincu	eûmes vaincu
vainquis	vainquîtes	eus vaincu	eûtes vaincu
vainquit	vainquirent	eut vaincu	eurent vaincu
4 futur		11 futur antérieur	
vaincrai	vaincrons	aurai vaincu	aurons vaincu
vaincras	vaincrez	auras vaincu	aurez vaincu
vaincra	vaincront	aura vaincu	auront vaincu
5 conditionnel		12 conditionnel passé	
vaincrais	vaincrions	aurais vaincu	aurions vaincu
vaincrais	vaincriez	aurais vaincu	auriez vaincu
vaincrait	vaincraient	aurait vaincu	auraient vaincu
6 présent du subjonctif		13 passé du subjonctif	
vainque	vainquions	aie vaincu	ayons vaincu
vainques	vainquiez	aies vaincu	ayez vaincu
vainque	vainquent	ait vaincu	aient vaincu
7 imparfait du subjonctif		14 plus-que-parfait du subjonctif	
vainquisse	vainquissions	eusse vaincu	eussions vaincu
vainquisses	vainquissiez	eusses vaincu	eussiez vaincu
vainquît	vainquissent	eût vaincu	eussent vaincu

Impératif
vaincs
vainquons
vainquez

Consult the sections on verbs used in idiomatic expressions, verbs with prepositions, and the list of over 1,000 verbs conjugated like model verbs in the back pages.

to be worth, to be as good as, to deserve, to merit

The Seven Simple Tenses		The Seven Compound Tenses	
Singular	Plural	Singular	Plural
1 présent de l'indicatif		**8 passé composé**	
vaux	valons	ai valu	avons valu
vaux	valez	as valu	avez valu
vaut	valent	a valu	ont valu
2 imparfait de l'indicatif		**9 plus-que-parfait de l'indicatif**	
valais	valions	avais valu	avions valu
valais	valiez	avais valu	aviez valu
valait	valaient	avait valu	avaient valu
3 passé simple		**10 passé antérieur**	
valus	valûmes	eus valu	eûmes valu
valus	valûtes	eus valu	eûtes valu
valut	valurent	eut valu	eurent valu
4 futur		**11 futur antérieur**	
vaudrai	vaudrons	aurai valu	aurons valu
vaudras	vaudrez	auras valu	aurez valu
vaudra	vaudront	aura valu	auront valu
5 conditionnel		**12 conditionnel passé**	
vaudrais	vaudrions	aurais valu	aurions valu
vaudrais	vaudriez	aurais valu	auriez valu
vaudrait	vaudraient	aurait valu	auraient valu
6 présent du subjonctif		**13 passé du subjonctif**	
vaille	valions	aie valu	ayons valu
vailles	valiez	aies valu	ayez valu
vaille	vaillent	ait valu	aient valu
7 imparfait du subjonctif		**14 plus-que-parfait du subjonctif**	
valusse	valussions	eusse valu	eussions valu
valusses	valussiez	eusses valu	eussiez valu
valût	valussent	eût valu	eussent valu

Impératif
vaux
valons
valez

Words related to this verb

la valeur   value
valeureusement   valorously
valeureux, valeureuse   valorous
la validation   validation
valide   valid
Mieux vaut tard que jamais.   Better late than never.

vendre

Part. pr. **vendant**   Part. passé **vendu**

to sell

The Seven Simple Tenses		The Seven Compound Tenses	
Singular	Plural	Singular	Plural
1 présent de l'indicatif		**8 passé composé**	
vends	vendons	ai vendu	avons vendu
vends	vendez	as vendu	avez vendu
vend	vendent	a vendu	ont vendu
2 imparfait de l'indicatif		**9 plus-que-parfait de l'indicatif**	
vendais	vendions	avais vendu	avions vendu
vendais	vendiez	avais vendu	aviez vendu
vendait	vendaient	avait vendu	avaient vendu
3 passé simple		**10 passé antérieur**	
vendis	vendîmes	eus vendu	eûmes vendu
vendis	vendîtes	eus vendu	eûtes vendu
vendit	vendirent	eut vendu	eurent vendu
4 futur		**11 futur antérieur**	
vendrai	vendrons	aurai vendu	aurons vendu
vendras	vendrez	auras vendu	aurez vendu
vendra	vendront	aura vendu	auront vendu
5 conditionnel		**12 conditionnel passé**	
vendrais	vendrions	aurais vendu	aurions vendu
vendrais	vendriez	aurais vendu	auriez vendu
vendrait	vendraient	aurait vendu	auraient vendu
6 présent du subjonctif		**13 passé du subjonctif**	
vende	vendions	aie vendu	ayons vendu
vendes	vendiez	aies vendu	ayez vendu
vende	vendent	ait vendu	aient vendu
7 imparfait du subjonctif		**14 plus-que-parfait du subjonctif**	
vendisse	vendissions	eusse vendu	eussions vendu
vendisses	vendissiez	eusses vendu	eussiez vendu
vendît	vendissent	eût vendu	eussent vendu

Impératif
vends
vendons
vendez

Words related to this verb

un vendeur, une vendeuse   salesperson
une vente   a sale
maison à vendre   house for sale

to come

The Seven Simple Tenses		The Seven Compound Tenses	
Singular	Plural	Singular	Plural
1 présent de l'indicatif		**8 passé composé**	
viens	venons	suis venu(e)	sommes venu(e)s
viens	venez	es venu(e)	êtes venu(e)(s)
vient	viennent	est venu(e)	sont venu(e)s
2 imparfait de l'indicatif		**9 plus-que-parfait de l'indicatif**	
venais	venions	étais venu(e)	étions venu(e)s
venais	veniez	étais venu(e)	étiez venu(e)(s)
venait	venaient	était venu(e)	étaient venu(e)s
3 passé simple		**10 passé antérieur**	
vins	vînmes	fus venu(e)	fûmes venu(e)s
vins	vîntes	fus venu(e)	fûtes venu(e)(s)
vint	vinrent	fut venu(e)	furent venu(e)s
4 futur		**11 futur antérieur**	
viendrai	viendrons	serai venu(e)	serons venu(e)s
viendras	viendrez	seras venu(e)	serez venu(e)(s)
viendra	viendront	sera venu(e)	seront venu(e)s
5 conditionnel		**12 conditionnel passé**	
viendrais	viendrions	serais venu(e)	serions venu(e)s
viendrais	viendriez	serais venu(e)	seriez venu(e)(s)
viendrait	viendraient	serait venu(e)	seraient venu(e)s
6 présent du subjonctif		**13 passé du subjonctif**	
vienne	venions	sois venu(e)	soyons venu(e)s
viennes	veniez	sois venu(e)	soyez venu(e)(s)
vienne	viennent	soit venu(e)	soient venu(e)s
7 imparfait du subjonctif		**14 plus-que-parfait du subjonctif**	
vinsse	vinssions	fusse venu(e)	fussions venu(e)s
vinsses	vinssiez	fusses venu(e)	fussiez venu(e)(s)
vînt	vinssent	fût venu(e)	fussent venu(e)s

	Impératif
	viens
	venons
	venez

Consult the sections on verbs used in idiomatic expressions, verbs with prepositions, and the list of over 1,000 verbs conjugated like model verbs in the back pages.

visiter

Part. pr. **visitant**   Part. passé **visité**

to visit

The Seven Simple Tenses		The Seven Compound Tenses	
Singular	Plural	Singular	Plural
1 présent de l'indicatif		**8 passé composé**	
visite	visitons	ai visité	avons visité
visites	visitez	as visité	avez visité
visite	visitent	a visité	ont visité
2 imparfait de l'indicatif		**9 plus-que-parfait de l'indicatif**	
visitais	visitions	avais visité	avions visité
visitais	visitiez	avais visité	aviez visité
visitait	visitaient	avait visité	avaient visité
3 passé simple		**10 passé antérieur**	
visitai	visitâmes	eus visité	eûmes visité
visitas	visitâtes	eus visité	eûtes visité
visita	visitèrent	eut visité	eurent visité
4 futur		**11 futur antérieur**	
visiterai	visiterons	aurai visité	aurons visité
visiteras	visiterez	auras visité	aurez visité
visitera	visiteront	aura visité	auront visité
5 conditionnel		**12 conditionnel passé**	
visiterais	visiterions	aurais visité	aurions visité
visiterais	visiteriez	aurais visité	auriez visité
visiterait	visiteraient	aurait visité	auraient visité
6 présent du subjonctif		**13 passé du subjonctif**	
visite	visitions	aie visité	ayons visité
visites	visitiez	aies visité	ayez visité
visite	visitent	ait visité	aient visité
7 imparfait du subjonctif		**14 plus-que-parfait du subjonctif**	
visitasse	visitassions	eusse visité	eussions visité
visitasses	visitassiez	eusses visité	eussiez visité
visitât	visitassent	eût visité	eussent visité

Impératif
visite
visitons
visitez

Consult the sections on verbs used in idiomatic expressions, verbs with prepositions, and the list of over 1,000 verbs conjugated like model verbs in the back pages.

The Seven Simple Tenses		The Seven Compound Tenses	
Singular	Plural	Singular	Plural

1 présent de l'indicatif

vis	vivons		
vis	vivez		
vit	vivent		

8 passé composé

ai vécu	avons vécu
as vécu	avez vécu
a vécu	ont vécu

2 imparfait de l'indicatif

vivais	vivions
vivais	viviez
vivait	vivaient

9 plus-que-parfait de l'indicatif

avais vécu	avions vécu
avais vécu	aviez vécu
avait vécu	avaient vécu

3 passé simple

vécus	vécûmes
vécus	vécûtes
vécut	vécurent

10 passé antérieur

eus vécu	eûmes vécu
eus vécu	eûtes vécu
eut vécu	eurent vécu

4 futur

vivrai	vivrons
vivras	vivrez
vivra	vivront

11 futur antérieur

aurai vécu	aurons vécu
auras vécu	aurez vécu
aura vécu	auront vécu

5 conditionnel

vivrais	vivrions
vivrais	vivriez
vivrait	vivraient

12 conditionnel passé

aurais vécu	aurions vécu
aurais vécu	auriez vécu
aurait vécu	auraient vécu

6 présent du subjonctif

vive	vivions
vives	viviez
vive	vivent

13 passé du subjonctif

aie vécu	ayons vécu
aies vécu	ayez vécu
ait vécu	aient vécu

7 imparfait du subjonctif

vécusse	vécussions
vécusses	vécussiez
vécût	vécussent

14 plus-que-parfait du subjonctif

eusse vécu	eussions vécu
eusses vécu	eussiez vécu
eût vécu	eussent vécu

Impératif
vis
vivons
vivez

Consult the sections on verbs used in idiomatic expressions, verbs with prepositions, and the list of over 1,000 verbs conjugated like model verbs in the back pages

to see

The Seven Simple Tenses		The Seven Compound Tenses	
Singular	Plural	Singular	Plural
1 présent de l'indicatif		**8 passé composé**	
vois	voyons	ai vu	avons vu
vois	voyez	as vu	avez vu
voit	voient	a vu	ont vu
2 imparfait de l'indicatif		**9 plus-que-parfait de l'indicatif**	
voyais	voyions	avais vu	avions vu
voyais	voyiez	avais vu	aviez vu
voyait	voyaient	avait vu	avaient vu
3 passé simple		**10 passé antérieur**	
vis	vîmes	eus vu	eûmes vu
vis	vîtes	eus vu	eûtes vu
vit	virent	eut vu	eurent vu
4 futur		**11 futur antérieur**	
verrai	verrons	aurai vu	aurons vu
verras	verrez	auras vu	aurez vu
verra	verront	aura vu	auront vu
5 conditionnel		**12 conditionnel passé**	
verrais	verrions	aurais vu	aurions vu
verrais	verriez	aurais vu	auriez vu
verrait	verraient	aurait vu	auraient vu
6 présent du subjonctif		**13 passé du subjonctif**	
voie	voyions	aie vu	ayons vu
voies	voyiez	aies vu	ayez vu
voie	voient	ait vu	aient vu
7 imparfait du subjonctif		**14 plus-que-parfait du subjonctif**	
visse	vissions	eusse vu	eussions vu
visses	vissiez	eusses vu	eussiez vu
vît	vissent	eût vu	eussent vu

Impératif
vois
voyons
voyez

Consult the sections on verbs used in idiomatic expressions, verbs with prepositions, and the list of over 1,000 verbs conjugated like model verbs in the back pages.

to fly, to steal

The Seven Simple Tenses		The Seven Compound Tenses	
Singular	Plural	Singular	Plural

1   présent de l'indicatif

vole	volons		
voles	volez		
vole	volent		

8   passé composé

ai volé	avons volé		
as volé	avez volé		
a volé	ont volé		

2   imparfait de l'indicatif

volais	volions
volais	voliez
volait	volaient

9   plus-que-parfait de l'indicatif

avais volé	avions volé
avais volé	aviez volé
avait volé	avaient volé

3   passé simple

volai	volâmes
volas	volâtes
vola	volèrent

10   passé antérieur

eus volé	eûmes volé
eus volé	eûtes volé
eut volé	eurent volé

4   futur

volerai	volerons
voleras	volerez
volera	voleront

11   futur antérieur

aurai volé	aurons volé
auras volé	aurez volé
aura volé	auront volé

5   conditionnel

volerais	volerions
volerais	voleriez
volerait	voleraient

12   conditionnel passé

aurais volé	aurions volé
aurais volé	auriez volé
aurait volé	auraient volé

6   présent du subjonctif

vole	volions
voles	voliez
vole	volent

13   passé du subjonctif

aie volé	ayons volé
aies volé	ayez volé
ait volé	aient volé

7   imparfait du subjonctif

volasse	volassions
volasses	volassiez
volât	volassent

14   plus-que-parfait du subjonctif

eusse volé	eussions volé
eusses volé	eussiez volé
eût volé	eussent volé

Impératif
vole
volons
volez

Words related to this verb

un vol   flight, theft
le voleur   thief
à vol d'oiseau   as the crow flies
vol de nuit   night flying (airplane), night flight

The subject pronouns are found on the page facing page 1.   **299**

to want, to wish

The Seven Simple Tenses		The Seven Compound Tenses	
Singular	Plural	Singular	Plural
1 présent de l'indicatif		**8 passé composé**	
veux	voulons	ai voulu	avons voulu
veux	voulez	as voulu	avez voulu
veut	veulent	a voulu	ont voulu
2 imparfait de l'indicatif		**9 plus-que-parfait de l'indicatif**	
voulais	voulions	avais voulu	avions voulu
voulais	vouliez	avais voulu	aviez voulu
voulait	voulaient	avait voulu	avaient voulu
3 passé simple		**10 passé antérieur**	
voulus	voulûmes	eus voulu	eûmes voulu
voulus	voulûtes	eus voulu	eûtes voulu
voulut	voulurent	eut voulu	eurent voulu
4 futur		**11 futur antérieur**	
voudrai	voudrons	aurai voulu	aurons voulu
voudras	voudrez	auras voulu	aurez voulu
voudra	voudront	aura voulu	auront voulu
5 conditionnel		**12 conditionnel passé**	
voudrais	voudrions	aurais voulu	aurions voulu
voudrais	voudriez	aurais voulu	auriez voulu
voudrait	voudraient	aurait voulu	auraient voulu
6 présent du subjonctif		**13 passé du subjonctif**	
veuille	voulions	aie voulu	ayons voulu
veuilles	vouliez	aies voulu	ayez voulu
veuille	veuillent	ait voulu	aient voulu
7 imparfait du subjonctif		**14 plus-que-parfait du subjonctif**	
voulusse	voulussions	eusse voulu	eussions voulu
voulusses	voulussiez	eusses voulu	eussiez voulu
voulût	voulussent	eût voulu	eussent voulu

Impératif
veuille
veuillons
veuillez

Words related to this verb

un voeu a wish
meilleurs voeux best wishes
Vouloir c'est pouvoir Where there's a will there's a way
vouloir dire to mean

to travel

The Seven Simple Tenses		The Seven Compound Tenses	
Singular	Plural	Singular	Plural
1 présent de l'indicatif		**8 passé composé**	
voyage	voyageons	ai voyagé	avons voyagé
voyages	voyagez	as voyagé	avez voyagé
voyage	voyagent	a voyagé	ont voyagé
2 imparfait de l'indicatif		**9 plus-que-parfait de l'indicatif**	
voyageais	voyagions	avais voyagé	avions voyagé
voyageais	voyagiez	avais voyagé	aviez voyagé
voyageait	voyageaient	avait voyagé	avaient voyagé
3 passé simple		**10 passé antérieur**	
voyageai	voyageâmes	eus voyagé	eûmes voyagé
voyageas	voyageâtes	eus voyagé	eûtes voyagé
voyagea	voyagèrent	eut voyagé	eurent voyagé
4 futur		**11 futur antérieur**	
voyagerai	voyagerons	aurai voyagé	aurons voyagé
voyageras	voyagerez	auras voyagé	aurez voyagé
voyagera	voyageront	aura voyagé	auront voyagé
5 conditionnel		**12 conditionnel passé**	
voyagerais	voyagerions	aurais voyagé	aurions voyagé
voyagerais	voyageriez	aurais voyagé	auriez voyagé
voyagerait	voyageraient	aurait voyagé	auraient voyagé
6 présent du subjonctif		**13 passé du subjonctif**	
voyage	voyagions	aie voyagé	ayons voyagé
voyages	voyagiez	aies voyagé	ayez voyagé
voyage	voyagent	ait voyagé	aient voyagé
7 imparfait du subjonctif		**14 plus-que-parfait du subjonctif**	
voyageasse	voyageassions	eusse voyagé	eussions voyagé
voyageasses	voyageassiez	eusses voyagé	eussiez voyagé
voyageât	voyageassent	eût voyagé	eussent voyagé

Impératif
voyage
voyageons
voyagez

Words and expressions related to this verb

un voyage   a trip
faire un voyage   to take a trip
un voyageur, une voyageuse   traveler
une agence de voyage   tourist agency
bon voyage!   have a good trip!
bon voyage et bon retour!   have a good trip and a safe return

Appendix

Index of English-French verbs

The purpose of this index is to give you instantly the French verb for the English verb you have in mind to use. This saves you time if you do not have at your fingertips a standard English-French word dictionary.

If the French verb you want is reflexive (*e.g.,* **s'appeler** or **se lever**), you will find it listed alphabetically among the 301 verbs under the first letter of the verb and not under the reflexive pronoun *s'* or *se*.

When you find the French verb you need through the English verb, look up its verb forms in this book where all verbs are listed alphabetically at the top of each page. If it is not listed among the 301 verbs in this book, consult the list of over 1,000 French verbs conjugated like model verbs among the 301 which begins on p. 318. If it is not listed there, consult my more comprehensive book, *Dictionary of 501 French verbs fully conjugated in all the tenses* and its indexes.

A

abandon **abandonner**
able, be **pouvoir**
abolish **abolir**
absolve **absoudre**
abstain **s'abstenir**
abstract **abstraire**
accept **accepter**
acclaim **acclamer**
accompany **accompagner**
accuse **accuser**
achieve **achever**
acknowledge **convenir, reconnaître**
acquainted with, be **connaître**
acquire **acquérir**
act **agir**
act (in a play) **jouer**
add **ajouter**
adjoin **adjoindre**
admire **admirer**
admit **admettre**
adore **adorer**
advance **avancer**
afraid, be **craindre**
age **vieillir**
agree **convenir**
aid **aider**
allow **laisser, permettre**
allure **attirer, attraire**
amaze **étonner**

amuse **amuser, égayer**
amuse oneself **s'amuser**
angry, become **se fâcher**
annoy **agacer, ennuyer**
answer **répondre**
apologize **s'excuser**
appear **apparaître, paraître**
appear again **reparaître**
appease **adoucir**
applaud **acclamer**
appraise **évaluer**
appropriate, be **convenir**
approve (of) **approuver**
arrange **arranger**
arrest **arrêter**
arrive **arriver**
ascend **monter**
ascertain **constater**
ask (for) **demander**
assail **assaillir**
assault **assaillir**
assess **évaluer**
assist **aider**
assist (at) **assister**
assure **assurer**
assure oneself **s'assurer**
astonish **étonner**
attain **atteindre**
attempt **tenter**
attend **assister**
attest **certifier**

attract **attirer, attraire**
augment **augmenter**
avenge **venger**

B

babble **bavarder**
balance **balancer**
be **être**
be a matter of **s'agir**
be a question of **s'agir**
be able **pouvoir**
be acquainted with **connaître**
be afraid **craindre**
be appropriate **convenir**
be as good as **valoir**
be becoming (in appearance) **seoir**
be born **naître**
be busy **s'occuper**
be dependent **dépendre**
be enough **suffire**
be in a hurry **se presser**
be like **ressembler**
be located **se trouver**
be mistaken **se méprendre, se tromper**
be named **s'appeler**
be necessary **falloir**
be present (at) **assister**
be quiet **se taire**
be silent **se taire**
be situated **se trouver**
be sufficient **suffire**
be suitable **convenir**
be the matter **s'agir**
be worth **valoir**
beat **battre**
become **devenir**
become angry **se fâcher**
become old **vieillir**
becoming, be (in appearance) **seoir**
beg **prier, supplier**
begin **commencer, se mettre**
behave **agir**
believe **croire**
belong **appartenir**
beseech **supplier**
bet **parier**
betray **trahir**

beware **se méfier**
bewilder **abasourdir, étourdir**
bite **mordre**
blame **blâmer**
bless **bénir**
blow **souffler**
blush **rougir**
boil **bouillir**
bore **ennuyer**
born, be **naître**
borrow **emprunter**
bother **gêner**
break **casser, se casser, rompre**
bring **amener, apporter**
bring down **descendre**
bring up (raise) **élever**
bring up (take up) **monter**
brush **brosser**
brush oneself **se brosser**
budge **bouger**
build **bâtir, construire**
burden **charger**
burn **brûler**
burst **rompre**
bury **enterrer**
busy, be **s'occuper**
buy **acheter**

C

call **appeler**
call again **rappeler**
call back **rappeler**
call oneself **s'appeler**
can **pouvoir**
carry **porter**
carry away **enlever**
cast **jeter**
catch **attraper**
cause **causer**
cease **cesser**
certify **certifier, constater**
change **changer**
charge **charger**
chase **chasser**
chat **bavarder, causer**
chatter **bavarder**
cheat **tricher**

cheer **acclamer**
cheer up **égayer**
cherish **chérir**
chide **gronder**
choose **choisir**
claim **prétendre**
class **classer**
classify **classer**
clean **nettoyer**
cleave **fendre**
climb **grimper**
clip **tailler**
close **fermer**
clothe **vêtir**
collect **recueillir**
comb one's hair **se peigner**
combat **combattre**
come **venir**
come back **revenir**
come in **entrer**
come to pass **advenir**
command **commander**
commence **commencei**
commit **commettre**
commit sin **pécher**
compare **comparer**
compel **contraindre**
complain **se plaindre**
complete **finir**
compromise **compromettre**
conceive **concevoir**
conclude **conclure**
concur **concourir**
condescend **s'abaisser**
conduct **conduire**
conquer **conquérir, vaincre**
consent **consentir**
constrain **contraindre**
construct **construire, bâtir**
contain **contenir**
continue **continuer**
contradict **contredire**
convince **convaincre**
cook **cuire**
correct **corriger**
corrupt **corrompre**
cost **coûter**
cough **tousser**
count **compter**

cover **couvrir**
crack **fendre**
create **créer**
cross **traverser**
crouch **se tapir**
cry **pleurer**
cry out **crier**
cure **guérir**
curse **maudire**
cut **couper**
cut (out) **tailler**

D

damage **gâter**
dance **danser**
dare **oser**
daze **abasourdir, étourdir**
deafen **abasourdir, étourdir**
decay (decline) **déchoir**
deceive **décevoir**
decline **déchoir**
decrease **décroître, diminuer, réduire**
deduce **déduire**
deduct **déduire**
defend **défendre**
demand **exiger**
demolish **démolir**
depart **partir**
depend **dépendre**
dependent, be **dépendre**
depict **dépeindre**
derange **déranger**
descend **descendre**
describe **décrire, dépeindre**
desert **abandonner**
deserve **mériter, valoir**
desire **désirer**
destroy **détruire**
detain **retenir**
detest **détester**
develop **développer**
die **mourir, périr**
dig **fouiller**
diminish **décroître, diminuer, réduire**
dine **dîner**
dirty **salir, souiller**
disappear **disparaître**

discourse **discourir**
discover **découvrir**
dishearten **abattre**
dislike **détester**
display **montrer**
displease **déplaire**
dissuade **dissuader**
distract **distraire**
distrust **se méfier**
disturb **déranger**
divest **dévêtir**
do **faire**
do away with **abolir**
doubt **douter**
draw (sketch) **dessiner**
draw (out) **tirer**
draw (out) again **retirer**
dream **songer**
dress **vêtir**
dress oneself **s'habiller**
drift **voguer**
drink **boire**
drive **conduire**
drive (a car) **conduire, rouler**
drive out **chasser**
drizzle **bruiner**
dwell (in) **habiter**
dye **teindre**

E

earn **gagner**
eat **manger**
elect **élire**
embrace **étreindre, embrasser**
employ **employer**
enclose **inclure**
encourage **encourager**
end **finir, terminer**
engage upon **entreprendre**
enjoy oneself **s'amuser**
enliven **égayer**
enough, be **suffire**
ensure **assurer**
enter **entrer**
entertain **amuser, égayer**
entice **attraire**
escape **s'enfuir**

establish **établir, fonder**
estimate **évaluer**
evaluate **évaluer**
excavate **fouiller**
excite **émouvoir**
exclude **exclure**
excuse oneself **s'excuser**
exhibit **montrer**
experience **éprouver**
explain **expliquer**
express **exprimer**
extinguish **éteindre**
extract **extraire**

F

fail **échouer, faillir**
faint **s'évanouir**
fake **truquer**
fall **tomber**
fall off (decay, decline) **déchoir**
fear **craindre**
feed **nourrir**
feel **sentir**
feel (experience) **éprouver**
feign **feindre**
fight **se battre, combattre**
fill **remplir**
find **trouver**
find out **s'informer**
finish **achever, finir, terminer**
fish **pêcher**
flatter **flatter**
flee **s'enfuir, fuir**
float **flotter**
fly **s'enfuir, fuir, voler**
fly off **s'envoler**
fly over **survoler**
follow **suivre**
forbid **défendre, interdire**
force **forcer**
foresee **prévoir**
forestall **prévenir**
foretell **prédire**
forget **oublier**
forgive **pardonner**
found (establish) **fonder**
freeze **geler**

freeze again **regeler**
frighten **effrayer**
fry **frire**
furnish **fournir**

G

gain **gagner**
gather **cueillir, recueillir**
get **obtenir, recevoir**
get angry **se fâcher**
get dressed **s'habiller**
get up **se lever**
give **donner**
give back **remettre, rendre**
go **aller**
go away **s'en aller**
go back **retourner**
go deeply into **fouiller**
go down **descendre**
go forward **avancer**
go in **entrer**
go out **sortir**
go to bed **se coucher**
go up **monter**
gossip **bavarder**
grasp **saisir, serrer**
greet **accueillir**
grind **moudre**
grip **étreindre**
grow **croître**
grow (up, grow taller) **grandir**
grow old **vieillir**
grow thin **maigrir**
guarantee **assurer, certifier**
guard **garder**
guide **guider**

H

hail (weather) **grêler**
hamper **gêner**
hang **accrocher, pendre**
happen **advenir, se passer, arriver**
harm **blesser, nuire**
harvest **recueillir**
hasten **se dépêcher**
hate **haïr**

have **avoir**
have (hold) **tenir**
have a good time **s'amuser**
have a snack **goûter**
have dinner **dîner**
have lunch **déjeuner**
have supper **souper**
have to **devoir**
hear **entendre**
help **aider, secourir**
help oneself (to food and drink) **se servir**
hide **cacher**
hide oneself **se cacher**
hinder **empêcher, gêner, nuire**
hiss **siffler**
hit **battre, taper, frapper**
hold **tenir**
hold up **supporter**
hope **espérer**
humble **abaisser**
humble oneself **s'abaisser**
humiliate **abaisser**
hunt **chasser**
hurl **lancer**
hurry **se dépêcher**
hurry (be in a hurry) **se presser**
hurt **blesser**
hurt oneself **se blesser**

I

impede **gêner**
implore **supplier**
impose **imposer**
include **inclure**
inconvenience **gêner**
increase **accroître, augmenter, grandir**
infer **déduire**
inhabit **habiter**
injure **blesser**
injure oneself **se blesser**
inquire **s'informer**
insist **insister**
instruct **instruire**
insure **assurer**
insure oneself **s'assurer**
intend **compter**

interrogate **interroger**
interrupt **interrompre**
introduce **introduire**
introduce (a person) **présenter**
invent **inventer**
invite **inviter**
iron **repasser**
irritate **agacer**

J

join **joindre**
judge **juger**
jump **sauter**

K

keep **garder, retenir**
keep oneself busy **s'occuper**
kill **tuer**
kiss **embrasser**
knock **frapper**
knock down **abattre**
know **connaître**
know (how) **savoir**
know, not to **méconnaître**

L

lace **lacer**
lack **manquer**
lament **se plaindre**
laugh **rire**
launch **lancer**
lay **coucher, poser**
lay claim **prétendre**
lay the foundation (of a building)
    fonder
lead **amener, conduire, guider, mener**
lead away **emmener**
leap **sauter**
learn **apprendre**
leave **laisser, partir, quitter, sortir**
leave hold **lâcher**
lend **prêter**
let **laisser, permettre**
let go **lâcher**
lick **lécher**
lie dead **gésir**

lie down **s'étendre, se coucher**
lie flat **se tapir**
lie ill **gésir**
lie, tell a **mentir**
lift **lever**
like **aimer**
listen (to) **écouter**
live **vivre**
live (reside) **demeurer**
live (in) **habiter**
live somewhere temporarily **séjourner**
load **charger**
located, be **se trouver**
look (at) **regarder**
look for **chercher**
look like **ressembler**
loosen **lâcher**
lose **perdre**
lose consciousness **s'évanouir**
lose weight **maigrir**
love **aimer**
lower **abaisser**
lower oneself **s'abaisser**
lunch **déjeuner**

M

make **faire**
make believe **feindre**
make dizzy **étourdir**
make greater **accroître**
make haste **se presser**
make inquiries **s'informer**
make sure **s'assurer**
make use of **utiliser**
march **marcher**
marry **épouser**
matter, be the **s'agir**
meditate **méditer, réfléchir**
meet **rencontrer**
melt **fondre**
merit **mériter, valoir**
milk **traire**
mill **moudre**
misjudge **méconnaître**
miss **manquer**
mistaken, be **se méprendre, se
    tromper**

mistrust **se méfier**
misunderstand **méconnaître**
mix (colors) **fondre**
moan **se plaindre**
move **mouvoir**
move (budge) **bouger**
move out (change residence) **déménager**
muddy **souiller**
murmur **murmurer**
must **devoir, falloir**
mutter **murmurer**

N

name **appeler**
named, be **s'appeler**
necessary, be **falloir**
not to know **méconnaître**
not to recognize **méconnaître**
not to speak **se taire**
notice **remarquer**
nourish **nourrir**

O

obey **obéir**
oblige **obliger**
observe **constater, remarquer**
obtain **obtenir**
occupy **occuper**
occur **advenir**
offer **offrir**
omit **omettre**
open **ouvrir**
order **commander**
ought **devoir**
owe **devoir**

P

paint **peindre**
pant **souffler**
pardon **pardonner**
park (a car) **stationner**
pass **passer**
pay **payer**
perceive **apercevoir**
perish **périr**

permit **permettre**
pester **agacer**
pick (choose) **choisir**
pick (gather) **cueillir**
pickle **confire**
pity **plaindre**
place **mettre, placer, poser**
place oneself **se mettre**
play **jouer**
please **plaire**
pour **verser**
praise **louer**
pray **prier**
predict **prédire**
prefer **préférer**
prepare **préparer**
present **présenter**
present (at), be **assister**
preserve **confire**
press **presser, serrer**
pretend **feindre, prétendre**
prevent **empêcher**
produce **produire**
prohibit **défendre, interdire**
promise **promettre**
prompt (an actor with a cue) **souffler**
pronounce **prononcer**
prop up **supporter**
prosecute **poursuivre**
prove **prouver**
provide **pourvoir**
pull **tirer**
pull again **retirer**
pull up **arracher**
punish **punir**
purchase **acheter**
pursue **chasser, poursuivre**
push **pousser**
put **mettre, placer, poser**
put back **remettre**
put (on) again **remettre**
put to bed **coucher**
put to the test **éprouver**
put to use **utiliser**

Q

question **interroger**

question (be a question of) **s'agir**
quiet, be **se taire**

R

rain **pleuvoir**
raise (bring up) **élever**
raise (lift) **lever**
rap **taper**
read **lire**
read again **relire**
reappear **reparaître**
rear **élever**
rebuke **réprimander**
recall **rappeler, se rappeler, se souvenir**
receive **recevoir**
recognize **reconnaître**
recognize, not to **méconnaître**
recollect **se rappeler**
recover **reprendre**
reduce **abaisser, réduire**
reduce (one's weight) **maigrir**
reflect **réfléchir**
refuse **refuser**
relate **conter, raconter**
relieve **secourir**
remain **rester, demeurer**
remember **se rappeler, se souvenir**
remind **rappeler**
remove **enlever**
rend **déchirer**
render **rendre**
rent **louer**
repair **réparer**
repeat **répéter**
replace **remettre, remplacer**
reply **répondre**
reprimand **gronder, réprimander**
reproduce **reproduire**
request **demander**
require **exiger**
rescue **sauver**
resemble **ressembler**
reside **demeurer**
resolve **résoudre**
rest **se reposer**
resume **reprendre**

retain **garder, retenir**
retire **se retirer**
return **rentrer, retourner**
return (something) **rendre**
ridicule **ridiculiser**
ring **sonner**
rip **déchirer**
roll **rouler**
roll along **rouler**
rouse **émouvoir**
row **voguer**
run **courir**
run away **s'enfuir, se sauver**
run to **accourir**
run up to **accourir**
rush **se presser**

S

sail **voguer**
satisfy **satisfaire**
save (money) **épargner**
save (rescue) **sauver**
say **dire**
scold **gronder**
scrape **gratter**
scratch **gratter**
search **chercher**
seduce **séduire**
see **apercevoir, voir**
see again **revoir**
see once more **revoir**
seem **paraître, sembler**
seize **saisir**
select **choisir**
sell **vendre**
send **envoyer**
serve **servir**
serve oneself **se servir**
set **poser**
sew **coudre**
shake **secouer**
shake down (off) **secouer**
shake (hands) **serrer**
shatter **rompre**
shine **luire**
should **devoir**
shout **crier**

show **montrer**
show in **introduire**
shudder **frémir**
sigh **soupirer**
silent, be **se taire**
simulate **feindre**
sin **pécher**
sing **chanter**
sit down **s'asseoir**
skate (on ice) **patiner**
sketch **dessiner**
slander **médire**
sleep **dormir**
slip away **s'enfuir**
smack **taper**
smell **sentir**
smile **sourire**
smoke **fumer**
smooth **adoucir**
snow **neiger**
soften **adoucir**
soil **salir, souiller**
sojourn **séjourner**
solve **résoudre**
sort **classer**
speak **parler**
speak, not to **se taire**
spend (money) **dépenser**
spend (time) **passer**
split **fendre**
spoil **gâter**
spread **répandre**
squat **se tapir**
squeeze **presser, serrer**
start **commencer, se mettre**
station **stationner**
stay **rester, demeurer**
steal **voler**
stink **puer**
stir **émouvoir**
stoop low **se tapir**
stop (oneself) **s'arrêter**
stop (someone or something) **arrêter**
strain **tendre**
stretch **tendre**
stretch (oneself) **s'étendre**
stretch out (oneself) **s'étendre**
strike (beat) **battre**

strike down **abattre**
strike (hit) **battre, taper**
strip **dévêtir**
study **étudier**
stun **abasourdir, étonner, étourdir**
stupefy **abasourdir**
submit **soumettre**
succeed **réussir**
succor **secourir**
suck **sucer**
suffer **souffrir**
suffice **suffire**
sufficient, be **suffire**
suit **convenir, seoir**
suitable, be **convenir**
sup **souper**
supplicate **prier, supplier**
support **supporter**
suppose **supposer**
surprise **surprendre**
survive **survivre**
swallow **avaler**
sway **balancer**
swear **jurer**
sweep **balayer**
swim **nager**
swing **balancer**
swoon **s'évanouir**

T

take **prendre**
take a walk **se promener**
take again **reprendre**
take away **enlever, emmener** (for persons)
take back **reprendre**
take flight **s'envoler**
take off (airplane) **s'envoler**
take up (carry up) **monter**
take wing **s'envoler**
talk **parler**
tap **taper**
taste **goûter**
teach **enseigner**
tear **déchirer**
telephone **téléphoner**

tell **dire**
tell about **raconter**
tell lies **mentir**
tempt **tenter**
terminate **finir, terminer**
test **éprouver**
thaw **dégeler**
think **penser, réfléchir, songer**
throw **jeter, lancer**
thunder **tonner**
tighten **tendre**
touch **toucher**
translate **traduire**
transmit **transmettre**
travel **voyager**
traverse **traverser**
trick **tricher**
trim **tailler**
trust **se fier**
try **éprouver, essayer**
turn aside **détourner**
turn (oneself) aside, away **se détourner**
turn away **détourner**
twist **tordre**

U

uncover **découvrir**
understand **comprendre, entendre**
undertake **entreprendre**
undo **défaire**
unite **unir**
unlace **délacer**
unsew **découdre**
unstitch **découdre**
untie **défaire**
uproot **arracher**
use **employer, utiliser**
utilize **utiliser**

V

vanquish **vaincre**
visit **visiter**
vow **jurer**

W

wager **parier**
wait (for) **attendre**
wake up **se réveiller**
walk **marcher**
walk, take a **se promener**
wander **voguer**
want **vouloir**
ward off **prévenir**
warn **prévenir**
wash **laver**
wash oneself **se laver**
watch **regarder**
wear **porter**
weary **ennuyer**
wed **épouser**
weep **pleurer**
weigh **peser**
welcome **accueillir**
whisper **chuchoter**
whistle **siffler**
whiten **blanchir**
win **gagner**
wipe **essuyer**
wish **vouloir, souhaiter**
withdraw **se retirer**
work **travailler**
worth, be **valoir**
wound **blesser**
wound oneself **se blesser**
write **écrire**

Y

yield **céder**

Index of common irregular French verb forms identified by infinitive

The purpose of this index is to help you identify those verb forms which cannot be readily identified because they are irregular in some way. For example, if you come across the verb form *fut* (which is very common) in your French readings, this index will tell you that *fut* is a form of **être**. Then you look up **être** in this book and you will find that verb form on the page where all the forms of **être** are given.

Verb forms whose first three or four letters are the same as the infinitive have not been included because they can easily be identified by referring to the alphabetical listing of the 301 verbs in this book.

After you find the verb of an irregular verb form, if it is not given among the 301 verbs, consult the list of over 1,000 French verbs conjugated like model verbs which begins on p. 318. If it is not listed there, consult my more comprehensive book, *Dictionary of 501 French verbs fully conjugated in all the tenses* and its indexes.

A

a **avoir**
ai **avoir**
aie **avoir**
aient **avoir**
aies **avoir**
aille **aller**
ait **avoir**
as **avoir**
aurai, *etc.* **avoir**
avaient **avoir**
avais **avoir**
avait **avoir**
avez **avoir**
aviez **avoir**
avions **avoir**
avons **avoir**
ayant **avoir**
ayons, *etc.* **avoir**

B

bu **boire**
bûmes **boire**
burent **boire**
bus **boire**
bussent **boire**
but **boire**
bûtes **boire**
buvant **boire**

C

crois **croire**
croîs **croître**
croit **croire**
croît **croître**
croyais, *etc.* **croire**
cru **croire**
crû, crue **croître**
crûmes **croire, croître**
crurent **croire**
crûrent **croître**
crus **croire**
crûs **croître**
crûsse, *etc.* **croître**
crût **croire, croître**

D

dîmes **dire**
disais, *etc.* **dire**
disse, *etc.* **dire**
dit, dît **dire**
dois **devoir**
doive, *etc.* **devoir**
dors **dormir**
dû, due **devoir**
dûmes **devoir**
dus, dussent **devoir**
dut, dût **devoir**

E

es **être**
est **être**
étais, *etc.* **être**
été **être**
êtes **être**
étiez **être**
eu **avoir**
eûmes **avoir**
eurent **avoir**
eus **avoir**
eusse, *etc.* **avoir**
eut, eût **avoir**
eûtes **avoir**

F

faille **faillir, falloir**
fais, *etc.* **faire**
fasse, *etc.* **faire**
faudra **faillir, falloir**
faudrait **faillir, falloir**
faut **faillir, falloir**
faux **faillir**
ferai, *etc.* **faire**
fîmes **faire**
firent **faire**
fis, *etc.* **faire**
font **faire**
fûmes **être**
furent **être**
fus, *etc.* **être**
fut, fût **être**
fuyais, *etc.* **fuir**

G

gisons, *etc.* **gésir**
gît **gésir**

I

ira, irai, iras, *etc.* **aller**

L

lis, *etc.* **lire**
lu **lire**

lus, *etc.* **lire**

M

meure, *etc.* **mourir**
meus, *etc.* **mouvoir**
mîmes **mettre**
mirent **mettre**
mis **mettre**
misses, *etc.* **mettre**
mit **mettre**
mort **mourir**
moulons, *etc.* **moudre**
moulu **moudre**
mû, mue **mouvoir**
mussent **mouvoir**
mut **mouvoir**

N

naquîmes, *etc.* **naître**
né **naître**

O

omis **omettre**
ont **avoir**

P

pars **partir**
paru **paraître**
peignis, *etc.* **peindre**
peuvent **pouvoir**
peux, *etc.* **pouvoir**
plu **plaire, pleuvoir**
plurent **plaire**
plut, plût **plaire, pleuvoir**
plûtes **plaire**
pourrai, *etc.* **pouvoir**
prîmes **prendre**
prirent **prendre**
pris **prendre**
prisse, *etc.* **prendre**
pu **pouvoir**
puis **pouvoir**
puisse, *etc.* **pouvoir**
pûmes, *etc.* **pouvoir**
purent **pouvoir**

pus **pouvoir**
pusse **pouvoir**
put, pût **pouvoir**

R

reçois, *etc.* **recevoir**
reçûmes, *etc.* **recevoir**
relu **relire**
reviens, *etc.* **revenir**
revins, *etc.* **revenir**
riiez **rire**
ris, *etc.* **rire**

S

sache, *etc.* **savoir**
sais, *etc.* **savoir**
saurai, *etc.* **savoir**
séant **seoir**
serai, *etc.* **être**
sers, *etc.* **servir**
seyant **seoir**
sied **seoir**
siéent **seoir**
siéra, *etc.* **seoir**
sois, *etc.* **être**
sommes **être**
sont **être**
sors, *etc.* **sortir**
soyez **être**
soyons **être**
su **savoir**
suis **être, suivre**
suit **suivre**
sûmes **savoir**
surent **savoir**
survécu **survivre**
susse, *etc.* **savoir**
sut, sût **savoir**

T

tiendrai, *etc.* **tenir**
tienne, *etc.* **tenir**
tînmes **tenir**
tins, *etc.* **tenir**
trayant **traire**

tu **taire**
tûmes **taire**
turent **taire**
tus **taire**
tusse, *etc.* **taire**
tut, tût **taire**

V

va **aller**
vaille **valoir**
vais **aller**
vas **aller**
vaudrai, *etc.* **valoir**
vaux, *etc.* **valoir**
vécu **vivre**
vécûmes, *etc.* **vivre**
verrai, *etc.* **voir**
veuille, *etc.* **vouloir**
veulent **vouloir**
veux, *etc.* **vouloir**
viendrai, *etc.* **venir**
vienne, *etc.* **venir**
viens, *etc.* **venir**
vîmes **voir**
vînmes **venir**
vinrent **venir**
vins, *etc.* **venir**
virent **voir**
vis **vivre, voir**
visse, *etc.* **voir**
vit **vivre, voir**
vît **voir**
vîtes **voir**
vont _ **aller**
voudrai, *etc.* **vouloir**
voyais, *etc.* **voir**
vu **voir**

Over 1,000 French verbs conjugated like model verbs among the 301

The number after each verb is the page number in this book where a model verb is shown fully conjugated. At times there are two page references; for example, **abréger** is conjugated like **céder** on p. 48 because é changes to è and like **manger** on p. 165 because **abréger** and **manger** are both -ger type verbs.

If the French verb you want is reflexive (*e.g.,* **s'appeler** or **se lever**), you will find it listed alphabetically under the first letter of the verb and not under the reflexive pronoun *s'* or *se.*

If the verb you have in mind to use is not listed among the 301 verbs in this book and if it is not listed among those that follow here because it might have been omitted inadvertently or because it is a verb a student would encounter in an advanced course of study in French, consult my more comprehensive book, *Dictionary of 501 French verbs fully conjugated in all the tenses* and its indexes.

A

abaisser 156
s'abaisser 16
abandonner 94
abasourdir 130
abattre 34
abhorrer 10
abjurer 82
abolir 130
abominer 282
abonner 94
abouter 96
aboutir 130
aboyer 104
abréger 48, 165
abriter 145
absorber 236
abuser 15
accabler 249
accéder 48
accélérer 48
accentuer 64
acclamer 10
accommoder 10
accomplir 240
accorder 137
accoster 88
accourcir 55
accourir 68
accoutumer 135
accréditer 145

accrocher 284
accroupir 130
acculer 187
accumuler 187
accuser 15
s'accuser 16
acharner 94
acheminer 282
achever 4
acquitter 229
actionner 94
actualiser 145
adapter 29
adhérer 48
adjoindre 154
adjurer 15
administrer 241
adopter 67
adoucir 130
adresser 37
adultérer 48
aérer 48
affaiblir 130
affamer 10
affecter 63
affectionner 94
affermer 128
affermir 130
afficher 54
affirmer 128
affliger 65
affluer 64

affranchir 130
affronter 63
agacer 209
s'agenouiller 16
aggraver 158
agir 130
agiter 145
agrandir 141
s'aider 9, 27
ajuster 147
alarmer 128
alerter 96
alimenter 56
allécher 48
allonger 268
allumer 135
alourdir 130
altérer 48
amaigrir 164
amasser 53
améliorer 7
américaniser 15
amplifier 120
amputer 145
animer 10
annoncer 225
apercevoir 233
apparaître 193
appartenir 281
applaudir 259
appliquer 123
apprécier 120

apprêter 221
s'apprêter 23, 221
approcher 284
s'approcher 16
approprier 120
approuver 226
appuyer 107
arracher 284
articuler 187
aspirer 6
assassiner 92
assembler 10
assigner 2
associer 120
assurer 187
attacher 43
attaquer 123
attarder 137
atteindre 204
s'attendre 28, 117
attirer 6
augmenter 105
autographier 120
autoriser 6
avaler 10
s'avancer 30, 38
aventurer 82
avertir 130
avouer 155

B

babiller 10
badiner 199
baigner 2
baiser 10
baisser 156
balancer 57
balbutier 120
bannir 130
baptiser 15
barbouiller 287
barrer 6
bâtonner 94
baver 158
bégayer 200
bénéficier 120
bénir 130
bercer 57
bivouaquer 123
blaguer 166
blâmer 10
blanchir 234
blaser 15
blasphémer 48
blêmir 130
bleuir 130
bloquer 123
boiter 19
bombarder 236
bonder 142
bondir 130
border 142
boucher 284
boucler 284
bouder 137
bouffonner 269
bouger 65
bouleverser 288
bousculer 42
boycotter 229
branler 299
briller 287
briser 15
bronzer 76
broyer 104
brunir 130
busquer 123

C

cacheter 153
cajoler 10
calculer 42
calmer 10
calomnier 120
camionner 94
camper 43
canoniser 15
cantonner 94
capitaliser 15
capituler 42
captiver 92
caractériser 15
caresser 216
caricaturer 6
cautionner 94
ceindre 204
célébrer 48
censurer 10
centraliser 15
cercler 10
certifier 120
chagriner 199
chaîner 92
chanceler 17
chansonner 269
chantonner 94
chaperonner 94
charmer 135
châtier 120
chatouiller 287
chauffer 132
chausser 40
cheminer 282
chérir 143
chicaner 81
chiffonner 94
chloroformer 128
chômer 10
choquer 123
chuchoter 11
chuter 11
circuler 42
citer 145
civiliser 15
clapper 132

claquer 123
claqueter 153
clarifier 120
classer 53
classifier 120
clicher 43
cligner 2
climatiser 15
clouer 155
coder 9
codifier 120
coexister 147
coiffer 269
collaborer 7
collectionner 94
coller 271
colleter 153
coloniser 15
colorer 7
colorier 120
combattre 34
combler 249
commémorer 7
commenter 138
commercer 57
commercialiser 15
commettre 171
communiquer 123
comparaître 193
comparer 195
compiler 145
compléter 48
complimenter 285
compliquer 123
comporter 215
composer 47
compromettre 171
computer 59
concéder 48
concevoir 233
concilier 120
concourir 68
condamner 56
confesser 37
confier 120
confisquer 123
confondre 242
conforter 215

confronter 59
congédier 120
congratuler 42
conjoindre 154
conjuguer 123
conseiller 287
consentir 265
considérer 48
consoler 10
constater 138
constituer 64
consulter 230
contenir 281
contester 88
contraindre 71
contredire 93,
    except for (vous)
    contredisez
contrefaire 126
contribuer 64
contrôler 42
convaincre 292
convenir 295,
    but conjugated
    with *avoir*
converser 288
convertir 130
convoquer 123
copier 120
corroborer 7
corrompre 257
cotiser 15
coucher 284
couler 284
courber 289
cracher 43
craquer 123
créditer 145
créer 138
creuser 15
cristalliser 15
critiquer 123
crocher 43
croiser 47
croquer 123
crucifier 120
cuisiner 199
cultiver 6
cumuler 187

319

F

fabriquer 123
fabuler 42
faciliter 145
façonner 94
faiblir 240
se faire 126
  (with *être*)
falsifier 120
farcir 55
farder 137
se farder 44
fatiguer 237
se fatiguer 66
favoriser 15
feindre 204
féliciter 145
fendre 242
filer 10
filmer 128
filtrer 174
fixer 1
flâner 269
flanquer 166
flatter 45
flirter 260
flotter 40
foncer 225
fonder 142
fondre 242
former 128
fouetter 273
fouiller 287
fournir 291
franchir 55
frémir 228
fréquenter 97
fricasser 45
friser 47
frissonner 94
frotter 40
fuser 15
fusiller 287

G

gâcher 43

gambader 9
garantir 130
gargouiller 287
garnir 130
gaspiller 287
gazouiller 287
gémir 130
gêner 10
glisser 37
gonfler 271
gratter 45
grêler 10
grelotter 40
grimacer 209
grimper 67
grincer 57
gripper 132
grogner 2
grossir 164
grouper 67
guider 9

H

NOTE: The mark •
in front of the
letter *h* denotes
that it is aspirate;
make no liaison
and use *je* instead
of *j'*.

habiliter 145
habiller 145
s'habituer 16
•haleter 4
•hanter 51
•harasser 45
•harceler 4
•hasarder 137
•hâter 138
se •hâter 38, 138
•hausser 53
hériter 145
hésiter 145
•hisser 45
•hululer 271
•hurler 195

I

identifier 120
idolâtrer 174
ignorer 7
illuminer 282
illustrer 174
imaginer 199
imbiber 36
imiter 145
immatriculer 42
immerger 52
immigrer 54
immoler 287
impliquer 123
implorer 7
importer 215
imposer 47
impressionner 94
imprimer 282
improviser 15
incinérer 48
inciter 145
incliner 92
s'incliner 16
incorporer 7
indiquer 123
infecter 63
inférer 48
infester 147
infiltrer 174
infliger 122
influencer 57
s'informer 16
initier 120
injecter 26
injurier 120
inscrire 98
insinuer 64
inspecter 63
inspirer 145
installer 10
instituer 64
insulter 97
intercéder 48
intéresser 37
s'intéresser 38
interpoler 195
interposer 47

interpréter 48
interroger 178
intervenir 295
interviewer 10
intimider 152
invalider 152
inventer 51
invoquer 123
irriter 152
isoler 195

J

jabler 42
jacasser 45
jaillir 259
jalonner 94
japper 132
jardiner 92
jargonner 94
jaser 45
jauger 301
jaunir 130
javeler 17
jeûner 80
jouir 130
juger 301
jurer 7
justifier 120

K

kidnapper 132
klaxonner 94

L

labourer 289
lacer 209
lacérer 48
lâcher 43
lamenter 56
languir 130
lécher 48
libérer 48

lier 72
limiter 145
livrer 10
loger 178
louer 67
lustrer 174
lutter 260

M

mâcher 167
mâchurer 213
maltraiter 63
mander 56
manier 120
manipuler 11
manufacturer 6
maquiller 287
se maquiller 46
marchander 142
marier 72
se marier 44
marquer 123
masquer 123
massacrer 174
mastiquer 123
matcher 43
méconnaître 61
médire 93, except
    for (vous)
    médisez
méditer 145
mélanger 165
mêler 43
se mêler 44
menacer 209
ménager 178
mentionner 94
se méprendre 219
mépriser 15
mériter 145
mesurer 7
meubler 10
mimer 282
moderniser 15
modifier 120
moduler 42

molester 88
moquer 237
se moquer 44
mortifier 120
moucher 284
se moucher 66
mouiller 287
se mouiller 44
munir 130
murmurer 7
mutiler 10

N

narrer 7
naviguer 123
négocier 120
neutraliser 15
nier 72
nipper 145
noircir 55
nombrer 174
nommer 94
noter 97
notifier 191
nouer 155
noyer 104

O

objecter 88
oblitérer 48
observer 289
s'obstiner 188
offenser 76
opérer 48
opposer 235
s'opposer 16
oppresser 49
opprimer 10
opter 63
ordonner 94
organiser 15
orienter 63
orner 285
oser 47

ôter 63
outrager 178

P

pacifier 120
pâlir 259
palpiter 145
panser 76
parachuter 260
parcourir 68
parer 195
parfumer 135
parier 72
parodier 120
partager 301
participer 145
parvenir 295
se passer 197,
    198, 46
pauser 47
pencher 54
pendre 294
pénétrer 48
pensionner 94
percer 157
percevoir 233
percher 54
perfectionner 94
perforer 7
pérorer 7
perpétrer 48
persister 147
personnifier 120
persuader 9
peser 160
photocopier 120
photographier 120
piger 178
piloter 11
pincer 57
piquer 123
plaider 9
se plaire 212
    (with être)
plaisanter 51
planter 51

plier 72
plisser 37
plonger 268
polir 259
polycopier 120
pomper 29
populariser 15
se porter 215, 66
poser 47
posséder 48
poursuivre 278
pratiquer 123
précéder 48
prêcher 54
préciser 15
prédire 93, except
    for (vous)
    prédisez
prédisposer 47
prédominer 282
préméditer 145 '
prénommer 94
préposer 47
prescrire 98
présenter 105
préserver 261
presser 37
se presser 38
présumer 135
présupposer 47
prétendre 242
prévenir 295, but
    conjugated with
    avoir
prévoir 298,
    except for future
    (prévoirai, *etc.*)
    and conditional
    (prévoirais, *etc.*)
prier 72
procéder 48
proclamer 10
procurer 7
professer 37
profiter 145
programmer 94
progresser 37
projeter 153

prolonger 268
promener 169
proposer 47
proscrire 98
prospérer 218
protester 147
provenir 295
provoquer 123
publier 120

Q

qualifier 191
quereller 287
questionner 94
quêter 22

R

raccommoder 10
raccorder 137
raccourcir 55
raccrocher 284
racheter 4
rafraîchir 234
rager 178
raisonner 94
rajouter 11
ralentir 55
rallonger 268
rallumer 135
ramasser 53
ramener 14
ramer 10
ranger 21
ranimer 10
rapiécer 48, 209
rapporter 19
rapprendre 20
rapprocher 284
raser 47
rassembler 10
rassurer 187
rater 11
rationner 94
rattacher 43

rattraper 29
ravir 258
rayer 200
réaliser 15
réapparaître 193
réciter 145
recommander 56
recommencer 57
réconcilier 120
reconnaître 61
rectifier 120
recueillir 74
reculer 10
rédiger 178
redire 93
redonner 94
réduire 60
réfuter 260
regeler 139
régler 48
regretter 229
réitérer 244
relire 162
remercier 120
remuer 64
se rendre 242
  (with *être*)
renoncer 225
renseigner 108
répandre 242
reparaître 193
réparer 195
repasser 197
replacer 209
réprimander 56
reproduire 222
résister 147
résumer 135
retenir 281
retirer 6
se retirer 38
réunir 291
réveiller 287
révéler 244
revendre 294
rêver 10
ridiculiser 15
rincer 57

risquer 123
ronfler 271
rougir 258
rouler 284
ruiner 199

S

sacrifier 120
saluer 64
sangler 10
sangloter 10
satisfaire 126
sécher 48
secouer 67
secourir 68
séduire 60
séjourner 285
sélectionner 94
semer 160
séparer 195
sermonner 94
serrer 6
siffler 271
signaler 10
signer 2
signifier 120
simplifier 120
simuler 42
skier 72
soigner 2
se soucier 66
souiller 287
soulager 178
souligner 2
soupçonner 94
souper 67
soupirer 6
souscrire 98
soutenir 281
spécifier 120
stationner 94
sténographier 120
stimuler 42
stipuler 42
subir 55
substituer 64

succéder 48
sucer 209
sucrer 6
suffoquer 123
suggérer 244
suggestionner 94
supplier 191
supporter 19
supposer 47
supprimer 6
surgir 55
surprendre 219
survivre 297
survoler 299
suspecter 63
suspendre 294
sympathiser 15

T

tacher 43
tâcher 43
tailler 287
tanner 94
taper 132
taquiner 92
tarder 137
tâter 22
taxer 53
teindre 204
télégraphier 120
téléviser 15
témoigner 2
tendre 242
tenter 51
terrifier 120
tester 147
tirer 6
tisser 37
tolérer 218
tonner 94
tordre 175
torturer 15
totaliser 15
tousser 216
tracasser 45
tracer 209

W

U

Z

V

Verbs used in idiomatic expressions

On the pages containing 301 verbs given in this book, I offer simple sentences using verbs and idiomatic expressions. They can help build your French vocabulary and knowledge of French idioms.

When you look up the verb forms of a particular verb in this book, consult the following list so that you may learn some common idiomatic expressions. Consulting this list will save you time because you will not have to use a standard French-English word dictionary to find out what the verbal idiom means. Also, if you do this, you will learn two things at the same time: the verb forms for a particular verb and verbal idioms.

Remember that all verbs in the French language are not used in idioms. Those given below are used very frequently in French readings and in conversation. Some of the following entries contain words, usually nouns, that are related to the verb entry. This, too, will help build your vocabulary. I also include a few proverbs containing verbs because they are interesting, colorful, useful, and they help build your knowledge of French words and idiomatic expressions.

accuser, s'accuser to accuse, to accuse oneself
> **Qui s'excuse, s'accuse.** A guilty conscience needs no accuser.

adresser to address
> **adresser la parole à** to speak to, to direct your words to

agir to act, to behave
> **agir à la légère** to act thoughtlessly

aider, s'aider to help, to help oneself
> **Aide-toi, le ciel t'aidera.** Heaven helps those who help themselves.

aimer to like
> **aimer mieux** to prefer

aller to go
> to feel (health) **Comment allez-vous?** How are you? **Je vais bien.** I'm fine; **Je vais mal.** I'm not well; **Je vais mieux maintenant.** I'm feeling better now.
> **aller à quelqu'un** to be becoming, to fit, to suit someone
> **Cette robe lui va bien.** This dress suits her fine; **La barbe de Paul ne lui va pas bien.** Paul's beard does not look good on him.
> **aller à la pêche** to go fishing
> **aller à la rencontre de quelqu'un** to go to meet someone
> **aller à pied** to walk, to go on foot
> **aller au-devant de quelqu'un** to go to meet someone
> **aller au fond des choses** to get to the bottom of things
> **aller chercher** to go get
> **allons donc!** nonsense! come, now! come on, now!

apprendre to learn
> **apprendre par coeur** to memorize

arriver   to arrive
>   to happen   **Qu'est-ce qui est arrivé?**   What happened?   **Qu'est-ce qui arrive?**   What's happening? What's going on?

assister   to assist
>   **assister à**   to attend, to be present at   **Hier soir, j'ai assisté à la conférence des musiciens.**   Last night I attended the meeting of musicians.

avoir   to have
>   to have something the matter   **Qu'est-ce que vous avez?**   What's the matter with you?   **Qu'est-ce qu'il y a?**   What's the matter?

avoir. . .ans   to be. . .years old   **Quel âge avez-vous?**   How old are you? **J'ai seize ans.**   I'm sixteen.

avoir à + inf.   to have to, to be obliged to + inf.
J'ai à vous dire quelque chose   I have to tell you something.

avoir affaire à quelqu'un   to deal with someone

avoir beau + inf.   to be useless + inf., to do something in vain;   **Vous avez beau parler; je ne vous écoute pas.**   You are talking in vain (uselessly); I'm not listening to you.

avoir besoin de   to need, to have need of   **Vous avez l'air fatigué; vous avez besoin de repos.**   You look tired; you need some rest.

avoir bonne mine   to look well, to look good (persons)
Joseph a bonne mine aujourd'hui, ne trouvez-vous pas?   Joseph looks good today, don't you think so?

avoir chaud   to be (feel) warm (persons)   **J'ai chaud; ouvrez la fenêtre, s'il vous plaît.**   I feel warm; open the window please.

avoir congé   to have a day off, a holiday from work or school   **Demain nous avons congé et nous allons à la plage.**   Tomorrow we have off and we're going to the beach.

avoir de la chance   to be lucky   **Ah! Tu as trouvé une pièce de monnaie?! Tu as de la chance!**   Ah! You found a coin?! You're lucky!

avoir de quoi + inf.   to have the material, means, enough + inf.   **As-tu de quoi manger?**   Have you something (enough) to eat?

avoir des nouvelles   to receive news, to hear (from someone)

avoir du savoir-faire   to have tact

avoir du savoir-vivre   to have good manners, etiquette

avoir envie de + inf.   to feel like, to have a desire to   **Madame Loisel a toujours envie de danser.**   Mrs. Loisel always feels like dancing.

avoir faim   to be (feel) hungry   **As-tu faim, Fifi? Bon, alors je vais te donner à manger.**   Are you hungry, Fifi? Good, then I'm going to give you something to eat.

avoir froid   to be (feel) cold (persons)   **J'ai froid; fermez la fenêtre, s'il vous plaît.**   I feel cold; close the window, please

avoir hâte   to be in a hurry

avoir honte   to be (to feel) ashamed

avoir l'air + adj.   to seem, to appear, to look + adj.   **Vous avez l'air malade; asseyez-vous.**   You look sick; sit down.

avoir l'air de +inf.   to appear + inf.   **Vous avez l'air d'être malade; couchez-vous.**   You appear to be sick; lie down.

avoir l'habitude de + inf.   to be accustomed to, to be in the habit of   **J'ai l'habitude de faire mes devoirs avant le dîner**   I'm in the habit of doing my homework before dinner.

avoir l'idée de + inf.   to have a notion + inf.

avoir l'intention de + inf.   to intend + inf.

avoir l'occasion de + inf.   to have the opportunity + inf.

avoir l'oeil au guet   to be on the look-out, on the watch

avoir la bonté de + inf.   to have the kindness + inf.

avoir la langue bien pendue   to have the gift of gab

avoir la parole   to have the floor (to speak)

avoir le coeur gros   to be heartbroken

avoir le temps de + inf.   to have (the) time + inf.

avoir lieu   to take place   **Le match aura lieu demain.**   The game will take place tomorrow.

avoir mal   to feel sick   **Qu'est-ce que tu as, Robert?**   What's the matter, Robert?   **J'ai mal.**   I feel sick.

avoir mal à + (place where it hurts)   to have a pain or ache in. . .   **J'ai mal à la jambe.**   My leg hurts;   **J'ai mal à la tête.**   I have a headache.

avoir mauvaise mine   to look ill, not to look well   **Qu'est-ce que tu as, Janine?**   What's the matter, Janine?   **Tu as mauvaise mine.**   You don't look well.

avoir peine à + inf.   to have difficulty in + pres. part.

avoir peur de   to be afraid of

avoir pitié de   to take pity on

avoir raison   to be right (persons)

avoir soif   to be thirsty

avoir sommeil   to be sleepy

avoir son mot à dire   to have one's way

avoir tort   to be wrong (persons)

avoir une faim de loup   to be starving

en avoir marre   to be fed up, to be bored stiff, to be sick and tired of something
   J'en ai marre!   I'm fed up! I've had it!

en avoir par-dessus la tête   to have enough of it, to be sick and tired of it, to have
   it up to here   **J'en ai par-dessus la tête!**   I've had it up to here!

en avoir plein le dos   to be sick and tired of it

il y a. . .   there is. . ., there are. . .

il y avait. . ., il y a eu. . .   there was. . ., there were. . .

il y avait une fois. . .   Once upon a time there was. . ., there were. . .

il y aura. . .   there will be. . .

il y aurait. . .   there would be. . .

il y a + length of time   ago   **Madame Duclos est partie il y a un mois.**   Mrs.
   Duclos left a month ago.

Il y a dix minutes que j'attends l'autobus.   I have been waiting for the bus for
   ten minutes.

Il n'y a pas de quoi.   You're welcome.

briller   to shine, to glitter
   Tout ce qui brille n'est pas or.   All that glitters is not gold.

changer   to change
   changer d'avis   to change one's mind, one's opinion;   **changer de route**   to
      take another road;   **changer de train**   to change trains;   **changer de
      vêtements**   to change clothes
   Plus ça change plus c'est la même chose.   The more it changes the more it
      remains the same.

chercher   to look for
   envoyer chercher   to send for   **Je vais envoyer chercher le médecin.**   I am
      going to send for the doctor.

combler   to fill up, to fill in
   pour comble de malheur   to make matters worse

comprendre   to understand, to comprise
   y compris   including;   **y compris la taxe**   tax included;   **y compris le
   service**   service included

craindre   to fear
   Chat échaudé craint l'eau froide.   A burnt child dreads the fire. (Literally,
      the French proverb refers to a cat but to a child in English.)

croire   to believe
   Je crois que oui.   I think so;   **Je crois que non.**   I don't think so.

dire   to say, to tell

328

à vrai dire   to tell the truth

c'est-à-dire   that is, that is to say

dire du bien de   to speak well of

entendre dire que   to hear it said that, to hear tell that;   **J'entends dire que Tina s'est mariée avec Alexandre.**   I hear that Tina married Alexander.

vouloir dire   to mean;   **Que veut dire ce mot?**   What does this word mean?

Dis-moi ce que tu manges et je te dirai ce que tu es.   Tell me what you eat and I will tell you what you are.

disposer   to dispose

L'homme propose mais Dieu dispose.   Man proposes but God disposes.

donner   to give

donner à manger à qqn   to feed someone

donner congé à   to grant leave to

donner du chagrin à qqn   to give someone grief

donner rendez-vous à qqn   to make an appointment (a date) with someone

donner sur   to look out upon;   **La salle à manger donne sur le jardin.**   The dining room looks out upon (faces) the garden.

dormir   to sleep

dormir à la belle étoile   to sleep outdoors

dormir sur les deux oreilles   to sleep soundly

éclater   to burst

éclater de rire, rire aux éclats   to burst out laughing, to roar with laughter

éclater en applaudissements   to burst into applause

écouter   to listen (to)

être aux écoutes   to be on the watch, to eavesdrop

écrire   to write

de quoi écrire   something to write with

égaler   to equal, to be equal to, to match

Cela est égal.   It's all the same; It doesn't matter; It makes no difference.

Cela m'est égal, Ça m'est égal.   It doesn't matter to me; It's all the same to me.

endommager   to damage

C'est dommage!   It's too bad! It's a pity!

entendre   to hear

bien entendu   of course

C'est entendu!   It's agreed! It's understood!

entendre dire que   to hear it said that, to hear tell that;   **J'entends dire qu'on mange bien dans ce restaurant.**   I hear that a person can have a good meal in this restaurant.

entendre parler de   to hear about, to hear of;   **J'ai entendu parler d'un grand changement dans l'administration de cette école.**   I've heard about a big change in the administration of this school.

envoyer   to send

envoyer chercher to send for; **Je vais envoyer chercher le docteur.** I am going to send for the doctor.

être to be

être à qqn to belong to someone; **A qui est ce livre?** Whose is this book? **Ce livre est à moi.** This book is mine.

être à l'heure to be on time

être à temps to be in time; **Nous sommes arrivés juste à temps.** We arrived just in time.

être au courant de to be informed about; **Madame Beaupuy parle toujours au téléphone avec ses amies; elle est au courant de tout** Mrs. Beaupuy talks on the telephone all the time with her friends; she is informed about everything.

être bien to be comfortable; **Est-ce que vous êtes bien dans cette chaise?** Are you comfortable in this chair?

être bien aise (de) to be very glad, happy (to)

être bien mis (mise) to be well dressed; **Madame Paquet est toujours bien mise.** Mrs. Paquet is always well dressed.

être d'accord avec to agree with

être dans son assiette to be "right up one's alley"; **Ces problèmes de mathématiques sont très faciles; je suis dans mon assiette.** These math problems are very easy; they're right up my alley.

être de retour to be back; **A quelle heure ta mère sera-t-elle de retour?** At what time will your mother be back?

être en état de + inf. to be able + inf.; **Mon père est très malade; il n'est pas en état de vous parler maintenant.** My father is very sick; he's not able to talk to you now.

être en retard to be late, not to be on time; **Le train est en retard.** The train is late.

être en train de + inf. to be in the act of + pres. part., to be in the process of, to be busy + pres. part.; **Mon père est en train de réparer le téléviseur.** My father is busy repairing the television set.

être en vacances to be on vacation

être enrhumé to have a cold, to be sick with a cold

être hors de soi to be beside oneself, to be upset, to be furious, to be irritated, annoyed; **Je suis hors de moi parce que je n'ai pas reçu de bonnes notes dans mes études.** I'm upset because I did not receive good grades in my studies.

être le bienvenu (la bienvenue) to be welcomed; **On est toujours le bienvenu dans cet hôtel.** One is always welcome in this hotel.

être pressé(e) to be in a hurry

être sur le point de + inf. to be about + inf.; **Dépêchons-nous parce que le train est sur le point de partir.** Let's hurry because the train is about to leave.

être temps de + inf. to be time to + inf.; **Il est temps de partir.** It is time to leave.

De quelle couleur est (sont). . . What color is (are). . .? **De quelle couleur est votre nouvelle voiture?** What color is your new car?

Quelle heure est-il? What time is it? **Il est une heure;** It is one o'clock; **Il est trois heures.** It is three o'clock.

y être to be there, to understand it, to get it; **Ah! J'y suis!** Ah, I get it! I understand it!

étudier to study

à l'étude under study; **Le dossier de Monsieur Pompier est à l'étude.** Mr. Pompier's file is under study.

faire ses études à to study at; **Gervaise fait ses études à l'Université de Paris.** Gervaise is studying at the University of Paris.

Depuis combien de temps étudiez-vous le français? How long have you been studying French?

J'étudie le français depuis deux ans. I have been studying French for two years

excuser, s'excuser to excuse, to excuse oneself

Qui s'excuse, s'accuse. A guilty conscience needs no accuser.

faillir to fail, to miss

faillir + inf. to almost do something; **Le bébé a failli tomber.** The baby almost fell.

faire to do, to make

aussitôt dit aussitôt fait (aussitôt dit que fait) no sooner said than done

Cela ne fait rien. That doesn't matter; That makes no difference.

en faire autant to do the same, to do as much

faire + inf. to have something done; **Ma mère a fait faire une jolie robe** My mother had a pretty dress made; **Mon père a fait bâtir une nouvelle maison.** My father had a new house built.

faire à sa tête to have one's way

faire attention (à) to pay attention (to)

faire beau to be pleasant, nice weather; **Il fait beau aujourd'hui.** It's nice weather today.

faire bon accueil to welcome

faire chaud to be warm (weather); **Il a fait beaucoup chaud hier.** It was very warm yesterday.

faire comme chez soi to make oneself at home; **Faites comme chez vous!** Make yourself at home!

faire d'une pierre deux coups to kill two birds with one stone

faire de l'autostop to hitchhike

faire de la peine à qqn to hurt someone (morally, emotionally)

faire de son mieux to do one's best

faire des châteaux en Espagne to build castles in the air

faire des emplettes, faire des courses, faire des achats, faire du shopping to do or to go shopping

faire des progrès to make progress

faire du bien à qqn to do good for someone; **Cela lui fera du bien.** That will do her (him) some good.

faire du vélo to ride a bike

faire exprès to do on purpose

faire face à   to oppose

faire froid   to be cold (weather);   **Il fait très froid ce matin.**   It's very cold this morning.

faire jour   to be daylight

faire la bête   to act like a fool

faire la connaissance de qqn   to make the acquaintance of someone, to meet someone for the first time, to become acquainted with someone;   **Hier soir au bal Michel a fait la connaissance de beaucoup de jeunes filles.** Last night at the dance Michael met many girls.

faire la grasse matinée   to sleep late in the morning

faire la malle   to pack the trunk

faire la queue   to line up, to get in line, to stand in line

faire la sourde oreille   to turn a deaf ear, to pretend not to hear

faire le ménage   to do housework

faire le tour de   to take a stroll, to go around;   **Faisons le tour du parc.** Let's go around the park.

faire les bagages   to pack the baggage, luggage

faire les valises   to pack the suitcases, valises

faire mal à qqn   to hurt, to harm someone;   **Ce grand garçon-là a fait mal à mon petit frère.**   That big boy hurt my little brother.

faire mon affaire   to suit me, to be just the thing for me

faire nuit   to be night(time)

faire part à qqn   to inform someone

faire part de qqch à qqn   to let someone know about something, to inform, to notify someone of something;   **Je leur ai fait part du mariage de mon fils.**   I notified them of the marriage of my son.

faire partie de   to be a part of

faire peur à qqn   to frighten someone

faire plaisir à qqn   to please someone

faire savoir qqch à qqn   to inform someone of something

faire semblant de + inf.   to pretend + inf.

faire ses adieux   to say good-bye

faire ses amitiés à qqn   to give one's regards to someone

faire ses études à   to study at;   **Ma fille fait ses études à l'Université de Paris.**   My daughter is studying at the Univerity of Paris.

faire son possible   to do one's best (utmost)

faire suivre   to forward mail;   **Faites suivre mes lettres, s'il vous plaît.** Forward my letters please.

faire un tour   to go for a stroll

faire un voyage   to take a trip

faire une malle   to pack a trunk

faire une partie de   to play a game of

faire une promenade   to take a walk

faire une promenade en voiture   to go for a drive

faire une question   to ask (to pose) a question

faire une visite   to pay a visit

faire venir qqn   to have someone come;   **Mon père a fait venir le médecin**

parce que ma mère est malade.   My father had the doctor come because my mother is sick.

faire venir l'eau à la bouche   to make one's mouth water

Faites comme chez vous!   Make yourself at home!

Que faire?   What is to be done?

Quel temps fait-il?   What's the weather like?

féliciter   to congratulate

féliciter qqn de qqch   to congratulate someone for (on) something;   **Je vous félicite de votre succès.**   I congratulate you on your success.

fermer   to close

fermer à clef   to lock

fermer au verrou   to bolt

hâter, se hâter   to hasten

en toute hâte   in all possible speed, in great haste

importer   to matter, to be of importance

Cela n'importe.   That doesn't matter.

jeter   to throw

jeter l'argent par la fenêtre   to waste money

manger   to eat

de quoi manger   something to eat;   **Y a-t-il de quoi manger?**   Is there something to eat?

manquer   to lack, to fail, to be missing

manquer de + inf.   to fail to, to almost do something;   **J'ai manqué de tomber.**   I almost fell;   **Paul a manqué de venir.**   Paul failed to come.

mettre   to put, to place

mettre   to put on (clothing);   **Mimi a mis ses souliers blancs.**   Mimi put on her white shoes.

mettre au courant de   to inform about;   **Tu ne me mets jamais au courant de rien!**   You never inform me about anything!

mettre de côté   to lay aside, to save

mettre en pièces   to tear to pieces, to break into pieces;   **Roger était si fâché contre Julie qu'il a mis sa lettre en pièces.**   Roger was so angry at Julie that he tore her letter to pieces.

mettre la table   to set the table

se mettre à table   to sit down at the table;   **La cuisinière a mis la table et a annoncé: Venez, tout le monde; mettez-vous à table!**   The cook set the table and announced: Come, everybody; sit down at the table!

montrer   to show

montrer du doigt   to point out, to show, to indicate by pointing

parler   to talk, to speak

adresser la parole à   to speak to, to direct one's words at;   **Ecoutez, le professeur va nous adresser la parole.**   Listen, the professor is going to speak to us.

entendre parler de   to hear about;   **Avez-vous jamais entendu parler de cela?**   Have you ever heard of that?

Il est bon de parler et meilleur de se taire   Speech is silver; silence is gold.

partir   to leave

    à partir de   from now on, beginning with;   **A partir de cet instant, tu vas faire tes devoirs tous les soirs** *avant de* **regarder la télévision.**   From this moment on, you are going to do your homework every evening *before* watching television.

plaire   to please

    s'il vous plaît (s'il te plaît)   please

    Plaît-il?   What did you say? Would you repeat that please?

pleuvoir   to rain

    pleuvoir à verse   to rain hard

pouvoir   to be able (to)

    n'en pouvoir plus   to be unable to go on any longer, to be exhausted;   **Je n'en peux plus.**   I can't go on any longer.

prendre   to take

    prendre garde de + inf.   to avoid + pres. part., to take care not + inf.;   **Prenez garde de tomber;**   Avoid falling;   **Prenez garde de ne pas tomber.**   Take care not to fall.

    prendre le parti de + inf.   to decide + inf.

    prendre un billet   to buy a ticket

profiter   to profit

    profiter de   to take advantage of

proposer   to propose

    L'homme propose mais Dieu dispose.   Man proposes but God disposes.

regarder   to look (at), to watch

    Cela ne vous regarde pas.   That's none of your business.

rendre   to render, to return (something)

    rendre visite à   to pay a visit to

reprendre   to take up again

    reprendre la parole   to go on speaking, to resume speaking

retourner   to return, to go back

    être de retour   to be back;   **Madame Duval sera de retour aujourd'hui.**   Mrs. Duval will be back today

revoir   to see again

    au revoir   good-bye

rire   to laugh

    rire au nez   to laugh in someone's face

    rire aux éclats   to roar with laughter

risquer to risk

    Qui ne risque rien, n'a rien. Nothing ventured, nothing gained.

sauter to leap, to jump

    sauter aux yeux to be evident, self-evident

savoir to know

    savoir bon gré à qqn to be thankful, grateful to someone

servir to serve

    Cela ne sert à rien. That serves no purpose.

tomber to fall

    tomber à la renverse to fall backward

traverser to cross, to traverse

    à travers across, through

trouver to find

    Ne trouvez-vous pas? Don't you think so?

tuer to kill

    à tue-tête at the top of one's voice, as loud as possible; **Pour attraper l'autobus qui était en train de partir, Monsieur Duval a crié à tue-tête.** To catch the bus which was about to leave, Mr. Duval shouted at the top of his voice.

valoir to be worth

    valoir mieux to be better (worth more), to be preferable; **Mieux vaut tard que jamais.** Better late than never.

venir to come

    venir à to happen to; **Si nous venons à nous voir en ville, nous pouvons prendre une tasse de café ensemble.** If we happen to see each other downtown, we can have a cup of coffee together.

    venir à bout de + inf. to manage, to succeed + inf.

    venir de + inf. to have just done something; **Je viens de manger.** I just ate; **Tina Marie venait de sortir avec Alexandre quand le téléphone a sonné.** Tina Marie had just gone out with Alexander when the telephone rang.

vivre to live

    de quoi vivre something (enough) to live on; **Je vais apporter du pain et du beurre chez les Duval parce qu'ils n'ont pas de quoi vivre.** I'm going to bring some bread and butter to the Duvals because they don't have enough to live on.

voir to see

    à vue d'oeil visibly

    voir tout en rose to see the bright side of things, to be optimistic

vouloir to wish, to want

    en vouloir à qqn to bear a grudge against someone

    vouloir dire to mean; **Que voulez-vous dire?** What do you mean?

Verbs with prepositions

French verbs are used with certain prepositions or no preposition at all. At times, the preposition used with a particular verb changes the meaning entirely, *e.g.,* **se passer** means *to happen* and **se passer de** means *to do without.*

When you look up a verb among the 301 to find its verb forms (or in the section of over 1,000 verbs), also consult the following categories so that you will learn what preposition that verb requires, if any.

Consult all the categories that are given below; *e.g.,* verbs that take **à** + noun, verbs that take **à** + inf., verbs that take **de** + noun, verbs that take **de** + inf., verbs that take **à** + noun + **de** + inf., verbs that take prepositions other than **à** or **de,** verbs that require no preposition, and verbs that do not require any preposition in French whereas in English a preposition is used.

The following are used frequently in French readings and in conversation.

A. *The following verbs take* **à** + *noun*

---

assister à qqch (à un assemblage, à une réunion, à un spectacle, *etc.***)** to attend a gathering, a meeting, a theatrical presentation, *etc.,* or to be present at: **Allez-vous assister à la conférence du professeur Godard?** Are you going to attend (to be present at) Prof. Godard's lecture? **Oui, je vais y assister.** Yes, I am going to attend it.

demander à qqn to ask someone: **Demandez à la dame où s'arrête l'autobus.** Ask the lady where the bus stops.

déplaire à qqn to displease someone, to be displeasing to someone: **Cet homme-là déplaît à ma soeur.** That man is displeasing to my sister; **Cet homme-là lui déplaît.** That man is displeasing to her.

désobéir à qqn to disobey someone: **Ce chien ne désobéit jamais à son maître;** This dog never disobeys his master; **Il ne lui désobéit jamais.** He never disobeys him.

être à qqn to belong to someone: **Ce livre est à Victor.** This book belongs to Victor. [Note this special possessive meaning when you use **être** +**à**.]

faire attention à qqn ou à qqch to pay attention to someone or to something: **Faites attention au professeur;** Pay attention to the professor; **Faites attention aux marches.** Pay attention to the steps.

se fier à qqn to trust someone: **Je me fie à mes parents;** I trust my parents; **Je me fie à eux.** I trust them.

goûter à qqch to taste a little, to sample a little something: **Goûtez à ce gâteau; il est délicieux et vous m'en direz des nouvelles;** Taste a little of this cake; it is delicious and you will rave about it; **Goûtez-y!** Taste it!

s'habituer à qqn ou à qqch to get used to someone or something: **Je m'habitue à mon nouveau professeur;** I am getting used to my new teacher;   **Je m'habitue à lui;**   I am getting used to him;   **Je m'habitue à ce travail;**   I am getting used to this work;   **Je m'y habitue.**   I am getting used to it.

s'intéresser à qqn ou à qqch   to be interested in someone or something: **Je m'intéresse aux sports.**   I am interested in sports.

jouer à   to play (a game or sport):   **Il aime bien jouer à la balle;**   He likes to play ball;   **Elle aime bien jouer au tennis.**   She likes to play tennis.

manquer à qqn   to miss someone (because of an absence):   **Vous me manquez;**   I miss you;   **Ses enfants lui manquent.**   He (or She) misses his (or her) children.

se mêler à qqch   to mingle with, to mix with, to join in: **Il se mêle à tous les groupes à l'école.**   He mixes with all the groups at school.

nuire à qqn ou à qqch   to harm someone or something: **Ce que vous faites peut nuire à la réputation de votre famille.**   What you are doing may harm the reputation of your family.

obéir à qqn   to obey someone: **Une personne honorable obéit à ses parents.**   An honorable person obeys his (her) parents.

s'opposer à qqn ou à qqch   to oppose someone or something: **Je m'oppose aux idées du président.**   I am opposed to the president's ideas.

penser à qqn ou à qqch   to think of (about) someone or something: **Je pense à mes amis;**   I am thinking of my friends;   **Je pense à eux;**   I am thinking of them;   **Je pense à mon travail;**   I am thinking about my work;   **J'y pense.**   I am thinking about it.

plaire à qqn   to please, to be pleasing to someone: **Mon mariage plaît à ma famille;**   My marriage pleases my family;   **Mon mariage leur plaît.**   My marriage pleases them (is pleasing to them).

répondre à qqn ou à qqch   to answer someone or something: **J'ai répondu au professeur;**   I answered the teacher;   **Je lui ai répondu;**   I answered him;   **J'ai répondu à la lettre;**   I answered the letter;   **J'y ai répondu.**   I answered it.

résister à qqn ou à qqch   to resist someone or something: **Le criminel a résisté à l'agent de police.**   The criminal resisted the police officer.

ressembler à qqn   to resemble someone: **Il ressemble beaucoup à sa mère.**   He resembles his mother a lot.

réussir à qqch   to succeed in something;   **réussir à un examen**   to pass an examination: **Il a réussi à l'examen.**   He passed the exam.

serrer la main à qqn   to shake hands with someone: **Bobby, va serrer la main à la dame.**   Bobby, go shake hands with the lady.

songer à qqn ou à qqch   to dream (to think) of someone or something: **Je songe aux grandes vacances.**   I'm dreaming of the summer vacation.

survivre à qqn ou à qqch   to survive someone or something: **Il a survécu à l'ouragan.**   He survived the hurricane.

téléphoner à qqn   to telephone someone: **Marie a téléphoné à Paul;**   Marie telephoned Paul;   **Elle lui a téléphoné.**   She telephoned him.

B. *The following verbs take* **à** + *inf.*

aider à   to help: **Roger aide son petit frère à faire sa leçon de mathématiques.** Roger is helping his little brother do the math lesson.

aimer à   to like: **J'aime à lire.**   I like to read. [Note that **aimer à** + **inf.** is used primarily in literary style; ordinarily, use **aimer** + **inf.**]

s'amuser à   to amuse oneself, to enjoy, to have fun: **Il y a des élèves qui s'amusent à mettre le professeur en colère.**   There are pupils who have fun making the teacher angry.

apprendre à   to learn: **J'apprends à lire.**   I am learning to read.

s'apprêter à   to get ready: **Je m'apprête à aller au bal.**   I am getting ready to go to the dance.

arriver à   to succeed in: **Jacques arrive à comprendre le subjonctif.**   Jack is succeeding in learning the subjunctive.

s'attendre à   to expect: **Je m'attendais à trouver une salle de classe vide.**   I was expecting to find an empty classroom.

autoriser à   to authorize, to allow: **Je vous autorise à quitter cette salle de classe tout de suite.**   I authorize you to leave this classroom immediately.

avoir à   to have, to be obliged (to do something):   **J'ai à faire mes devoirs ce soir.**   I have to do my homework tonight.

commencer à   to begin: **Il commence à pleuvoir.**   It is beginning to rain. [Note that **commencer de** + **inf.** is also correct.]

consentir à   to consent: **Je consens à venir chez vous après le dîner.**   I consent (agree) to come to your house after dinner.

continuer à   to continue: **Je continue à étudier le français.**   I am continuing to study French. [Note that **continuer de** + **inf.** is also correct.]

décider qqn à   to persuade someone: **J'ai décidé mon père à me prêter quelques francs.**   I persuaded my father to lend me a few francs.

se décider à   to make up one's mind: **Il s'est décidé à l'épouser.**   He made up his mind to marry her.

demander à   to ask, to request: **Elle demande à parler.**   She asks to speak. [Note that here the subjects are the same—she is the one who is asking to speak. If the subjects are different, use **demander de: Je vous demande de parler.**   I am asking you to talk.]

338

encourager à   to encourage: **Je l'ai encouragé à suivre un cours de français.** I encouraged him to take a course in French.

s'engager à   to get oneself around (to doing something):   **Je ne peux pas m'engager à accepter ses idées frivoles.** I can't get myself around to accepting his (her) frivolous ideas.

enseigner à   to teach: **Je vous enseigne à lire en français.** I am teaching you to read in French.

s'habituer à   to get used (to):   **Je m'habitue à parler français couramment.** am getting used to speaking French fluently.

hésiter à   to hesitate: **J'hésite à répondre à sa lettre.** I hesitate to reply to her (his) letter.

inviter à   to invite: **Monsieur et Madame Boivin ont invité les Béry à dîner chez eux.** Mr. and Mrs. Boivin invited the Bérys to have dinner at their house.

se mettre à   to begin: **L'enfant se met à rire.** The child is beginning to laugh.

parvenir à   to succeed: **Elle est parvenue à devenir docteur.** She succeeded in becoming a doctor.

persister à   to persist: **Je persiste à croire que cet homme est innocent.** I persist in believing that this man is innocent.

se plaire à   to take pleasure in: **Il se plaît à taquiner ses amis.** He takes pleasure in teasing his friends.

recommencer à   to begin again: **Il recommence à pleuvoir.** It is beginning to rain again.

résister à   to resist: **Je résiste à croire qu'il est malhonnête.** I resist believing that he is dishonest.

réussir à   to succeed in: **Henri a réussi à me convaincre.** Henry succeeded in convincing me.

songer à   to dream, to think: **Elle songe à trouver un millionnaire.** She is dreaming of finding a millionaire.

tarder à   to delay: **Mes amis tardent à venir.** My friends are late in coming.

tenir à   to insist, to be anxious: **Je tiens absolument à voir mon enfant cet instant.** I am very anxious to see my child this instant.

venir à   to happen (to):   **Si je viens à voir mes amis en ville, je vous le dirai.** If I happen to see my friends downtown, I will tell you (so)

C. *The following verbs take de + noun*

---

s'agir de   to be a question of, to be a matter of: **Il s'agit de l'amour.** It is a matter of love.

s'approcher de to approach: **La dame s'approche de la porte et elle l'ouvre.** The lady approaches the door and opens it.

changer de to change: **Je dois changer de train à Paris.** I have to change trains in Paris.

dépendre de to depend on: **Je veux sortir avec toi mais cela dépend des circonstances.** I want to go out with you but that depends on the circumstances.

douter de to doubt: **Je doute de la véracité de ce que vous dites.** I doubt the veracity of what you are saying.

se douter de to suspect: **Je me doute de ses actions.** I suspect his (her) actions.

féliciter de to congratulate on: **Je vous félicite de vos progrès.** I congratulate you on your progress.

jouer de to play (a musical instrument): **Je sais jouer du piano.** I know how to play the piano.

jouir de to enjoy: **Mon père jouit d'une bonne santé.** My father enjoys good health.

manquer de to lack: **Cette personne manque de politesse;** This person lacks courtesy; **Mon frère manque de bon sens.** My brother lacks common sense.

se méfier de to distrust, to mistrust, to beware of: **Je me méfie des personnes que je ne connais pas.** I distrust persons whom I do not know.

se moquer de to make fun of: **Les enfants aiment se moquer d'un singe.** Children like to make fun of a monkey.

s'occuper de to be busy with: **Madame Boulanger s'occupe de son mari infirme;** Mrs. Boulanger is busy with her disabled husband; **Je m'occupe de mes affaires;** I mind my own business; **Occupez-vous de vos affaires!** Mind your own business!

partir de to leave: **Il est parti de la maison à 8 h.** He left the house at 8 o'clock.

se passer de to do without: **Je me passe de sel.** I do without salt.

se plaindre de to complain about: **Il se plaint toujours de son travail.** He always complains about his work.

remercier de to thank: **Je vous remercie de votre bonté.** I thank you for your kindness. [Use **remercier de** + an abstract noun or + inf.; Use **remercier pour** + a concrete object; *e.g.,* **Je vous remercie pour le cadeau.** I thank you for the present.]

se rendre compte de to realize: **Je me rends compte de la condition de cette personne.** I realize the condition of this person.

rire de to laugh at: **Tout le monde rit de cette personne.** Everybody laughs at this person.

se servir de to employ, to use, to make use of: **Je me sers d'un stylo quand j'écris une lettre.** I use a pen when I write a letter.

se soucier de to care about, to be concerned about: **Marc se soucie de ses amis.** Marc cares about his friends.

se souvenir de to remember: **Oui, je me souviens de Gervaise;** Yes, I remember Gervaise; **Je me souviens de lui;** I remember him; **Je me souviens d'elle;** I remember her; **Je me souviens de l'été passé;** I remember last summer; **Je m'en souviens.** I remember it.

tenir de to take after (to resemble): **Julie tient de sa mère.** Julie takes after her mother.

D. *Verbs that take de + inf.*

s'agir de to be a question of, to be a matter of: **Il s'agit de faire les devoirs tous les jours.** It is a matter of doing the homework every day.

avoir peur de to be afraid of: **Le petit garçon a peur de traverser la rue seul.** The little boy is afraid of crossing the street alone.

cesser de to stop, to cease: **Il a cessé de pleuvoir.** It has stopped raining.

commencer de to begin: **Il a commencé de pleuvoir.** It has started to rain. [Note that **commencer à + inf.** is also correct.]

continuer de to continue: **Il continue de pleuvoir.** It's still raining OR It's continuing to rain. [Note that **continuer à + inf.** is also correct.]

craindre de to be afraid of, to fear: **La petite fille craint de traverser la rue seule.** The little girl is afraid of crossing the street alone.

décider de to decide: **J'ai décidé de partir tout de suite;** I decided to leave immediately; **Il a décidé d'acheter la maison.** He decided to buy the house.

demander de to ask, to request: **Je vous demande de parler.** I am asking you to speak. [Note that here the subjects are different: I am asking you to speak; whereas, when the subjects are the same, use **demander à**: **Elle demande à parler;** She is asking to speak; **Je demande à parler.** I am asking to speak.]

se dépêcher de to hurry: **Je me suis dépêché de venir chez vous pour vous dire quelque chose.** I hurried to come to your place in order to tell you something.

empêcher de to keep from, to prevent: **Je vous empêche de sortir.** I prevent you from going out.

s'empresser de to hurry: **Je m'empresse de venir chez toi.** I am hurrying to come to your place.

essayer de to try: **J'essaye d'ouvrir la porte mais je ne peux pas.** I'm trying to open the door but I can't.

féliciter de   to congratulate: **On m'a félicité d'avoir gagné le prix.**   I was congratulated on having won the prize.

finir de   to finish: **J'ai fini de travailler sur cette composition.**   I have finished working on this composition.

gronder de   to scold: **La maîtresse a grondé l'élève d'avoir fait beaucoup de fautes dans le devoir.**   The teacher scolded the pupil for having made many errors in the homework.

se hâter de   to hurry: **Je me hâte de venir chez toi.**   I am hurrying to come to your house.

manquer de   to neglect to, to fail to, to forget to: **Guy a manqué de compléter sa leçon de français.**   Guy neglected to complete his French lesson.

offrir de   to offer: **J'ai offert d'écrire une lettre pour elle.**   I offered to write a letter for her.

oublier de   to forget: **J'ai oublié de vous donner la monnaie.**   I forgot to give you the change.

persuader de   to persuade: **J'ai persuadé mon père de me prêter quelques francs.**   I persuaded my father to lend me a few francs.

prendre garde de   to take care not to: **Prenez garde de tomber.**   Be careful not to fall.

prendre le parti de faire qqch   to decide to do something: **Théodore n'a pas hésité à prendre le parti de voter pour elle.**   Theodore did not hesitate to decide to vote for her.

prier de   to beg: **Je vous prie d'arrêter.**   I beg you to stop.

promettre de   to promise: **J'ai promis de venir chez toi à 8 h.**   I promised to come to your place at 8 o'clock.

refuser de   to refuse: **Je refuse de le croire.**   I refuse to believe it.

regretter de   to regret, to be sorry: **Je regrette d'être obligé de vous dire cela.**   I am sorry to be obliged to tell you that.

remercier de   to thank: **Je vous remercie d'être venu si vite.**   I thank you for coming (having come) so quickly. [Use **remercier de** + inf. or + **abstract noun.** Use **remercier pour** + **concrete object.**]

se souvenir de   to remember: **Tu vois? Je me suis souvenu de venir chez toi.**   You see? I remembered to come to your house.

tâcher de   to try: **Tâche de finir tes devoirs avant de sortir.**   Try to finish your homework before going out.

venir de   to have just (done something):   **Je viens de manger.**   I have just eaten OR I just ate.

The model to follow is: **J'ai conseillé à Robert de suivre un cours de français.** I advised Robert to take a course in French.

conseiller à to advise: **J'ai conseillé à Jeanne de se marier.** I advised Joan to get married.

défendre à to forbid: **Mon père défend à mon frère de fumer.** My father forbids my brother to smoke.

demander à to ask, to request: **J'ai demandé à Marie de venir.** I asked Mary to come.

dire à to say, to tell: **J'ai dit à Charles de venir.** I told Charles to come.

interdire à to forbid: **Mon père interdit à mon frère de fumer.** My father forbids my brother to smoke.

ordonner à to order: **J'ai ordonné au chauffeur de ralentir.** I ordered the driver to slow down.

permettre à to permit: **J'ai permis à l'étudiant de partir quelques minutes avant la fin de la classe.** I permitted the student to leave a few minutes before the end of class.

promettre à to promise: **J'ai promis à mon ami d'arriver à l'heure.** I promised my friend to arrive on time.

téléphoner à to telephone: **J'ai téléphoné à Marcel de venir me voir.** I phoned Marcel to come to see me.

F. *Verb + other prepositions*

commencer par + inf. to begin by + present participle: **La présidente a commencé par discuter les problèmes de la société.** The president began by discussing the problems in society.

continuer par + inf. to continue by + pres. part.: **La maîtresse a continué la conférence par lire un poème.** The teacher continued the lecture by reading a poem.

entrer dans + noun to enter, to go in. **Elle est entrée dans le restaurant.** She went in the restaurant.

être en colère contre qqn to be angry with someone: **Monsieur Laroche est toujours en colère contre ses voisins.** Mr. Laroche is always angry with his neighbors.

finir par + inf. to end up by + pres part.: **Clément a fini par épouser une femme plus âgée que lui.** Clement ended up marrying a woman older than he.

s'incliner devant qqn to bow to someone: **La princesse s'incline devant la reine.** The princess is bowing to the queen.

insister pour + inf. to insist on, upon: **J'insiste pour obtenir tous mes droits.** I insist on obtaining all my rights.

se marier avec qqn to marry someone: **Elle va se marier avec lui.** She is going to marry him.

se mettre en colère to become angry, upset: **Monsieur Leduc se met en colère facilement.** Mr. Leduc gets angry easily.

se mettre en route to start out, to set out: **Ils se sont mis en route dès l'aube.** They started out at dawn.

remercier pour + a concrete noun to thank for: **Je vous remercie pour le joli cadeau.** I thank you for the pretty present. [Remember to use **remercier pour + a concrete object**; use **remercier de + an abstract noun** or **+ inf.** **Je vous remercie de votre bonté;** I thank you for your kindness; **Je vous remercie d'être venue si vite.** I thank you for coming so quickly.]

G. Verb + NO PREPOSITION + inf.

adorer + inf. to adore, to love: **Madame Morin adore mettre tous ses bijoux avant de sortir.** Mrs. Morin loves to put on all her jewelry before going out.

aimer + inf. to like: **J'aime lire.** I like to read. [You may also say: **J'aime à lire,** but **aimer + à + inf.** is used primarily in literary style.]

aimer mieux + inf. to prefer: **J'aime mieux rester ici.** I prefer to stay here.

aller + inf. to go: **Je vais faire mes devoirs maintenant.** I am going to do my homework now.

apercevoir + inf. to perceive: **J'aperçois avancer l'ouragan.** I notice the hurricane advancing. [This is a verb of perception. You may also say: **J'aperçois l'ouragan qui s'avance.**]

compter + inf. to intend: **Je compte aller en France l'été prochain.** I intend to go to France next summer.

croire + inf. to believe: **Il croit être innocent.** He believes he is innocent.

désirer + inf. to desire, to wish: **Je désire prendre une tasse de café.** I desire to have a cup of coffee.

devoir + inf. to have to, ought to: **Je dois faire mes devoirs avant de sortir.** I have to do my homework before going out.

écouter + inf. to listen to: **J'écoute chanter les enfants.** I am listening to the children singing. [This is a verb of perception. You may also say: **J'écoute les enfants qui chantent.**]

entendre + inf. to hear: **J'entends chanter les enfants.** I hear the children singing. [This is a verb of perception. You may also say: **J'entends les enfants qui chantent.**]

espérer + inf. to hope: **J'espère aller en France.** I hope to go to France

faire + inf. to cause, to make, to have something done by someone: **Le professeur fait travailler les élèves dans la salle de classe.** The teacher has the pupils work in the classroom.

falloir + inf. to be necessary: **Il faut être honnête.** One must be honest.

laisser + inf. to let, to allow: **Je vous laisse partir.** I am letting you go.

oser + inf. to dare: **Ce garçon ose dire n'importe quoi.** This boy dares to say anything.

paraître + inf. to appear, to seem: **Elle paraît être capable.** She appears to be capable.

penser + inf. to think, to plan, to intend: **Je pense aller à Paris.** I intend to go to Paris.

pouvoir + inf. to be able, can: **Je peux marcher mieux maintenant après l'accident.** I can walk better now after the accident.

préférer + inf. to prefer: **Je préfère manger maintenant.** I prefer to eat now

regarder + inf. to look at: **Je regarde voler les oiseaux.** I am looking at the birds flying. [This is a verb of perception. You may also say: **Je regarde les oiseaux qui volent.**]

savoir + inf. to know, to know how: **Je sais nager.** I know how to swim

sentir + inf. to feel: **Je sens s'approcher l'ouragan.** I feel the hurricane approaching. [This is a verb of perception. You can also say: **Je sens l'ouragan qui s'approche.**]

sentir + inf. to smell: **Je sens venir une odeur agréable du jardin.** I smell a pleasant fragrance coming from the garden. [This is another verb of perception. You may also say: **Je sens une odeur agréable qui vient du jardin.**]

valoir mieux + inf. to be better: **Il vaut mieux être honnête.** It is better to be honest.

venir· + inf. to come: **Gérard vient voir ma nouvelle voiture.** Gerard is coming to see my new car.

voir + inf. to see: **Je vois courir les enfants.** I see the children running. [This is another verb of perception. You may also say: **Je vois les enfants qui courent.**]

vouloir + inf. to want: **Je veux venir chez vous.** I want to come to your house.

H. *Verbs that do not require a preposition, whereas in English a preposition is used*

approuver to approve of: **J'approuve votre décision.** I approve of your decision.

attendre to wait for: **J'attends l'autobus depuis vingt minutes.** I have been waiting for the bus for twenty minutes.

chercher to look for: **Je cherche mon livre.** I'm looking for my book.

demander to ask for: **Je demande une réponse.** I am asking for a reply.

écouter to listen to: **J'écoute la musique;** I am listening to the music; **J'écoute le professeur.** I am listening to the teacher.

envoyer chercher to send for: **J'ai envoyé chercher le docteur.** I sent for the doctor.

essayer to try on: **Elle a essayé une jolie robe.** She tried on a pretty dress.

habiter to live in: **J'habite cette maison.** I live in this house.

ignorer to be unaware of: **J'ignore ce fait.** I am unaware of this fact.

mettre to put on: **Elle a mis la robe rouge.** She put on the red dress.

payer to pay for: **J'ai payé le dîner.** I paid for the dinner.

pleurer to cry about, to cry over: **Elle pleure la perte de son petit chien.** She is crying over the loss of her little dog.

prier to pray to: **Elle prie le ciel;** She is praying to the heavens; **Elle prie la Vierge.** She is praying to the Holy Mother.

puer to stink of: **Cet ivrogne pue l'alcool.** This drunkard stinks of alcohol.

regarder to look at: **Je regarde le ciel.** I am looking at the sky.

sentir to smell of: **Robert, ta chambre sent la porcherie.** Robert, your room smells like a pigsty (pigpen).

soigner to take care of: **Cette personne soigne les pauvres.** This person takes care of (cares for) poor people.

CONQUER FRENCH WITH OUR EXPERTISE...

BEGINNING TO WRITE IN FRENCH:
A Workbook in French Composition
Christopher Kendris
A workbook for practice in fundamental writing skills, this guide features over 200 basic idioms and verbal expressions. Each unit offers practice in parallel writing, simple controlled composition and self-expression in writing simple French. 128 pp., $5.95, Can. $7.95 (0234-2)

LEARN FRENCH THE FAST AND FUN WAY
Elizabeth Leete
Just a quarter hour everyday is all it takes to learn conversational French, with this guide. Phrases are accompanied by phonetic spellings and reinforced by fun exercises. Includes grammar notes, bilingual dictionary, vocabulary flash cards, and more. 225 pp., $11.95, Can. $16.95 (2852-X)

FRENCH GRAMMAR (A CARD GUIDE)
All the fundamentals of grammar are here—condensed but clearly printed on a durable varnished card that's punched to fit into any three-ring binder. The card guide can be used with any grammar text. 8½" × 11" card, 2 sides $2.50, Can. $3.50 (5042-8)

FRENCH BILINGUAL DICTIONARY:
A Beginner's Guide in Words and Pictures
Gladys Lipton
A dictionary for beginning students of French, this guide uses pictures to convey the meaning of French words. The selection of words and expressions has been based on frequency lists, course content, and other factors. 416 pp., $7.95, Can. $9.95 (0470-1), Pocket Edition $4.95, Can. $6.95 (2007-3)

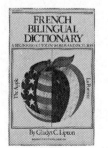

HOW TO USE FRENCH VERBS
Diane Levy & Laura Fleder
How do you know what verb takes which preposition? This book tells you, with the help of the most comprehensive verb list to be found in any grammar manual. The perfect resource for beginning as well as advanced French students! 208 pp., $6.95, Can. $9.95 (0599-6)

FRENCH NOW! LE FRANCAIS ACTUEL!
A Level One Worktext—Premier Programme
Christopher Kendris
No textbook makes the study of French more exciting! This book features humorous skits, stories, and dialogues plus challenging exercises that intrigue while they teach! Also included are puzzles, riddles, songs, recipes, and other features not usually found in a French textbook. 464 pp., $12.95, Can. $17.95 (0473-6)

1001 PITFALLS IN FRENCH
James H. Grew and Daniel D. Olivier
This guide gives both the novice and advanced student a clear understanding of the basics as well as the finer points of French. The emphasis is on today's French. All parts of speech are covered in detail. 224 pp., $8.95, Can. $11.95 (3720-0)

Books may be purchased at your bookstore, or by mail from Barron's. Enclose check or money order for total amount plus sales tax where applicable and 10% for postage (minimum charge $1.50). All books are paperback editions.

BARRON'S Educational Series, Inc.
250 Wireless Boulevard
Hauppauge, New York 11788
In Canada: Georgetown Book Warehouse
34 Armstrong Ave.
Georgetown, Ontario L7G 4R9

MOVE TO THE HEAD OF YOUR CLASS

THE EASY WAY!

Barron's presents THE EASY WAY SE-RIES—specially prepared by top educators, it maximizes effective learning, while minimizing the time and effort it takes to raise your grades, brush up on the basics and build your confidence.

Comprehensive and full of clear review examples, THE EASY WAY SERIES is your best bet for better grades, quickly!
Each book is only $8.95, Can. $12.95. (Except the titles listed below marked with an asterisk $9.95, Can. $13.95.)

Accounting the Easy Way
Algebra the Easy Way
Arithmetic the Easy Way
Biology the Easy Way
Bookkeeping the Easy Way
Business Letters the Easy Way
Business Mathematics the Easy Way
Business Spelling the Easy Way
* Calculus the Easy Way
Chemistry the Easy Way
Computer Programming In Basic the Easy Way
Computer Programming In Cobol the Easy Way
Computer Programming In Fortran the Easy Way
Computer Programming In Pascal the Easy Way
Data Processing the Easy Way
* Electronics the Easy Way

English the Easy Way
French the Easy Way Book 1
French the Easy Way Book 2
Geometry the Easy Way
German the Easy Way
Italian the Easy Way
* Mathematics the Easy Way
Physics the Easy Way
Spanish the Easy Way Book 1
Spanish the Easy Way Book 2
* Spelling the Easy Way
Statistics the Easy Way
Trigonometry the Easy Way
* Typing the Easy Way
Writing the Easy Way

BARRON'S EDUCATIONAL SERIES
250 Wireless Boulevard
Hauppauge, New York 11788
In Canada: Georgetown Book Warehouse
34 Armstrong Avenue
Georgetown, Ontario L7G 4R9

Prices subject to change without notice. Books may be purchased at your bookstore, or by mail from Barron's. Enclose check or money order for total amount plus sales tax where applicable and 10% for postage and handling (minimum charge $1.50). All books are paperback editions.